CONSUMER INVESTMENT and ASSET MANAGEMENT

소비자 투자와 자산관리

CONSUMER INVESTMENT and ASSET MANAGEMENT

소비자 투자와 자산관리

허경옥 | 차경욱 | 유현정 | 김성숙 | 허은정

(주)교 문 사

preface

효율적인 투자와 자산관리는 개인 및 가계에는 물론 기업, 국민경제에 긍정적 역할을 수행한다. 개인과 가계는 소득과 자산의 극대화를 위한 합리적이고 효율적인 의사결정을 해야 하는데, 이 책은 이와 관련한 의사결정에 꼭 알아야 할 기초이론과 지식 그리고 태도와 관련한 내용을 다루고자 한다. 소득과 자산의 효율적 관리는 투자자산의 적절한 선택과 관리, 위험관리 등을 통해 가능하다. 따라서 이 책에서는 가계 투자와 자산관리에 대한 이해를 높이고자 대표적인 투자방법인 금융상품, 증권, 부동산 투자에 대해 자세하게 다루었다.

제1부에서는 투자에 대한 이해를 돕고자 1장에서는 경제환경과 금융정책, 2장에서는 투자의 기초에 대해 구체적으로 살펴보고 있다. 제2부에서는 금융시장에 대해 다루고 있는데, 3장은 금융시장의 이해, 4장은 금융기관의 이해, 5장은 금융서비스와 소비자보호에 대해 설명하고 있다. 제3부에서는 증권 투자에 대해 제시하였는데, 6장부터 10장까지 5개 장으로 세분화하여 논의하였다. 제4부에서는 금융상품 투자에 대해 세분화하여 다루고 있다. 먼저 11장에서는 금융상품을 분류하여 제시하며, 12장에서는 간접투자상품에 대해 설명한다. 마지막으로 제5부에서는 부동산 투자에 대해 3개 장으로 나누어 살펴본다.

본 저서는 5명의 교수들이 집필하였는데 첫 번째 저자인 성신여대 허경옥 교수는 13장, 14장, 15장을 집필하였고, 2장, 6장, 7장, 8장은 성신여대 차경욱 교수가, 3장, 4장은 충북대 유현정 교수가, 11장과 12장은 계명대 김성숙 교수가, 1장, 9장, 10장은 울산대 허은정 교수가 저술하였다.

이 책은 가계 투자 및 자산관리와 관련한 교양과목 및 전공 기초과목을 강의하는 교재로 활용할 수 있음은 물론 투자와 자산관리에 관심 있는 모든 개인 소비자들에게 기초이론과 중요한 정보를 제공하고 성공적인 투자자가 되는 데 길잡이가 되고자 한다. 또한 날로 변화하는 시장경제환경 속에서 투자에 대한 기본적 지식을 바탕으로 효율적인 투자자 그리고 자산관리자가 되기 위한 기술과 전략을 제공하고자 한다. 나아가 미래 투자분석가 또는 투자 자문가로서의 자질을 쌓아 취업과 진로 그리고 경제적 복지 확보에 도움이 될 것이다. 그러나 충분한 시간적 여유 없이 출간을 서두르다 보니 여러 가지로 미흡한 부분이 많음을 인정하지 않을 수 없다. 이는 앞으로 시간을 더 갖고 보완할 것이다.

이 책을 출간하게 해 주신 (주)교문사의 양계성 상무님과 무리한 일정에 서둘러 출간하느라 수고가 많으신 편집부에 감사의 말씀을 전한다.

2011년 11월

저자 일동

Contents

3부 증권 투자

소비자투자관리 차례

1부
투자의 이해

1장

경제환경과 금융정책

이 장은 투자와 자산관리 결정 시 기본이 되는 경제환경과 금융정책을 살펴본다. 먼저 경제환경의 변화에는 글로벌 금융위기와 몇 가지 주요한 국내 경제환경의 변화를 고찰한다. 그리고 금융경제와 금융정책에 대한 전반적인 흐름을 이해한 후, 스마트폰의 확산으로부터 녹색금융 등 최근의 주요한 금융환경의 변화를 살펴본다.

1. 경제환경의 변화

개인이나 기업에서 투자와 자산관리 계획을 수립할 때 가장 기본적으로 고려해야 하는 것이 경제환경의 변화이다. 과거와 비교해 볼 때 투자자들이 고려해야 하는 경제환경은 급격히 변화하고 있으며 그 변화의 범위도 세계적으로 넓어졌을 뿐만 아니라 영향력 또한 더욱 커지고 있다. 특히 2007년 미국에서 시작된 금융위기는 미국뿐만 아니라 전 세계의 금융시장을 뒤흔들어 놓았고 그로 인해 우리나라를 포함한 세계 각국은 경기침체를 경험하였다. 이 장에서는 최근의 경제환경 변화를 글로벌 금융위기를 중심으로 한 국제환경 측면과 우리나라의 주요한 경제환경 변화를 중심으로 살펴보기로 한다.

1) 글로벌 금융위기

세계경제는 2007년부터 최근까지 미국의 서브프라임모기지 부실사태와 리먼브라더스의 파산으로 촉발된 금융위기로 인해 금융시장의 극심한 불안정과 침체를 겪었다. 이번 금융위기는 1930년대 세계 대공황 이후 최대의 세계 금융·경제위기로 기록되고 있다. 금융위기의 원인은 장기간 유지된 저금리에 따른 과잉 유동성 공급은 주택시장 등 자산가격에 거품을 형성하였고, 금융시장에서는 금융회사와 투자자들이 고위험·고수익을 위해 과도한 신용공급이 이뤄지면서 경제 전반에 부채의존도가 증가한 것이 근본배경이 되었다. 또한 경제 전체에 과도한 신용공급으로 자산시장이 과열되는 동안 이를 사전에 제어하지 못한 금융감독 규제의 결함도 주요 원인으로 지적되었다.

미국의 서브프라임모기지 사태에서 시작된 금융위기는 금융과 실물경제의 모든 경로를 통해 전 세계적으로 위기가 파급되었다. 금융부문에서는 안전자산인 달러화 유동성 확보 경향이 심해지면서 신용경색이 확산되었고 금융회사의 레버리지 축소가 빠르게 진행되었다. 이에 따라 외국인 투자비중이 높거나 대외 채무가 많은 신흥국 경제에 대한 신용위험이 증대되면서 이들 국가의 해외차입이 어려워지는 현상이 나타났다. 실물부문을 통해서는 금융위기의 영향으로 민산 신용공급이 축소되면서 실물경제활동이 급격히 위축되었다. 특히 선진국 등 해외수요에 의존해왔던 신흥국 경제는 수출수요의 감소로 성장세가 크게 둔화되었다.

금융위기에 대응하여 세계 각국은 정책금리를 인하하고, 과감한 경기부양책과 양적완화 정책, 금융회사에 대한 구제금융의 결과 금융 불안정이 점차 해소되고 실물경제가 급격한 침체로부터 벗어날 수 있었다. 특히 금융당국이 시장에 직접 개입하여 유동성을 공급한 것은 금융시장의 급격한 위축을 막고 금융회사의 레버리지 축소 압력을 줄여줌으로써 신용경색을 완화하는 데 중요한 역할을 하였다. 아울러 금융위기가 선진국과 신흥국 경제 모두에게 공통된 충격을 주었고 위기의 확산이 빨랐기 때문에 위기 극복을 위해 세계 각국의 공조와 협력이 필요하였다. 이러한 국제 공조에는 정책금리의 동시 인하, 중앙은행 간 통화스와프 확대, G20 정상회의 등을 들 수 있다.

글로벌 금융위기 이후 세계의 경제질서는 변화하고 있다. 글로벌 금융위기 이전까지는 미국과 유럽 선진국 등이 세계 경제를 이끌었다면, 금융위기 이후 이들은 성장의 주도권을 상실한 반면 중국, 인도, 한국을 포함한 아시아 신흥국들을 중심으로 한 신흥

경제권이 세계경제를 주도할 것으로 전망하고 있다. 그리고 글로벌 금융시장에 있어서도 중국을 비롯한 신흥국은 금융위기를 성장의 기회로 활용하여 축적된 자본과 고성장 등을 바탕으로 글로벌 금융시장에서 주요한 플레이어로 부상하면서 선진국 금융기관의 경쟁우위는 유지되지만 신흥국과의 격차가 축소될 것으로 전망된다.

2) 국내 경제환경의 변화

(1) 고령화

우리나라는 평균수명의 증가와 출산율 감소에 따라 고령화 속도가 세계에서 가장 빠르다. 우리나라는 2000년에 65세 이상 인구의 비중이 전체 인구의 7%에 진입하여 이미 고령화사회가 되었고, 2018년에는 고령사회(65세 이상 인구비중이 14%), 그리고 2026년에는 초고령사회(65세 이상 인구비중이 20%)가 될 전망이다. 고령화사회에서 고령사회로 진입하는 시간이 선진국과 비교할 때 프랑스는 154년, 미국 94년, 독일 77년, 그리고 일본이 36년 결린 데 반하여 우리나라는 26년에 불과하여 이에 대한 준비를 할 시간이 매우 적다.

통계청에 따르면 출산율의 급격한 하락과 더불어 고령화의 진전으로 우리나라의 인구구조가 점차 변화하고 있다. 우리나라 평균 출산율이 1970년 4.53명, 1980년 2.83명, 1990년 1.59명, 2006년 1.13명으로 하락한 반면, 국민의 평균 수명은 1971년 62.3세에서 2000년 76.5세, 2050년에는 83.3세로 높아질 전망이다. 따라서 이러한 변화는 생산가능 인구를 감소시켜 경제성장의 잠재력을 약화시킬 뿐만 아니라 노인의 부양부담을 증가시키게 된다.

고령화는 이렇게 빠른 속도로 진전되지만 공·사적 연금체계의 미흡 등으로 이들을 위한 사회 안전망이 제대로 갖추어져 있지 않아 노후불안이 커지고 있다. 국민연금의 경우 현재의 급여 및 보험료율이 그대로 유지된다면 2036년에는 당기 재정수지가 적자로 전환되고, 2047년에는 적립기금이 완전히 고갈될 것으로 전망하고 있다. 그러므로 개인적 차원뿐만 아니라 국가적 차원에서 고령화 위험에 대비하기 위하여 적절한 재무전략이 필요하다. 예를 들면 고령화가 진전되면서 금융부문에서는 개인의 금융자산 비중이 높아질 것이고 예금, 적금, 연금 등의 안정적인 현금 흐름을 창출하는 상품에 대한 수요가 증가할 것이다. 이에 따라 주택연금, 퇴직연금, 건강보험 및 보장성 보험 등 고령화에 대비한 다양한 금융상품들을 개발하고 종합자산관리 서비스 및 맞춤형 금융 서비스를 확충할 필요가 있을 것이다.

소비자 투자코너 1-1

한국 고령화 준비 상태, 주요 20개국 중 19위

한국의 인구 고령화가 세계에서 가장 빠른 속도로 진행되고 있지만, 그 대비는 주요 국가 중 꼴찌 수준으로 분석됐다. 미국의 싱크탱크인 국제전략문제연구소(CSIS)가 세계 20개 주요국을 대상으로 고령화 준비 상태를 지수화해서 순위를 매긴 결과 우리나라의 '고령화 대비 소득 적절성 지수' 〈키워드 참조〉 순위는 19위에 그친 것으로 나타났다고 기획재정부가 17일 밝혔다. 중국(18위)보다도 낮으며, 한국보다 순위가 낮은 나라는 멕시코가 유일했다. 또한 우리나라의 '고령화 대비 재정 지속 가능성 지수'는 20개국 중 12위로 중간 이하를 기록했다. 우리나라는 프랑스·이탈리아 등과 함께 두 지수의 순위가 모두 낮은 나라에 속한다. 고령화에 대비한 노인소득이 충분하지 않기 때문에 국가 재정을 투입해 소득을 보전해 줄 필요가 있는데도, 재정의 지속 가능성이 떨어져 그렇게 하기 어렵다는 의미다.

CSIS에 따르면 우리나라의 경우 2040년이 되면 노인 소득의 45.9%를 공적 부조로 지원하게 되지만, 그럼에도 노인 소득은 중년층 소득의 79% 정도밖에 되지 않는다. 특히 노인 소득 중 사적 연금의 비중은 3.2%밖에 되지 않는다. CSIS가 고령화 준비의 모범 국가로 꼽은 호주는 노인 소득의 41.2%를 공적 부조, 23.7%를 사적 연금에서 조달하게 된다. 2040년 호주의 노인 소득은 중년층의 120%가 돼 여유 있는 노후를 즐길 수 있을 것으로 전망된다.

CSIS는 한국이 고령화를 준비하기 위해 연금 적립을 늘리고, 빈곤 노인층의 사회 안전망을 강화하며, 출산율을 높이면서 이민 유입을 증가시키라고 권고했다.

주요국의 2040년 중년층 소득 대비 노인층 소득비율(추정 · 단위 : %)

출처: 미 국제전략문제연구소.

◆ 고령화 준비 지수

미 국제전략문제연구소(CSIS)의 고령화 준비 지수는 한 나라가 고령화에 얼마나 대비가 잘되어 있는지 평가하는 지수로, 소득 적절성 지수와 재정 지속가능성 지수로 구성되어 있다. 소득 적절성 지수는 고령화에 대비해 삶의 질을 유지할 만큼 노인의 소득이 준비됐는지 평가하며, 재정 지속가능성 지수는 노인에게 제공할 공공지출을 견뎌낼 만큼 재정이 탄탄한지 평가한다.

출처: 조선일보(2011년 7월 18일자).

(2) 평균 가구원 수 감소

우리나라의 전형적인 가구는 이제 부모와 자녀로 구성된 4인 가구가 아니라 부부와 같이 1세대로 구성된 2인 가구로 변화하였다. 통계청이 발표한 '2010년 인구주택총조사 가구·주택부문 전수집계 결과'에 따르면, 평균 가구원 수는 2.69명으로 우리나라의 평균적인 가구모습이 4인 가구에서 2인 가구로 변화했음을 보여준다. 2010년 11월 1일을 기준으로 우리나라 총가구 수는 1,757만 4,000가구로 2005년에 비해 9.9% 증가하였다. 이 중에서 2인 가구가 24.3%로 가장 높은 비중을 차지하였고, 다음이 1인 가구로 23.9%, 세 번째가 4인 가구(22.5%)로 조사되었는데, 4인 가구는 통계를 작성하기 시작한 1980년 이후 2005년까지 줄곧 1위를 차지한 우리나라의 대표적인 가구였다.

평균 가구원 수가 급격히 감소함에 따라 세대 구성도 변화하였다. 부부나 형제끼리 사는 1세대 가구비율은 17.5%로 2005년에 비해 약간 증가한 반면, 부모와 자녀로 구성된 2세대 가구 수는 6.2%로 2005년 조사 때보다 감소하였다. 주거형태에 있어서도 아파트 거주 가구비율(47.1%)이 처음으로 단독주택 거주비율(39.6%)을 추월하였다. 자가 유무에 있어서는 자기 집에 거주하는 가구가 54.2%로 가장 높았고, 전세 가구는 21.7%로 2005년보다 약간 감소한 반면, 월세 가구는 21.4%로 2005년보다 조금 증가하였다.

2인 가구가 한국의 평균적인 가구로 나타남에 따라 이들의 변화된 요구를 반영할 수 있는 투자전략과 다양한 상품개발이 필요할 것이다. 예를 들면 향후 정부의 부동산 관련 주택정책에 있어서도 중대형 주택의 공급을 줄이는 대신 소형 주택의 공급을 늘여 나가고, 또한 국민주택 규모($85m^2$)의 크기를 점차 줄여 나가야 할 것이다.

(3) 장기적인 물가상승

최근 우리나라 경제의 중요한 이슈는 물가이다. 2010년 한파, 구제역 등 각종 공급충격으로 소비자물가 상승률이 4%대를 기록하였고, 2011년에도 한국은행은 소비자물가 상승률 전망치를 4.0%로 상향조정하였다. 우리나라의 평균 물가수준은 OECD국가들과 비교하면 낮은 편이지만, 2000년대 들어 우리나라의 평균 물가 상승률은 OECD에서 상당히 높은 편에 속한다. 지출항목을 살펴보면 음식료품의 물가수준이 OECD 평균보다 높을 뿐만 아니라 이들 품목이 최근 물가상승을 주도함에 따라 소비자들이 실제 느끼는 부담은 훨씬 크다.

윤상하, 신민영의 연구보고서(2011)에 따르면, 중장기적으로 물가상승을 초래하는 여러 가지 요인들이 존재하고 있다. 대외적인 물가 상승요인으로 ① 경기회복세를 유지하기 위한 각국의 금융완화 정책으로 글로벌 유동성이 풍부하고, ② 중국에서 생산성을 초과하는 빠른 임금 상승이 이뤄지면서 인플레이션 수출이 계속될 것이고, ③ 신흥국의 성장에 따라 에너지 및 원자재 가격의 추가적인 상승이 전망된다. 국내 요인으로는 ① 서비스업 부문의 낮은 생산성에 비해 향후 임금이 빠르게 올라 물가를 자극할 가능성이 있고, ② 우리 경제가 에너지 다소비 업종의 비중이 높은 산업구조를 지녀서 유가불안 등 대외환경 변화에 민감하며, ③ 불완전한 시장구조와 비효율 때문에 물가가 하방경직적이라는 문제점이 있다.

장기적인 물가상승은 화폐가치를 떨어뜨리고 결국 소비자의 구매력과 실질소득을 감소시킨다. 실제로 근래에는 은행금리가 물가상승률보다 낮기 때문에 은행에 저축할 경우 실질금리는 오히려 마이너스이며, 물가상승률이 소득증가율을 추월하기 때문에 국민들의 실질소득이 감소되기도 하였다. 일반적으로 물가상승 시에는 금융자산보다는 실물자산을 선호하지만 최근 우리나라의 부동산시장은 침체를 못 벗어나고 있는 상황이다. 그러므로 장기적인 물가상승이 예측됨에 따라 투자자들은 좀 더 체계적이고 적절한 자산관리와 투자전략이 필요하다.

2. 금융정책

1) 금융경제와 금융정책에 대한 전반적 이해

경제는 실물경제와 금융경제로 구분된다. 실물경제는 재화 및 용역의 생산·분배·지출과 관련된 활동영역이고, 금융경제는 화폐의 양 및 가격(금리)의 결정, 금융기관의 건전성과 효율적이고 안정적인 금융제도 등과 관련된 활동영역이다. 금융이 원활하게 기능할 때 실물부문의 성장을 지원하면서 국민경제를 발전시키게 된다.

금융정책은 정부와 중앙은행이 경제목표(경제성장, 물가안정, 완전고용, 국제수지 균형 등)를 달성하거나 금융산업의 발전과 금융시장의 안정을 위해 금융기관과 금융시장을 대상으로 통화량, 금리 신용 등의 금융적 수단을 사용하는 것으로 정의된다.

금융정책은 ① 금융기능의 효율성 제고, 금융제도의 형성 및 발전을 도모하는 금융제도정책, ② 적정 통화량 및 금리수준의 조정 등을 내용으로 하는 통화신용정책, ③ 금융기관의 건전성 유지, 금융시장의 안정 및 금융거래자 보호 등의 금융감독정책으로 분류할 수 있다.

우리나라의 금융정책은 현재 기획재정부가 경제정책 전반과 국제금융정책을 담당하고 있고, 금융위원회는 금융제도정책 및 금융감독정책을 담당하고 있다. 한국은행(금융통화위원회)은 금리, 통화량 결정 등의 통화신용정책을 담당하고 있으며, 금융감독원은 금융위원회의 지도 및 감독을 받아 금융기관에 대한 검사·감독 업무를 수행하고 있다.

금융정책의 효과는 통화량 및 금리수준의 조정을 통해 거시경제에 직접 영향을 미칠 뿐만 아니라 금융기관이나 민간 경제주체의 의사결정에 영향을 미침으로써 정책목표를 달성한다. 다시 말하면 정부와 중앙은행은 금융정책을 통해 일반 대중 투자자들이 보유하고 있는 금융자산 구조를 변화시킴으로써 간접적으로 정책목표를 달성한다.

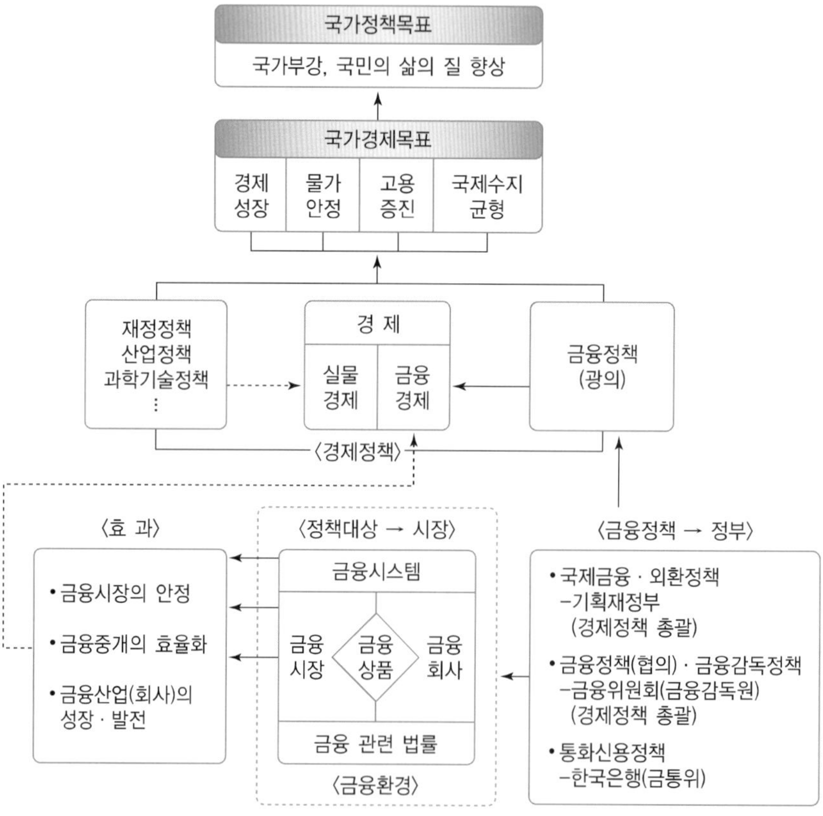

| 그림 1-1 | 금융의 총괄적 흐름

출처: 방영민(2010). 금융의 이해, p.19.

그러므로 금융정책은 일차적으로 금융경제 전반에 영향을 미치며, 일정한 시차를 두고 투자·저축·소비 등 실물경제에까지 파급되기 때문에 투자자들은 투자에 앞서 이에 대한 이해가 필요하다. 그림 1-1은 금융의 전반적 흐름을 잘 보여주고 있다.

2) 금융환경의 변화

앞에서 살펴본 바와 같이 금융정책과 금융경제의 변화는 투자자들에게 큰 영향을 미친다. 여기서는 최근 국내외 금융시장에서 일어나고 있는 주요한 금융환경의 변화로서 전자금융의 확산, 글로벌화, 금융의 증권화, 금융의 자율화, 금융감독의 강화, 녹색금융 등을 중심으로 살펴보기로 한다.

(1) 전자금융의 확산

IT기술의 급속한 발전과 산업부문의 정보화가 빠르게 진행되면서 우리나라 전자금융환경이 변화하고 있다. 은행, 증권, 보험, 신용카드 등 금융권에서 전자금융서비스가 확대되고 있다. 금융권에서는 정보통신 기술이 기본적인 업무수단이 되면서 금융업무와 금융 산업 구조에 변화를 보이고 있다. 은행권에서는 인터넷뱅킹, 스마트폰뱅킹, 폰뱅킹 등 주로 지급결제 업무와 외환 업무에서 전자금융이 활성화되고 있고, 증권분야에서는 온라인 주식거래, 스마트폰 주식거래, 유가증권의 전자화 현상 등이 나타나고 있다.

전자금융서비스가 확대되면서 나타난 특징적인 변화는 다음과 같다.

첫째, 온라인 증권거래의 활성화이다. 온라인 증권거래는 인터넷, PC통신, 유무선 단말기, TV 등을 이용하여 주식, 채권, 선물, 옵션 등을 사고파는 거래이다. 투자자가 증권회사에 계좌를 개설하고 컴퓨터나 휴대전화 같은 유·무선 전자통신을 이용하여 주식 등 유가증권의 시세조회부터 주문입력과 체결확인 등을 직접 행한다. 이에 따라 온라인 증권회사가 생겨났으며 기존의 증권회사들도 온라인과 오프라인을 병행하여 운영하고 있다. 온라인 증권거래의 서비스가 향상됨에 따라 가입자도 매년 2배 이상 증가하여 2010년 6월 기준 전체고객의 55% 이상이 온라인 거래를 이용하고 있다.

둘째, 우리나라에 스마트폰 보급이 본격적으로 확대되면서 스마트폰을 이용한 모바일뱅킹이 최근의 트렌드로 떠오르고 있다. 이에 따라 증권사들은 홈트레이딩시스템

(HTS)에서 모바일트레이딩시스템(MTS)으로 전환하고 있으며, 개인 투자자들의 모바일 주식거래도 빠르게 증가함에 따라 증권사들은 모바일 주식거래 시장을 새로운 시장으로 보고 관련 서비스를 출시하고 있다. 초기에는 주식매매 서비스를 제공하는 애플리케이션만 제공하였으나 점차 해외주식매매, 주식워런트증권(ELW), 주가연계증권(ELS) 등 파생상품 매매 서비스까지 제공하고 있으며, 일부 증권사는 소셜네트워크 기능을 접목하여 실시간 리서치나 1대1 투자상담을 제공하기도 한다.

인터넷과 모바일을 이용한 온라인 증권거래는 개인투자자들에게 다음과 같은 장점을 안겨 준다. ① 온라인 증권거래가 활성화되면서 기존의 증권사와 온라인 증권사 간에 수수료 경쟁이 치열해짐에 따라 거래수수료가 대폭 낮아졌고, ② 시간과 공간의 제약없이 증권매매가 가능하고, ③ 풍부한 투자정보를 쉽게 얻을 수 있다.

(2) 글로벌화

우리나라에서도 금융시장이 개방화되면서 증권시장 및 증권거래 글로벌화가 이루어지고 있는데, 이는 몇 가지 형태로 구분할 수 있다.

첫째, 자금을 조달하기 위해 미국시장, 유럽시장, 일본시장 등에서 채권을 발행하거나 외국증시에 주식을 상장하는 것이다. 정부는 외화자금의 수급조절을 위해 정부가 지급 보증하는 외국환 평형기금채권(외평채)을 발행하는데, 외환위기를 극복하기 위해 해외시장에서 외화로 표시된 채권을 발행하였다. 우리나라 기업들은 주식예탁증서(Depository Receipts)의 형태로 외국증시에 상장하고 있다. 예를 들면 국민은행, 한국전력, 포스코, 신한지주, 우리금융 등은 미국의 뉴욕증권거래소(NYSE)에 상장하였고, 하나로통신, 미래산업, 웹진 등은 나스닥(NASDAQ)에 상장한 기업들이다. 삼성전자, 삼성SDI, 현대자동차, 하이닉스 등은 미국과 유럽 등 복수시장에 주식을 상장한 기업들이다.

둘째, 외국인의 국내 증권투자가 단계적으로 자유화되었다. 주식시장의 경우 외국인들은 1980년대에는 간접투자만 허용되다가 1990년대에 직접적인 투자도 허용되었다. 1998년 이후 외국인 투자자의 국내주식, 선물, 옵션에 대한 투자한도 및 수익증권에 대한 투자제한이 폐지됨에 따라 현재는 모든 유가증권을 취득할 수 있다. 채권은 주식에 비해 다소 늦게 개방되었는데, 1999년에 모든 상장채권에 대한 외국인 투자한도가 폐지되었다.

셋째, 외국증권회사의 국내진출이 확대되었다. 1990년대 이후 외국증권회사의 국내 진출에 관련된 제도를 개선하고, 증권거래업 등의 업종을 외국인에게 전면 개방함에 따라 외국증권회사가 우리나라에 많이 들어왔다. 또한 투자신탁업과 투자자문업도 개방 폭을 확대함에 따라 외국 투자신탁회사와 우리나라 기업의 합작회사 설립이 가능해졌고 외국투자자문회사의 국내 현지법인 설립이 허용되었다.

(3) 금융의 증권화

금융의 증권화(securitization)가 시작된 배경은 1980년대 중반 이후 환율, 금리 및 주가의 급변에 따른 위험을 회피하기 위하여 국제금융시장에서 증권의 발행을 통한 자금조달이 크게 증가하였다. 우리나라 금융시장에서도 기업들이 대출의 형태로 자금을 조달하는 대신 최근에는 주식이나 채권발행을 통한 직접금융으로 전환하고 있는 추세이다.

금융증권화는 금융시장에서 증권을 이용한 자금조달 및 운용이 확대되는 것을 의미한다. 금융증권화는 금융시장의 금융중개 방식이 직접 금융화되는 현상과 대출채권이 금융시장에서 증권화되는 현상으로 나눌 수 있다. 우리나라의 경우 금융의 증권화 진전 정도를 나타내는 총금융자산 중 유가증권과 유가증권연계 금융상품이 차지하는 비중은 급속히 확대되고 있지만, 아직까지는 금융기관의 대출채권 유동화를 통한 금융증권화는 시행되지 않고 있다. 우리나라에서 금융의 증권화가 빠르게 확산된 이유는 기업의 직접금융 증가, 금융기관의 유가증권 보유비중의 급증, 자본시장 개방에 의한 해외부문 유가증권의 매입확대, 그리고 고금리 유가증권연계 금융상품의 다양화 등으로 설명할 수 있다.

(4) 금융의 자율화

우리나라의 금융의 자율화는 1980년대 중반에 시작되어 1990년대 본격화되었고 2007년에 드디어 「자본시장과 금융투자업에 관한 법률」(「자본시장법」)을 제정하여 2009년 2월부터 시행하였다. 금융 자율화의 기본 목적은 금융부문에서 자율과 경쟁을 바탕으로 하는 시장원리를 도입하여 금융산업의 국제경쟁력을 강화하고 금융시장의 효율성을 제고하기 위한 것이다.

자본시장의 빅뱅(Big Bang)이라 할 수 있는 「자본시장법」은 은행과 보험사를 제외한 증권사, 자산운용사, 투자자문사 등 자본시장 관련업에서 각기 따로 적용되던 여러 법률들을 단일 법률로 통합시키고, 규제개혁과 투자자 보호를 통해 금융혁신을 이루고자 하는 것이 주요 목표이다. 「자본시장법」의 시행으로 우리나라에서도 금융상품의 거래가 활성화될 것이며 금융회사도 선진화할 것으로 기대된다.

「자본시장법」의 세부적인 내용은 다음과 같이 정리할 수 있다. 첫째, 포괄주의 규제법 체제를 도입하여 금융회사에서 취급 가능한 상품에 대한 제재를 일일이 열거하지 않고 포괄적으로 규제함에 따라 이전의 규제가 대폭 완화된다. 현재 증권회사는 증권, 통화, 금리 등에 대해서만 파생상품을 출시 가능하지만 앞으로는 이 외에 기후, 재해, 실물 등을 대비한 여러 가지 금융상품을 개발·출시가 가능해진다. 이는 결과적으로 금융회사가 취급 가능한 상품이 대폭 늘어나는 것으로 금융상품 개발자들은 이전보다 훨씬 창의적이고 다양한 금융상품을 개발할 수 있고 투자자들은 상품선택의 폭이 넓어질 수 있다.

둘째, 기능별 규제체제 도입이다. 현행 법령하에서는 진입규제 및 건전성규제 등을 기관별로 적용하고 있지만 「자본시장법」에서는 기능별로 적용하게 되어 취급대상(금융투자상품), 영위업무(금융투자업), 영업대상(투자자)을 기준으로 금융기능을 분류하고 규제하게 된다.

셋째, 금융업무의 범위가 확대되어 은행, 보험사, 증권사, 종금사 등 금융회사 간 영위할 수 있는 업무를 제한하지 않고 겸업을 허용함으로써 금융회사 간 업무의 장벽을 없애는 것이다. 이제 우리나라에서도 미국의 골드만 삭스나 모건 스탠리 같은 대형 투자회사의 설립이 가능해진다. 금융업무 범위의 확대로 하나의 금융회사와 거래하는 고객이 있다면, 하나의 통장으로 보험, 저축, 주식매매도 할 수 있는 상품이 출시되는 것이다. 우리나라에서도 이미 방카슈랑스를 통해 은행에서 보험상품을 판매하고 있고 보험회사가 간접투자상품인 펀드를 판매하며, 증권사는 CMA를 통한 입출금 및 계좌이체 서비스가 가능하다.

넷째, 투자자보호를 강화하기 위하여 상품 판매 시 고객에게 만족할만한 설명을 하도록 의무하고 투자권유제도를 도입하여 고객 상황을 고려하여 권유하는 의무제를 도입한 것이다.

(5) 금융감독의 강화

금융시장의 자율화 및 개방화에 따라 금융시장의 효율성은 증대되었으나 자금의 급속한 이동 등에 따른 금융시스템과 금융시장의 불안정성이 커지는 부작용을 경험하면서 안정성 제고를 위한 리스크 관리의 강화가 요구되고 있다. 이에 따라 정부는 금융환경변화에 상응하여 금융부문의 위기대처 능력을 배양하기 위해 감독체계의 정비를 강화하고 있다. 예를 들면, 2003년 초 신용카드사의 경영부실 가능성에 따른 금융시장의 혼란을 경험한 후 금융감독 당국은 개별 금융회사, 권역별 금융산업, 전체 금융산업에 대해 금융위기를 조기에 인식하고 선제적으로 대응하는 조기경보모형을 구축하였다. 또한 금융감독원의 감독 인력을 대폭 확충하여 금융 리스크가 큰 부문에 감독역량을 집중하는 리스크 중심의 감독시스템을 구축하였다.

그리고 정부는 채무자 및 전자금융 이용자 등 금융소비자 보호를 강화하고 있다. 정부는 미등록 사채업자로부터 금융소비자를 보호하기 위해 2007년 「이자제한법」을 제정·시행하였고, 이에 따라 금전대차에 관한 계약상의 최고이자율을 연 30%로 제한하였다. 또한 전자금융을 거래하는 소비자의 권리를 보호하기 위해 전자금융사고 발생 시 사업자의 무과실 책임원칙을 적용하도록 하였다.

(6) 녹색금융

지구온난화에 따른 기후변화의 문제가 심각해지고 주요 에너지자원의 고갈이 우려되면서 전 세계적으로 녹색성장에 대한 관심이 높아지고 있다. 녹색성장(green growth)은 환경을 고려한 지속가능한 성장을 의미하는데, 현재 세계 각국은 녹색성장을 새로운 경제발전 패러다임으로 채택하고 경제와 산업구조를 친환경적으로 바꾸기 위해 노력하고 있다. 이처럼 녹색성장을 지원하는 금융활동을 녹색금융이라 부르는데, 다시 말하면 금융에 친환경 개념을 결합시킨 것이다.

국제연합 환경계획 금융이니셔티브(United Nations Environmental Plan/Finance Initiative)에서는 녹색금융을 다음 두 가지 개념으로 설명하고 있다. 첫째, 녹색성장을 지원하는 금융으로, 경제 전반에 걸쳐 자원 및 에너지의 효율을 높이고, 환경개선의 효과가 있는 생산활동에 자금을 제공함으로써 저탄소 녹색성장을 지원하는 것이다. 예를 들면 환경 관련 지수를 개발하거나 펀드를 조성하여 친환경 기술과 기업에 투자함으로써 녹색성장을 지원할 수 있다.

둘째, 환경훼손을 방지하는 금융으로, 환경을 파괴하는 활동에 자금이 공급되는 것을 차단하기 위한 심사와 감시 체계를 창출하는 활동을 말한다. 예를 들어 은행이 대출 심사 과정에서 기업의 환경위험을 반영함으로써 환경훼손의 우려가 있는 기업에 자금 공급을 억제할 수 있다.

이와 더불어 녹색금융을 탄소시장사업으로 확장하여 새로운 금융상품 개발과 환경위험 관리를 통해 금융산업 자체의 발전을 추구하는 새로운 형태로 볼 수도 있다. 예를 들면 탄소배출권 거래와 관련하여 중개업무, 탄소관련 자문·주선·투자, 신용보증업무, 컨설팅, 배출권 직접 매매 등 다양한 사업이 포함될 수 있다.

현재 세계 각국은 저탄소 녹색성장과 녹색금융의 활성화를 위한 정책 지원을 아끼지 않을 뿐만 아니라 민간 금융회사들의 참여도 활발한 편이다. 반면에 우리나라는 아직까지 녹색금융의 발전 정도가 미흡하지만, 최근에 관련 법률의 입법과 정책 지원이 조금씩 진행되고 있다.

참고문헌

김대호·오세경(2004). **투자론**. 경문사.

김병덕·이석호(2011). **고령화진전에 따른 정책과제**. 한국금융연구원 보고서.

김영규(2010). **증권투자론**. 율곡출판사.

박현수(2011). **위기이후 세계 경제질서의 변화와 대응**. 삼성경제연구소 연구보고서.

방영민(2010). **금융의 이해**. 법문사.

안승철·정영숙·배미경(2003). **신 투자와 보험**. 도서출판 신정.

윤상하·신민영(2011). **장기적인 물가압력-경제 구조 변화 요구한다**. LGERI보고서.

조선일보(2011년 7월 18일자).

최운열·박영석(2008). **투자론**. 박영사.

한국경제신문(2011년 7월 8일자).

한국금융연구원(www.kif.re.kr)

2장 투자의 기초

우리 사회는 시장개방과 금융환경의 변화, 저금리, 고령화, 고용구조의 불안정 등의 사회·경제적 변화를 경험하면서, 개인재무설계와 자산관리에 대한 관심이 급증하였다. 재정자원의 관리를 통해 생애주기 전체에 걸쳐 원하는 소비수준을 유지하고, 기대하는 생활양식을 달성하고자 하는 욕구가 증대했기 때문이다. 이에 따라 주식, 채권, 부동산, 각종 펀드, 파생상품 등 투자자산에 대한 수요가 확대되었고, 다양한 투자 상품이 지속적으로 개발되고 있다. 본 장에서는 투자의 개념과 기본원리, 투자의 기회비용, 투자위험 및 투자전략 등 투자와 관련된 기초 지식에 대해 다룸으로써 투자에 대한 이해를 높이고자 한다.

1. 투자의 개념과 유형

1) 투자의 개념

투자(investment)란 미래의 불확실한 기대수익을 획득하기 위해 현재의 소비를 유보하는 경제적 선택이다. 즉, 미래에 더 큰 수익을 얻을 목적으로 현재 소비를 포기하고 경제적 희생을 감수하여 각종 자산을 취득하는 행위라고 할 수 있다. 모든 투자행위에서 자금을 지불하는 시점은 현재이고, 그에 대한 보상을 받는 시점은 미래이기 때문에 결국 불확실한 미래수익을 위해 현재의 확실한 가치를 희생하는 것이다.

투자는 불확실성(uncertainty)이라는 특성을 가지고 있으며, 불확실성의 정도는 투자 대상이 가지고 있는 위험(risk)과 수익을 얻기 위해 걸리는 시간(time)의 두 가지 속성에 의해 달라진다. 그러므로 투자는 시간에 대한 보상과 위험에 대한 적절한 보상이 부여된 경제행위라고 할 수 있다. 일반적으로 은행의 정기예금은 이자율이 정해져 있기 때문에 투자의 성과가 미리 정해져 있고, 은행이 도산하지 않는 한 투자의 결과가 달라질 위험은 거의 없지만, 부동산이나 주식과 같은 투자자산은 시간이 흐름에 따라 투자 성과가 달라질 수 있으며 그것을 쉽게 예측하기 어렵다. 즉, 은행예금에 비해서는 상대적으로 불확실성이 크다. 일반적으로 불확실성이 크면 투자의 수익성은 높고, 반대로 불확실성이 작으면 수익성도 낮다.

투자의 기본 원칙은 투자에 따른 미래 기대수익이 원금의 보존뿐 아니라, 화폐의 시간가치와 불확실성에 대한 보상까지도 모두 상쇄하고도 남음이 있을 때 비로소 투자라는 경제적 선택을 해야 한다는 것이다. 시간과 불확실성에 대한 보상이라는 측면에서 저축(saving), 투자(investment), 투기(speculation) 및 도박(gambling)행위의 개념 정의가 달라진다. 저축의 경우에는 현재의 소비를 희생함으로써 화폐의 시간가치를 반영하기는 하지만, 위험에 대한 대가가 거의 없다. 즉, 투자위험이 매우 낮고 예측 가능하기 때문에 현재의 소비를 희생해서 미래에 큰 수익을 기대한다기보다는 안정적인 생활을 위한 준비라고 이해하는 것이 적절하다.

투자는 비교적 낮은 위험의 자산에 자금을 비교적 장기적으로 투입한 후, 그 자산으로부터 발생하는 재산소득이나 자본이득 등의 수익을 기대하는 것이다. 그에 반해 투기는 비교적 위험이 높은 자산에 자금을 일시적으로 투입하고, 자산의 가격변동을 이용하여 단기적인 매매차익을 기대하는 거래를 말한다. 투기는 위험 보상에 대한 기대가 매우 높고, 예측이 어려운 경우이다. 투자가 합리적인 정보수집과 분석과정을 거쳐서 투자 대상을 선택하는 데 반해, 투기는 그러한 절차 없이 고수익만을 추구하는 경향이 있다. 즉, 투기는 상대적으로 짧은 기간 동안 평균 이상의 수익을 얻을 목적으로 평균 이상의 위험을 부담하는 것이다. 그러나 이보다 더욱 심각한 경우는 도박이다. 도박은 시간 보상과 위험 보상에 대한 개념이 전혀 없고, 합리적인 정보수집과 분석과정도 없이 모든 결과를 운에 맡기는 일탈적인 행위이다.

투자의 목표는 투자자가 감수할 수 있는 위험수준 내에서 미래의 부를 극대화하는 대안을 선택함으로써 투자자의 효용(utility)을 극대화하는 것이다. 즉, 동일한 위험을 갖는 투자기회 중에서 최대의 수익을 기대할 수 있는 투자대상을 선택해야 하고, 그것이 투자자의 효용과 만족도를 극대화해야 한다. 그러나 투자에 대한 효용은 개인마다 다르기 때문에, 미래의 부를 극대화하는 객관적인 자산수준이 존재한다 할지라도 그것이 투자자의 주관적인 효용을 극대화하지 못하면 투자는 행해지지 않는다.

2) 투자의 유형

투자는 투자대상의 다양한 속성과 투자과정의 차이에 따라 여러 가지 유형으로 구분될 수 있는데, 가장 기본적인 구분은 다음과 같다.

(1) 증권투자와 실물투자

투자대상에 따라 투자의 유형을 분류하면, 크게 증권투자와 실물투자로 나눌 수 있다. 증권투자(security investment)는 주식, 채권, 어음, 옵션 등 유가증권의 형태를 갖는 금융자산에 투자하는 것을 의미한다. 유가증권은 재산적 가치를 지닌 일체의 증서로서, 금융시장의 자금거래에서 발생되는 금전적인 청구권을 증서로 표시한 것이다. 이에 반해 실물투자(property investment)는 토지, 건물 등 부동산과 기계, 설비, 장치, 골동품 등 물리적 형체를 갖는 고정자산에 투자하는 것을 의미한다.

증권투자의 대상은 일반적으로 주식, 채권, 선물 및 옵션 등으로 구분된다. 주식 투자는 주식회사 형태의 사기업이 자금을 조달하기 위해 발행하는 출자증권을 투자자가 매입하는 형태이다. 주식의 매입을 통해 투자자는 해당 기업의 주주가 되므로 기업의 경영성과에 따라 배당금을 지급받고, 주식매매의 시세차익을 통해 자본이득도 얻을 수 있다. 채권 투자는 발행주체의 경영성과에 관계없이 발행조건에 따른 확정이자가 지급되고 만기가 되면 원금상환이 이루어지는 투자형태로서, 채권을 매입한 투자자가 채권자가 되고 채권을 발행한 주체(정부, 지방자치단체, 공공기관, 주식회사 등)는 채무자가 되는 것이다.

선물, 옵션 등은 파생상품으로서 그 시장가치가 특정 자산의 가격이나 금리, 주가지수 등에 연동되어 결정되기 때문에, 해당 기초자산의 시가 변동에 따라 수익을 기대할 수 있는 투자 형태이다. 선물은 특정 상품을 미래의 일정 시점에 인수, 인도하기로 약속하고 그 가격을 현재 시점에서 결정하는 계약을 말하며, 옵션은 특정 상품을 미래의 일정 시점에 미리 결정된 행사가격으로 매입 또는 매도할 수 있는 선택권을 말한다.

주식 투자, 채권 투자, 파생상품투자에 대해서는 이 책의 제3장에서, 부동산투자에 대해서는 제5장에서 자세히 다루도록 하겠다.

(2) 직접투자와 간접투자(집합투자)

투자행위의 주체에 따라 투자의 유형을 분류하면, 직접투자와 간접투자로 나눌 수 있다. 직접투자(direct investment)는 투자자 자신이 금융자산이나 실물자산을 직접 매입, 보유, 매도하고 자신의 판단하에 투자자금과 자산을 운용하는 것이고, 간접투자(indirect investment)는 투자자 소유인 자산의 매입, 관리 및 처분 등을 전문투자자에게 의뢰하는 것을 말한다. 간접투자는 주로 전문투자자가 일반투자자들의 자산을 모아 자산의 집합을 구성, 운영한 후 그에 따른 수익을 일반투자자들에게 되돌려주는 형태로 이루어진다. 이에 따라 2009년 2월부터 시행된 「자본시장과 금융투자업에 관한 법률」에서는 집합투자라는 개념을 도입하였다. 집합투자란, 2인 이상에게 투자권유를 하여 모은 자금으로, 투자가치가 있는 자산을 취득, 처분하는 등의 방법으로 운용하고, 그 결과를 투자자에게 배분하여 귀속시키는 것을 말한다.

펀드(fund)는 이러한 집합투자를 위해 만든 기구이다. 계약에 의해 펀드를 설정할 수도 있고, 집합투자를 위해 만들어진 회사형태의 펀드도 있다. 우리가 흔히 접하는 금융회사의 각종 펀드상품들은 주로 계약에 의해 펀드를 설정한 것으로서, 투자자가 집합투자업자와 계약을 맺고 투자신탁을 맡기는 형태이다. 집합투자업자는 일정기간 동안 증권 등 특정자산에 투자할 목적으로 일반 투자자들에게 자금을 조달하여, 이 자금으로 자산을 매입, 분산투자하고 효과적으로 관리하여 수익을 얻은 후, 신탁보수나 수수료를 차감하고 나머지 운용수익을 일반 투자자들의 투자 비중에 따라 배분해 준다. 집합투자는 전문적인 지식이 상대적으로 부족한 일반 투자자들을 대신하여 전문투자기관이 신탁재산을 운용하기 때문에 투자의 효율을 높이는 동시에 투자의 기회를 확대해 주는 효과를 갖는다.

소비자 투자코너 2-1

『자본시장과 금융투자업에 관한 법률』의 주요 내용

「자본시장과 금융투자업에 관한 법률」(이하 「자본시장법」)은 실물경제 규모에 맞는 자본시장 발전을 유도하여 기업의 자금조달을 활성화하고, 금융산업의 발전을 유도하여 선진 투자은행 수준의 경쟁력을 확보하고자 하는 취지에서 2007년 8월 3일 제정되었다. 2009년 2월 4일 최초 시행된 이후, 수차례 일부 개정을 거쳐 시행되고 있다.

「자본시장법」은 자본시장과 관련된 기존 6개의 법률(「증권거래법」, 「선물거래법」, 「간접투자자산운용법」, 「신탁업법」, 「종합금융회사에 관한 법률」, 「한국증권선물거래소법」)을 통합함으로써, 기존 법률체계의 문제점을 개선하고 제도의 선진화를 도모하였다.

기존의 법률들은 금융회사별로 각각 존재했기 때문에, 유사한 기능을 하는 상품일지라도 개별 법률마다 적용되는 규제가 다르다는 문제점이 있었다. 또한 금융회사가 취급할 수 있는 상품들을 법률에 나열하는 방식(열거주의)이었기 때문에 비슷한 상품이라도 법령에 제시되어 있지 않으면 적용이 불가능했다. 또한 자본시장의 금융업간 겸영을 엄격하게 제한했고, 투자자보호제도에 대한 내용도 미흡했다.

그러나 「자본시장법」에서는 기능에 따라 금융투자업을 6개(투자매매업, 투자중개업, 집합투자업, 투자자문업, 투자일임업, 신탁업)로 구분하고 동일 기능에 대해 동일한 규율을 적용한다. 또한 법률에서 금융투자상품의 개념을 정의함으로써 모든 금융투자상품을 규율대상으로 포괄하는 방식(포괄주의)을 취하였다. 모든 금융투자업 간의 겸영을 허용하였고, 투자권유 규제, 이해상충 방지체제 등 투자자보호제도를 강화하였다.

자본시장 관련 법률을 단일법률로 통합
규제 개혁, 투자자보호 강화 ⇨ 금융혁신+자본시장의 공정성, 신뢰성 제고

↑

기능별 규율체제 도입

- 금융 투자업, 금융 투자상품, 투자자를 경제적 실질에 따라 각각 재분류
- 취급 금융기관을 불문하고 경제적 실질이 동일한 금융기능을 동일하게 규율
- 금융기능=금융 투자업+금융 투자상품+투자자

금융 투자상품의 포괄주의 전환

- 투자성의 개념에 근거하여, 금융 투자상품 개념을 추상적으로 정의. 모든 금융 투자상품을 법률의 규율대상으로 포괄
- 금융 투자상품을 포괄적으로 증권, 파생상품(장내, 장외)으로 구분

업무범위의 확대

- 모든 금융 투자업 상호 간 겸영 허용
- 투자권유대행사제도 도입
- 금융 투자업 관련 모든 외국환업무 허용
- 증권사, 은행공동결제망에 직접 참여 가능, 결제, 송금, 수시입출금 등 금융서비스 제공 가능

투자자보호제도의 선진화

- 신의성실의무, 투자자의 구분
- Know-your-customer-rule 도입
- 설명의무 신설, 적합성원칙 도입 등
- 부당권유 규제
- 약관규제, 광고규제

(3) 단기 투자와 장기 투자

투자기간에 따라 투자의 유형을 분류하면, 단기 투자(short-term investment)와 장기 투자(long-term investment)로 구분된다. 장기와 단기를 나누는 기준은 약간씩 차이가 있는데, 우리나라에서는 일반적으로 투자기간이 1년 미만인 것은 단기투자로, 1년 이상인 것은 장기투자로 분류한다. 또는 투자기간이 1~5년 정도인 것을 중기 투자로 세분화하고, 5년 이상 되는 것을 장기투자로 구분하기도 한다. 그러나 이러한 구분은 투자자산의 기간적 유효수명에 의해 분류한 것이며, 반드시 1년, 혹은 5년이라는 기간을 엄격하게 적용한다는 의미는 아니다.

단기 투자와 장기 투자의 구분은 투자자산의 성격에 따라 다르게 적용될 수 있다. 예를 들어 금융상품의 경우 가입기간이 1년 미만인 상품들을 주로 단기 운용상품이라고 하고, 가입기간이 1개월 혹은 그 이하인 상품들을 초단기 상품으로 구분한다. 주식의 경우에는 1개월 혹은 6개월을 기준으로 단기 투자와 장기 투자를 나누기도 하며, 혹은 주식에서의 장기 투자와 단기 투자는 단순한 기간의 문제가 아니라 투자방식의 차이에 기인하기 때문에 이를테면 1개월짜리 투자가 단기 투자가 될 수도 있고 장기 투자가 될 수도 있다고 논의된다. 이에 반해 부동산 같은 경우에는 투자기간이 적어도 5년 이상 되는 경우를 장기투자로 본다.

2. 투자의 기본원리

1) 투자의 기본요소

투자를 결정할 때 고려해야 하는 가장 중요한 세 가지 요소는 수익성, 안전성, 그리고 유동성이며 이를 일반적으로 투자의 3요소라고 부른다. 물론 투자의 고려요인으로 투자기간, 헤징(위험분산) 목적, 자금의 성격, 금융기관의 여건 등도 있으나, 가장 기본적이고 강력한 요인은 수익성·안전성·유동성의 세 가지이다.

(1) 수익성

수익성은 투자대상이 얼마나 많은 이익, 경제 가치를 만들어내며 자산을 증식시켜

주는가의 문제이다. 투자는 미래의 더 큰 수익을 기대하며 현재의 소비를 포기하는 행위이기 때문에 투자대상이 얼마나 큰 수익을 가져올 것인가가 매우 중요하다.

이자나 배당액, 시세차익, 집세 등은 모두 수익(return)에 포함되며, 일정 기간 동안 원금에 대해 발생한 수익의 비율을 수익률이라고 한다. 또한 수익에서 수익을 얻기 위해 들인 비용을 차감한 것을 이익(profit)이라고 하며, 이를 투자원금으로 나눈 것이 이익률이다. 그러나 개인 투자자들의 경우에는 투자를 하는 데 들이는 별도의 비용이 미미하기 때문에 일반적으로 수익률이라는 용어와 이익률이라는 용어가 혼용되고 있다.

수익성은 금융상품에 따라 그리고 투자기간과 투자시기에 따라 계속 변화하며, 주식이나 부동산, 실적배당 금융상품 등은 수익률이 고정되어 있지 않다. 또한 이익에 대한 세금혜택 유무도 최종 수익률에 영향을 미치므로, 어떤 투자유형이 가장 수익성이 높은지에 대해서는 단정적으로 말하기 어렵다.

(2) 안전성

수익률이 높다고 할지라도 투자의 위험이 크면 바람직한 투자라고 할 수 없다. 투자를 통해 기대하는 미래의 수익은 불확실하며, 투자대상에 따라 그 불확실성의 정도가 다르다. 안전성이라는 것은 투자 자산의 가치를 상실하지 않고 얼마나 확실하게 지킬 수 있는가를 의미하며, 위험의 반대개념이다. 그러므로 투자 목표를 달성하기 위해서 허용할 수 있는 위험의 정도를 고려하여 투자대상을 선택해야 한다.

투자에 있어서의 위험은 투자종목 자체에 대한 안전성과 거래대상에 대한 안전성으로 나누어 고려해야 한다. 투자종목에 대한 안전성은 투자대상을 주식으로 할 것인지 채권으로 할 것인지 또는 예금상품으로 할 것인지에 따라 달라지며, 거래대상에 대한 안전성은 예금상품을 선택하더라도 시중은행과 거래를 할 것인지 새마을금고와 거래를 할 것인지에 따라 달라지기 때문이다.

대체로 안전성과 수익성은 반비례 관계에 있다. 안전성이 높을수록 기대수익은 감소한다. 즉, 투자위험이 클수록 기대수익 역시 증가한다는 것이다. 은행예금은 안전성이 높은 반면 기대수익이 낮고, 주식 투자는 원금상실 등 위험부담이 크지만 그만큼 기대수익도 높다.

(3) 유동성

유동성은 현금이 필요할 때 얼마나 손쉽게 자산을 처분하여 손실 없이 현금화할 수 있느냐를 의미하며, 환금성이라고도 한다. 자산을 많이 보유하고 있더라도 현금화하지 못하거나 현금화하는 데 큰 손해가 따른다면, 바람직한 자산관리라고 할 수 없다. 가계의 갑작스런 소득상실이나 가족원의 예기치 못한 사고 등 비상사태가 발생할 것을 대비하여 월평균 소비 지출액의 2~6배 정도를 유동성 높은 금융자산의 형태로 가지고 있는 것이 바람직하다. 그러나 극단적으로 유동성을 중시하여 자산의 대부분을 현금으로 보유하면, 수익성이 전혀 없을 뿐 아니라 물가상승에 따른 화폐가치의 하락으로 인해 수익성이 마이너스가 될 수도 있다.

유동성과 비슷한 개념으로 시장성이 있다. 유동성은 단기에 현금화할 수 있는 시장을 찾을 수 있는 가능성과 손해를 보지 않고 안정된 가치를 얻을 수 있는 가능성을 모두 포함하는 개념이다. 반면, 시장성은 현금화할 수 있는 시장을 찾을 수 있는 가능성만을 의미하며, 반드시 안정된 가치가 보장되지 않을 때에도 사용된다. 결국 시장성의 개념은 현금화에는 큰 문제가 없으나, 손실 가능성이 잠재해 있을 때에도 사용 가능하다.

일반적으로 유동성은 수익성과 반비례한다. 그러므로 어느 정도의 유동성을 확보하기 위해 수익성의 일부는 포기해야 한다. 일반저축예금은 수시입출금이 가능하여 유동성은 매우 높은 반면 수익률이 낮고, 부동산은 유동성이 낮은 반면 수익성은 높은 편이다. 또한 증권시장에서 거래되는 증권들 간에도 유동성에 차이가 있다. 대체로 유동성이 높을수록 잠재적 수익이 낮아지므로 투자를 결정할 때 투자 상황과 목표, 투자기간 등을 고려하여 유동성과 수익성에 대한 적절한 분배를 해야 한다. 또한 투자자는 미래 시점에 필요한 유동성 규모를 예측하여 미래의 불확실성에 대비하는 투자결정을 해야 한다.

(4) 수익성·안전성·유동성의 관계

투자대안에 따라 수익성·안전성·유동성의 정도가 다르다. 결국 각 투자대안의 수익성 차이는 각각의 위험정도와 유동성 정도가 다르기 때문에 발생하는 것이다. 대체로 유동성이 낮을수록, 위험부담이 클수록 수익성은 높아진다. 즉 유동성과 안전성을 포기하는 대가로 높은 기대수익을 얻게 되는 것이다.

일반저축예금은 위험성이 낮고 기대수익도 낮으나, 언제든지 현금화가 가능하다는 장점을 가진다. 이에 반해 주식 투자는 기대수익이 높으나 안전성이 낮고, 부동산 투자는 기대수익이 높으나 유동성이 떨어진다. 그러므로 위험 삼분주의를 염두에 두고, 자산의 3분의 1은 주식과 같이 수익성이 높은 대안에 투자하고, 3분의 1은 안전성이 높은 채권이나 정기예금 혹은 부동산, 그리고 나머지 3분의 1은 유동성이 높은 저축예금이나 양도성예금증서(CD)와 같은 단기금융상품 등에 분산투자를 하는 것이 바람직하다.

2) 투자의 기본원리: 위험과 수익의 상반관계

투자의 목적은 투자수익을 극대화하는 것이다. 그러나 아무리 기대수익이 높다할지라도 투자에 따르는 위험이 크다면 그 누구도 투자를 쉽게 결정하지 못할 것이다. 즉, 투자는 수익을 극대화한다는 목적과 더불어 위험은 극소화해야 한다는 목적을 동시에 가지고 있다. 그러나 이 두 목적은 동시에 달성할 수 없는 선택이다. 이를 위험과 수익의 상반관계(risk-return trade off)라고 하며, 투자를 결정하는 데 있어 가장 기본적인 원리이다.

높은 수익을 얻기 위해서는 보다 많은 위험을 감수해야 하고, 위험부담을 줄이기 위해서는 기대수익을 낮추어야 한다. 결국 높은 위험을 감수하는 대가로 그에 상응하는 높은 수익을 얻게 되는 것이다. 그러므로 투자자들은 투자에 따르는 기대수익과 위험수준을 비교한 후, 감수해야 하는 위험수준보다 기대수익이 크다고 판단되면 투자를 결정한다. 합리적으로 투자대상을 선택하여 성공적인 투자를 하기 위해서는 투자대상이 가지고 있는 기대수익률과 위험을 동시에 고려하여 최적의 투자대안을 선택하는 것이 필요하다.

3. 투자수익률과 투자위험의 이해

1) 투자수익률의 이해

여러 가지 투자대안의 성과를 비교하기 위해서는 절대금액의 증가분보다는 투자수익률을 계산하여 비교해야 한다.

(1) 보유기간 수익률

가장 간단하게 사용할 수 있는 투자수익률 형태는 투자원금 대비 투자수익의 비율을 퍼센트로 표시하는 것이다. 즉 투자자산을 보유한 기간 동안 총 몇 %의 수익을 냈는지를 계산하는 것으로서, 보유기간 수익률이라고 부른다.

$$\text{보유기간 수익률} = \frac{\text{기말의 투자자산}}{\text{기초의 투자자산}} - 1 \quad \cdots\cdots \text{ 식 2-1}$$

(2) 연평균 수익률

보유기간 수익률을 계산할 때는 투자기간을 반영하지 않기 때문에, 투자기간이 다른 경우 직접적인 비교가 곤란하다. 그러므로 보유기간 동안의 연평균 수익률을 계산하여 비교하는 것이 더 바람직하다.

$$\text{연평균 수익률} = \sqrt[n]{\frac{\text{기말의 투자자산}}{\text{기초의 투자자산}}} - 1 \quad \cdots\cdots \text{ 식 2-2}$$

여기에서, n=연단위로 표기한 투자기간
n=2, n=2.5 등으로 산입함

(3) 기대수익률

투자자산에 따라 미래의 수익률이 정확하게 예측되는 경우도 있고, 상황에 따라 달라지는 경우도 있다. 정기예금은 미래 수익률이 확실하게 주어지지만, 주식은 다양한 경제요인에 의해 기업성과가 달라지고, 주가가 변동하기 때문에 미래 수익률을 예측하기 어렵다.

기대수익률(expected rate of return)은 이와 같은 변동요인을 고려하여 예상 수익률을 산출하는 것이다. 즉, 특정한 사건이 일어날 확률과 그 사건이 일어날 경우 예상되는 수익률을 곱하여 모든 경우의 수를 합산한다.

$$\text{기대수익률} = \sum(P_i \times R_i) \quad \cdots\cdots \text{ 식 2-3}$$

여기에서, $P_i = i$ 상황이 발생할 확률
$R_i = i$ 상황이 발생할 경우 수익률

예를 들어, 경제환경에 따라 예상되는 투자수익률이 다음과 같이 달라지는 주식 A와 B가 있을 때, 각각의 기대수익률을 계산해 보자.

경제환경	확 률	주식 A (현재가 10,000원)		주식 B (현재가 10,000원)	
		예상주가	수익률	예상주가	수익률
성 장	0.3	13,000원	0.3	15,000원	0.5
현상유지	0.4	11,500원	0.15	11,500원	0.15
침 체	0.3	8,500원	-0.15	6,500원	-0.35

- 주식 A의 기대수익률=0.3×0.3+0.4×0.15+0.3×(-0.15)=0.105=10.5%
- 주식 B의 기대수익률=0.3×0.5+0.4×0.15+0.3×(-0.35)=0.105=10.5%

위와 같이 주식 A와 B의 기대수익률은 동일하게 10.5%이다. 그러나 주식 A의 투자수익률 범위는 -15%에서 30%이고, 주식 B의 수익률 범위는 -35%에서 50%이다. 그렇다면, 주식 A와 B 중 어떤 주식의 투자위험이 더 높다고 말할 수 있을까?

2) 투자위험의 이해

(1) 투자위험의 개념

미래의 결과에 대해 완전한 지식을 가지고 예측할 수 있는 상태를 확실성(certainty)이라고 하고, 반대로 미래 결과에 대해 완전히 무지인 상태를 불확실성(uncertainty)이라고 하는데, 현실적으로 완전한 확실성이나 완전한 불확실성은 거의 존재하지 않는다. 위험(risk)은 의사결정자가 미래의 결과에 대해 부분적인 지식만을 가지고 있기 때문에 미래의 결과가 확률분포로 예상될 수 있는 상황을 말한다. 투자자들은 대개 부분적인 지식만을 가지고 투자를 결정하기 때문에 투자행동은 위험하에서 이루어지는 대표적인 의사결정이다.

채권이나 주식과 같은 증권투자를 통해 투자자가 미래에 얻게 될 수익은 이자나 배당금, 그리고 자본이득(capital gain)이다. 채권에 투자할 경우, 계약 당시 확정이자의 지급이 약속되지만 경우에 따라서는 이자지급이 연기되거나 또는 불이행될 가능성도 있다. 자본이득은 매입가격과 매도가격의 차이에 의해 시세차익을 얻는 것을 말하는데,

매입가격은 투자시점에서 확실하게 지불하는 값이지만, 매도가격은 확실한 예측이 어렵기 때문에 결과적으로 자본이득이 될 수도 있고 자본손실(capital loss)이 될 수도 있다. 이렇듯 투자를 통해 기대하는 미래의 수익은 불확실성을 내재하고 있는 확률변수이다.

투자위험은 투자수익의 변동성(variability), 불확실성, 예측불가능성, 혹은 기대했던 수익률에 도달하지 못할 가능성 등을 말한다. 만일 어떤 투자의 실제 수익률이 기대수익률과 큰 편차를 가질 가능성이 크다면, 그 투자는 큰 위험을 가지고 있는 것이다.

(2) 투자위험의 종류

투자위험은 전체가 공통적으로 직면하는 위험도 있고, 특정 자산이나 특정 기업에만 발생하는 위험도 있다. 위험을 발생시킬 수 있는 요인은 사실 모든 투자대안에 존재하기 마련이다. 투자위험을 완전히 피해갈 수는 없지만, 투자위험의 종류와 투자대안별 위험도에 대한 정보를 가지고 있으면, 바람직한 자산관리 방법을 선택하는 데 도움이 된다.

① 체계적 위험

체계적 위험(systematic risk)은 시장 외부에서 주어지는 위험으로, 시장 내 모든 종목에 공통적으로 영향을 미치는 위험을 말한다. 시장위험, 이자율위험, 인플레이션위험 등이 여기에 포함된다.

시장위험(market risk)은 시장상황의 변화와 관련된 투자위험을 의미한다. 시장위험은 전체적인 증권시장, 부동산시장, 또는 특정산업의 경기 변동으로 인해 투자대안의 기대수익이 변화하는 경우를 말한다. 경제주기에 따라, 사회정치적 환경 변화에 따라 투자수익률이 영향을 받기 때문이다. 예를 들어 기업 자체의 투자가치가 매우 높은 대형 우량주에 투자를 했더라도, 주식시장 자체가 불황이면 상당한 주가하락을 경험할 수 있다.

인플레이션 위험(inflation risk)은 구매력 위험(purchasing power risk)이라고도 하는데, 투자수익률이 인플레이션을 감당하지 못해 투자를 통한 현금흐름의 구매력이 감소되고, 실질수익률이 마이너스가 되며, 투자가치가 감소하는 위험을 말한다. 특히 확정금리의 투자대안일 경우 인플레이션 위험에 노출될 가능성이 높아진다. 이와는 반대로 디플레이션 위험도 존재하는데, 이는 불경기나 정부의 통화정책 불균형으로 말미암아 전체 물가수준이 하락하면서 투자자들이 보유하고 있던 투자자산의 가치도 같이 감소하는 현상을 말한다.

이자율 위험(interest risk)은 자본시장의 이자율이 변화함에 따라 기존 투자대안의 가격이 변화하는 위험을 말한다. 즉, 시장 이자율이 상승함에 따라 고정 수익이 정해진 투자대안의 시장가치가 하락할 위험이다. 이자율 위험이 가장 높은 투자자산은 채권이라고 할 수 있다. 채권에는 액면이자율이 확정 기재되어 있기 때문에 시장 이자율이 증가하면 상대적으로 투자가치가 떨어지게 된다. 예를 들어 투자자가 1년 전에 연 5% 이자의 회사채를 구입했는데, 시장 이자율이 상승하여 올해 연 6.5%의 이자율로 회사채가 발행된다면 기존에 구입한 채권의 시장가치가 하락하는 것이다.

② 비체계적 위험

비체계적 위험(systematic risk)은 개별 기업이나 개별 자산이 직면하는 위험이다. 시장의 전반적인 사건과는 관계가 없기 때문에 고유위험이라고도 한다. 사업위험, 재무위험, 유동성위험 등이 여기에 포함된다.

사업위험(business risk)은 사업의 본질과 관련된 위험으로, 영업활동을 저해하는 사건이 발생할 확률, 경영부실이나 과도한 사업 확장 등으로 인해 투자수익을 돌려주지 못할 확률을 의미한다. 또한 재무위험(financial risk)은 회사의 운영에 사용된 부채 정도와 관련된 위험으로, 약속한 원금과 수익을 돌려주지 못할 확률을 말한다. 주식 투자를 한 투자자들은 기업의 도산이나 청산으로 인해 배당금을 받지 못하고 주가가 폭락하는 등의 위험에 처할 수 있고, 회사채를 구입한 투자자는 해당기업이 약속한 이자나 원금을 상환하지 못하는 등의 위험에 처할 수 있다.

유동성 위험(liquidity risk)은 어떤 투자자산을 급히 처분하여 현금으로 전환할 때 발생할 수 있는 자산가치의 손실을 의미한다. 부동산은 주식이나 채권과 같은 유가증권, 저축 및 기타 금융자산들과 비교할 때, 유동성이 낮기 때문에 급하게 현금화하기가 어려우며 급하게 현금화하는 경우 적지 않은 손실이 발생한다. 즉, 유동성 위험이 크다고 할 수 있다.

(3) 위험에 대한 투자자의 태도

모든 투자자들은 투자를 통해 더 많은 수익(return)을 얻는 것을 선호한다. 또한 적은 부(wealth)보다는 더 많은 부를 선호한다. 그러므로 투자에 따른 효용함수는 부의 크기에 대해 기울기가 (+)인 증가함수의 형태를 갖게 된다(dU/dW 〉0). 즉, 수익률 혹은 부가 증가할수록 총효용이 증가한다는 것이다. 그러나 부의 증가에 따라 총효용이 항상 비례적으로 증가하는 것은 아니며, 효용함수의 형태는 위험에 대한 개인의 태도에 따라 달라질 수 있다.

위험에 대한 투자자의 가치평가 및 태도에 따라 그 유형을 분류하면, 위험회피형 투자자, 위험중립형 투자자, 그리고 위험추구형 투자자로 나누어진다.

① 위험회피형 투자자

위험회피형 투자자(risk averter)는 위험을 좋아하지 않는 투자자로서, 다른 조건이 일정하다면 가능한 한 적은 위험을 부담하려는 유형이다. 위험회피형 투자자들의 효용함수는 그림 2-1의 (a)와 같이 부(wealth)의 증가에 따라 총효용은 증가하지만, 한계효용은 체감하는 형태를 갖는다. 수익률 혹은 부가 증가할수록 만족감이 증가하되, 추가적으로 얻게 되는 수익이 주는 만족감의 크기는 계속해서 줄어든다는 것이다. 이를 한계효용 체감의 법칙이라고 한다.

희소성의 원칙에 따라 추가적으로 얻게 되는 수익의 가치는 상대적으로 감소하기 마련이다. 뿐만 아니라 투자자들은 수익률이 높아짐에 따라 위험성도 함께 높아진다는 것을 알기 때문에 위험이 커질수록 투자안의 가치를 작게 평가하고, 그 위험에 대한

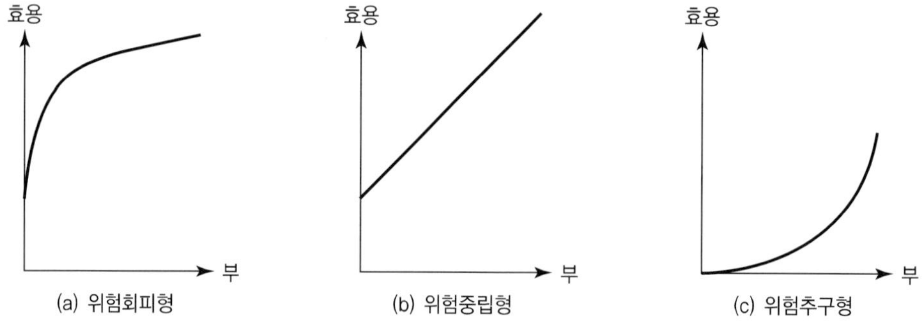

| 그림 2-1 | 위험에 대한 투자자의 태도와 효용함수

대가, 즉 위험 프리미엄(risk premium)이 적절히 주어지지 않으면 위험을 부담하려 하지 않는다.

현실에서 관찰되는 대부분의 투자자들은 위험회피형 투자자라고 할 수 있다. 이들은 위험을 피하려고 하기 때문에 불확실한 기대치보다는 확실한 부를 선호한다. 그러나 위험을 부담하는 대가로 위험프리미엄이 충분히 주어지면, 위험부담을 감수하고 투자를 행하기도 한다. 큰 위험을 감수하고 더 큰 기대수익을 얻음으로써 기대효용의 증가를 가져올 수 있기 때문이다. 또한 위험회피형 투자자들이 분산투자를 선호하는 이유 역시 그들의 총기대효용을 증가시키기 위해서이다.

② 위험추구형 투자자

위험추구형 투자자(risk seeker)는 더 큰 위험을 추구하며 높은 수익을 위해 큰 위험을 기꺼이 감수하는 유형으로서, 위험선호형(risk lover)이라고도 부른다. 이들은 수익률이 증가함에 따라 총효용이 증가함은 물론, 한계효용도 지속적으로 체증하는 특성을 보인다. 위험이 커질수록 높은 수익률을 얻을 수 있는 가능성이 커지므로 위험을 감수하며, 동일한 기대수익이라고 할지라도 위험이 더 큰 투자대안을 선택하여 기대효용을 증가시킨다. 따라서 위험추구형 투자자들의 효용함수는 그림 2-1의 (c)와 같이 부의 증가에 따라 총효용이 증가하면서 한계효용이 체증하는 형태를 갖는다. 위험추구형 투자자들의 경우, 높은 위험을 수용하고 높은 수익을 기대하는 만큼 큰 손실을 볼 가능성 역시 높기 때문에 합리적인 투자행동이라고 보기 어렵다.

③ 위험중립형 투자자

위험중립형 투자자(risk neutralist)는 위험의 크기에 관계없이 기대수익 혹은 기대하는 부에 의해서 의사결정을 하는 유형이다. 이들의 한계효용은 위험수준과 상관없이 일정하며, 단지 수익률에 의해서만 총효용을 극대화하고자 한다. 위험중립형 투자자들의 효용함수는 부의 증가에 따라 총효용이 증가하지만, 한계효용은 부의 수준에 관계없이 일정한 크기로 유지되기 때문에 그림 2-1의 (b)와 같이 직선의 형태가 된다. 위험중립형 투자자들은 위험에 대해 인지하지 않기 때문에 오히려 위험추구형 투자자들보다 더 비합리적이라고도 볼 수 있다.

4. 투자의 기회비용과 화폐의 시간가치

1) 투자의 기회비용

개인이나 가계가 재무목표를 설정하고 그에 적합한 투자방법을 선택할 때에는 시간의 흐름에 따라 화폐의 가치가 변화한다는 사실을 반드시 기억해야 한다. 화폐의 가치는 시간이 흐름에 따라 상승하기도 하고 하락하기도 한다. 예를 들어 2011년 1월 1일에 100만 원을 연 이자율 6%로 은행에 예금하고 1년 동안 이 돈을 출금하지 않으면, 2012년 1월 1일 이 돈은 106만 원이 된다. 그러나 만약 100만 원을 예금하는 대신 1년 동안 옷장 깊숙이 넣어둔다면, 6만 원의 이자를 얻지 못한 것은 당연하거니와 물가상승으로 인하여 오히려 돈의 가치가 하락하게 된다. 1년이라는 시간이 흐르면서 모든 물가가 상승했기 때문에 액면 상으로는 똑같은 100만 원이지만, 그 돈이 갖는 실질 구매력이 하락하는 것이다.

2011년의 물가상승률을 4%라고 가정해 보자. 이는 2011년 1월 1일에 100만 원을 가지고 살 수 있었던 물건을 2012년 1월 1일에는 104만 원을 지불해야 살 수 있다는 의미이다. 다시 말해 2011년 1월 1일의 100만 원은 시간이 흐름에 따라 물가상승에 의해 상대적인 가치를 점차 상실하여, 1년이 지나면 단지 96.15만 원의 실질구매력을 갖게 되는 것이다(100만 원÷1.04=96.15만 원). 그러나 위의 예에서처럼 연 이자율 6% 상품에 예금을 하면 6만 원의 이자를 얻게 되므로, 물가상승률에 의한 화폐가치 하락을 고려한 후에도 실질적으로 101.92만 원을 얻을 수 있다(106만 원÷1.04=101.92만 원). 결국 은행에 예금을 하면 실질적인 순이익(net gain)으로 약 2만 원을 얻게 되는 데 반해, 그냥 보유하고 있으면 오히려 4만 원 정도의 화폐 가치를 상실하게 되는 것이다.

이렇듯 화폐의 가치는 시간에 의해 결정된다. 은행에 저축을 하든지, 다른 방법을 이용하든지 간에 투자를 하는 경우에는 시간이 화폐의 가치를 더해주지만, 투자를 하지 않으면 오히려 인플레이션으로 인해서 실질적인 화폐 가치가 하락한다. 그러나 만약 투자를 통해 기대되는 이익이 인플레이션으로 인해 상실하는 화폐 가치보다 적다면, 사람들은 투자에 별다른 매력을 느끼지 못할 것이다.

예를 들어 저축상품의 연 이자율이 3.5%이고, 물가상승률이 5%라고 가정해 보자. 앞서 설명한 것처럼 100만 원을 1년간 그냥 보유하면, 인플레이션 때문에 1년 후 이

돈은 95.24만 원의 가치밖에 갖지 못한다(100만 원÷1.05=95.24만 원). 저축을 한다면, 이자율 3.5%이 적용되어 103.5만 원이 되지만, 이미 1년 동안 물가가 5% 상승했기 때문에 실질적인 가치는 98.57만 원이 된다(103.5만 원÷1.05=98.57만 원). 100만 원을 저축할 경우, 이 돈을 그냥 보유하는 것 보다는 약 3만 원의 실질 가치를 얻게 된다(98.57만 원-95.24만 원). 그러나 은행에 저축하지 않고, 1년 전에 소비했다면 100만 원의 구매력을 모두 사용할 수 있었던 것에 반해, 1년이 지난 후에는 오히려 98.57만 원의 구매력 밖에 갖지 못하게 되었다. 이처럼 저축을 했음에도 불구하고 화폐의 실질적인 가치가 하락하는 것은 저축상품의 연 이자율이 물가상승률보다 낮았기 때문이다.

저축을 하는 것은 투자행위이다. 투자는 미래에 더 큰 수익을 얻을 목적으로 현재의 소비를 유보하는 경제적 행위이다. 그러나 위의 예에서처럼 현재의 소비를 포기하고 100만 원을 저축하여 1년을 기다린 후에 얻게 되는 가치가 98.57만 원이라면, 사람들은 저축을 하려고 하지 않을 것이다. 다시 말해, 투자를 통해 기대되는 이자율이 물가상승률보다도 낮은 경우에 사람들은 투자를 하지 않고, 오히려 현재의 욕구충족을 위해 소비지출을 증가시킨다는 것이다. 반대로, 투자를 통해 기대되는 이자율이 인플레이션으로 인한 화폐의 가치상실을 상쇄하고도 충분히 남음이 있을 때 사람들은 현재의 소비를 유보하고 투자를 결정한다.

현재의 욕구충족을 위해 소비할 것인가, 현재의 소비를 유보하고 미래의 기대수익을 선택할 것인가를 결정할 때, 화폐의 시간가치(time value of money)를 고려하여 보다 큰 효용을 주는 쪽으로 의사결정을 한다. 투자를 선택하는 것은 현재의 소비를 포기하는 것이며, 소비를 선택하는 것은 결국 그 돈의 시간가치, 즉 장래의 이자를 포기하는 것이다. 이러한 측면에서 볼 때, 결국 화폐의 시간가치는 일종의 기회비용(opportunity cost)이다. 또한 제한된 자본으로 어떤 투자대안을 선택하기 위해서는 다른 대안을 포기해야 하는데, 이 역시 기회비용의 개념으로 설명할 수 있다. 높은 수익을 만들어 내는 최적의 투자대안을 선택하기 위해서는 각 투자대안의 기회비용을 파악해야 하며, 이를 위해서도 화폐의 시간가치를 정확하게 이해해야 한다.

2) 화폐의 시간가치

우리가 투자와 관련된 의사결정을 할 때 궁금한 점은 현재 일정액을 투자하면 일정 기간이 흐른 후 얼마의 돈을 만들 수 있을지, 미래 일정 시점에 일정액의 목돈을 마련하기 위해서는 현재 가치로서 얼마의 돈이 필요한지, 매달 얼마를 모아야 하는지 등이다. 이러한 질문에 대한 답을 얻기 위해서는 화폐의 시간가치, 즉 화폐의 미래가치(future value)와 화폐의 현재가치(present value) 개념을 이해해야 한다.

(1) 이자 계산방법

화폐의 시간가치는 이자율에 따라 달라진다. 이자율을 계산하는 방식은 크게 단리(simple interest) 계산법과 복리(compound interest) 계산법으로 나누어진다. 단리계산법은 원금을 해당기간의 정해진 이자율로 곱해서 산출하는 방식이며, 복리계산법은 맨 처음 기간의 이자를 단리로 계산하여 원금에 합한 후, 다음 기간부터는 원금에 이자를 합한 금액을 기준으로 이자를 계속 더해가는 방식이다.

예를 들어, 10만 원을 연이율 10%로 3년간 예금할 경우 단리계산법과 복리계산법에 따라 어떠한 차이가 있는지 표 2-1을 통해 살펴보자. 단리계산법에 의하면, 매년 이자를 1만 원씩 얻게 되며 3년이 지나 만기가 되면 원금 10만 원과 이자 3만 원이 합해져 총 13만 원이 된다. 이에 반해, 복리계산법을 적용하면 1년 후에는 단리계산법과 마찬가지로 1만 원의 이자를 얻지만, 2년이 지나면 원금 10만 원과 이자 1만 원을 합친 11만 원에 대해 10%의 이자를 지급받아 1만 1,000원을 얻게 되고, 이와 같은 방식으로 이자가 더해져 3년 만기가 되면 원금과 이자의 합이 총 13만 3,100원이 된다.

| 표 2-1 | 단리계산법과 복리계산법 (연이율 10%, 원금 10만 원, 만기 3년)

이자지급 방식 / 투자기간	단리계산법	복리계산법	
	매 1년 지급	매 1년 지급	매 6개월 지급
0년(원금)	100,000원	100,000원	100,000원
1년	100,000×10%=10,000원	100,000×10%=10,000원	100,000×5%=5,000원 105,000×5%=5,250원
2년	100,000×10%=10,000원	110,000×10%=11,000원	110,250×5%=5,512.5원 115,762.5×5%=5,788.1원
3년(만기)	100,000×10%=10,000원	121,000×10%=12,100원	121,550.6×5%=6,077.5원 127,628.1×5%=6,381.4원
만기 적립금	100,000원(원금) +30,000원(이자) =130,000원	100,000원(원금) +33,100원(이자) = 133,100원	100,000원(원금) +34,010원(이자) =134,010원

이번에는 10만 원을 연이율 10%로 3년간 예금하되, 이자를 두 번으로 나누어 6개월마다 5%씩 정산하는 경우를 생각해 보자. 단리계산법을 적용할 경우 6개월마다 5,000원씩 6번 지급받아 총 3만 원의 이자를 얻게 되며, 3년 후 만기적립금은 13만 원이 된다. 이는 표 2-1에서처럼 1년에 한 번 10%의 이자를 지급받는 경우와 동일한 결과이다. 그러나 복리계산법을 적용할 경우에는 결과가 달라진다. 처음 6개월이 지난 후에 5,000원의 이자를 받고, 다음 6개월이 지난 후에는 원금 10만 원과 이자 5,000원을 합친 10만 5,000원에 대해 5%의 이자, 즉 5,250원을 지급받으며, 다음 6개월 후에는 11만 250원에 대해 5%의 이자를 지급받는다. 이러한 방식으로 이자가 계산되어 3년 만기가 되면 약 3만 4,010원의 이자를 지급받게 된다. 이는 10%의 이자를 1년 단위로 정산했을 때보다 910원 많은 액수이다. 복리계산법을 적용할 경우, 똑같은 10%의 연이율일지라도 이자액 정산지급을 일 년에 한 번 하는 것보다는 6개월씩 나누어서 하는 경우에 더 많은 이자를 받을 수 있다. 물론 6개월보다는 매달, 매달보다는 매일 이자를 복리로 계산하여 정산하는 경우에 총 이자액은 더 많아진다. 그러므로 복리계산법을 적용하는 금융상품을 선택할 경우, 연 이자율이 동일하더라도 이를 분할하여 자주 정산하는 상품을 선택하는 것이 유리하다.

(2) 화폐의 미래가치

① FV(미래가치)와 PV(현재가치)의 관계

화폐의 미래가치(Future Value, FV)는 현재 화폐가 가지고 있는 가치(Present Value, PV)를 미래의 일정 시점을 기준으로 환산한 것이다. 현재 우리가 투자하는 돈의 가치가 일정시간이 지난 미래에 얼마의 가치를 갖게 되는지를 보여준다. 표 2-1에서 10만 원을 연이자율 10%로 3년 동안 예금한 예를 살펴보았는데, 여기에서 10만 원은 화폐의 현재가치(PV)이고, 3년 후 얻게 되는 금액이 화폐의 미래가치(FV)가 된다.

화폐의 미래가치는 쉽게 말해 원금과 이자의 합이다. 단리로 이자를 지급하는 것은 투자대안으로서 별 가치가 없기 때문에, 일반적으로 복리로 계산하는 경우를 적용하여 화폐의 미래가치를 구한다. 원금, 즉 화폐의 현재가치를 PV, 이자율을 i, 투자기간을 n이라고 할 때, 화폐의 미래가치(FV)를 계산하는 공식은 식 2-4와 같다.

$$\mathrm{FV}=\mathrm{PV}(1+i)^{n}$$

$$\text{미래가치}=\text{원금}\times(1+\text{이자율})^{\text{기간}} \quad \cdots\cdots \text{ 식 2-4}$$

현재 100만 원을 연 이자율 7%로 저축할 때, 위의 공식을 적용하여 미래가치를 구하면, 1년 후에는 100만 원×(1+0.07)1=107만 원이 되고, 2년 후에는 100만 원×(1+0.07)2=114.49만 원, 10년 후에는 100만 원×(1+0.07)10=196.72만 원이 된다.

식 2-4에서 (1+i)n을 미래가치 이자요소(Future Value Interest Factor: FVIF)라고 부르는데, 이 값을 매번 계산하는 불편함을 줄이기 위해 (1+i)n을 미리 계산해 둔 복리표(compounded value table)를 이용할 수 있다. 표 2-2에서 기간(n)이 10이고, 이자율(i)이 7%일 때, 미래가치 이자요소를 찾아보면 1.9672임을 알 수 있고, 이를 식 2-4에 대입하면 100만 원의 미래가치는 196.72만 원이 된다. 또한 복리표를 이용하지 않더라도 재무용, 공학용 계산기 또는 엑셀(Excel) 프로그램을 이용하면 화폐의 미래가치 및 현재가치 등을 손쉽게 구할 수 있다.

| 표 2-2 | 미래가치이자요소(FVIFi, n): 복리표

이자율(i) / 기간(n)	2%	3%	4%	5%	6%	7%	8%	9%	10%	15%
1	1.0200	1.0300	1.0400	1.0500	1.0600	1.0700	1.0800	1.0900	1.1000	1.1500
2	1.0404	1.0609	1.0816	1.1025	1.1236	1.1449	1.1664	1.1881	1.2100	1.3225
3	1.0612	1.0927	1.1249	1.1576	1.1910	1.2250	1.2597	1.2950	1.3310	1.5209
4	1.0824	1.1255	1.1699	1.2155	1.2625	1.3108	1.3605	1.4116	1.4641	1.7490
5	1.1040	1.1593	1.2167	1.2763	1.3382	1.4026	1.4693	1.5386	1.6105	2.0114
6	1.1262	1.1941	1.2653	1.3401	1.4185	1.5007	1.5869	1.771	1.7716	2.3131
7	1.1487	1.2299	1.3159	1.4071	1.5036	1.6058	1.7138	1.8280	1.9487	2.6600
8	1.1717	1.2668	1.3686	1.4755	1.5938	1.7182	1.8509	1.9926	2.1436	3.0590
9	1.1951	1.3048	1.4233	1.5513	1.6859	1.8385	1.9990	2.1719	2.3579	3.5179
10	1.2190	1.3439	1.4802	1.6289	1.7908	1.9672	2.1589	2.3674	2.5937	4.0456
15	1.3459	1.5580	1.8009	2.0789	2.3966	2.7590	3.1722	3.6425	4.1772	8.1371
20	1.4859	1.8061	2.1911	2.6533	3.2071	3.8697	4.6610	5.6044	6.7275	16.366
25	1.6406	2.0938	2.6658	3.3864	4.2919	5.4274	6.8485	8.6231	10.834	32.918
30	1.8114	2.4273	3.2434	4.3219	5.7435	7.6123	10.062	13.267	17.449	66.211

표 2-2에서 보는 바와 같이, 이자율이 5%인 경우, 5년이 경과하면 원금의 1.28배가 되고, 20년이 경과하면 원금의 2.65배가 된다. 또한 이자율이 10%인 경우에는 5년이 경과하면 원금의 1.61배가 되고, 20년이 경과하면 원금의 6.73배가 된다. 투자기간(n)이 길어질수록, 그리고 이자율(i)이 높아질수록 미래가치 이자요소(FVIFi, n)가 증가함을 알 수 있다. 투자기간이 길어짐에 따라 미래가치에 어느 정도의 차이가 나타나는지를 살펴보기 위해 다음의 예를 생각해 보자.

30세, 40세, 50세인 세 사람이 연 이자율 8%의 정기예금에 각각 100만 원을 예치했다면, 60세가 되었을 때 세 사람이 갖는 100만 원의 미래가치는 어떤 차이가 있을까? 이 세 사람의 경우, 원금과 이자율은 동일하고 단지 투자기간에만 차이가 있다. 즉 30세, 40세, 50세인 사람의 투자기간은 각각 30년, 20년, 10년이 된다. 식 2-4와 표 2-2를 이용하여, 이들이 각각 60세가 되었을 때의 미래가치를 구하면 다음과 같다.

■ 30세인 사람

미래가치(FV)=100만 원$\times(1+0.08)^{30}$=100만 원$\times$10.062=1,006만 원

■ 40세인 사람

미래가치(FV)=100만 원$\times(1+0.08)^{20}$=100만 원$\times$4.6610=466만 원

■ 50세인 사람

미래가치(FV)=100만 원$\times(1+0.08)^{10}$=100만 원$\times$2.1589=216만 원

위의 경우에서 30세인 사람의 투자기간은 50세인 사람의 투자기간의 3배이지만, 그 미래가치는 거의 5배에 이른다는 것을 알 수 있다. 동일한 투자대안을 선택했더라도, 투자기간에 따라 그 수익은 큰 차이를 나타낸다. 이처럼 투자기간이 길수록 미래가치는 급증한다는 사실은 화폐의 시간가치를 잘 설명해 주며 정기예금이나 적금, 보험, 연금 등의 저축상품은 빨리 시작하면 할수록 유리하다는 사실을 보여준다.

이번에는 시간이 흐름에 따라 물가가 상승하여 그만큼 우리의 실질구매력이 감소하는 상황을 식 2-4를 통해 확인해 보자. 예를 들어, 물가상승률이 6%일 때 현재의 1만 원은 2년 후에 얼마가 될 것인가? 식 2-4를 적용하면, 미래가치(FV)는 1만 원×(1+0.06)2=1만 1,236원이 된다. 이는 오늘 1만 원을 가지고 살 수 있는 물건을 2년 후에는 1만 1,236원을 지불해야 살 수 있다는 의미이다. 결국 액면의 1만 원은 그대로이지만 시간이 흐름에 따라 화폐의 실질가치가 감소하여, 그 돈을 가지고 있는 개인의 구매

력이 감소하고, 결국 이는 실질소득의 감소와 같은 효과를 갖게 되는 것이다.

그러므로 우리가 현재의 구매력을 유지하기 위해서는 투자를 통해 적어도 물가상승률과 같은 수준의 수익을 얻어야 하며, 자산의 증대를 꾀하기 위해서는 물가상승률을 상쇄하고도 남음이 충분한 투자수익을 거두어야 한다.

② FV(미래가치)와 PMT(납입금)의 관계

앞서 현재의 화폐가치를 미래 일정 시점으로 환산하는 방법에 대해 살펴보았다. 이는 정기예금과 같은 저축상품에 일시에 목돈을 거치할 경우, 만기에 얼마의 금액을 상환 받을 것인가를 알아볼 때 유용하다. 그러나 보다 보편적으로 사용되는 투자방법은 매년 혹은 매달 일정액을 적립하여 목돈을 마련하는 정기적금이나 최근 확산되고 있는 다양한 적립식 투자 상품이다. 정기적으로 납입하는 금액을 PMT, 이자율을 i, 투자기간을 n이라고 할 때, 화폐의 미래가치(FV)를 계산하는 공식은 식 2-5와 같다.

$$FV = PMT\left(\frac{(1+i)^n - 1}{i}\right)$$

$$\text{미래가치} = \text{납입금} * \left(\frac{(1+\text{이자율})^{\text{기간}} - 1}{\text{이자율}}\right) \qquad \cdots\cdots \text{식 2-5}$$

예를 들어, 한 달에 10만 원씩 일 년에 120만 원을 저축하는 투자자의 경우를 생각해 보자. 이 투자자가 연 이자율(예금금리) 10%(i)인 적립식 상품에 매년 120만 원(PMT)씩 30년(n)을 저축하면 30년 후에 얼마를 모을 수 있을까? 식 2-5를 적용하면 다음과 같다.

120만 원×[{(1+0.10)^{30}−1}/0.10]=1억 9,740만 원

반대로 한 달 생활비가 10만 원씩 늘 모자라서 일 년에 120만 원씩 대출을 받는 경우를 생각해 보자. 위의 예와 마찬가지로 연 이자율(대출금리) 10%(i)인 대출상품으로부터 매년 120만 원(PMT)씩 30년(n)을 빌려 쓴다면 30년 후에 이 사람이 갚아야 하는 부채는 1억 9,740만 원이 되는 것이다.

또 다른 예를 살펴보자. 어떤 투자자가 10년 후 자녀의 대학교육비 1,000만 원을 마련하기 위해 연 이자율 7%의 적금을 든다면, 앞으로 10년 동안 1년에 얼마씩 저축을 해야 하는가? 여기에서 1,000만 원이 FV가 되고, 이자율(i)은 0.07, 기간(n)은 10년이 되며, 매년 적립해야 하는 금액은 PMT가 된다.

$$1{,}000\text{만 원} = PMT \times [\{(1+0.07)^{10} - 1\}/0.07]$$

위의 식을 계산하면, 이 투자자가 매년 적립해야 하는 금액은 72만 3,770원이라는 결과가 나온다. 그런데 우리가 적금을 불입할 때 일 년을 단위로 하기보다는 매달 일정액을 불입하는 것이 더 일반적이다. 매달 적립해야 하는 금액을 계산하기 위해서는 위의 식을 다음과 같이 변형하면 된다.

$$1{,}000\text{만 원} = PMT \times \left[\left\{\left(1+\frac{0.07}{12}\right)^{10\times12} - 1\right\} / \frac{0.07}{12}\right]$$

즉, 연 이자율 7%를 12로 나누어 월 이자율을 산입하고, 기간에 12를 곱하여 10년 동안 총 불입하는 횟수를 산입하는데, 이는 월 이자율을 복리로 적용하는 것이다. 이렇게 계산한 PMT, 즉 5만 7,770원이 바로 매달 적립해야 하는 금액이다.

위에서 살펴본 것처럼 10년 후에 1,000만 원을 마련하고자 할 때, 1년에 한 번씩 적립을 하면 72만 3,770원을 지불해야 하고, 매달 적립을 할 경우에는 1년에 69만 3,200원(5만 7,770원×12개월)만 지불하면 된다. 매월 복리계산법을 적용했기 때문에, 동일한 7%의 연 이자율일지라도 연 단위로 복리를 적용한 것보다 총이자액이 증가하며, 이에 따라 개인이 지불해야 하는 납입액이 줄어들게 된다.

(3) 화폐의 현재가치

① PV(현재가치)와 FV(미래가치)의 관계

화폐의 현재가치(PV)는 미래의 일정 시점의 화폐액을 현재의 가치로 환산한 값이다. 예를 들어 10년 후 1억이라는 돈이 물가상승률을 고려할 때 현재 화폐의 가치로는 얼마나 될까, 혹은 10년 후 주택마련 자금 3억을 마련하기 위해 거치식 예금을 이용한다면 현재 투자원금을 얼마나 맡겨야 할까 등과 같은 고민을 해결해 줄 수 있다.

화폐의 현재가치(PV)를 계산하는 공식은 식 2-6으로 표현될 수 있으며, 이는 결국 앞서 살펴 본 식 2-4와 동일하다.

$$PV = \frac{FV}{(1+i)^n}$$

$$\text{현재가치} = \frac{\text{미래가치}}{(1+\text{이자율})^{\text{기간}}} \qquad \cdots\cdots \text{ 식 2-6}$$

소비자 투자코너 2-2

'화폐의 시간가치'와 관련된 몇 가지 이야기

◆ 미래 1억 원의 현재가치는?

(단위: 천 원)

상승률 \ 미래물가	5년 후 1억 원	10년 후 1억 원	15년 후 1억 원	20년 후 1억 원	25년 후 1억 원
3%	86,261	74,409	64,186	55,368	47,761
4%	82,193	67,556	55,526	45,639	37,512
5%	78,353	61,391	48,102	37,689	29,530
6%	74,726	55,839	41,727	31,180	23,300

◆ 복리의 마법

1626년 인디언들이 맨하튼 섬을 내주고 받은 대가는 겨우 24달러 상당의 장신구와 구슬이었다. 현재 맨하튼 섬의 가치를 생각하면, 인디언들은 참으로 어리석은 거래를 한 것으로 보인다. 하지만 미국의 유명한 투자전문가 피터 린치는 "당시 인디언들이 땅값으로 받은 물건을 현금으로 바꿔 연이자율 8%의 채권에 복리로 투자했을 경우 360여 년이 흐른 1989년 현재 그 가치는 32조 달러에 이른다."라고 계산하였다. 1989년 맨하튼 섬의 가치는 600억 달러 정도였다.

◆ 72법칙

72법칙(The rule of 72)은 복리를 적용할 때, 원금을 두 배로 만드는 데 걸리는 기간을 계산하는 공식이다. 즉, 72를 연간 수익률(%)로 나누면, 원금이 두 배 되는데 걸리는 기간(년)을 알 수 있다. 예를 들어 연간 12%의 수익률로 운용하면, 72÷12=6년이면 투자원금을 두 배로 늘릴 수 있다는 것이다. 반대로, 일정 시점까지 원금을 두 배로 만들고 싶을 때, 연간 몇 %의 수익률이 필요한지도 계산해 볼 수 있다. 예를 들어, 5년 후에 원금을 두 배로 만들고 싶다면 72÷5=14.4%의 연간 수익률이 필요하다. 아인슈타인은 '복리는 인간의 위대한 발명 중 하나이며, 세계 8번째 불가사의'라고 말한 바 있다.

◆ −50=+100 법칙

−50=+100 법칙은 50%의 손실을 회복하기 위해서는 100%의 수익을 올려야 한다는 것이다. 100만 원을 투자한 사람이 50% 손실을 보면 평가금액은 50만 원이 된다. 그런데 50만 원을 다시 100만 원으로 만들려면 50%가 아닌 100%의 수익률을 올려야 한다. 워렌버핏이 제시한 투자원칙 두 가지는 다음과 같다. 첫째, 손해를 보지 않는다. 둘째, 첫 번째 원칙을 잊지 않는다.

어떤 근로자가 25년 후 은퇴 시 1억 원을 일시불로 받는 저축상품에 가입했다면, 1억 원의 돈은 그의 노후생활을 보장해 주기에 충분할까? 물가상승률을 5%라고 가정하고, 식 2-6을 이용하여 25년 후 1억 원의 현재가치를 구해보면 1억 원÷$(1+0.05)^{20}$=2,953만 원이 된다. 이는 한 달 생활비를 100만 원으로 잡더라도 2년 5개월 정도 밖에 유지할 수 없는 금액이다.

다른 예를 생각해 보자. 5년 후에 3,000만 원을 환급받기 위해서 정기예금에 일정액을 거치하고자 한다. 연 이자율이 8%라면 현재 거치해야 하는 금액은 얼마일까? 식 2-6을 이용하면 3,000만 원÷$(1+0.08)^5$=2,042만 원을 예치하면 된다는 결과를 얻을 수 있다.

② PV(현재가치)와 PMT(연금)의 관계

이번에는 연금처럼 일정액을 일정 기간 정기적으로 지급받는 경우, 그 화폐액이 현재 시점에서 얼마의 가치를 갖는지를 계산해 보자. 은퇴 후 노후기간 동안 생활비 충당을 위해 매달 일정금액을 연금 형태로 지급받고자 할 때, 현재시점에서 얼마의 돈이 필요한지를 계산할 수 있기 때문에 은퇴설계과정에서 유용하게 활용된다. 정기적으로 지급받는 금액을 PMT, 이자율을 i, 투자기간을 n이라고 할 때, 화폐의 현재가치(PV)를 계산하는 방법은 식 2-7과 같다.

$$\mathrm{PV} = \mathrm{PMT}\left(\frac{1-(1+i)^{-n}}{i}\right)$$

$$\text{현재가치} = \text{연금}*\left(\frac{1-(1+\text{이자율})^{-\text{기간}}}{\text{이자율}}\right) \qquad \cdots\cdots \text{ 식 2-7}$$

예를 들어, 연 이자율 10%의 저축에서 매년 500만 원씩 앞으로 10년간 지급받기를 원한다면 현재가치로 얼마를 예치해야 할까? 식 2-7을 적용하면 다음과 같다.

600만 원×[{1-$(1+0.10)^{-10}$}/0.10]=3,686만 원

만약 1년에 600만 원을 지급받는 것이 아니라, 매달 50만 원씩 지급받기로 하고 매월 복리로 계산을 하면, 위의 식은 다음과 같이 변형된다.

$$50\text{만 원}\times\left[\left\{1-\left(1+\frac{0.10}{12}\right)^{-(0.10\times12)}\right\}/\frac{0.10}{12}\right]=3{,}783\text{만 원}$$

다른 예를 생각해 보자. 어떤 투자자가 복권이 당첨되어 1억 원의 목돈이 생겼는데, 이를 연 이자율 7%의 저축상품에 맡기고 앞으로 10년 동안 연금 형식으로 지급받기로 했다면, 이 투자자가 매달 지급받게 되는 금액은 얼마일까? 1억 원이 현재가치(PV)이고, 이자율(i)은 (7%÷12), 투자기간(n)은 (10년×12)가 되므로 매달 지급받는 금액(PMT)을 구하면 약 116만 원이 된다.

(4) 실질이자율의 계산: 인플레이션과 이자율의 관계

앞서 우리는 화폐의 미래가치(FV), 현재가치(PV), 정기적으로 납입하는 또는 지급받는 금액(PMT), 이자율(i) 및 투자기간(n) 등의 함수를 통해 화폐의 시간가치를 이해하였다. 또한 여러 예제들을 통해 화폐의 가치를 상승시키는 요인은 이자율이고, 하락시키는 요인은 인플레이션이며, 투자기간과 투자금액에 따라 가치상승과 가치하락의 수준이 정해짐을 확인하였다.

그러나 앞서 살펴 본 예제들에서는 이해를 돕기 위해 편의상 이자율과 물가상승률(인플레이션)을 함께 고려하지는 않았다. 예를 들어, 연 이자율 10%의 정기예금에 3,000만 원을 5년 동안 거치한다고 생각해 보자. 식 2-4을 이용하면 5년 후의 미래가치(FV)가 4,832만 원이 됨을 손쉽게 구할 수 있다. 그러나 우리는 투자 수익을 고려할 때 반드시 물가상승률에 대해서도 기억해야 한다. 위의 정기예금이 매년 10%의 이자를 지급해 주지만, 5년 동안 전체적인 물가수준 역시 상승하기 때문에 10%의 이자율은 실질적으로 투자자에게 고스란히 돌아오는 수익이 아니다.

물가상승률을 고려한 실질이자율(real interest)은 식 2-8에 의해 구할 수 있다.

$$\text{실질이자율(real } i) = \left(\frac{1 + i}{1 + j}\right) - 1 \qquad \cdots\cdots \text{ 식 2-8}$$

여기에서, i = 이자율
j = 물가상승률

다시 위의 예에서, 물가상승률을 6%라고 가정하면 정기예금의 실질이자율은 10%가 아니라 [(1+0.10)÷(1+0.06)]−1=3.77%에 불과하다. 결국 물가상승률을 고려하면 현재 예치한 3,000만 원의 5년 후 미래가치는 3,610만 원에 불과한 것이다.

물가상승률을 고려한 실질이자율을 구하고자 할 때, 식 2-8의 방법을 사용하는 것이 더욱 정확하지만, 편의상 [$i - j$], 즉 [이자율−물가상승률]의 방법을 사용하기도 한다.

앞서 살펴본 모든 예제에서, 물가상승률 조건을 추가하여 실질이자율을 구해보고 이에 따라 화폐의 미래가치(FV), 현재가치(PV), 적립금 또는 연금(PMT)의 가치가 어떻게 변화하는지에 대해 명확하게 이해해야 할 것이다. 또한 우리가 투자대안을 선택할 때도 명목적으로 제시되는 이자율만을 볼 것이 아니라, 물가상승률을 고려하여 투자의 가치를 명확하게 판단해야 한다.

5. 투자관리 전략

1) 포트폴리오 관리

(1) 자산배분

다양한 제약조건하에서 투자자들이 원하는 수준의 기대수익률과 위험을 충족하여 투자목적을 달성하기 위해서는 구체적이고 실천 가능한 투자전략을 수립해야 한다. 투자전략을 수립하는 첫 번째 단계는 자산배분(asset allocation)이다. 자산배분이란 투자자금 전체를 몇 가지 자산 유형별로 나누어 배분하는 것을 말한다. 투자의 기본원리인 수익과 위험의 상반관계(risk return trade-off)에 따라 자산의 유형을 분류하면 안전자산(safe asset)과 위험자산(risk asset)으로 나눌 수 있다.

안전자산은 무위험자산(risk-free asset)이라고도 부르는데, 미래 수익이 확실한 자산, 즉 투자소득·원리금이 거의 확실하게 주어지는 자산이다. 그러나 원리금이 확실하게 주어진다고 하더라도 물가수준에 따라 그 가치가 변할 수 있기 때문에 엄밀한 의미에서의 무위험자산은 존재하지 않는다고 볼 수 있다. 안전자산에는 예금, CD 등의 화폐금융상품, 원리금이 보장되는 국공채, 우량기업 회사채 등이 포함된다. 만기가 긴 회사채의 경우, 원리금은 확실하게 주어지지만 물가상승 요인에 의해 실질가치에 변동성이 있는 반면, 양도성예금증서(CD)와 같은 단기 금융상품은 원리금이 확실하게 주어질 뿐 아니라, 인플레이션의 영향을 비교적 덜 받기 때문에 더 안전하다.

위험자산은 투자에 따르는 위험이 커서 미래에 얻게 될 수익의 크기가 불확실한 자산으로서 주식, 고위험 회사채, 전환사채, 선물, 옵션 등이 포함된다. 위험자산으로 구성된 자산의 집합을 위험포트폴리오(risky portfolio)라고 하는데, 위험포트폴리오를 어떻게 구성할 것인가는 투자자의 투자전략에 따라 달라진다.

만약 투자자가 특별한 예측과 분석을 하지 않고 시장의 평균적인 성과수준을 얻고자 한다면, 즉 소극적인 투자전략을 선택한다면 시장 전체의 구성과 동일한 시장 포트폴리오(market portfolio)를 보유하면 된다. 소극적 관리(passive management)는 자본시장이 효율적이라는 가정하에 이미 모든 정보가 반영되어 균형가격이 형성되어 있음을 전제로, 시장포트폴리오를 구성함으로써 시장에서 직면할 수 있는 위험을 최소화하고 평균 수준의 수익을 기대하는 것이다.

반면 투자자가 우월한 예측 능력을 가지고 시장평균보다 높은 투자성과를 얻기 위해 적극적인 투자전략을 선택한다면, 위험포트폴리오를 구성함으로써 더 큰 수익률과 더 큰 위험을 기대할 것이다. 적극적 관리(active management)는 자본시장이 비효율적이고, 가격이 균형상태에 있지 않다는 것을 전제로 하며, 투자자가 차익거래에 관심을 갖고 시장에서 상대적으로 싸게 혹은 비싸게 거래되는 자산을 선택함으로써 투자수익을 얻고자 하는 것이다.

(2) 완성포트폴리오의 구성

투자자가 위험포트폴리오와 안전자산을 결합하여 최종적으로 보유하고자 하는 포트폴리오는 완성포트폴리오(complete portfolio)이다. 그림 2-2에서 보는 바와 같이 투자자가 위험포트폴리오에 60%, 안전자산에 40%를 배분했다고 가정하자. 이 투자자의 위험포트폴리오는 주식 1과 주식 2에 각각 35%, 40%씩을 투자하고 전환사채(일정기간이 지난 후 주식으로 전환이 가능한 회사채)에 25%를 투자하여 이루어졌고, 안전자산은 장기채권과 CD, 그리고 정기예금에 각각 60%, 20%, 20%씩 투자하여 구성되었다. 그 결과 이 투자자가 보유한 완성포트폴리오는 주식 1과 주식 2에 각각 21%와 24%, 전환사채에 15%를 투자하고, 장기채권에 24%, CD 및 정기예금에 각각 8%씩 투자한 포트폴리오가 된다.

완성포트폴리오를 구성하는 방법은 먼저 투자자산을 선택하고 그 결과 얻어진 자산 유형별 포트폴리오를 가지고 자산배분을 행하여 최종적인 완성포트폴리오를 구성할 수도 있고, 반대로 먼저 자산배분을 결정하고 나서 거기에 적합한 투자자산을 선택하여 완성포트폴리오를 구성할 수도 있다.

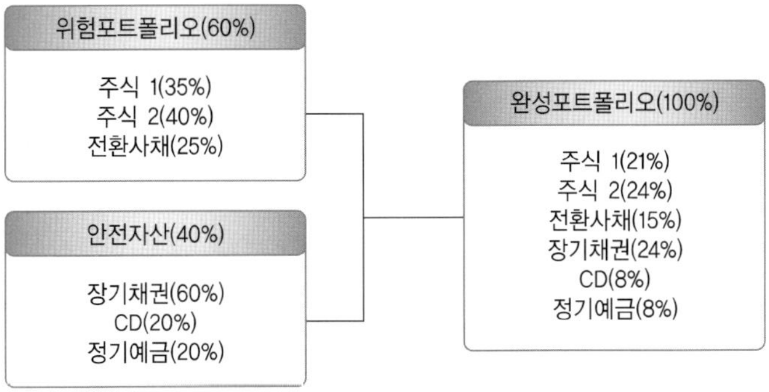

| 그림 2-2 | 완성포트폴리오의 구성

(3) 포트폴리오 관리 전략

완성포트폴리오를 구성하는 투자자산의 선택과 구성비 및 가중치의 결정은 투자자의 성향과 위험에 대한 대처능력, 유동성, 세금, 투자기간 등을 고려하여 이루어져야 한다.

또한 시장경제 환경에 변화가 발생하면 다시 각 자산유형별 수익과 위험을 분석하여 새로운 자산배분을 행하여야 한다. 투자자가 시장 예측력과 분석력을 가지고 있다면 자산유형의 수익률을 예측하여 적절한 시기에 자산배분을 변경하고자 할 것이다. 이를 시기선택(market timing) 전략이라고 한다. 만약 주식시장의 호황이 예측되면 주식포트폴리오에 더 많은 자산을 배분하고, 주식시장의 침체가 예측되면 채권 등 안전자산 포트폴리오에 더 많은 자산을 배분하는 등의 전략이 필요하다. 이러한 시기선택 전략은 적극적 관리(active management)의 중요한 수단이 되어 투자자가 시장평균보다 높은 투자성과를 얻는 것을 도와준다.

(4) 포트폴리오 성과 측정

투자자는 정기적으로 포트폴리오의 성과를 평가하여 포트폴리오 배합의 적합성을 분석해야 하며, 정기적인 평가에 기초하여 투자목적과 효율성을 점검해야 한다. 투자성과가 원래의 목표수준과 어떤 차이를 보이고 있는지를 측정하는 것을 포트폴리오 성과 측정(performance evaluation)이라고 한다.

포트폴리오 성과를 측정하는 목적은 다음과 같다. 첫째, 투자과정이 효과적인지를 파악하기 위해서이다. 즉, 투자목표와 투자실적의 차이를 비교함으로써 그 목표수준이 얼마나 달성되었는지를 알 수 있다. 둘째, 포트폴리오 관리의 질을 개선하기 위해서이다. 투자목표와 투자실적을 비교하는 과정에서 투자성과가 낮았던 원인을 파악하고, 이를 기반으로 포트폴리오 관리능력을 향상시킬 수 있다. 셋째, 포트폴리오 관리자의 관리능력을 측정하기 위해서이다. 만약 전문투자기관에 투자자금의 운용을 맡겼다면, 포트폴리오 성과분석을 통해 투자관리 업무를 담당하는 포트폴리오 관리자나 펀드매니저의 능력을 파악하고, 앞으로 지속적으로 운용을 위탁할 것인지, 위탁수수료의 수준은 적합한지 등을 판단하는 데 도움을 얻을 수 있다.

2) 투자의 제약조건

투자자들이 의사결정과 투자행동을 하는 데 있어 여러 가지 요인들이 영향을 미치고, 한편으로는 제약조건이 된다. 투자의사결정 시 고려해야 하는 제약조건들을 살펴보면 다음과 같다.

첫째, 현실적으로 투자자에게 가장 중요한 제약조건은 투자자금의 규모이다. 투자대안에 따라 투자가 가능한 자금규모가 다르다. 부동산의 경우 다른 투자대안보다 목돈이 필요하며, 신탁상품이나 펀드 등도 기본적인 투자금액이 설정되어 있는 경우가 있다. 일반적으로 투자가 가능한 자금의 규모가 클수록 투자자산의 선택범위가 넓어지게 마련이다.

둘째, 얼마나 빠른 시간 내에 공정한 거래조건으로 자산을 현금화할 수 있는가가 투자를 결정하는 데 있어 중요한 고려사항이다. 일반적으로 유동성이 높을수록 잠재적 수익이 낮으므로, 투자자산을 결정할 때 상황과 목표에 따라 유동성과 수익성에 대한 분배를 해야 한다. 투자자들은 어느 정도 긴급하게 투자자금을 회수할 필요가 있는가를 고려하여 유동성이 높은 단기금융상품을 선택할지, 유동성이 낮은 부동산을 선택할지를 결정해야 한다. 주 소득원의 실직이라든지, 가족구성원의 예기치 않은 사고 등 가계의 비상사태에 대비하여 2~6개월 정도의 소비지출액에 해당하는 금액을 유동성이 높은 금융상품으로 보유하는 것이 바람직하다.

셋째, 투자기간(investment horizon)은 투자자금의 전부 또는 일부를 회수하고자 예정하는 시기를 말한다. 봉급생활자들이 정년퇴직 시점을 만기로 적금을 들거나, 자녀의 대학교육비 마련을 위해 자녀 연령을 고려하여 적금을 드는 것 등은 모두 투자기간을 고려하는 선택이다.

넷째, 증권시장의 동향이나 투자전망 등을 분석하고 예측하는 능력 역시 투자자들의 투자행동에 영향을 미친다. 정보가 많고 정보수집 능력이 뛰어나며 분석력·예측력이 뛰어날수록 더 다양한 자산을 투자대상으로 고려할 수 있고, 보다 효율적인 투자를 선택할 수 있다.

다섯째, 관련법규 역시 투자의 제약조건이 된다. 투자자들은 소정의 법규에 따라 투자자산을 선택해야 하고, 해당 법규에 의해 제약을 받는다. 특히 기관투자자들은 법규에 의해 강한 제약을 받는다. 기관투자자들은 선량한 관리자의 의무에 따라 고객의 이익을 최대한 보호해야 하는 의무를 갖기 때문이다.

마지막으로 고려해야 하는 제약조건은 세금이다. 투자자들이 실질적으로 얻게 되는 투자수익은 세금을 제한 후의 금액이다. 투자수익에 대한 세율은 투자금액뿐 아니라 투자목적, 투자방법, 투자자의 특성 등에 따라 달라지므로, 다양한 정보 탐색을 통해 합리적인 방법으로 절세하는 세금관리 전략이 매우 중요하다.

참고문헌

곽철효·김병곤(2004). **잇센셜 투자론**. 도서출판 대명.
김건우(2002). **투자론**. 홍문사.
김대호·오세경(2004). **투자론**. 경문사.
우재룡·박광수·이승희·이재명(2011). **투자설계. AFPK Text Series III**. 한국 FPSB.
이해영·김철중(2003). **현대투자론**. 도서출판 탐진.
지청·조담(2003). **투자론**. 학현사.
최운열(1999). **투자론(3판)**. 박영사.

Ernst & Young Lip(2004). **Personal Financial Planning Guide(5/e)**. John Wiley & Sons Inc.
Gardner, D. & Gardner, T.(2002). **What to Do with your Money Now**. Simon & Schuster.
Garman, E. T. & Forgue, R. E.(1997). **Personal Finance(5th ed.)**. Houghton Mifflin Company: Boston, MA.
Israelsen, C. L. & Weagley, R. O.(2000). **Personal and Family Finance Workbook**(3rd). Kendall/Hunt Publishing Company.
Mayo, H. B.(1997). **Investments: An Introduction**. The Dryden Press.

2부

금융시장

3장

금융시장의 이해

이 장은 개인 및 가계가 금융상품을 구매하고 투자 및 자산관리 전략을 수행하는 데 있어 가장 기초가 되는 금융시장을 이해하고자 도입되었다. 금융시장의 이해에 앞서 금융의 의의와 기능을 알아보고, 금융시장의 유형과 구조를 살펴본다. 금융시장의 유형별 분류에 따른 다양한 특성을 알아보고, 우리나라의 금융시장이 어떻게 구조화되어 있는지 알아본다. 마지막으로 우리나라 금융시장의 분류체계에 따라 단기 금융시장, 자본시장, 파생금융상품시장, 외환시장 등의 개별 금융시장들이 어떻게 운영되고 있는지 알아본다.

1. 금융과 금융시장의 의의

1) 금융의 의의와 기능

금융(financing)이란 '돈의 흐름, 혹은 융통'이라는 뜻으로서, 돈을 필요로 하는 사람과 돈에 여유가 있는 사람이 서로 돈을 빌리고 빌려주는 활동이다. 이때 돈이 여유가 있어서 빌려주는 사람을 '(자금)공급자'라 하고, 돈이 필요해서 빌리는 사람을 '(자금)수요자'라 한다. 또한 자금 공급자와 수요자가 만나서 돈을 빌려주고 빌리는 금융활동을 하는 공간을 금융시장이라 한다.

금융이 존재함으로써 자기의 소득 중 잉여자금이 남는 사람은 이것을 자금이 필요한 개인이나 기업에게 빌려주고 이자나 배당과 같은 일정한 대가를 받을 수 있어 경제적으로 이익이 된다. 자금공급자가 잉여소득을 현금 그대로 보유하게 된다면 기회비용이 발생하거나 인플레이션에 의해 화폐의 가치가 떨어질 수도 있으므로, 현금을 그대로 보관하는 것은 오히려 보유자산가치의 손실을 가져올 수도 있다. 따라서 보유하고 있는 현금을 돈이 필요한 사람에게 빌려줌으로써 자산의 보전 및 증식이 가능해진다.

한편 특정 시기에 자금이 필요한 자금 수요자는 자금을 융통해 사용함으로써 경제적 문제를 해결할 수 있다. 때로는 현재 돈을 빌려야만 할 경제적 문제가 없는 경우라 하더라도 빌린 돈을 생산성 있는 사업에 투자해 이자를 갚고도 남을 정도의 수익을 발생시킬 수도 있으므로, 지불해야 할 이자보다 예상되는 수익의 크기가 크다면 꼭 경제적 문제가 없더라도 돈을 빌릴 수도 있다. 이것이 곧 투자의 개념이다.

이와 같이 금융은 자금의 수요자와 공급자를 연결시켜 돈이 필요한 곳에서 효과적으로 사용될 수 있도록 순환시키는 경제적 기능을 수행하며(그림 3-1), 투자수익률이 이자율보다 높을수록 자금에 대한 수요는 커지게 된다.

금융은 자금을 조달·운영하는 방식에 따라 직접금융과 간접금융으로 구분해 볼 수 있다. 직접금융(direct financing)은 자금의 공급자와 수요자가 금융시장에서 직접 자금을 거래하는 방식이다. 대표적으로 주식이나 채권 투자를 예로 들 수 있는데, 자금에

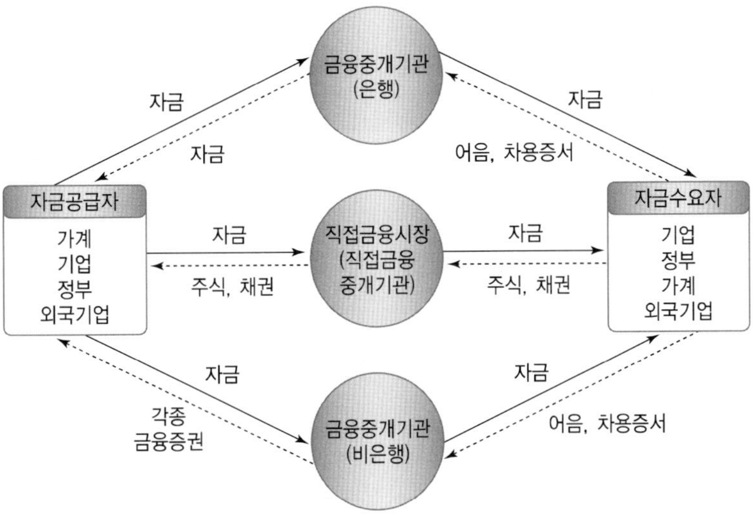

| 그림 3-1 | 금융의 기능

여유가 있는 공급자는 주식시장에서 주식을 구입함으로써 주식 투자를 하게 되고, 그 수익결과에 대한 책임도 스스로 지게 된다. 반면에 간접금융(indirect financing)은 자금 공급자와 수요자가 금융기관을 상대로 금융거래를 하며 직접적인 거래는 형성되지 않는 방식이다. 대표적으로 은행거래를 예로 들 수 있는데, 자금에 여유가 있는 공급자는 은행의 예금상품을 구입함으로써 자신이 가지고 있던 자금을 금융시장에 공급하게 되고, 자금이 필요한 수요자는 은행에서 대출상품을 구입함으로써 필요자금을 충당하게 된다. 은행은 예금자에게 일정한 이자를 지급하고, 대출자에게도 역시 일정한 이자를 받아서 금융거래에 필요한 비용을 충당한다. 따라서 자금 공급자는 자금 수요자가 누구인지 알지 못하며, 자금의 유통경로에 대해서도 알 수 없을 뿐만 아니라 알 필요도 없다. 공급된 자금(예금)의 원리금 상환은 은행의 책임이며, 우리나라는 예금자보호제도를 통해 금융사고로 인한 예금자의 손해발생위험을 보장해주고 있다.

이와 같이 간접금융은 금융기관이 불특정 다수의 자금 공급자로부터 다양한 규모의 자금을 유치한 뒤 이를 대규모 기업자금이나 소액의 가계대출로 구분해 탄력적으로 운용할 수 있다는 점에서 큰 장점을 갖는다.

2) 금융시장의 의의와 기능

금융시장(financial market)이란 금융활동이 이루어지는 장소로서, 일반시장에서 상품과 서비스가 거래되듯이 금융시장에서는 가계, 기업, 정부, 금융회사 등 경제주체들이 금융기관들이 제공하는 각종 금융상품을 사고파는 등의 거래가 이루어진다. 금융상품으로는 예금, 주식, 채권, 기업어음(CP)과 같은 기초자산과 선물, 옵션, 스와프와 같은 파생상품들이 포함된다. 자금 공급자는 금융기관이 제공하는 특정 금융상품을 취득하여 자금을 증식시키고, 자금 수요자는 부족한 돈을 금융시장에서 빌린다. 즉, 금융시장은 자금 공급자와 자금 수요자를 서로 연결시켜주는 중개자의 역할을 한다.

금융시장은 중개기능을 통해 자금 잉여부문을 자금부족 부문에 공급함으로써 국민경제 전체의 후생을 증대시킨다. 기업에서는 생산능력과 경제효율이 증가하고, 가계에서는 여유자금을 금융자산에 투자하거나 현재의 소비를 위해 사용함으로써 시간선호에 따른 효용을 극대화시킬 수 있다.

금융시장은 기간에 따라 단기 금융시장(money market)과 장기 금융시장(capital market)으로 구분할 수 있으며 단기 금융시장을 화폐시장, 장기 금융시장을 자본시장이라 한다. 또한 거래의 책임소재에 따라 직접금융시장과 간접금융시장으로 나눠볼 수 있으며 직접금융시장으로는 주식·채권시장, 간접금융시장으로는 예금시장을 들 수 있다.

이 밖에도 금융시장은 다양한 방법으로 분류해 볼 수 있으며 일반적으로 다음과 같은 기능을 수행한다.

(1) 중 개

자금이 남는 경제주체와 자금이 부족한 경제주체를 연결해주어 자금잉여부문의 여유자금이 자금부족부문에 제공될 수 있도록 한다. 중개기능을 통해 경제 내의 여유자금이 생산성 높은 다른 사업에 투자될 수 있도록 유도함으로써 자원배분의 효율성을 가져오고 국민경제의 활성화에 기여한다.

(2) 가격결정

금융자산의 공급량과 수요량에 따라 거래되는 금융상품의 가격이 결정될 수 있는 기능을 수행한다. 금융시장에 참여하는 공급자와 수요자는 모두 자신에게 유리하게 자금을 운용 또는 조달하고자 적절한 규모와 방식을 선택하게 된다. 이를 통해 자금의 융통이 더욱 원활해진다.

(3) 유동성 제공

유동성이란, 원하는 시기에 얼마나 즉시 현금화가 가능한가의 측면으로서 일반적으로 투자자들은 보유하고 있는 금융자산을 손쉽게 현금화할 수 있도록 유동성이 높이 확보되기를 희망한다. 금융시장이 발달할수록 금융상품의 거래가 활발해져서 거래되는 금융자산의 유동성이 높아진다.

(4) 위험분산

금융거래를 할 때에는 다양한 종류의 위험에 직면하게 되는데, 보유하고 있는 금융자산을 필요할 때 현금으로 반환하지 못하는 데에 따른 유동성 위험, 금리나 주가 등의 변화로 인해 자산가격이 변동하게 되는 시장위험, 원리금을 변제받지 못하게 되는 채무불이행(신용) 위험이 대표적이다. 세분화된 금융시장의 존재와 발달은 투자자의 위험선호에 따른 금융시장 선택을 가능하게 하므로 이에 따른 위험분산 및 감소효과를 가져올 수 있다.

(5) 정보제공

금융시장에는 수많은 자금 수요자와 공급자가 참여할 뿐만 아니라 다양한 정보들이 집중되어 유통된다. 금융시장에서는 필요한 정보를 효과적으로 가공해 전달해주는 기능을 수행하기 때문에 시장 참여자 개개인이 개별적으로 정보를 수집할 때보다 정보수집비용을 크게 감소시켜준다.

2. 금융시장의 유형과 구조

1) 금융시장의 유형별 분류

금융시장은 다양한 방법으로 분류해 볼 수 있다. 금융시장을 구분하는 기준으로는 만기, 거래유형, 유통단계, 거래장소, 시장형성 및 운영특성 등이 많이 이용된다.

(1) 만 기

금융시장은 거래되는 금융상품의 만기에 따라 단기 금융시장(money market)과 장기 금융시장(capital market)으로 구분할 수 있는데, 단기 금융시장을 화폐시장, 장기 금융시장을 자본시장이라고도 한다. 단기 금융시장은 단기 자금의 수요자와 공급자 간의 수급 불균형을 조절하기 위하여 통상 만기 1년 이내의 금융상품이 거래된다. 콜시장, 기업어음시장, 양도성 예금증서시장 및 표지어음시장이 대표적인 예이다. 장기 금융시장은 장기자금 조달수단인 주식 및 채권이 거래되는 시장으로서 통상 증권시장(securities market)과 같은 의미로 사용되기도 한다.

(2) 거래 유형

금융시장은 거래 유형에 따라 직접금융시장과 간접금융시장으로 구분된다. 직접금융시장은 금융자산을 투자자가 직접 매입·매도하는 시장을 말하고, 간접금융시장은 금융기관이 중간에 중개자로 나서서 투자자가 예치한 자금을 수요자에게 공급하는 시장을 말한다.

(3) 유통단계

유통단계에 따라서는 발행시장과 유통시장으로 구분할 수 있는데, 발행시장이란 자금 공급자로부터 자금 수요자에게 자금이 이전될 때 자금 수요자가 본원적 증권(primary securities)을 발행해서 이를 금융중개기관에 판매·인수시키는 시장을 말한다. 발행시장은 새로운 주식이나 채권이 최초로 출현하는 시장이라는 점에서 제1차적 시장(primary market)이라고 한다. 유통시장은 이미 발행된 금융상품이 재판매되고 거래되는 시장을 말하며 제2차적 시장(secondary market)이라 한다.

(4) 거래장소

이밖에 거래장소(국내와 국외), 거래고객의 거주성(거주자와 비거주자), 거래통화(자국통화와 외국통화) 등에 따라 국내금융시장과 국제금융시장으로 구분된다. 일반적으로 국내금융이란 거주자 간에 자국통화로 국내에서 발생한 금융거래를 말하며, 국제금융은 이 세 가지 요건 중 어느 하나라도 충족되지 않은 경우의 금융거래를 말한다.

(5) 시장형성 및 운영특성

금융시장의 형성과 운영상의 특성에 따라 금융시장은 제도금융시장과 비제도금융시장으로 분류할 수 있다. 제도금융시장(organized financial market)은 법률에 의해서 성립된 금융제도 내에서 근대적 경영조직을 갖춘 금융기관들을 중심으로 형성된 시장이다. 반면에 비제도금융시장(unorganized financial market)은 사금융시장이라고도 말하며, 정부로부터 인·허가를 받은 금융기관이 아닌 자금의 대부자와 차입자가 직접 금융거래를 행하거나 혹은 근대적인 경영조직을 갖추지 못한 전문업자를 통해 금융거래가 이루어지는 시장을 말한다.

일반적으로 금융시장을 분류하는 데에는 거래 유형에 따른 분류를 많이 사용하며, 이에 따르는 직접금융시장과 간접금융시장을 구체적으로 살펴보면 그림 3-2와 같다.

| 그림 3-2 | 거래유형에 따른 금융시장의 분류

소비자 투자코너 3-1

국제금융시장 알아보기

국제금융시장의 주된 기능은 국제간의 재화와 용역 거래에 수반하여 발생하는 국제간의 대차결제를 해결하는 것이다. 또한 국제간의 유동성 과부족을 조정하고 기업과 금융회사가 국제적인 자금관리를 원활히 할 수 있도록 각종 금융수단을 제공한다.

국제금융시장은 기능에 따라 국제단기금융시장, 국제자본시장, 국제파생금융상품시장, 외환시장으로 구분할 수 있으며, 지역에 따라서는 국제금융센터와 역외금융시장으로 구분할 수 있다.

◆ 역외금융시장(off-shore financial market)

국제금융거래에 대해 세금이나 각종 규제가 없거나 엄격하지 않은 타국 지역 또는 국내시장과 분리된 시장을 말하며, 싱가포르, 홍콩, 뉴욕 등의 역외시장과 버뮤다, 말레이시아 라부안 등 조세피난처(tax haven, 법인의 소득에 대해서 면제 또는 감면 특혜를 부여하는 지역)가 이에 해당된다. 역외금융시장에 대해 많은 사람들이 범죄조직의 돈세탁이나 탈세기지 등으로 부정적 인식을 갖고 있는 것이 사실이지만 낮은 조세와 규제 그리고 비밀보장이라는 세 가지 속성을 활용해서 금융시장을 발전시키는 효과를 가져오고 있다. 역외금융시장은 거래비용절감, 혁신적 금융상품의 공급, 그리고 자본의 국제적 이동 내지는 세계화 촉진의 세 가지 측면에서 중요한 역할을 수행하고 있다.

소비자 투자코너 3-2

대부업 광고 '경고문구' 의무화—금융위 중개수수료 5% 이내로 제한

대부업체들은 앞으로 TV나 신문광고를 할 때 담뱃갑과 마찬가지로 정해진 '경고문구'를 넣어야 한다. 금융위원회는 27일 이같은 내용의 「대부업법」 및 시행령 개정안을 입법 예고하고 올해 내 시행될 수 있도록 추진한다고 밝혔다.

금융위는 또 신문이나 TV에서 나오는 대부업 광고에는 과도한 차입의 위험성을 알리는 경고문구를 표시하도록 했다. 대부업 광고에 실리게 될 경고문구는 '과도한 빚, 고통의 시작입니다.', '과도한 빚은 당신에게 큰 불행을 안겨줄 수 있습니다.', '과도한 빚, 신용불량자가 되는 지름길입니다.' 등 세 종류가 제시됐다.

경고문구는 눈에 쉽게 띄도록 해당 광고 최대글자의 1/3 이상 크기에 고딕체 글씨로 쓰고, TV 광고에선 경고문구가 광고시간의 1/5 이상 노출돼야 한다.

금융위는 또 대부업체가 마치 제도권 금융회사처럼 오인되지 않도록 광고지면(화면)의 왼쪽 윗부분에 '대부' 또는 '대부중개'가 포함된 상호를 역시 가장 큰 글자의 1/3 이상 크기로 배치하도록 했다. 어기면 과태료를 물거나 영업정지 조치를 받을 수 있다. 금융위는 이와 더불어 대부업체들이 대출금의 5%를 초과하는 중개 수수료를 받을 수 없도록 했다.

• 문의: 금융위원회 중소금융과, 서민금융팀(02-2156-9475)

2) 우리나라 금융시장의 구조

금융시장의 구조는 금융시장의 참여기관, 거래조건 및 거래 메커니즘, 하부구조 등에 의해 크게 영향을 받기 때문에 각국마다 나름의 특색을 가지고 있다. 우리나라의 금융시장은 자금의 조달 및 운용과 관련하여 장·단기 금융상품이 거래되는 전통적 의미의 금융시장과 외환시장, 그리고 파생금융상품시장 등으로 구성되어 있다.

전통적 금융시장은 금융상품의 만기에 따라 단기 금융시장과 자본시장으로 구분된다. 단기 금융시장은 콜, 환매조건부채권, 양도성예금증서, 기업어음, 표지어음, 통화안정증권 등의 시장으로 구성되며, 장기 금융시장인 자본시장은 주식, 채권, 자산유동화증권 등의 시장으로 구성된다.

외환시장은 외환의 수요와 공급에 따라 외화자산이 거래되는 시장이며 우리나라에서는 교역규모 확대, 외환자유화, 자본시장 개방 등에 힘입어 원-달러화를 중심으로 하는 이종 통화 간의 거래가 활발하다. 외환시장은 전형적인 점두시장의 하나로서 거래당사자에 따라 외국환은행 간 외환매매가 이루어지는 은행 간 시장(inter-bank market)과

은행과 기업 등 비은행 고객 사이에 거래가 이루어지는 대고객시장(customer market)으로 구분된다. 은행 간 시장은 금융시관, 외국환 중개기관, 한국은행 등이 참여하여 대량의 외환거래가 이루어지는 도매시장으로 대고객환율의 지표환율(benchmark rate)인 기준환율을 결정한다. 일반적으로 외환시장이라 할 때는 은행 간 시장을 의미한다.

파생금융상품시장은 전통적인 금융시장이나 외환시장에서의 거래 결과 발생하는 위험을 관리하기 위해 널리 활용되는 시장으로, 우리나라의 경우 1996년에 처음 도입된 이후 외환파생상품 위주로 발전해 왔다. 1990년대 중반 이후부터는 주가지수 선물 및 옵션시장, 채권선물시장 등이 도입되면서 거래수단이 다양화되고 거래규모도 크게 확대되었다.

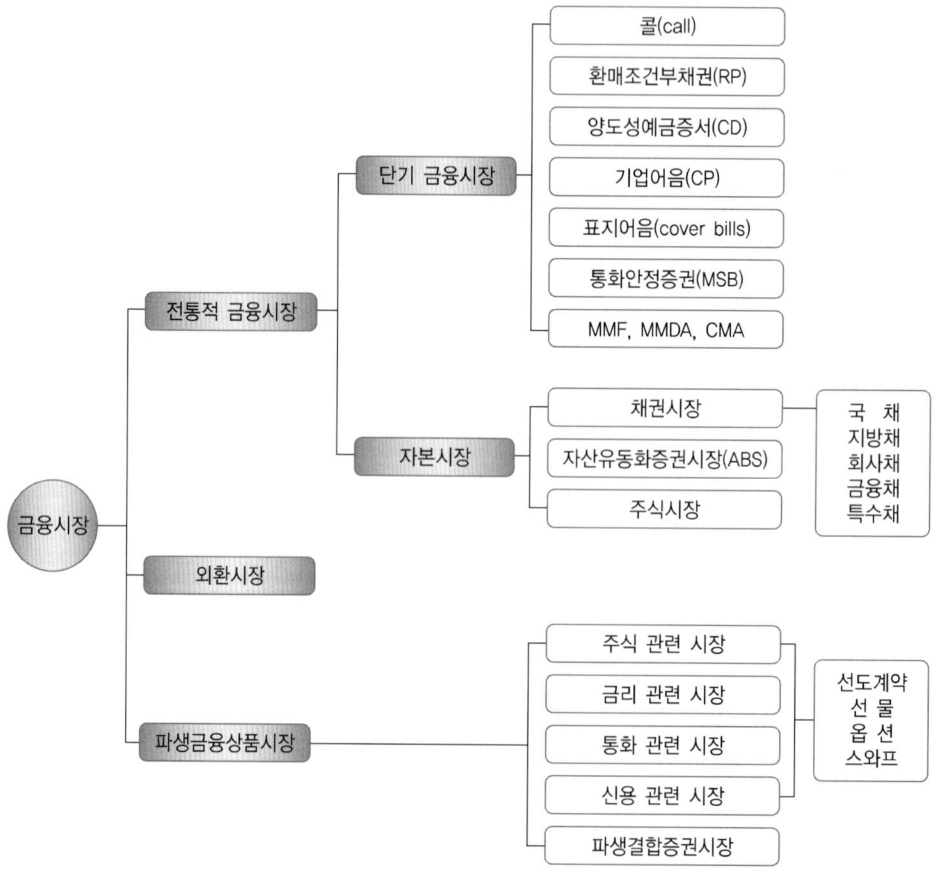

| 그림 3-3 | 우리나라 금융시장의 구조

출처: 한국은행(2009). 우리나라의 금융시장, p.7.

3. 단기 금융시장

1) 단기 금융시장의 개요

단기 금융시장은 기업, 가계, 정부, 금융기관 등 경제주체 간에 단기적으로 발생하는 자금의 과부족을 조절하기 위해 보통 만기 1년 이내의 단기 금융상품이 거래되는 시장이다. 우리나라의 단기 금융시장은 콜(Call)시장, 환매조건부채권매매(RP), 기업어음(CP), 양도성예금증서(CD), 통화안정증권(MSB) 등의 시장으로 구성되어 있다. 우리나라 단기 금융시장의 동향은 외환위기 직후 수익률이 두 자리까지 올라간 후 2003~2006년에 3~4%대의 저금리 안정체제를 유지하였으나, 2007~2008년 사이 금리가 상승한 후 전 세계적으로 금융위기를 극복하는 과정에서 유동성이 확대 공급되면서 금리가 급격히 하락하였다. 단기 금융시장이 수행하는 기능과 역할은 다음과 같이 정리해 볼 수 있다.

(1) 자금의 수급불균형 조절

단기 금융시장은 적자지출단위의 자금수요와 흑자지출단위의 자금공급을 연결시켜 줌으로써 자금의 수급불균형을 조절하는 기능을 수행한다. 단기 금융시장은 만기 1년 이내의 금융상품이 거래되는 시장으로서 주로 통화당국, 금융기관, 우량기업 등 자금거래규모가 크고 신용도가 높은 참가자의 일시적 자금부족은 자금수급의 불균형을 조절한다는 점에서 자본시장과 같은 기능을 수행하지만, 다음과 같은 점에서 자본시장과 구분된다. 단기 금융시장은 자금과잉상태에 직면할 때 자금과부족을 조절하는 기능을 수행하는 시장이다. 따라서 일시적으로 여유자금을 보유하고 있는 참가자는 단기 금융시장에서 거래되는 금융상품을 매입함으로써 안정성 및 유동성과 더불어 수익성을 추구할 수 있고, 자금이 일시적으로 부족한 참가자는 보유하고 있는 단기 금융상품을 단기 금융시장에서 매각함으로써 용이하게 부족자금을 조달할 수 있다. 이와 같이 단기 금융시장을 통하여 단기자금의 수급불균형이 조절된다.

(2) 자금운용의 효율성 제고

단기 금융시장은 경제주체들의 유휴현금 보유에 따른 기회비용을 최소화하여 자금조달 및 운용의 효율성을 제고할 수 있는 기회를 제공한다. 즉, 개별 금융주체의 유동성 포지션을 적절한 수준으로 유지하게 하여 자금운용의 효율성을 제고시킨다. 앞에서 언급한 것처럼 단기 금융시장은 각 금융주체의 일시적인 자금과부족을 신속하게 조절할 수 있는 수단을 제공함으로써 투자기회의 상실을 최소화하고 장래 지급을 위해 보유해야 할 유휴자금(idle money)의 기회비용을 감소시킬 수 있다. 따라서 단기 금융시장이 발달할수록 단기 금융시장의 참가자들은 장래 지출에 대비하여 보유자금을 줄일 수 있기 때문에 그만큼 자금을 효율적으로 운용할 수 있다.

(3) 금융자산 위험관리

단기 금융시장은 자본시장에 비하여 자본손실 및 유동성 위험이 작아 경제주체들의 금융자산 위험관리 기회로 활용된다. 일반적으로 단기 금융상품은 장기 금융상품에 비해 금리변동에 수반한 가격변동의 폭이 크지 않으므로 자본손실(capital loss)이 작고, 유통시장이 잘 발달된 경우에는 만기 이전에도 쉽게 자금을 회수할 수 있어 유동성위험도 크지 않다. 따라서 금융주체들은 주식이나 채권 등이 하락할 것으로 예상될 때 이들 금융상품을 매각하고 단기 금융상품을 매입함으로써 자본손실위험을 줄일 수 있다. 또한 단기 금융상품의 경우 발행주체가 주로 정부나 신용도가 높은 우량기업이므로 채무불이행위험(default risk)이 다른 금융상품에 비해 상대적으로 낮아 신용리스크(credit risk)도 최소화할 수 있다.

(4) 통화정책 효과가 전달되는 중간경로

단기 금융시장은 중앙은행의 통화정책(money policy) 효과가 전달되는 중간경로(transmission mechanism)로서의 기능을 수행한다. 중앙은행은 공개시장조작정책(open market operation policy)을 통해 금리를 조절하거나 또는 본원통화의 공급자로서 유동성을 공급 또는 환수함으로써 통화량을 조절한다. 그런데 일반적으로 단기 금융시장이 발달하면 금리재정거래(interest arbitrage transaction)가 활발하게 이루어져 금융시장 간의 상호관련성이 제고되고 단기 금융상품의 수익률이 자금의 수급상황에 민감하게 반응하는 등 금융시장 전반에 걸쳐 금리체계의 합리화가 이루어진다. 따라서 이와 같은 여건이 충족되면 중앙은행은 이를 바탕으로 공개시장조작정책의 효과를 신속하고 광범위하게 전달할 수 있을 뿐만 아니라 단기 금융시장에서의 금리동향을 중요한 시장신호(market signal)로 활용하여 정책효과를 측정하고 정책방향을 설정할 수 있다.

| 표 3-1 | 우리나라 단기 금융시장의 개요

구 분		콜	환매조건부 매매	한국은행 환매조건부 증권매매	양도성 예금증서	기업어음
도입시기		1960년 7월	1977년 2월	1969년 2월	1974년 5월	1972년 8월
특 징		금융기관 간 자금 조절	금융기관 간 자금 조절, 금융기관의 단기자금조달	시중 유동성 조절	은행 간 자금조절, 은행의 단기 자금 조절	기업의 단기 자금 조달
법적 성격		금전소비대차	채권매매	채권매매	소비임치 및 유가증권	약속어음
참가기관	자금조달(발행)기관	은행, 은행신탁, 증권, 자산운용, 보험 등	• 금융기관 간: 콜시장 참가기관, 금융공기업 • 대고객: 은행, 증권, 증권금융, 체신관서	한국은행의 거래 대상으로 지정된 은행, 증권, 증권금융	예금은행	우량·적격기업
	자금운용(매입)기관				• 은행 간: 은행 • 대고객: 금융기관, 법인, 개인	금융기관, 법인, 개인
	중재기관	자금중개	자금중개, 증권		증권, 종합금융, 자금중개	증권, 종합금융
만 기		최장 90일 이내	자유화	최장 91일 이내	30일 이상	자유화
최저발행(거래)금액		1억 원 (중개거래 시)	• 체신관서: 5만 원 • 기타: 제한 없음	최저입찰금액 100억 원	제한 없음	• 증권: 1억 원 • 기타: 제한 없음
이자지급방식		만기 일시지급	만기 일시지급	만기 일시지급	할인방식 선지급	할인방식 선지급
중도환매		–	제한 없음	금 지	금 지	제한 없음

출처: 한국은행(2009). 우리나라의 금융시장, p.29.

(5) 기업투자활동의 안정성 제고

단기 금융시장의 발달은 은행의 자금과부족을 신속하고 효과적으로 조절함으로써 금리의 변동성을 감소시키고, 장·단기 금리재정거래를 통하여 단기 금리의 변동을 장기 금리에 신속하게 반영함으로써 자본비용에 대한 불확실성을 감소시켜 기업투자활동의 안정성을 제고시키는 기능을 수행한다.

2) 콜시장

콜시장(call market)이란 주로 금융기관 간에 일시적인 자금과부족을 조절하기 위해 초단기 자금을 차입(call money)하거나 대여(call loan)하는 시장을 말한다. 은행을 비롯한 금융기관은 예금(수신)을 받아 대출(여신)하거나 투자를 행하는 과정에서 자금의 과부족이 발생할 수 있는데, 이러한 경우 콜시장에서 금융기관 간의 초단기자금거래를 통해 자금의 과부족을 조절한다. 이와 같이 콜시장은 일시적인 금융기관의 자금과부족을 조절하는 시장이기 때문에 주로 1일 내지는 수일 이내의 자금이 전화나 통신망을 통해 거래된다.

콜시장에서 형성되는 콜금리는 다른 여타금융시장의 금리와 마찬가지로 주로 콜시장의 자금수급상황에 따라 결정된다. 즉, 금융기관의 단기유동성사정이 호전(악화)되면 콜자금공급이 증가(감소)하여 콜금리는 하락(상승)한다.

이와 같이 콜시장은 금융기관의 단기적 자금과부족을 조절하여 금융시장의 효율성을 제고시킴과 더불어 중앙은행의 통화정책과 관련하여 매우 중요한 역할을 수행한다. 일반적으로 콜금리의 변동은 금리재정거래를 통해 일차적으로 양도성예금증서(CD), 기업어음(CP) 등의 단기금리변동뿐만 아니라, 나아가서는 회사채수익률, 은행대출금리 등 시중금리에 영향을 미쳐 소비, 투자 등 실물경제에 영향을 준다. 이와 같은 금리의 파급경로를 근간으로 중앙은행은 공개시장조작 등을 통해 금융기관의 단기 유동성을 조절하여 콜금리에 영향을 미침으로써 최종적으로 실물경제활동을 바람직한 방향으로 유도한다.

콜시장의 거래 메커니즘은 다음과 같다.

(1) 계약체결

- 콜거래: 계약체결 방식에 따라 직거래와 중개거래로 구분된다.
- 직거래: 거래당사자들이 직접 금리, 만기, 금액 등에 합의하여 계약을 체결하는 것을 의미하며 대부분의 은행 간 거래가 이에 해당된다.
- 중개거래: 자금중개회사가 거래조건(금리, 만기, 금액 등)에 따라 자금의 공급자와 수요자를 연결시켜 줌으로써 계약이 체결되는 거래이다.

(2) 대금수급

콜머니, 콜론기관이 모두 은행인 경우 콜자금의 대여 및 상환은 모두 한은금융망(BOK-wire)을 통해 한국은행 당좌계정을 거쳐 이루어진다. 두 은행이 콜거래에 합의하면 콜론은행이 BOK-wire의 콜거래시스템을 통해 콜머니은행 앞으로 콜자금 이체를 요청하고 콜론은행에 예금잔액이 있는 경우 요청과 동시에 자금이 이체된다.

(3) 거래조건

콜거래의 최장만기는 담보 여부와 관계없이 90일 이내에서 일별로 정할 수 있으나, 실제 거래에서는 만기가 하루인 1일물이 대부분을 차지하고 있다. 거래단위는 억 원이며 최저거래금액에 대한 명시적인 제한은 없다.

담보제공 여부에 따라 담보콜과 신용콜로 구분된다. 담보콜의 담보물은 국채, 지방채, 통안채, 특수채, 금융채, 회사채, CP, 주식, 수익증권 등과 CD 및 현금으로 한정된다. 담보가액은 금융회사 간의 협의를 통해 유가증권별로 결정된다.

3) 환매조건부채권시장

환매조건부채권(Repurchase agreement, RP 또는 Repo)의 매매는 특정한 유가증권을 매매한 뒤 일정기간 후 매매 당시의 가격에다 소정의 이자를 더한 가격으로 되사거나 되팔 것을 약정한 매매 당사자 간의 계약이다. 채권 이외에 주식과 부동산 등도 환매조건부매매의 대상이 될 수 있으나 전통적으로 RP라고 할 때에는 채권을 담보로 자금을 거래하는 것을 말한다.

채권은 장기 금융자산으로 단기 금융자산에 비해 유동성이 상대적으로 낮기 때문에 자본시장이 충분히 발달하지 못한 경우 매매 기회가 제한된다. 또한 채권가격이 유통시장에서의 이자율과 수급동향에 따라 항상 변하므로 채권을 현금화할 경우 자본손실의 위험이 있다.

그러나 RP거래를 이용할 경우, 자금의 수요자는 채권매각에 따른 자본손실 없이 단기간에 필요한 자금을 보다 쉽게 조달할 수 있으며, 여유자금을 보유한 투자자도 자본손실의 위험 없이 자금을 운용할 수 있다.

RP시장은 자금의 원활한 수급조절을 통해 단기 금융시장의 자금흐름을 원활히 할 수 있을 뿐 아니라, 수익성은 높으나 유동성이 낮은 채권을 유동화할 수 있다는 장점이 있다.

RP시장의 거래 메커니즘은 다음과 같다.

(1) 매 매

금융회사의 대고객 RP는 통장거래방식으로 매매되며, RP 매도 시에는 대상채권을 매수자에게 주는 것이 원칙이다. 금융회사 간 RP는 통장거래, 단순 계약서수수, 계약서수수 및 어음교부 등 다양한 방식으로 매매되며, 채권의 양수도(讓受渡, 소유권 또는 관리처분을 이전)는 실물교부(현물채권), 등록변경(등록채권), 계좌 간 이체(예탁결제원 예탁채권) 등의 방식으로 이루어진다.

(2) 대금수수

RP거래 시 자금결제 방식은 대고객 RP의 경우 자기앞수표를 통한 결제가 일반적이다. 다만, 거래규모가 거액인 경우 계좌이체 또는 BOK-wire를 통해 이루어진다.

RP만기 시에는 통장거래의 경우 일반예금과 같이 매수자가 취급기관 창구에 통장을 제시하여 자금을 회수한다. 비통장거래인 금융회사 간의 RP거래는 BOK-wire 또는 어음교환을 통해 자금을 회수한다.

4) 기업어음시장

기업어음(commercial paper, CP)은 신용상태가 양호한 기업이 상거래와 관계없이 단기자금을 조달하기 위하여 자기신용을 바탕으로 발행하는 만기 1년 이내의 융통어음이다. CP시장은 발생기업(issuers), 할인·매출기관(dealers), 매수기관(investors)으로 구성된다.

CP는 발생절차가 간편한데다 통상 담보 없이 신용으로 발행되기 때문에 신속한 자금조달수단으로 이용된다. 금리면에서도 일반적으로 은행대출보다 유리하며, 할인·매출기관은 할인CP를 매수기관에 매출함으로써 매매이익을 얻는다. 매수기관은 만기 1년 이하의 단기자금 운용수단으로 CP를 활용하고 있다.

CP발행기업의 요건과 발행조건은 할인금융기관에 따라 다소 차이가 있다. 우선 증권회사가 고유계정을 통해 할인 매입하는 경우 대상기업, 최장 만기 및 최저액면금액에 대한 별도의 제한은 없다. 그러나 장외시장에서 CP를 매매, 중개·주선 또는 대리하는 경우에는 신용평가기관 중 2개 이상의 기관으로부터 신용평가를 받은 기업어음으로 대상을 제한한다. 일반적으로는 거래 관행상 신용등급 B등급 이상의 CP를 대상으로 최저

액면금액은 1억 원 이상으로 발행되고 있다. 증권회사는 CP발행기업과 CP할인에 관한 약정을 맺으며, 업체별 한도를 설정한 후 그 한도 내에서 할인하여준다.

종합금융회사의 경우에는 할인어음의 매출 시 적어도 B등급 이상의 신용등급이 요구되며, 최저액면금액에 대한 제한은 없지만 보통 100억 원 이상으로 발생되고, 만기는 3개월물이 주종을 이룬다.

은행신탁계정의 경우에는 CP발행기업의 신용등급에 대한 명백한 규정은 없으나 발행기업의 자격을 상장법인으로 한정하고 있으며, 일반적으로 투자등급(A3) 이상의 보유기업을 거래대상으로 하고 있다.

CP시장의 거래메커니즘은 다음과 같다.

(1) 할 인

자금이 필요한 기업은 전일이나 당일 오전 중 증권회사·종합금융회사 등 할인기관과 만기, 금액, 금리수준 등에 대해 협의한 다음 어음을 발행하여 할인을 요청한다. 할인기관은 이때 대상업체와 CP거래에 관한 약정을 맺고 할인한도를 부여한다.

(2) 매 출

종합금융회사, 증권회사 등은 할인금리에서 연 0.01~0.03%의 매매이익(dealer spread)을 감안한 매출금리로 자산운용회사 등 매수기관에 매출한다. 거래방식은 실물교부와 통장거래 방식이 모두 가능하나 대부분 실물교부방식으로 거래된다.

(3) 대금수급

자금은 할인기관이 매수기관으로부터 받아 어음교환 차액결제가 끝난 후 거래은행의 계좌이체 또는 BOK-wire를 통해 지급한다. 만기가 되면 CP보유기관은 자기거래은행을 통해 CP를 교환에 회부하여 지정한 은행계좌로 결제해줄 것을 요청한다. 이에 따라 발행기업이 지정된 은행의 결제계좌에 상환자금을 입금하면 그 상환자금은 CP 교환회부은행을 통해 보유기관(투자자)으로 이체된다.

5) 양도성예금증서시장

양도성예금증서(negotiable certificate of deposi, CD)란 은행의 정기예금을 근거로 무기명으로 발행된 증서로서, 금융시장에서 자유롭게 매매될 수 있게 양도성을 부여한 상품이다. CD는 미국의 뉴욕퍼스트내셔널 시티은행(First National City Bank of New York, Citibank)이 1961년 처음으로 시작한 이후 주요한 자금조달 수단으로 통용되고 있으며, 우리나라도 1984년에 도입하여 매우 활발한 실적을 보이고 있다. CD는 은행 간의 자금조절이나 단기자금 조달 수단으로 많이 활용되는 것이 특징이다. CD의 법적 성격은 예금을 받고 예금증서를 교부한다는 점에서 일반예금처럼 일정기간 소유권을 이전했다가 반환해오는 계약인 소비임치의 특성을 갖고 있으며, 권리의 이전과 행사에 예금증서가 필요하므로 상법상 유가증권에 해당되는 것으로 간주된다.

CD는 한국은행법상 예금채무에 해당되어 예금지급준비금 예치의무가 부과되고 있으며, 현재 예금보호대상에서는 제외되어 있다. CD는 최단만기만 30일 이상으로 제한되고 있고 최장만기의 제한은 없다. 금융기관 간 거래의 경우 1년물 이내가, 대고객 거래의 경우 1년물이 주종을 이루고 있으며, 발행은 액면에서 할인하는 방식으로 이루어진다. 최저액면금액에 대한 제한은 없으나 일반적으로 개인의 경우 1,000만 원, 법인의 경우 1억 원 이상이다. 보유하고 있는 CD를 현금화할 때는 중개회사를 통해 매각·양도하면 된다.

CD금리는 콜금리 등 다른 시장금리, 발행금액, 기간 등을 감안하여 결정되며, 은행별 신용도에 따라 금리수준이 다를 수 있다. 금융투자협회가 고시하는 CD 유통수익률은 콜금리와 함께 대표성 있는 단기시장금리로서 은행의 여수신금리 운용의 기준금리로 사용되는 등 중요한 역할을 한다.

CD는 일반 개인과 법인 또는 금융기관이 매수할 수 있도록 은행창구에서 직접 발행하거나 증권회사 등을 통해 발행되는 대고객 CD와, 발행은행과 매수은행이 직접 교섭하여 발생·매수하는 은행 간 CD로 구분된다.

은행이 CD를 직접 발행하는 경우에는 실물 작성·교부방식으로 거래하고, 중개기관이 CD를 매출하는 경우에는 실물교부와 통장거래가 모두 가능하다. 교부받은 실물 CD는 금융기관들이 자체보관하거나 한국예탁결제원에 예탁한다. 한편 2006년 6월 「공사채등록법」이 개정되어 금융기관에 한해 CD등록발행제가 시행됨에 따라 은행들은 대부분 CD를 실물발행하지 않고 예탁결제원을 통해 등록발행하고 있다.

CD발행에 대한 자금결제방식은 개인의 경우 현금이나 자기앞수표로 하는 것이 일반적이며, 거액의 경우 계좌이체 또는 BOK-wire를 통해 자금결제가 이루어진다. 은행간 CD는 주로 BOK-wire를 통해 자금결제가 이루어진다.

6) 표지어음시장

표지어음(cover bill)이란 금융기관이 할인하여 보유하고 있는 어음(상업어음, 무역어음, 팩토링어음 등)들을 통합 또는 분할한 뒤, 이 원어음을 기초로 하여 금융기관이 발행한 약속어음을 말한다. 표지어음은 원어음의 부도 여부와 관계없이 금융기관이 어음소지자에게 만기지급하는 어음이다.

표지어음시장은 1년 이내의 단기 금융시장으로서 원어음을 할인하는 기업, 이를 기초로 표지어음을 발행하는 금융기관, 그리고 표지어음 매수자 등으로 구성된다. 기업은 원어음 할인으로 기업자금을 조달하고, 금융기관은 원어음 할인금리와 표지어음 발행금리 사이의 차익을 얻고, 매수자는 표지어음 발행금리만큼의 이자를 얻을 수 있다.

7) 통화안정증권시장

통화안정증권(Monetary Stabilization Bond, MSB)시장이란 한국은행이 통화량을 조절하기 위해 금융기관과 일반을 대상으로 하여 통화안정증권을 발행하고 유통시키는 시장을 말한다.

통화안정증권은 유가증권이지만 국채와 마찬가지로 투자제한이 없고 무위험자산으로 분류되므로, 금융기관은 자금운용이나 BIS(Bank for International Settlement; 국제결제은행) 자기자본 비율을 높이기 위한 수단으로 통화안정증권을 매입한다.

거래약정을 맺은 금융기관을 대상으로 BOK-wire를 통해 경쟁입찰이 이루어지며, 매수자에 대한 자격제한이 없으므로 통화안정증권은 한국은행 본점과 지역본부 창구를 통해 직접 발행되는 일반매출로 이루어진다.

통화안정증권의 만기는 2년 이내이고 종류는 11가지가 있으나 주로 182일물, 364일물, 2년물이 발행되고 있다. 중도환매는 한국은행이 필요하다고 인정하는 경우가 아니면 원칙적으로 불가능하다.

통화안정증권은 BOK-Wire를 통해 통화안정증권 등록부 명의를 변경하는 방식으로 소유권이 이전되며, 대금결제는 매매당사자의 거래은행이 같은 경우에는 계좌이체를 통해, 거래은행이 다른 경우에는 BOK-Wire를 통해 이루어진다.

8) MMF · MMDA · CMA

(1) MMF

자산운용회사가 고객의 자금을 모아 펀드(fund)를 구성한 후 금리가 높은 1년 만기 미만의 기업어음(CP), 양도성예금증서(CD), 콜 등 주로 단기금융상품에 집중 투자하여 얻은 수익을 고객에게 되돌려주는 초단기 금융상품을 말한다. MMF(Money Market Fund)는 수시로 입출금이 가능하여 은행권의 보통예금과 같이 유동성이 높은 금융상품으로 간주되어 왔으나, 2005년 11월부터 익일환매제도가 시행되면서 수시입출금이 제한되어 종전보다 유동성이 떨어졌다. 또한 매매 기준가격이 매입 또는 환매청구일의 종가가 아닌 청구 이후 시점에 산출되는 종가(미래가격)로 변경됨에 따라 수익성도 이전보다 낮아지게 되었다. MMF는 투자금액에 제한이 없어 소액투자자도 이용가능한 상품으로 인기가 높으나 예금보호대상이 아니므로 주의가 필요하다.

(2) MMDA

MMDA(Money Market Deposit Account)는 은행의 고유계정에서 운용되는 단기금융상품으로, 보통예금처럼 입출금이 자유롭고 각종 이체와 결제도 할 수 있으며, 예금자보호대상이다. MMDA는 미국의 은행이 투자신탁회사(자산운용회사)의 MMF에 대응하기 위해 도입한 고금리 저축성 예금으로, 우리나라에서는 1974년 금리자유화가 시행되면서 도입되었다.

(3) CMA

종합금융회사가 고객의 예탁금을 어음 및 국공채 등 단기 금융상품에 직접 투자하여 운용한 뒤 그 수익을 고객에게 돌려주는 단기 저축상품이다. 예금액의 제한 없이 수시입출금이 허용되면서도 실세금리수준의 수익을 올릴 수 있다는 장점이 있어 증권사에서 판매하는 MMF와 경쟁관계에 있다.

| 표 3-2 | MMF·MMDA·CMA의 비교

구 분		MMF(은행·증권)	MMDA(은행)	CMA(증권회사)
수익성	금 리	연 3.5% (2009년 12월 현재)	금액에 따라 차등지급. 평잔액이 일정한도(500만 원)보다 높으면 보다 높은 금리적용(복리)	금액에 관계없이 기간·운용자산에 따라 차등지급. 연 3.5~4.5%
편리성	입출금	은행폐점 이후 출금 불가능	온라인 및 은행 ATM을 통해 가능	온라인 및 증권사와 연계된 은행 ATM을 통해 가능
	대 출	불가능	가 능	불가능
	자동이체·온라인뱅킹	불가능	가 능	온라인 및 증권사와 연계된 은행 ATM을 통해 가능
안전성	원금보장	불가능	5,000만 원까지 보장	불가능

출처: 송지영(2010). 금융시장과 금융상품의 이해, p.93.

특히 CMA(Cash Management Account; 어음관리계좌)는 은행의 보통예금처럼 입출금, 급여이체, 자동납부 등 서비스 기능을 갖고 있으며 주식청약까지 할 수 있다. 2004년부터는 증권사들도 종합금융회사의 CMA와 유사한 수시입출식의 단기고금리상품을 판매하기 시작하였으나 증권사의 CMA는 종합금융회사의 CMA와 달리 예금보호대상이 아니다.

4. 자본시장

자본시장(capital market)이란 유가증권(주식, 채권, ABS 등)이 발행·유통되는 장기금융시장을 총칭하는 것으로, 자금의 수요자(주로 기업)는 유가증권을 발행하거나 매출하여 자금을 조달하고, 투자자는 유가증권을 매입함으로써 자신의 금융자산을 운용하는 곳을 말한다.

자본시장의 가장 중요한 기능은 가계 등의 여유자금을 투자수익이 높은 기업 등에 장기투자재원으로 공급함으로써 국민경제의 과부족과 자금수급의 불균형을 조절하는 것이다. 자본시장은 미시적으로는 회사채수익률과 주가 등 금융자산가격을 결정함으로써 기업의 투자결정과 내부경영에 영향을 미치고, 투자자에게는 높은 수익률의 금융자산을 제공함으로써 자산운용의 효율성을 높여준다.

우리나라의 자본시장은 크게 주식시장, 채권시장, 선물·옵션시장으로 구분되며, 여기에 ABS(자산담보부증권)시장 등이 추가된다. 주식시장은 다시 유가증권시장, 코스닥(KOSDAQ)시장, 프리보드(free board)로 구분된다. 채권시장은 국공채시장과 회사채시장으로 나눌 수 있다. 선물·옵션시장에서는 주식 및 주가지수 선물·옵션, 통화선물, 국채선물 등이 주로 거래되고 있다. 우리나라의 주식거래와 선물·옵션거래 그리고 대부분의 채권거래는 2005년 통합된 한국거래소(Korea Exchange)에서 이루어지고 있다.

| 표 3-3 | 우리나라 자본시장 개요 (단위: 개, 조 원)

구 분			2006년 말	2007년 말	2008년 말	2009년 6월 말
주식시장	유가증권 시장	상장회사 수	731	745	763	758
		시가총액	704.6	951.9	576.9	719.5
		일평균거래대금	3.4	5.5	5.2	5.8
	코스닥시장	상장회사 수	963	1,022	1,036	1,020
		시가총액	72.1	99.9	46.1	73.1
		일평균거래대금	1.7	2.0	1.2	2.1
	프리보드	상장회사 수	56	54	70	65
		시가총액	0.4	0.5	5.7	0.6
		일평균거래대금(억 원)	0.8	1.7	1.3	0.4
채권시장	공채	상장잔액(액면가)	592.6	621.1	635.7	731.2
		기간 중 총거래량	292.4	352.8	373.3	254.3
	회사채	상장잔액(액면가)	185.2	207.5	228.4	249.2
		기간 중 총거래량	1.8	3.0	3.1	2.3
선물·옵션 (기간 중 일평균 거래량, 계약)	주식 및 주가지수*	KOSPI 200선물	188,688	194,139	267,878	354,125
		KOSPI 200옵션	9,774,991	11,015,626	11,155,138	11,089,241
		스타지수선물	365	91	54	2
		개별주식선물	–	–	70,013	182,853
		개별주식옵션	5	0.4	0	0
	국채 및 금**	3년 국채선물	41,877	55,102	64,156	78,120
		5년 국채선물	13	0	0	0
		10년 국채선물	–	–	45	0
		통안증권금리선물	2	0	0	0

(계속)

구 분			2006년 말	2007년 말	2008년 말	2009년 6월 말
선물·옵션 (기간 중 일평균 거래량, 계약)	통화***	미국달러선물	12,569	23,383	30,589	105,592
		미국달러옵션	0	0	0	0
		유로선물	198	865	418	819
		엔선물	165	1,102	419	646
	기타****	금선물	0	2	5	13
		돈육선물	–	–	144	57

주: 위의 지표는 거래소 거래기준임.

* 스타지수선물은 KOSDAQ스타지수를 기초자산으로 하며 2005년 11월에 도입되었다. 대신 거래가 부진한 KOSDAQ50 선물, 옵션은 폐지되었다.

** 금리선물시장은 현재 3년 국채선물 위주로 거래되고 있다. 처음에는 CD금리선물이 주로 거래되었으나 3년 국채선물이 도입되면서 사실상 거래가 중단되었다. 통화안정증권금리선물은 2002년 12월에 상장되었으나 유동성이 풍부한 3년 국채선물과의 만기차이가 크지 않아 거래가 부진하다. 2003년 8월에는 5년 국채선물이 도입되었으나 이 역시 거래량이 미미하다. 최근에는 10년 국채선물이 새로이 도입되어(2008. 2), 장기금리 변동위험에 대한 헤지수단을 제공하고 있다.

*** 유로선물과 엔선물은 엔화 및 유로화에 대한 헤지 수요가 증가함에 따라 2006년 5월부터 상장되었다.

**** 돈육가격 변동에 따른 위험헤지와 투자기회 확대를 위해 2008년 7월 21일부터 돈육선물이 거래소에 상장되었다.

출처: 한국거래소. KRX 통계.

5. 파생금융상품시장

파생상품(derivatives)은 실물자산(농산물·비철금속·귀금속·에너지 등)과 금융자산(통화·주식·채권 등)과 같은 여러 가지 기초자산(underlying assets)의 미래가격을 현재 시점에서 결정한 후, 미래의 계약만기일(결제일)에 미리 결정된 가격 및 방법으로 해당 상품에 대해 매매, 교환 또는 권리 의무의 이행 등을 하는 형태의 계약이다.

파생금융상품(financial derivatives)이란 통화·채권·주식 등 기초금융자산(underlying financial assets)의 가치변동에 의해 금융상품의 가치가 결정되는 금융계약을 말한다. 파생금융상품은 계약형태에 따라 선도계약·선물·옵션·스와프 등으로, 기초자산의 유형에 따라 통화·금리·주식 관련 상품 등으로, 거래장소에 따라 장내거래와 장외거래로 구분된다.

파생금융상품시장은 보다 높은 투자수익을 원하는 투자자에게는 고수익 투자수단을 제공하고, 안정적인 재무관리를 필요로 하는 기업이나 금융기관에게는 효과적인 위험

관리수단을 제공한다는 장점을 가지고 있지만, 반면에 채무불이행 위험이 높고 거래구조가 복잡하여 투기적 거래에 대한 통제가 어렵다는 단점이 있다. 따라서 세계 각국에서는 파생금융상품 거래의 잠재적 위험을 최소화하기 위해 금융하부구조(financial infra-structure) 및 감독체계(financial supervisory system)의 정비에 노력을 기울이고 있다.

6. 외환시장

외환시장(foreign exchange market)이란, 국제거래에 참여하는 사람들이 대금의 결제과정에서 필요한 외환이나 대금으로 받은 외환의 환전을 위해 자국통화와 외환을 교환하는 시장을 말한다. 이 때 외환(foreign exchange)이란 국제간 거래에서 결제수단으로 사용할 수 있는 외국통화 또는 외국통화표시 청구권을 말하며, 달러($), 유로(€), 엔(¥) 등의 통화뿐만 아니라 외국통화로 표시된 채권, 주식 등 금융자산을 포괄하는 개념이다.

외환시장에서 거래되는 외환의 가격을 환율(foreign exchange rate)이라고 하는데, 이는 자국통화와 외국통화 간의 교환비율로서 두 나라 통화 간의 상대적 가치를 말한다. 외환시장은 거래 당사자에 따라 은행 간 시장과 대고객시장으로 구분할 수 있다. 은행 간 시장은 대고객시장에 공급할 외환자금을 대규모로 거래하는 도매시장과 같다. 반면 대고객 시장은 은행과 고객(개인·기업 등) 간에 외환거래가 이루어지는 소매시장이라 할 수 있다. 은행들은 대고객 거래결과로 변동된 외화포지션을 은행 간 시장에서 조정하게 되는데 이 과정에서 두 시장 간에 연계가 이루어진다.

외환시장의 참여자는 외국환은행의 고객, 외국환은행, 외환브로커 및 딜러, 각국의 중앙은행 등으로 구성된다. 이들은 거래를 통해 다음과 같은 다양한 기능을 수행한다.

첫째, 한 나라의 통화에서 다른 나라의 통화로 구매력 이전을 가능하게 한다. 수출대금으로 벌어들인 외환을 원화로 환전함으로써 국내에서 거래되는 재화와 용역에 대한 구매력을 얻게 된다.

둘째, 무역 등 대외거래에서 발생하는 외환의 수요와 공급을 청산하는 역할을 한다.

셋째, 환율이 외환의 수급사정에 따라 변동됨으로써 국제수지 조절기능을 한다.

넷째, 외환시장은 환위험 회피수단과 함께 환투기 거래기회도 제공한다.

소비자 투자코너 3-3

외환시장과 환율

환율변동은 다양한 경로를 통해 수출입, 고용, 물가 등에 영향을 끼친다. 환율이 상승하면 원화의 가치가 하락한 것이므로 수출상품의 가격이 그만큼 낮아진다. 이는 수출기업의 판매를 촉진하고 생산을 늘린다. 또 환율이 상승하면 수입상품의 가격이 높아진다. 이는 국내 기업의 판매를 촉진하고 생산을 늘린다. 따라서 환율상승은 대부분 산업에 걸쳐 생산을 늘리고 고용을 확대하여 경제성장을 촉진하는 긍정적인 효과를 낳는다. 하지만 환율상승이 긍정적인 효과만을 주는 것은 아니다. 환율상승은 수입품의 가격상승을 부추겨 우리나라의 물가에 적잖은 부담을 준다. 특히 원유수입에 크게 의존하는 우리나라의 경우에는 환율상승이 원자재 가격을 높여 제조원가 상승을 초래한다는 점에서 부작용이 그만큼 크다. 국내에서 물건을 살 때는 원화를 쓰면 되지만, 해외에서 물건을 사려면 달러가 필요하다.

우리 경제에 필요한 석유를 수입하고 해외로 송금하거나 관광을 떠나려고 할 때도 달러가 있어야 한다. 세계에서 무역을 할 때 주고받는 돈이 대부분 달러화기 때문이다. 달러 외에 유로화, 엔화 등도 국제통화로 간주되고 최근에는 중국의 위안화도 위상을 높이고 있다. 그래서 우리나라에 외환이 얼마만큼 있느냐는 늘 관심의 대상이다. 현재 외환보유액은 3,000억 달러 수준이다. 우리나라의 매월 수입액이 440억 달러 정도이니까 7개월 정도 수입할 수 있는 금액이라서 충분한 수준이다. 하지만 달러화를 많이 보유해야 한다는 주장도 있다. 경제위기 시 달러화에 대한 수요가 높아지고, 또 우리나라가 외국에 지고 있는 달러 빚을 수시로 연장해야 하므로 달러에 대한 수요가 순간적으로 늘어날 수 있기 때문이다.

실제로 1997년 외환위기 때 우리나라 금융회사들은 빚을 갚지 못하는 상황에 처했고, 달러화 잔액이 거의 바닥을 드러냈다. 그래서 IMF로부터 긴급하게 달러화를 빌려 위기를 넘겼다. 또 최근 국제금융위기 과정에서도 달러화 부족현상이 발생할 수 있다는 우려가 있었다. 이렇게 필요한 달러화를 어떻게 하면 보유할 수 있을까? 수출을 수입보다 많이 하거나 해외에서 돈을 빌려야 가능하다. 우리나라가 무역을 통한 경제성장을 하기 전에는 달러화가 정말로 귀했다. 단돈 1달러도 대통령의 허가 없이 쓸 수 없었을 정도였다. 환율은 그 나라 경제의 상태를 알려준다. 우리 경제가 다시 안정을 찾고 경쟁력을 회복하면서 원·달러 환율이 하락세를 보이고 있다. 너무 빠르게 하락하고 있다는 판단에 따라 외환당국이 개입에 나섰다. 급격한 환율변동이 경제에 좋지 않기 때문에 속도를 조절하겠다는 것이다.

출처: 서울신문(2011년 5월 3일자).

4장 금융기관의 이해

이 장은 개인 및 가계가 금융상품을 구매하고 투자 및 자산관리 전략을 수행하는 데 있어 가장 중요한 기관인 금융기관을 이해하고자 도입되었다. 먼저 국민경제에서 금융산업이 갖는 의의와 금융기관의 본질적 기능이 무엇인지 알아보고, 금융감독당국의 분류에 따라 은행권, 비은행권, 보험권, 금융투자권역으로 구분되는 금융기관들의 내용을 상세히 살펴본다. 마지막으로 소비자의 투자와 자산관리에 있어 중요한 금융유관기관인 예금보험공사, 한국자산관리공사, 한국거래소 등에 대해 알아본다.

1. 국민경제와 금융산업

1) 금융기관의 본질적 기능

금융기관은 예금을 수입하여 조성한 자금을 대출로 운용하는 고전적인 은행업, 즉 금융시장에서 자금의 공급자인 가계와 자금의 수요자인 기업에게 적절한 금융수단을 제공함으로써 이들의 저축 및 차입 수요를 충족시키는 역할을 주로 담당해 왔으나 최근에는 그 기능이 확대·발전하는 추세이다. 금융기관이 갖는 중요한 기능을 살펴보면 다음과 같다.

(1) 거래비용 절감기능

금융기관은 다수의 자금 제공자와 수요자를 대상으로 금융자산을 거래하기 때문에 거래비용 면에서 규모의 경제(economy of scale)가 작용한다. 따라서 직접거래 시보다 적은 비용으로 금융수요를 충족시킬 수 있고, 자금수요자와 공급자 간의 탐색비용(searching cost)을 줄여주며, 신용정보 획득의 용이성과 정보분석 능력을 통해 감시비용을 절감시킬 수 있다.

(2) 자산변환기능

자산변환기능이란 금융기관이 개인의 저축을 기업의 투자로 연결시키는 기능을 지칭하는 것으로, 만기변환 기능과 금액변환 기능으로 구분된다. 만기변환 기능은 저축자로부터 다양한 만기 자금을 수취하여 기업에게 필요한 기간만큼 안정적으로 자금을 공급하는 기능이며, 금액변환 기능은 소액의 자금을 집적(pooling)하여 거액의 자금으로 전환시키는 기능이다.

(3) 지급결제 기능

은행을 중심으로 하는 금융기관들은 고객과 고객 간, 금융기관과 고객 간의 다양한 지급결제 수단(수표·어음·신용카드, 계좌이체 등)을 제공하는데, 지급결제수단은 과거에는 서면형식 위주였으나 최근에는 신용카드 또는 전자화폐 등의 방식으로 확대되어 사용되고 있다.

한편 금융자산이란 실물자산에 대비되는 개념으로서 화폐에 대한 청구권을 나타내는 금융수단이다. 화폐는 저축하는 입장에서 보면 금융자산(financial asset)이 되나, 차입하는 입장에서는 금융부채(financial liability)가 된다.

금융기관에서 거래의 대상이 되는 금융자산은 다음과 같은 특성을 갖는다.

- 안전성: 안전성은 금융자산이 갖는 위험의 크기와 반비례하는 개념이다. 즉, 위험이 작을수록 안전성이 크다고 할 수 있다. 그러나 위험이 전혀 없는, 100% 안전한 금융자산은 없으므로 위험의 유무보다는 위험수준의 상태적 측면에서 위험 및 안전성을 고려해야 한다. 금융자산이 갖는 위험으로는 상환불능위험과 자본손실위험이 있다. 상환불능위험은 원금, 이자를 약정된 기일에 받지 못할 위험을 의미하며

이는 금융자산 발행자의 신용도에 따라 다르다. 예를 들면 국채보다 회사채가, 회사채보다 주식이 위험이 높다.

자본손실위험은 시장가격하락으로 인한 위험을 의미한다. 시장가격은 시장이자율의 변동에 따라 등락하며 이자율과는 역의 관계를 가진다. 예를 들어 채권가격이 오르면 수익률(이자율)은 낮아지며, 채권가격이 내리면 수익률은 올라간다. 또한 만기가 장기일수록 동일한 이자율 변동으로 인한 가격등락폭도 커진다.

- 수익성: 수익성이란 금융자산에의 투자를 통해 얻을 수 있는 수익의 크기를 의미하는 것으로서 기본적으로 금융자산은 이자율과 매매차익의 두 가지 경로를 통해 수익을 창출한다. 수익성은 유동성 및 위험과 깊은 관련이 있는데 유동성이 낮을수록, 그리고 위험이 높을수록 수익성은 높다. 예를 들어, 단기 예금이나 필요 시 항상 찾을 수 있는 요구불예금보다 정기예금의 이자율이 더 높은데 이는 유동성 차이 때문이다. 한편 은행예금보다 부동산 투자 시 수익성이 더 클 수 있는데, 그 이유는 부동산투자로 인한 위험이 더 크기 때문이다.
- 유동성: 유동성이란 원하는 시기에 얼마나 즉시 현금화가 가능한가의 측면으로서 일반적으로 투자자들은 미래에 발생할 불확실성을 감소시킬 수 있다는 측면에서 유동성이 높은 자산을 선호한다. 유동성은 시장성과 유사한 개념으로 볼 수 있지만 엄밀한 의미에서 차이를 갖는다. 시장성이란 현금화를 원하는 시기에 투자자가 판매(공급)하고자 하는 금융자산에 대해 얼마나 수요층이 폭넓게 형성되느냐의 측면으로서, 일반적으로 시장성이 좋은 금융자산이 유동성도 좋지만 두 가지가 같은 개념은 아니다.
- 가분성: 가분성(divisibility)은 자산의 매매단위가 나누어진 정도를 말한다. 부동산은 가분성이 없으나 수표나 화폐는 가분성이 있으며, 가분성의 정도는 화폐보다 수표가 더 높다.
- 거래비용: 거래비용(transaction cost)에는 매매 시 따르는 수수료, 정보수집비용, 시간, 노력 등이 포함된다. 예를 들어, 저축은 거래비용이 거의 없지만 증권거래에는 거래비용이 수반된다.

2) 금융기관과 국민경제

금융기관은 그 본연의 기능을 통해 국민경제의 성장을 촉진시킬 수 있다. 금융기관이 그 기능을 효율적으로 수행할 경우 금융거래비용(intermediation cost)이 절감되어 예금이율 등 자금공급 수익률이 높아지는 한편, 대출금리 등 자금차입 비용이 저하되어 저축률과 투자율이 동시에 올라간다.

금융기관은 유동성과 안정성을 겸비한 금융자산을 제공하는 대신 유동성 리스크가 높고 가분성이 낮은 금융자산에 투자하거나, 금융자산으로 집결된 자금을 기업투자에 지원함으로써, 실물자산이 보다 생산적으로 활용될 수 있게 한다. 또한 은행 등 대출기관의 경우 사전적 여신심사 기능과 사후적 채권관리활동을 통해 기업투자에 따른 리스크를 감소시키면서 투자효율을 향상시켜 경제성장을 촉진시킨다.

우리나라의 금융제도는 분업주의에 의한 전문은행제도를 원칙으로 하고 필요한 경우 신규업무나 상품의 취급을 허용하는 형태를 유지해 왔다. 이는 일본의 금융제도와 유사한 것으로서 은행, 증권, 보험사를 3대 축으로 하고 있다. 이들은 각각 고유업무를 갖고 주변업무는 겸업은행(universal banking) 형식을 취하고 있으며, 이 외 금융기관은 3대 기관의 틈새에서 각각 비교우위에 의한 고유영역을 갖고 시장영역을 유지해 왔다.

이와 같이 1970년대까지는 금융기관의 진입·소유구조·금리·업무영역·자금조달 및 운용방법 등에 대한 광범위한 규제로 경쟁이 제한적이었으나, 1980년대 이후 금융규제의 완화와 함께 금융산업의 개방과 국제화가 빠르게 진전되면서 금융기관들의 타업무영역에의 상호진출로 겸업화 추세가 확산되고 이로써 금융기관 간의 경쟁이 심화되고 있다. 1990년대 말부터 IT기술을 기반으로 하는 국제간(cross-border)의 금융서비스가 가능해지면서, 금융산업은 국경을 초월한 자유 경쟁시대 속으로 빠르게 진입하였다. 금융기관은 보다 다양해진 고객 수요를 충족시키기 위해 겸업금융(universal banking)을 추구하기 시작하였고, 이에 따라 금융기관 간의 경쟁이 동종 업종에서 이종 업종으로까지 확대되었다.

1993년 이후 우리나라의 금융개혁 방안은 은행, 증권, 보험을 3대 축으로 각 권역별 핵심 업무는 당분간 고유영역으로 인정하되, 비핵심업무(grey zone)는 상호진출을 확대하고 타권역 핵심이라도 자회사를 통해 진출하는 것은 가능하도록 하고 있다. 그리고 상대방의 업무영역 중에서도 이해상충의 문제가 약하거나 고유업무와 연관성이 높은 부수업무는 자회가 방식을 통하지 않고도 직접 경영하도록 하여 금융개방화에 적극 대처할 수 있도록 금융산업 개편을 가속화하면서 금융기관의 업무영역을 탄력적으로 조정하고 있다. 먼저 은행에 대해서는 자금조달과 관련된 일부 증권업무나 수익증권 판매 등이 허용되었다. 그 예로 1994년에 은행도 증권회사와 같이 개인을 상대로 환매조건부채권(RP)을 취급하게 되었고, 1995년에는 국공채 창구판매업무가 허용되었으며, 1997년에는 일반은행의 금융채 판매도 허용되었다.

비은행 금융기관에 대해서는 취급상품의 범위가 확대되고 외국환 업무까지 허용되었다. 먼저 증권회사는 1995년부터 외국환 업무를 취급하게 되었고, 1997년에는 채권·주가지수선물·단기선물환 업무도 할 수 있게 되었다. 보험회사는 1996년부터 「증권거래법 시행령」 개정으로 증권업을 영위할 수 있는 기관에 포함됨으로써 단기유동성자산에 운용하는 단기금융상품펀드(MMF)의 취급이 허용되었다. 이 밖에 은행과 증권

소비자 투자코너 4-1

"생명보험설계사 교차판매회사 늘려야"

보험설계사가 자신이 소속된 보험사 외에 다른 보험사(생보사 소속 설계사의 경우 손보사, 손보사 소속 설계사는 생보사에 한해 허용) 상품을 판매하도록 허용한 교차판매제도를 활성화시키기 위해 규제를 완화해야 한다는 주장이 제기됐다. 보험연구원 안철경 연구위원과 서성민 연구원은 '생명보험설계사의 교차모집제도 평가 및 활성화 방안' 보고서에서 "교차판매 제도는 긍정적인 성과와 함께 교육제도 및 전문성 부재로 활용률이 떨어지고 경유계약 등 모집질서의 혼란이 야기되는 등 제도활성화 저해요인도 나타나고 있어 제도 개선이 필요하다."며 이같이 밝혔다. 교차설계사가 한 회사만을 지정하여 교차모집하면 고객의 선호회사 또는 선호상품에 따라 경유처리 모집관행이 이루어질 수밖에 없는 상황이라는 것이다.

이에 보고서는 "교차모집제도가 동일 업종(생보 또는 손보)은 전속으로 하되, 타 업종에 대해서는 고객의 선택폭을 수용할 수 있는 장치가 필요하다."며, " '대리점 방식 또는 지원체제 구축', '교육제도 개선', '교차모집회사 수의 확대' 등을 고려할 필요가 있다."라고 덧붙였다. 단 교육 및 전문성 확보가 미흡한 상황에서 교차모집제도의 활성화를 위한 규제완화를 추진할 경우 불완전판매나 계약자 부실관리의 문제 등이 나타날 수 있어, 다양한 모니터링이 선행되어야 한다고 덧붙였다. 한편 지난 2008년 9월부터 도입한 설계사 교차모집제도는 2010년 3월 기준 전체 설계사의 46%(생보설계사 57.8%, 손보설계사 26.8%)가 교차설계사로 등록해 있다. 특히 생명보험설계사의 교차모집제도는 영업기반이 취약한 중소형 및 외자계생보 설계사의 영업기회 확대, 설계사의 소득 증대 및 원스톱 서비스 제공 등의 정책적 목적에서 부분적으로 긍정적인 성과도 나타나고 있다.

출처: 한국금융신문경제(2011년 2월 14일자).

회사만 취급할 수 있었던 금융기관 간 RP매매거래가 1994년부터 콜시장에 참가하는 모든 금융기관으로 확대되었다.

한편 금융기관 간의 경쟁이 심화되면서 금융기관의 건전성이 떨어지는 등의 부작용도 발생하고 있다. 금융시장 간의 상호연계성이 증가하고 금융기관의 대형화·그룹화가 진전됨에 따라 개별 금융기관의 도산이 전체 금융시장에 미치는 영향이 커졌고 전염위험(contagion risk)도 증대되었다. 또한 금융 IT화가 빠르게 진행됨에 따라 전염위험의 파급속도도 빨라지고 있어 투자자의 주의가 요구된다.

2. 금융기관의 분류

금융기관은 여러 가지 기준에 따라 분류할 수 있다. 1999년까지는 통화창출 기능의 여부에 따라 통화금융기관(제1금융권)과 비통화금융기관(제2금융권)으로 금융기관을 분류하는 것이 일반적이었으나, 금융규제 완화와 금융혁신의 진전으로 예금상품의 통화성 구분이 모호해지면서 1999년에 취급하는 금융서비스의 성격을 기준으로 예금취급기관, 보험회사 및 연금기금, 기타 금융중개기관, 금융보조기관으로 통화금융 통계의 새로운 기준안이 마련되었다.

금융기관은 일반적으로 2000년도 IMF의 통화금융통계 편제지침에 따라 예금취급 금융기관과 기타 금융기관으로 구분된다. 예금취급 금융기관에는 중앙은행, 일반은행, 특수은행, 종금사, 자산운용회사, 상호저축은행, 신협 등이 있다. 기타 금융기관으로는 보험 및 연기금, 기타금융중개기관, 금융보조기관으로 구분된다. 기타금융중개기관에는 증권회사, 여신금융회사, 유동화전문회사 등이 있고, 금융보조기관에는 신용보증기관, 신용평가회사, 자금중개회사, 한국거래소 등이 포함된다.

그러나 IMF의 편제방식은 한국은행 등 통화당국의 통화정책목적에 따라 구분한 것이므로 금융감독당국에서는 금융기관의 기능 및 규모의 유사성, 관련 법령상의 연관성 등을 고려하여 다르게 구분한다. 금융감독당국에서는 크게 은행권, 비은행권, 보험권, 금융투자권역으로 구분하고 이들을 다시 권역별로 세분하고 있다.

| 그림 4-1 | 금융권역별 구분

우리나라는 2000년 「금융지주회사법」이 제정되면서 지주회사 방식의 금융기관 대형화와 겸업화가 본격화되었다. 2003년 8월에는 직접겸영(in-house)방식인 방카슈랑스가 도입되었으며, 이후 금융권역 간 업무제휴를 통한 겸업화도 활발히 진행되고 있다. 최근에는 「자본시장과 금융투자업에 관한 법률」이 제정·시행되어 금융투자업의 대형화가 더욱 가속화될 전망이다.

2000년대에 들어 저금리기조가 정착되면서 금융시장에서 종래의 공급자 중심의 시장(seller's market)보다 수요자 중심의 시장(buyer's market)의 비중이 커지고 있다. 이러한 영향으로 예금 및 직접투자 비중은 서서히 감소하고 뮤추얼펀드 등 간접투자상품의 수요가 증가하고 있다.

IMF 외환위기 이후 금융산업은 지속적인 구조조정을 통해 회사 수가 대폭 줄었으며, 특히 종합금융회사·상호저축은행·신용협동조합의 숫자는 50% 이상 감소하였다.

우리나라 금융기관의 구성을 살펴보면 표 4-1과 같다.

| 표 4-1 | 우리나라 금융기관 분류현황(2009년 6월 말 기준)

구 분			기관 수	비 고
금융지주회사			6*	
은 행	일반은행	시중은행	7	
		지방은행	6	
		외국은행 국내지점	38	
	특수은행		5**	
비은행 금융회사	상호저축은행		106	
	여신전문금융회사	신용카드회사	5	
		리스회사	24	
		할부금융회사	16	
		신기술사업금융회사	12	
	상호금융기관	신용협동조합	988	
		새마을금고	1,512	
		기타 상호금융	1,404	농협, 수협, 산림조합
보험회사	생명보험회사		22	
	손해보험회사		30	
증권투자업자	투자매매·중개업자 I(증권회사)		61	
	투자매매·중개업자 II(선물회사)		12	
	집합투자업자(자산운용회사)		68	
	투자자문(일임)회사		288	
기타금융회사	종합금융회사		2	메리츠, 금호
	증권금융회사		1	한국증권금융(주)
	자금중개회사		3	

주: * 2009년 10월 28일에 산업은행 분할을 통해 한국정책금융공사와 함께 산은지주회사가 설립되었다. 산은지주회사는 앞으로 산업은행, 대우증권, 산은캐피탈 등을 자회사로 편입할 예정이다.
** 한국산업은행, 한국수출입은행, 중소기업은행, 농업협동조합중앙회, 수산업협동조합중앙회
출처: 금융감독원.

1) 은 행

통화금융기관의 대표적인 형태인 은행은 일반은행과 특수은행으로 구분된다. 일반은행(commercial bank)은 「은행법」에 따라 설립되어 업무를 영위하는 금융기관으로, 단

기의 예금수입·대출 및 지급결제 등을 고유업무로 하고 있다. 전국을 영업구역으로 하는 시중은행(national bank), 금융업무의 지역적 분산과 지역경제의 균형발전을 위해 설립된 지방은행(local bank) 및 외국은행 국내지점으로 구분될 수 있다.

현재 우리나라에서 영업 중인 시중은행은 신한은행, 우리은행, SC제일은행, 하나은행, 외환은행, 한국씨티은행, 국민은행의 7개 은행이 있으며, 지방은행은 대구은행, 부산은행, 광주은행, 제주은행, 전북은행, 경남은행의 6개 은행이 있다.

특수은행은 자금운용 측면에서 상업금융의 취약점을 보완하는 기능과 특정 부문에 대한 전문화 기능을 담당하기 위해 「특수은행법」에 의해 설립되었다. 따라서 민간으로부터의 예금수입에 주로 의존하는 일반은행과는 달리 자기자본·정부재정자금 및 채권발생에 많은 부분 의존한다. 그러나 현재는 금융환경의 변화로 인해 특수은행들의 자금조성이 일반은행과 유사해지면서 일반은행과 특수은행의 경계가 모호해지고 있다. 현재 우리나라에서 영업 중인 특수은행으로는 한국산업은행, 한국수출입은행, 중소기업은행, 농업협동조합중앙회, 수산업협동조합중앙회 등이 있다.

은행의 고유업무로는 예금·적금 등의 수신업무, 자금대출·어음할인 등의 여신업무, 환업무 등이 있다. 이밖에 부수 업무로 채무보증, 유가증권투자, 간접투자증권판매, 팩터링 업무 등을 영위하고, 신탁업과 신용카드업도 겸영업무로 수행하고 있다.

2) 비은행금융기관

비은행금융기관으로는 상호저축은행, 여신전문금융회사, 상호금융기관을 들 수 있다.

(1) 상호저축은행

1972년 사금융 양성화의 일환으로 3개의 법률(「상호신용금고법」, 「신용협동조합법」, 「단기금융업법」)이 제정되면서 상호신용금고가 설립되었다. 상호신용금고는 지역의 서민·소규모기업을 대상으로 하는 여수신업무 전문기관으로서, 경영규모가 영세하고 부실경영이 일상화된 사금융기관을 양성화하여 그 업무를 합리적으로 규제함으로써 거래자를 보호하는 한편 담보력과 신용도가 취약한 소규모기업과 서민을 위한 서민전문 금융기관을 육성하기 위해 도입되었으며, 2002년 12월 「상호저축은행법」의 개정으로 상호저축은행으로 명칭이 변경되었다.

상호저축은행의 수신업무는 예금업무로 확대되었으며, 여신업무는 종래에는 어음할인대상을 계원 또는 부금가입자로 한정하였으나 점차 그 대상을 확대하고 있다. 그러나 1997년 말 231개에 달했던 상호저축은행은 지속적인 구조조정의 결과 2009년 6월 말 현재 106개로 절반가량 감소하였다.

(2) 여신전문금융회사

여신전문금융회사는 채권발행이나 차입금 등 예금 이외의 방법으로 자금을 조달하여 대출 등 각종 여신서비스를 제공하는 금융기관으로, 1997년 8월 「신용카드업법」, 「시설대여업법」 등 개별법이 「여신전문금융업법」으로 통합되면서, 여신전문금융회사의 종합적인 여신전문금융업 영위가 가능해졌다. 여신전문금융회사는 신용카드회사, 리스회사, 할부금융회사, 신기술사업금융회사 등으로 분류된다.

신용카드회사는 신용카드의 발행 및 관리, 신용카드 이용과 관련된 대금결제 등의 업무를 하는 금융기관으로, 전업신용카드회사와 겸영신용카드업자(은행계 신용카드업자), 유통계 신용카드업자(백화점 등)가 있다.

리스회사는 특정물건을 새로 취득하거나 대여받아 거래상대방에게 일정기간 사용하게 하고, 그 기간에 걸쳐 일정대가를 정기적으로 분할지급받으며, 그 기간 종료 후의 물건처분에 대해서는 당사자 간 약정으로 정하는 방식에 따라 시설대여를 하는 금융기관이다.

할부금융회사는 재화·용역의 매매계약에 대하여 매도인 및 매수인과 각각 약정을 체결한 후, 매수인에게 융자한 재화·용역의 구매자금을 매도인에게 지급하고, 매수인으로부터는 그 원리금을 분할하여 상환받는 방식의 할부금융을 하는 금융기관이다.

신기술사업금융회사(벤처캐피털)는 신기술사업자에 대한 투자 및 융자, 경영지원 등을 업무로 하는 금융기관이다.

여신전문금융회사의 고유업무는 신용카드업(허가제), 시설대여업(등록제), 할부금융업(등록제), 신기술사업금융업(등록제)이며, 기타 대출업무, 지급보증업무, 유동화자산관리업무 등이 있다. 그동안 지속적인 구조조정의 결과로 1997년 말 68개에서 2009년 6월 말에는 56개로 감소하였다.

(3) 상호금융기관(신협 · 농협 · 수협 · 산림조합)

상호금융기관은 비영리법인으로 설립·운영되고 있는 신용협동조합, 농협협동조합, 수산업협동조합, 산림조합 등을 말한다. 각 조합은 조합원의 경제적·사회적 지위향상을 도모하고 국민경제발전에 이바지할 목적으로 각 특별법에 의해 설립되었다.

3) 보험회사

보험(insurance)은 동질적 위험으로부터 위협을 받는 다수의 경제주체가 일정한 대가(보험료)를 지불하고 그 위험을 제3자(보험회사)에게 전가하여 피해를 복구시켜 주는 경제제도를 말한다. 보험회사는 다수 개개인의 위험을 통합(pooling)하여 이를 다시 개개인에게 분산하는 방식으로 위험을 감소시키는 위험분산기능과, 취득한 보험료를 산업자본으로 전환시켜 국민경제 각 부문에 운용하는 금융중개기능을 수행한다.

우리나라는 1960년대까지 보험실적이 저조하였으나 경제개발 5개년 계획 수행을 위한 산업자금의 확보차원에서 보험관계 법률을 제정하면서 비약적인 도약을 이루게 되었다. 1977년 보험관계법률이 「보험업법」으로 통합되면서 체계화되었고, 보험사 검사 및 관리업무를 수행하는 한국보험공사가 설치되었다.

보험회사는 생명보험회사와 손해보험회사로 구분해 볼 수 있으며 생명보험업은 사람의 생존 또는 사망에 관한 것을 계약의 내용으로 하는 것으로서 생명보험, 연금보험 등의 상품이 있다. 손해보험업에서는 우연한 사고로 인해 발행하는 손해의 보상을 계약의 내용으로 삼으며 화재보험, 자동차보험, 해상보험, 보증보험, 재보험 등이 있다.

보험회사는 생명보험업과 손해보험업을 겸영하지는 못하지만 유동화 자산관리업무를 겸영 업무로, 보험수리업무 및 합병중개업무를 부수 업무로 수행할 수 있다. 사람의 질병·상해 또는 이로 인한 간병에 관하여 약정한 급여를 제공하거나 손해의 보상을 약속하고 금전을 수수하는 제3보험인, 상해보험 · 질병보험 · 간병보험은 생명보험회사나 손해보험회사가 자유롭게 취급할 수 있다.

우리나라는 IMF 외환위기 이후 다수의 부실보험사가 퇴출되었으나 이후 외국계 신규보험사가 진입함에 따라 1997년 말 50개에서 2009년 말 52개로 숫자상 큰 변화가 없다. 그러나 생명보험회사와 손해보험회사를 구분해 살펴보면, 생명보험회사의 수는 32개에서 22개로 감소한 반면, 손해보험회사의 수는 17개에서 30개로 증가하였다.

4) 증권 관련 금융회사(금융투자업자)

2009년 2월 「자본시장과 금융투자업에 관한 법률」(이하 「자본시장법」)이 시행되면서 그동안 「증권거래법」, 「간접투자자산운용업법」에 근거해 운영해 오던 증권회사, 선물회사, 자산운용사 등 증권 관련 금융회사가 투자매매업, 투자중개업, 집합투자업, 투자자문업, 투자일임업, 신탁업 등 금융투자업종의 기능별 분류체계로 변경되었다. 자본시장법에서는 그동안 금지되어 왔던 업종 상호 간의 겸영을 허용함에 따라 현재 증권회사, 선물회사, 자산운용사들은 그동안 영위해 오던 고유업무 이외에도 신규 입무에 대해서 인가 또는 등록을 거쳐 사업진출을 시도하고 있다. 중요한 증권관련 금융회사의 역할과 기능에 대해 살펴보면 다음과 같다.

(1) 투자매매 및 중개업자

투자매매 및 중개업자로는 증권회사와 선물회사를 들 수 있다. 증권회사는 직접금융시장에서 기업이 발행한 증권을 매개로 하여 투자자의 자금을 기업에 이전시키는 기능을 수행하는 금융기관이다. 증권회사는 기업과 투자자를 직접 연결한다는 점에서 저축자의 예금을 받아 기업에 대출하는 은행과는 업무 성격이 다르다. 증권회사의 업무는 크게 자기매매업무(dealing)와 위탁매매업무(brokerage)로 나눌 수 있다.

선물회사는 일반상품, 금융상품 및 지수 등을 대상으로 한 선물거래와 해외선물거래를 자기 계산으로 하거나 위탁받아 하는 영업, 또는 그 위탁의 중개나 주선, 혹은 대리를 하는 금융회사를 말한다. 선물회사는 원래 1996년에 시행된 「선물거래법」에 근거한 금융회사로 1997년부터 설립되었고, 2009년 2월부터는 「자본시장법」상의 파생상품의 투자매매 또는 중개업을 주로 수행하고 있다.

(2) 집합투자업자(자산운용회사)

자산운용회사는 「증권투자신탁업법」과 「증권투자회사법」이 2004년에 「간접투자자산운용업법」으로 통폐합되면서 구법에 설립근거를 두고 있던 투자신탁(운용)회사와 자산운용회사가 일원화된 것이다. 자산운용회사는 그동안 투자신탁 또는 투자회사의 두 가지 형태의 간접투자기구로 투자재산을 운용해 왔다. 이에 따라 투자신탁의 설정과 해지, 투자신탁재산의 운용, 투자회사재산 운용 등의 자산운용 업무, 간접투자증권 판매업무

(2006년 1월부터 허용), 투자자문, 투자일임업무 등이 주로 영위해 온 업무이다.

2009년 2월부터 간접투자자산운용업법이 자본시장법으로 통합되면서 그동안 자산운용회사가 해오던 업무가 집합투자업으로 새롭게 분류되면서, 간접투자기구의 종류와 투자대상자산의 범위가 기존의 자산운용업에서보다 확대되었다.

(3) 종합금융회사

종합금융회사는 1973년 제1차 석유파동과 제4차 경제개발계획의 추진을 앞두고 소요되는 방대한 외자를 도입하기 위해 해외 유수 금융기관과 제휴하여 국제금융시장의 정보를 신속히 수집하고 보다 유리한 외자도입을 주선할 수 있는 전문금융기관의 필요성에 따라 신설된 금융기관이다. 1976년 한국종합금융의 출범을 효시로 한불, 아세아, 새한, 현대, 한외 등 6개사가 외국자본과 설립되어 서울 14개, 지방 16개사가 영업을 하였으나 1991년 3월 「금융기관의합병 및 전환에 관한 법률」에 의거하여 금융산업의 개편이 추진되고 이로 인해 일부 회사들이 은행이나 증권회사로 업종을 전환하였다. 1994년 투자금융회사가 종합금융회사로 전환되면서 외형이 크게 확대되었고, 2009년 2월부터는 「종합금융회사에 관한 법률」 전체가 「자본시장법」 안에 흡수 통합되면서 종합금융회사는 현재 「자본시장법」에 따른 규제를 받고 있다.

종합금융회사는 어음의 할인·인수·매매, CMA 업무 등의 단기금융업무, 외자도입, 기타 중장기 대출업무, 리스, 수익증권의 발행·판매, 지급보증, M&A 주선 등의 업무를 하고 있다. 그러나 외환위기 이후 신용도가 크게 저하되어 국제금융업무가 크게 축소되었고, 금융권 중 가장 많은 타격을 입어 2009년 6월 현재 금호종금과 메리츠종금의 단 2개 종금사만이 남아 있다.

5) 금융지주회사

금융지주회사란 금융기관의 주식 소유를 통해 금융기관을 지배하는 것을 주된 사업(총자산의 50% 이상을 자회사 주식으로 소유)으로 하는 회사를 말한다. 2000년 「금융지주회사법」이 제정되면서 금융기관의 지배구조개선 및 구조조정에 필요한 금융지주회사제도가 도입되었으며, 현재 우리(2001. 3), 신한(2001. 8), 한국토자(2003. 5), 하나(2005. 11), KB(2008. 9), 한국스탠다드차타드(2009. 6) 등이 설립·운영 중에 있다.

금융지주회사는 은행, 증권, 자산운용, 보험, 카드 등 금융업의 겸업화 및 대형화 덕분에 다양한 상품 간의 교차판매와 연계영업을 가능하게 함으로써 통합효과를 가져오는 장점을 갖고 있다. 최근에는 「금융지주회사법」이 개정(2009. 7)되어 은행지주회사에 대한 금산분리 완화와 비은행지주회사의 비금융회사 지배를 허용함으로써 금융지주회사를 통한 겸업화·대형화가 빠르게 이루어질 것으로 보인다.

6) 대부업자

1997년 말 외환위기 이후 시장기능에 의해 이자율이 자유롭게 결정되도록 촉진하고, 긴축적인 재정과 통화정책에 따른 고금리현상의 발생을 예상했기 때문에, 정부는 「이자제한법」을 폐지(1998. 1)하였다. 금융기관에 대한 건전성 감독도 강화되어 각 금융기관들의 여신심사가 보다 엄격해졌고 그 결과 제도권 금융기관을 이용하기 힘든 서민이나 신용불량거래자의 사금융 이용사례가 증가하여 경제적 약자인 채무자 보호를 위한 법률 제정의 필요성이 대두되었다.

이에 정부는 2002년 8월 「대부업의 등록 및 금융이용자 보호에 관한 법률」(「대부업법」)을 제정하였다. 이 법에 의해 대부업 등록제가 도입됨으로써 사금융 채무자들을 지나친 고금리와 각종 불법행위로부터 보호하고, 나아가 사금융시장을 양성화하여 건전한 금융시장으로 육성할 수 있는 법적 실효성을 확보하였다.

「대부업법」에서는 대부업자 등록을 의무화하여, 대부업을 하고자 하는 자는 영업소별로 관할 특별시장, 광역시장 또는 도지사에게 등록하도록 하였으며, 대부업 등록 유효기간제도(3년)를 두어 명의대여 또는 대부업 등록증 대여를 금지하였고, 대부업자 또는 여신금융기관 외에는 대부업에 대한 광고를 금지하였다. 대부업자가 광고를 할 경우에도 광고내용에 대부업자 명칭, 대부업 등록번호, 대부이자율 등을 포함시키도록 하였다.

이 밖에 이자율을 연 49%(2011년 39%)로 제한하였고, 이자율을 산정할 때에는 사례금, 할인금 등 명칭과 관계없이 대부와 관련하여 대부업자가 받은 것을 모두 이자로 간주하여 채무자의 추가부담을 경감시켰다. 또한 폭력 등을 이용한 채권추심행위에 대해 폭행·협박 시 5년 이하의 징역 또는 5,000만 원 이하의 벌금에 처하도록 하는 등 형법보다 무거운 형량을 적용하도록 하였다.

소비자 투자코너 4-2

"4대 금융지주 상반기 실적 들여다보니… 순이익 1조 원 넘었다"

금융회사들은 뜻하지 않은 '대박'을 터뜨렸다. 현대건설 매각이익이 지난 2분기 결산에 반영되면서 줄줄이 사상 최고 실적을 냈다. 우리금융, KB금융, 신한금융 등 3개 지주회사의 상반기 당기 순이익은 나란히 1조 원을 넘어섰다.

◆ 4대 금융지주 순익 80% 급증

신한금융은 3일 1조 8,891억 원의 상반기 순익을 기록했다고 발표했다. 작년 같은 기간(1조 3,651억 원)보다 38.4% 늘었다. 비단 신한금융만의 얘기가 아니다. 우리·KB·신한·하나 등 4대 금융지주의 상반기 순익은 총 5조 6,195억 원에 달했다. 작년 동기(3조 11,553억 원)보다 80.4% 급증했다. 같은 기간 총자산은 불과 6.4% 늘어나는 데 그쳤다. 주력 자회사인 은행 실적이 눈에 띄게 호전된 게 결정적인 원인이다. 은행 순익이 각 금융지주 순익의 80~100%를 차지할 정도로 비중이 높았다.

은행 순익이 늘어난 1차적인 배경은 현대건설 매각차익이다. 우리은행 9,608억 원, 국민은행 4,139억 원, 신한은행 3,520억 원, 하나은행 1,374억 원 등 4개 은행에 1조 8,641억 원이 유입됐다. 대표적인 수익성 지표인 순이자마진(NIM)이 상승세이고 카드, 증권, 보험 등 비은행 자회사의 수수료 수익도 꾸준히 늘고 있다. 금융계 관계자는 "금융위기에서 벗어나면서 수익성과 안정성 모두 좋아지고 있다."며 "은행권 전체의 연간 순익이 처음으로 10조 원을 넘어설 가능성도 있다."라고 말했다.

◆ "덩치는 우리, 장사는 신한"

국내에서 가장 덩치가 큰 금융지주회사는 우리금융인 것으로 파악됐다. 총자산이 357조 6,000억 원으로 KB금융(353조 9,000억 원)을 3조 7,000억 원 차이로 제쳤다. 두 지주회사 간 격차는 작년 같은 기간(4조 3,000억 원)보다는 소폭 좁혀졌다.

다만 우리금융은 총자산이익률(ROA)이 0.9%로, 다른 금융지주에 못 미쳤다. 많은 자산을 제대로 활용하지 못했다는 의미다. 건전성 지표인 고정이하여신비율 역시 2.6%로, 하나금융(1.31%)의 두 배에 달했다. 우리금융 관계자는 "상반기 말에 1조 4,000억여 원의 대손충당금을 적립하는 등 건전성을 개선하고 있다."라고 설명했다.

신한금융은 4대 금융지주 중 장사를 가장 잘했다. ROA가 1.44%로 가장 높았다. 자기자본이익률(ROE) 역시 16.05%로, KB금융(16.22%)에 이어 두 번째로 높았다. 하나금융은 안정성 지표에서 앞섰다. 국제결제은행(BIS)기준 자기자본비율이 13.71%로 최고였다. 외환은행 인수준비 과정에서 자본을 늘린 게 효과를 냈다는 분석이다.

출처: 한국경제신문(2011년 8월 3일자).

소비자 투자코너 4-3

"대학생 5만 명 대부업 빚 800억… 1년 새 40%↑"

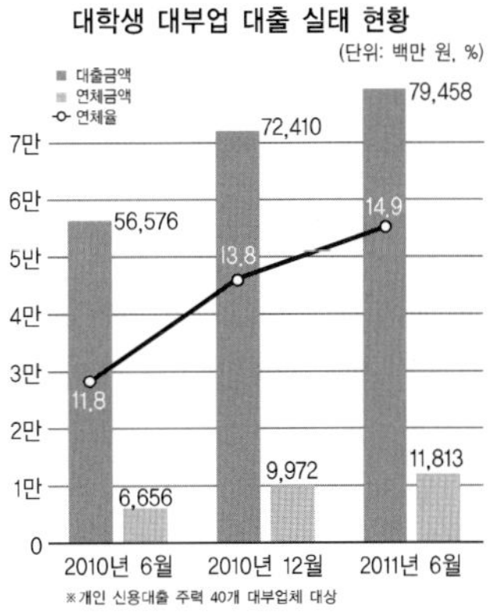

자료: 금융감독원.

우리나라 대학생 약 5만 명이 대부업체에 800억 원의 빚을 진 것으로 나타났다.

대학생 대출은 1년 새 약 40% 증가했다. 연체율은 12%에서 15%로 올라 전체 대부업체 대출 연체율의 2배를 웃돌았다. 금융감독원은 대부업체 40곳의 대학생 대출 실태를 전수조사한 결과 지난 6월 말 현재 4만 7,945명의 대출 잔액이 794억 6,000만 원으로 집계됐다고 4일 밝혔다. 일부 중복 대출을 제외하더라도 대학생 1인당 160~170만 원씩 대부업체에서 돈을 빌린 셈이다.

이번에 전수조사 대상에 오른 업체는 개인 신용대출을 주력으로 하는 곳으로, 전체 대부업체 신용대출 시장의 80~90%를 차지하고 있다. 대부업체의 대학생 대출은 지난해 6월 말 3만 494명에 565억 8,000만 원과 견줘 인원은 57.2%, 금액은 40.4% 증가했다. 이 가운데 원리금을 제때 갚지 못해 연체된 대출금은 118억 1,000만 원으로, 1년 전보다 77.5% 늘었다.

연체금액을 대출잔액으로 나눈 연체율의 경우 1년 새 11.8%에서 14.9%로 3.1% 포인트 상승했다. 이는 지난해 말 기준 대부업체 전체 연체율 7.2%의 2배를 넘는 수준이다. 금감원 관계자는 "일정한 소득이 없는 대학생에게는 보통 법정 상한선의 금리가 적용돼 학생들이 연 40%대의 고금리에 시달리는 것으로 추정된다."라고 말했다. 대출금리 상한선은 지난해 7월부터 연 49%에서 44%로 인하됐고, 지난달 다시 39%로 하향 조정됐다. 금감원은 대학생 대출 규모가 급증하고 연체율이 상승하자 대부업계에 지도공문을 보내 대출을 자제하도록 주문했다. 금감원은 공문에서 "대출을 상환하지 못한다는 이유로 부모 등 제3자의 대위변제(다른 사람이 빚을 대신 갚아주는 것)를 강요해선 안 된다."라고 강조했다. 아울러 "굳이 대학생 대출을 하려면 보호자가 지급 보증하는 등 보증인을 세우도록 해야 무분별한 대출을 예방할 수 있다."라고 덧붙였다. 금감원은 하반기 대부업체 검사에서 대학생 대출 실태를 집중적으로 점검해 불법 행위를 엄하게 다스릴 방침이다.

출처: 연합뉴스(2011년 8월 4일자).

3. 금융유관기관

1) 예금보험공사

예금보험공사는 금융기관이 파산 등으로 예금, 보험계약, 예탁금을 지급할 수 없는 경우 예금 등의 지급을 보장함으로써 예금자를 보호하고 금융제도의 안정성을 유지하고자 「예금자보호법」에 의거하여 설립된 무자본 특수법인이다. 예금보험공사는 1996년 6월 1일 설립되어 1997년 1월 1일부터 예금보험업무를 시작하였으며, 1998년 4월 1일 각 금융권의 기존 예금보험기금을 통합해 통합예금보험공사로 출범하였다. 이에 따라 1998년부터 은행 외에 증권회사, 보험회사, 종합금융회사, 상호저축은행, 신용협동조합 등 6개의 전 금융권에 대한 예금보호를 담당하는 기관으로 기능이 확대되었다. 그러나 2004년 1월 1일부터 신용협동조합은 부보금융기관에서 제외되었다.

예금보험공사의 주요 기능은 금융기관으로부터 보험료를 받아 예금보험기금을 조성해 두었다가, 금융기관의 경영이 부실해지거나 파산해 고객의 예금을 돌려줄 수 없게 되었을 때 대신 지급하는 예금보험제도를 운영하는 것이다.

예금보험공사의 주요 업무는 다음과 같다.

(1) 예금보험기금 채권상환기금 및 예금보험기금의 관리·운영

정부는 1997년 말 외환위기 이후 투입된 대규모의 공적자금을 25년 이내에 상환하려는 계획(master plan)을 제시하였다. 금융구조조정 과정에서 고갈된 예금보험기금의 자생력을 복원하여 예금보험 본래의 기능을 수행할 수 있도록 공적자금상환대책을 마련한 것이다.

이 대책을 바탕으로 2002년 12월 「예금자보호법」을 개정하여 기존의 금융구조조정기금을 예금보험기금과 분리하였고, 예금보험기금채권상환기금(이하 '상환기금')을 신설하였다. 그리고 예금보험기금채권상환기금은 2003년 1월 1일 이전까지의 금융구조조정 관련 자산·부채 및 그 밖의 권리의무를 포괄승계하여 기존의 금융구조조정 지원 과정에서 발행한 채무를 정리하도록 하였고, 예금보험기금은 2003년부터 새롭게 적립되는 예금보험료를 재원으로 하여 2003년 이후에 발생하는 보험사고에 대한 예금보험 업무를 수행하도록 하였다.

(2) 부실금융회사 정리를 위한 자금지원

예금보험공사는 상환기금이나 예금보험기금의 부담으로 보험금 지급, 출자 등의 방법으로 부실금융회사 정리를 위한 자금지원을 실시한다.

(3) 지원자금의 회수

공적자금의 회수방법은 지원방법에 따라 다양한데, 우선 금융회사에 출자한 자금의 경우 해당 금융회사의 주식을 매각함으로써 회수가 이루어지고, 다음으로는 예금대지급, 출연 등의 방법으로 지원된 경우에는 부채가 자산을 초과하여 폐쇄된 금융회사 등에 지원된 것이므로, 폐쇄된 금융회사의 파산절차에 참여하여 배당을 받는 방식으로 회수가 이루어진다.

(4) 보험사고 예방을 위한 리스크 감시 기능

예금보험공사는 금융회사의 위험도에 따라 보험료를 부과하는 차등보험료 제도의 도입과 리스크정보시스템 구축 및 정보공유 확대 등의 업무를 수행함으로써 보험사고의 확대 방지 및 예방 업무를 수행하고 있다.

(5) 부실관련자에 대한 조사 및 책임 추궁

예금보험공사는 부실금융회사에게 그 부실의 책임이 있다고 인정되는 전·현직 임직원, 채무를 이행하지 않은 여신기업과 채무자 등에 대하여 부실금융회사로 하여금 손해배상청구 소송을 제기하게 하거나 공사가 직접 대위(代位)청구를 하여 부실책임에 대한 엄격한 책임추궁을 하고 있다.

2) 한국자산관리공사

한국자산관리공사(Korea Asset Management Corporation, KAMCO)는 금융기관이 보유하는 부실자산의 정리를 주된 업무로 하는 법인이다. 한국자산관리공사는 1962년 「한국산업은행법」에 의거하여 한국산업은행의 연체대출금을 회수할 목적으로 '성업공사' 라는 명칭으로 설립되었다. 1966년에는 「금융기관의 연체대출금에 관한 특별조치법」에 의거하여 모든 금융기관의 연체대출금회수업무를 취급하기 시작하였고, 1980년부터는 기업체 소유 비업무용 부동산의 처분업무를 수행하였다.

1997년 11월에는 금융기관의 부실채권을 인수·정리하고 부실징후기업의 자산을 처리할 수 있도록 조직을 재정비하여 부실채권정리전담기구로 새롭게 발족하였다.

한국자산관리공사의 주요 업무는 다음과 같다.

(1) 부실채권정리기금의 관리 및 운용

부실채권정리기금이란 금융기관이 보유하고 있는 부실채권을 효율적으로 정리하기 위해 설치된 기금을 말한다. 금융기관의 부실채권과 부실징후가 있는 기업의 자구계획 대상자산을 인수한 후 이를 매각하거나 유동화시켜 차입금과 채권 원리금을 상환한다. 부실채권정리기금은 1997년 11월에 설치되어 2002년 11월까지 재원조성과 자산인수 등의 업무를 수행해 왔으나 그 이후 현재는 신규인수는 하지 않고 잔여자산만 정리하도록 하고 있으며, 2012년 11월 22일 활동을 마감하게 된다.

(2) 금융기관 부실채권 인수·정리

2002년 11월 부실채권정리기금 재원을 통한 인수시한이 종료되면서 직접 공사의 자금을 통해 금융기관의 부실채권을 인수하고 있다.

(3) 기업구조조정

한국자산관리공사가 금융기관으로부터 인수한 부실채권 등 자산의 70% 정도는 기업채권으로서, 기업의 구조조정을 통해 채권의 효율적 정리를 추구하고 있다.

(4) 정부 위탁업무

한국자산관리공사는 「국세징수법」과 「지방세법」 등에 의거하여 각종 공과금의 체납으로 압류된 재산을 세무서 또는 지방자치단체 등으로부터 공매대행을 의뢰받아 매각·배분·소유권 이전 등의 체납조세 정리업무를 수행하고 있다. 또한 국가가 소유하고 있는 국유재산의 위탁관리 및 처분업무도 담당한다.

(5) 부동산 업무 및 온비드 운영

한국자산관리공사는 부실채권 담보 부동산, 금융기관 비업무용 부동산, 부실징후기업 자구계획 대상 부동산 등 각종 부동산에 대해서도 이를 매입·개발하는 업무를 수행하고 있으며, 인터넷으로 직접 공매에 참여할 수 있도록 공매포탈시스템 온비드(On Line Bidding, OnBid)를 운영하고 있다.

소비자 투자코너 4-4

한국자산관리공사의 OnBid 공매

공매란 부동산 등을 처분할 때 모든 조건을 공개하고 일반 경쟁 입찰을 통하여 최고가 입찰자를 결정하는 제도를 말한다. 즉, 부동산의 소재지, 종별, 수량, 매매가격 등 물건의 기본적인 상태와 각 물건에 대한 개별적인 매각조건을 고지한 후 그 조건을 승낙한 사람이 매수를 희망하는 경우에 일반경쟁 입찰을 통하여 처분하는 방법이다. 공매는 한국자산관리공사(KAMCO) 이외 다른 기관(금융기관 등)도 시행하고 있으나 다양한 경험을 바탕으로 체계적인 공매를 실시하고 있는 KAMCO가 대표적인 공매 전문기관이다. 2004년 10월 1일부터 현장 공매장을 폐지하고 인터넷으로만 공매를 시행하고 있다.

출처: 한국자산관리공사 홈페이지(http://www.kamco.or.kr).

3) 한국거래소

한국거래소(Korea Exchange, KRX)는 증권과 장내파생상품의 공정한 가격 형성과 매매, 기타 거래의 안정성과 효율성을 도모하기 위해 설립되었다. 한국거래소는 과거에는 증권거래소, 선물거래소, 코스닥증권 등으로 거래소 기능이 나뉘어 있었으나 거래비용 절감과 이용자 편의를 제고하여 효율적이고 투명한 시장서비스를 제공하고 급속히 변화하는 세계 금융환경에 적절히 대응하기 위하여 이들 거래소 기능을 통합하여 2005년 1월에 한국증권선물거래소가 출범하게 되었다. 이후 2009년 2월부터는 「자본시장법」이 발효되면서 「한국증권선물거래소법」이 그 안에 흡수 통합되었다. 이에 따라 거래소도 유가증권과 선물 매매에 한정하지 않고 다양한 금융투자상품을 거래한다는 의미에서 한국거래소로 명칭을 변경하였다. 한국거래소 경영지원본부와 파생상품시장본부는 부산광역시에, 유가증권·코스닥시장본부와 시장감시위원회는 서울 여의도에 있다.

4) 한국주택금융공사

한국주택금융공사는 만기 10년 이상의 장기 모기지론 공급을 통해 국민들의 내집 마련을 지원하기 위해 「한국주택금융공사법」에 의거하여 2004년 3월 설립되었다.

당시 주택금융시장은 경기침체에도 불구하고 저금리기조의 지속과 주택가격 상승이 이어지면서 매월 이자만 상환하는 방식의 단기 변동금리부 주택담보대출이 급격히 증가하고 있었다. 이 경우 가계대출의 부실을 가져와 금융불안을 야기할 수 있다. 이에 한국주택금융공사를 설립하고, 주택저당채권을 유동화하여 단기 주택자금대출을 장기로 전환, 금융시장의 안정성을 높이는 데 노력하였다. 한국주택금융공사는 주택저당채권의 유동화와 주택금융신용보증, 주택담보노후연금보증 업무 등을 수행하고 있다.

소비자 투자코너 4-5

한국주택금융공사의 장기 모기지론

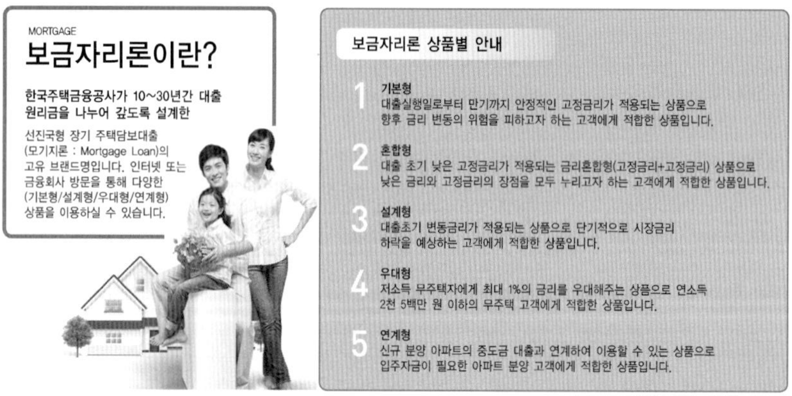

모기지론은 주택을 구입할 때 이를 담보로 제공하고 장기에 걸쳐 대출 원리금을 분할 상환하도록 하는 주택저당대출상품을 말한다. 주택금융공사는 금융회사와 연계하여 '보금자리론'이라는 장기 모기지론을 판매하고 있다. 보금자리론은 10~30년의 만기까지 매월 원리금을 균등분할상환하는 조건으로 고정금리를 적용한다. 따라서 차입자는 시장금리 변동에 따른 위험을 부담하지 않아도 되며, 소득에 근거하여 장기분할로 상환하게 되므로 안정성이 높은 장점이 있다.

출처: 한국주택금융공사 홈페이지(http://http://www.hf.go.kr).

5장

금융서비스와 소비자보호

이 장에서는 금융규제의 필요성과 의의를 학습하고, 금융소비자를 보호하기 위해 실행되고 있는 다양한 소비자보호제도를 알아본다. 먼저 금융규제의 의의와 제도에서는 왜 금융서비스의 규제가 필요한지 생각해보고, 금융소비자보호제도에 대해 알아본다. 대표적인 금융소비자보호제도로서 예금보호제도에 대해 상세히 알아보고, 마지막으로 개인신용회복 지원제도와 개인신용회복 지원의 중심기관인 신용회복위원회의 역할과 업무를 상세히 살펴본다.

1. 금융규제의 의의와 제도

1) 금융서비스와 규제의 필요성

영국에서는 1981년경부터 발생한 잇따른 투자자문회사의 불상사로 인해 투자자보호 움직임이 일어났으며, 이를 토대로 1986년 11월에 「금융서비스법(Financial Services Act)」을 제정하였다. 「금융서비스법」에서는 투자자보호를 실현하기 위해 인가 없이는 어느 기관도 투자업무를 영위할 수 없도록 규제하고 있다.

앞서 3장에서 학습하였듯이 금융이란 '돈의 흐름 혹은 융통'으로서, 돈이 여유가 있는 사람과 돈을 필요로 하는 사람이 서로 돈을 빌려주고 빌리는 활동이다. 이때 자금의 수요자와 공급자에 각종 금융서비스를 제공하는 기관을 금융기관이라 하고, 금융기관들은 각기 제공하는 개설금융서비스의 성격에 따라 크게는 은행·증권·보험의 3대 축으로 구분될 수 있다.

기본적으로 이상적 시장형태라 할 수 있는 완전경쟁시장(perfect competitive market)이 존재한다면 어느 금융시장 참여자도 초과이윤을 얻지 못하고 균형된 상태에서 자금의 수요와 공급을 충족시키게 될 것이다. 그러나 금융시장도 다른 일반 재화시장과 마찬가지로 완전경쟁시장을 구현하지 못함으로써 대부분 시장실패(market failure)를 가져오게 된다.

특히 현대사회는 급격히 변화하는 사회·경제적 환경의 영향으로 금융서비스 또한 매우 복잡해지고 있다. 2000년에 들어 온라인 거래 및 사이버 거래가 증가하면서 새로운 형태의 금융서비스가 제공되었으며, 금융권역별로 겸업화가 진행됨에 따라 타금융부문과의 경쟁도 격렬해졌다. 또한 외국 금융기관들이 국내에 대거 진입하면서 은행의 지배구조가 크게 변화하고 은행을 중심으로 여러 금융기관을 연결하는 금융지주회사와 복합금융그룹이 탄생하였다. 한편 2000년 이후에는 방카슈랑스가 도입되면서 국내 보험시장이 양적·질적으로 성장하였고, 2007년 8월에는 「자본시장과 금융투자업에 관한 법률(자본시장법)」이 공포됨에 따라 증권사·자산운용사·선물회사·종금회사·신탁회사 등 자본시장 관련업이 금융투자업으로 일원화되었다.

이와 같이 금융시장이 발달할수록 다양한 금융상품 및 서비스가 개발, 제공되기 때문에 다양한 금융기관이 존재할 수밖에 없으며, 시장실패를 극복하고 금융소비자를 보호하기 위해서는 금융당국의 규제가 불가피하다.

우리나라에서도 1980년대 이후 다양한 금융기관이 성장하였으나 효율적인 금융인프라를 갖추지 못한 상태에서 전개된 금융기관의 무절제한 확장은 외환위기를 피할 수 없게 한 원인이 되기도 하였다. 외환위기 이후 금융기관들의 구조조정을 위해 막대한 공적자금이 투입되었고, 그 과정에서 부실채권 정리, 자본금 확충, 대규모 합병 및 퇴출, 금융감독의 통합화와 강화 등으로 금융기관은 우리나라 금융사에 전례를 찾아보기 힘든 혁신을 경험하였다. 최근에도 「자본시장법」 개정 논의에서 투자자 보호가 중요한 개정의 방향으로 언급되고 있다. 현실적으로 금융시장이 안고 있는 정보비대칭의 문제를 극복하고 금융의 공공성을 확보하기 위해 보다 안전한 금융서비스 제공과 함께 적절한 금융규제제도가 필요하다.

소비자 투자코너 5-1

「자산운용법」 개정의 방향

2011년 7월 27일, 금융위원회는 '우리나라 금융의 미래를 위한 「자본시장법」 개정 추진방안'을 발표하였다. 「자본시장법」은 종전의 「증권거래법」, 「선물거래법」 등 자본시장과 관련된 6개 법률을 통합하여 재정된 법률로 2007년 8월 3일에 공포되었으며, 금융투자상품의 매매 그 밖의 거래가 원활하게 이루어지도록 하고 투자자를 보호함으로써 금융투자업을 건전하게 육성하고 자본시장의 공정성·신뢰성·효율성을 높여 국민경제의 발전에 이바지함을 목적으로 2009년 2월 4일부터 시행되었다. 최근 자본시장법 개정이 추진되고 있는데, 개정안의 주요 내용 중에는 급변하는 금융환경하에서 공정한 시장질서 확립 및 투자자 보호를 위해 규제의 실효성을 확보한다는 것이 중요한 개정의 목표로 설정되어 있다.

개정 「자산운용법」에서는 불공정거래 규제체계를 선진화하고, 인수 및 공시제도를 합리적으로 개선하여 궁극적으로 ① 맞춤형 금융투자상품의 공급으로 인한 투자자의 선택권 증가, ② 불공정거래 등에 대한 규제 강화로 우리 자본시장에 대한 투자자의 신뢰성 제고, ③ 신종 불공정거래에 대해 해외 수준으로 규제를 강화함에 따라 국가 간 규제차익 제거라는 투자자보호효과를 기대하고 있다.

2) 금융소비자보호제도

금융산업 중에서도 특히 은행은 다른 산업에 비해 규제를 많이 받고 있다. 그 이유는 금융산업은 정보비대칭으로 인한 시장실태의 가능성이 높고 또 은행의 특별한 기능에 비추어 은행도산이 경제에 미치는 영향이 매우 크기 때문이다. 그러므로 은행규제는 시장실패를 방지하고 공공성을 달성하기 위한 목적으로 실시된다. 표 5-1과 같이 은행규제의 목적은 시장구조와 경쟁규제, 안전성과 건전성 규제, 소비자보호규제, 신용배분규제, 통화정책 규제 등 5가지 유형으로 나누어 볼 수 있다.

금융서비스의 원활한 거래와 금융시장의 건전성을 확보하고, 상대적 약자의 위치에 있는 금융소비자를 보호하기 위해서는 예금의 안전한 보호가 무엇보다도 우선되어야 한다. 본 장에서는 예금보호제도와 신용회복제도를 중심으로 소비자보호제도를 살펴보고자 한다.

| 표 5-1 | 은행규제의 목적

시장규제 및 경쟁	안전성 및 건전성	소비자보호	신용배분	통화관리
• 진입제한 및 신설 인가 • 지점개설 제한 • 합병 및 은행 지주회사의 제한 • 은행업과 증권업의 분리	• 예금보험제도 • 이자율규제 • 자산운용규제 • 자기자본규제 • 감시 및 검사	• 소비자대출에 대한 고리제한 • 대출정보 공시 • 「신용기회균등법」 • 전자자금이체 이용자 보호	• 증권매입에 대한 신용규제 • 소비자보호를 위한 신용배분 • 특정부문에 대한 선별금융	• 법정지급준비금 • 재할인창구

출처: 윤봉한 · 황선웅(2011). 금융기관의 이해, p.373.

2. 예금보호제도

1) 예금보호제도의 의의

예금보호제도(deposit insurance system)는 금융기관이 지급정지, 파산 등으로 고객의 예금을 지급할 수 없는 상황이 발생하였을 때 예금자를 보호하고 금융제도의 안정성을 유지하기 위하여 1995년 「예금자보호법」 제정을 통해 1996년부터 시행되고 있는 제도로서 금융기관 예금 등을 정부가 일정한 범위 내에서 보장해주는 예금보험제도이다. 「예금자보호법」에 의하여 예금보험공사(www.kdic.or.kr)가 설립되었으며 은행(농 · 수협중앙회, 외국은행 국내지점 포함), 증권회사, 보험회사, 종합금융회사, 상호신용금고, 신용협동조합 등은 예금보험공사에 일정 보험료를 납부해야 한다. 이러한 금융기관을 부보금융기관이라 하며, 부보금융기관이 파산하거나 예금지급이 정지되는 예금보험사고가 발생하면 예금보험공사에서 예금자에 대해 원금과 소정의 이자를 합하여 최고 5,000만 원(원금+소정의 이자)까지 보호해 준다. 이로써 금융기관의 공신력을 높이고 저축을 장려하며 금융산업의 발전에 이바지할 수 있다는 의의가 있다. 예금자보호제도는 보험의 원리를 이용하여 예금지급 불능사태를 방지함으로써 예금자를 보호하는 법에 의해 운영되는 공적자금운용제도라 할 수 있다.

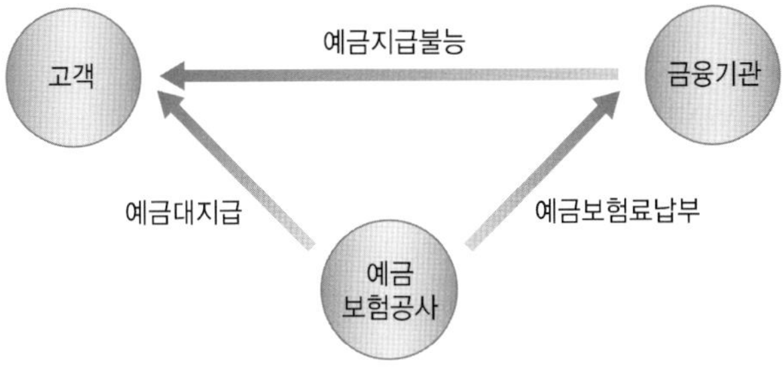

| 그림 5-1 | 예금보험제도의 개요

2) 예금보험 가입기관

예금보험제도란 그 명칭에서 알 수 있듯이 "동일한 종류의 위험을 가진 사람들이 평소에 기금을 적립하여 만약의 사고에 대비한다."라는 보험의 원리를 이용하여 예금자를 보호하는 제도이다. 이때 '동일한 종류의 위험'이란 '예금을 지급할 수 없는 상황'에 해당되고, '동일한 종류의 위험을 가진 사람들'은 금융기관에 해당된다. 따라서 지급불이행 위험을 인지하는 금융기관들이 예금보험공사에 보험료를 납부하게 되는데, 이와 같이 예금보험공사에 예금보험료를 납부하는 금융기관을 '부보금융기관' 또는 '예금보험 가입금융기관'이라고 한다. 예금자보호 대상 금융기관은 은행, 금융투자회사, 보험회사, 종합금융회사, 상호저축은행 등 6개 금융기관이 해당된다(표 5-2).

| 표 5-2 | 예금자보호 대상 금융기관 및 보호대상예금 규모(2009년 6월 말 현재) (단위: 개, 십억 원)

구 분		금융기관 수	보호대상 예금규모
은 행		54(국내 17, 외국계 37)	609,519
금융투자회사*		114	20,719
보 험	생명보험	22	238,398
	손해보험	22	36,702
종합금융		2	1,323
상호저축은행		107	65,379
계		321	972,040

주: *「자본시장법」에 투자매매업자·투자중개업자
** 신용협동조합은 2004년 1월부터 예금보험공사의 부보금융기관에서 제외됨.
출처: 예금보험공사.

3) 보호대상 금융상품

예금보험공사는 '예금보험 가입금융기관이 취급하는 예금' 만을 보호한다. 여기서 '예금' 이란 모든 금융상품을 의미하는 것이 아니라 금융기관이 만기일에 약정된 원리금을 지급하겠다는 약속하에 고객의 금전을 예치 받은 금융상품만을 의미한다. 즉, 실적배당 신탁이나 수익증권과 같이 고객이 맡긴 돈을 유가증권매입이나 대출 등에 운용한 실적에 따라 원금과 수익(이자)을 지급하는 투자상품은 '예금' 에서 제외한다.

금융기관별 예금보호 대상 금융상품은 다음의 표 5-3과 같다.

| 표 5-3 | 금융기관별 예금보호 대상 금융상품(2010년 2월 말 현재)

구 분	보호금융상품	비보호금융상품
은 행	• 보통예금, 기업자유예금, 별단예금, 당좌예금 등 요구불예금 • 정기예금, 저축예금, 주택청약예금, 표지어음 등 저축성예금 • 정기적금, 주택청약부금, 상호부금 등 적립식예금 • 외화예금 • 원금이 보전되는 금전신탁 등 • 예금보호 대상 금융상품으로 운용되는 확정기여형 퇴직연금 및 개인퇴직계좌 적립금 등	• 양도성예금증서(CD), 환매조건부채권(RP) • 금융 투자상품(수익증권, 뮤추얼펀드, MMF 등) • 특정금전신탁 등 실적배당형 신탁 • 은행발행채권, 농·수협중앙회 공제상품 등
투자매매업자·투자중개업자	• 금융상품 중 증권 등의 매수에 사용되지 않고, 고객계좌에 현금으로 남아있는 금액 • 자기신용대주다모금, 신용거래계좌 설정보증금, 신용공여담보금 등의 현금 잔액 • 원금이 보전되는 금전신탁 등 • 예금보호 대상 금융상품으로 운용되는 확정기여형 퇴직연금 및 개인퇴직 계좌 적립금 등	• 금융 투자상품(수익증권, 뮤추얼 펀드, MMF 등) • 정약자예수금, 제세금예수금, 선물·옵션거래예수금, 유통금융대주담보금 • 환매조건부채권(RP), 증권사 발행채권 • 종합자산관리계좌(CMA), 랩어카운트, 주가지수연계증권(ELS), 주식워런트증권(ELW) 등
보 험	• 개인이 가입한 보험계약 • 예금보호 대상 금융상품으로 운용되는 확정기여형 퇴직연금 및 개인퇴직 계좌 적립금 등 • 원금이 보전되는 금전신탁 등	• 보험계약자 및 보험료납부자가 법인인 보험계약 • 보증보험계약, 재보험계약 • 변액보험계약 주계약 등
종 금	• 발행어음, 표지어음, 어음관리계좌(CMA)	• 금융 투자상품(수익증권, 뮤추얼펀드, MMF 등), 환매조건부채권(RP), 양도성예금증서(CD), 기업어음(CP), 종금사발행채권 등
상호저축은행	• 보통예금, 저축예금, 정기예금, 정기적금, 신용부금, 표지어음 등 • 상호저축은행 중앙회 발행 자기앞수표 등	• 저축은행 발행채권 등

주: 정부 및 지방자치단체, 한국은행, 금융감독원, 예금보험공사, 부모금융기관의 예금(확정기여형 퇴직연금 또는 개인퇴직계좌의 적립금은 제외), 해외지점 예금 중 현지국에서 보호되는 예금 등은 보호대상에서 제외

4) 예금이 보호되는 경우

예금보험에 가입한 금융기관이 예금의 지급 정지, 영업 인·허가의 취소, 해산 또는 파산 등으로 고객의 예금을 지급할 수 없게 되는 경우를 '예금보험사고'라 하며, 이러한 '예금보험사고'가 발생한 경우에 예금보험공사는 해당 금융기관을 대신하여 예금을 지급하게 된다.

(1) 예금이 지급 정지된 경우

금융기관의 경영이 악화되어 예금을 지급할 수 없는 상태에 빠지거나 금융감독당국이 예금의 지급정지명령을 내린 경우에는 해당 금융기관에 대한 재산실사 등을 통해 향후 경영정상화 가능성을 조사하게 되며 그 결과 경영정상화가 불가능하다고 판단되면 예금보험공사가 대신 예금을 지급한다.

(2) 인가취소·파산·해산의 경우

금융기관이 감독당국으로부터 인(허)가를 취소 당하거나 해산한 경우 또는 법원으로부터 파산선고를 받은 경우에는 예금자의 청구에 의하여 예금보험공사가 예금을 대신 지급한다.

(3) 계약이전의 경우

계약이전이란 감독당국의 명령 또는 당사자 간의 합의에 따라 부실금융기관의 자산과 부채를 다른 금융기관으로 이전하는 것으로서, 이 경우에는 모든 자산과 부채가 반드시 포괄 승계되는 것은 아니며 구체적인 이전계약 내용에 따라 승계되는 자산과 부채의 범위가 달라진다.

계약이전 결과 부실금융 기관의 예금 중 일부가 다른 금융기관으로 승계되지 않을 수도 있는데, 이러한 경우 승계되지 않은 예금이 「예금자보호법」에 의한 보호대상예금이면 예금보험공사가 대신 지급한다.

5) 보호한도

예금자보호제도는 다수의 소액예금자를 우선 보호하고 부실금융기관을 선택한 예금자도 일정부분 책임을 분담한다는 차원에서 예금의 전액을 보호하지 않고 일정액만을 보호하는 것이 원칙이다. 우리나라에서도 예금자보호제도를 도입한 이래 이러한 원칙하에 금융기관별로 1인당 2,000만 원(보험회사의 경우 1인당 5,000만 원)까지만 예금을 보호하여 왔다. 그러나 1997년 말 IMF 사태 이후 금융산업 구조조정에 따른 사회적 충격을 최소화하고 금융거래의 안정을 기하기 위하여 한시적으로 예금전액을 보장하였으나 그 시한은 2000년 말 종료되었다. 2001년부터는 예금부분보호제도로 전환되어, 2001년 1월 1일 이후 예금부분보호제도로 전환되어 가입금융기관이 보험사고(영업정지, 인가취소) 발생 후 파산할 경우, 원금과 소정의 이자를 포함하여 1인당 최고 5,000만 원까지만 예금을 보장받게 된다.

여기에서 소정의 이자란 원래의 예금이자가 아니며, 약정이자와 공시 결정이자(예금보험공사가 시중은행 1년 만기 정기예금의 평균금리를 감안하여 정한 이자) 중 적은 금액을 이자로 지급한다. 또한 예금자 1인당 보호한도는 금융기관별로 본·지점 거래를 모두 합산하여 적용되며, 예금한 금융기관으로부터 대출을 받은 경우에는 대출채무액을 공제한 후 1인당 보호한도가 적용된다.

6) 「예금자보호법」이 적용되지 않는 기관의 예금자보호

(1) 농·수협 중앙회와 단위조합

농·수협 중앙회 본·지점의 예금은 은행과 마찬가지로 「예금자보호법」에 의해 1인당 5,000만 원까지 보호된다. 그러나 농·수협 단위조합은 「예금자보호법」에 의한 보호대상기관이 아니기 때문에 각 중앙회가 자체적으로 결성한 보호기금에서 일정한도까지 보호하고 있다. 다만 2000년 7월 1일 이전에 수협 단위조합 신용사업부문에 가입한 예금은 동 예금의 소멸 시까지 보호된다.

(2) 새마을금고

새마을금고는 「예금자보호법」에 의한 보호대상기관이 아니기 때문에 새마을금고에서 취급하는 예금 또한 보호대상이 아니다. 그러나 새마을금고연합회에 설치된 '안전기금' 에 의하여, 거래하는 새마을금고가 파산하는 경우 최고 5,000만 원까지 보호를 받을 수 있다.

(3) 체신예금

우체국은 「예금자보호법」에 의한 보호대상기관이 아니지만, 정부가 「체신예금·보험에관한법률」에 의거 우체국에서 취급하는 금융상품의 원리금 전액을 보호하고 있다.

3. 개인신용회복 지원제도

1) 개인신용회복 지원제도의 개요

1997년 외환위기 이후 기업구조조정 과정에서 부도와 실직으로 가계소득이 감소하고, 이를 극복하는 과정에서 무분별하게 공급된 신용카드의 사용으로 가계의 경제력을 초과하는 과도한 소비를 초래하여 많은 사람들이 과중채무자로 전락하였다.

금융채무불이행자(구, 신용불량자) 수는 2000년 말 208만 명에서 지속적으로 증가하여 2004년 말에는 362만 명 수준까지 증가하였다. 이 수치는 그 당시의 경제활동인구(2,367만 명)의 15%에 이르는 규모로, 경제활동인구 여섯 명 중 한명이 금융채무불이행자였던 셈이다.

이에 안정된 수입이 있고 회생의지가 강한 금융채무불이행자들에게 부채를 저리로 분할 상환할 수 있는 기회를 주고 신용불량기록을 말소시켜 줌으로써 채무불이행 상황에서 벗어날 수 있도록 '개인신용회복지원제도' 가 탄생하게 되었다.

현재 개인 대출을 취급하는 모든 금융회사는 자체적인 채무조정을 통해 신용회복을 지원하는 제도를 갖추고 있다. 한편 여러 금융회사에 채무가 있는 다중채무자는 일부 금융회사에서 채무를 조정해 주어도 나머지 금융회사가 조정해 주지 않으면 연체에서 벗어나기가 어렵다. 이와 같이 개별 금융회사만으로는 구제가 어려운 다중채무자의 신용회복을 위해서는 개인 워크아웃(workout), 배드뱅크제도 등을 운영하고 있으며, 법원에서도 개인회생제도와 개인파산제도를 운영하고 있다.

| 표 5-4 | 개인신용회복 지원제도의 종류

<table>
<tr><th rowspan="2">구 분</th><th colspan="3">사적 구제</th><th colspan="2">법적 구제</th></tr>
<tr><th>개별 금융회사의 신용회복지원</th><th>배드뱅크</th><th>개인워크아웃</th><th>개인회생</th><th>개인파산</th></tr>
<tr><td>운영주체</td><td>개별 금융기관</td><td>한마음금융</td><td>신용회복위원회</td><td>법 원</td><td>법 원</td></tr>
<tr><td>시행시기</td><td>2003. 3.</td><td>• 1차:
2004. 5. 20.
~2004. 11. 20.
• 2차:
2005. 5. 16.~</td><td>2002. 10.</td><td>2004. 9.</td><td>1962. 1.</td></tr>
<tr><td>대상 채권자</td><td>개별금융기관</td><td>협약가입 금융기관</td><td>협약가입 금융기관</td><td>제한 없음
(사채포함)</td><td>좌 동</td></tr>
<tr><td>채무범위</td><td>1,000만 원 이하</td><td>5,000만 원 이하</td><td>5억 원 이하</td><td>담보채무(10억)
무담보채무(5억)</td><td>제한 없음</td></tr>
<tr><td>대상 채무자</td><td>소액 신용불량자</td><td>금융기관 2곳 이상 연체한 금융채무불이행자</td><td>금융기관 2곳 이상 연체한 금융채무불이행자</td><td>파산원인(지급불능, 지급정지)</td><td>좌 동</td></tr>
<tr><td>채무 조정 수준</td><td>금융기관별 자체 기준</td><td>최장 8년 이내 변제</td><td>최장 8년 이내 변제</td><td>청산 시보다 변제기간 5년 이내 변제액이 많을 것, 가용소득이 전부 투입될 것</td><td>청산 후 면책</td></tr>
<tr><td>법적효력</td><td>사적 조정</td><td>좌 동</td><td>좌 동</td><td>변제계획에 따라 변제 완료 시 면책</td><td>면책 불허가 사유 없는 경우 면책</td></tr>
</table>

출처: 방영민(2010). 금융의 이해. 법문사, p.224.

2) 신용회복위원회의 역할과 업무

신용회복위원회는 과중채무자가 급증하는 데에 대한 대책으로, 과중채무자의 조속한 경제적 재기를 지원하기 위하여 체결된 '금융기관 간 신용회복지원협약' 에 따라 2002년 10월 출범하였다. 그 후 신용회복위원회는 채무자에 대한 신용관리 상담과 교육 등 공익적인 업무를 수행하고, 채무조정업무의 공정성과 객관성을 확보하기 위해 금융감독위원회의 허가를 받아 2003년 11월부터는 비영리 사단법인으로 재출발하였다. 현재 신용회복위원회는 신용회복 지원자들의 편의를 위해 전국 각지에 14개의 지부와 7개의 상담소를 두고 있다. 신용회복위원회의 업무는 크게 채무조정 업무, 소액금융 지원, 기타 상담 및 교육 업무로 구분해 볼 수 있다.

(1) 채무조정 업무

채무조정이 필요한 과중채무자에 대하여 분할상환, 원리금 감면 등의 방법으로 채무 변제를 지원한다. 현재 국내 3,600여 개의 금융회사가 신용회복위원회와 협약을 맺고 있다. 채무조정 방법으로는 사전채무조정인 프리워크아웃과 개인워크아웃의 두 가지가 있다. 사전채무조정은 실직, 휴·폐업, 소득감소 등으로 연체가 발생하여 장기화가 예상되는 단기연체 채무자를 대상으로 하며, 금융회사에 대한 채무불이행기간이 30일 초과 90일 미만이며, 2개 이상의 금융회사에 총채무액이 5억 원 이하인 경우를 대상으로 한다. 개인워크아웃은 가장 대표적인 개인신용회복 지원제도로서 2곳 이상의 금융기관에서 총 5억 원 이하의 채무가 있으며, 최저생계비 이상의 수입이 있거나 채무상환이 가능하다고 인정되는 채무자들에게 최장 8년 내에서 채무 상환기한을 연장해 주거나 분할 상환, 이자율 조정, 변제기 유예 등을 통해 채무를 조정해 준다.

(2) 소액금융지원

채무자가 실직이나 질병으로 긴급자금이 필요할 때 자금조달이 어려워 재기에 실패하는 경우를 방지하기 위해 긴급 생활안정자금을 지원한다. 영세자영업자에 대해서는 시설개선자금, 고금리 차환자금 등의 소액금융을 지원한다.

(3) 기타 상담 및 교육업무

이 밖에 신용회복위원회는 부채상환의지가 있지만 소득이 없거나 부족한 과중채무자들이 소득을 확보하여 신용을 회복할 수 있도록 직업을 알선해 주고, 청소년 또는 대학생들을 대상으로 신용관리방법을 교육한다.

소비자 투자코너 5-2

금융소비자보호원 중장기 설립검토

금감원 개혁 태스크포스(TF)의 핵심쟁점이었던 금융소비자보호원 설립이 중장기적으로 검토된다. 2일 국무총리실은 저축은행 비리 의혹 진상 규명을 위한 국정조사 특별위원회에 이같은 내용을 보고했다. 이번 저축은행 감독부실 사태로 금감원은 건전성 감독과 소비자 보호를 동시에 수행함에 따라 이해상충 문제가 발생해 소비자 보호에 상대적으로 소홀하다는 우려가 있었다. 이에 따라 독립기구인 금융소비자보호원 설립을 검토키로 했으나 '중장기'라는 단서를 달아 빠른 시일 내 진행되지 않을 것임을 시사했다.

금감원 개혁 TF 내에서 일부 위원은 '차제에 별도의 금융소비자보호원을 신설하자.'라는 의견을, 다른 일부는 '금융소비자보호원 신설 문제가 금융감독 체계 개편에 관한 사항이므로 중장기 과제로 용역과제에 포함·검토하자.'라는 의견을 제시했기 때문이다.

반면 소비자단체는 실질적 기능과 권한을 보유한 독립기구 설립에 공감했었다. 영업행위 감독권, 법령 제·개정 등 정책입안 기능 부여가 필요하다는 지적도 제기된 바 있다. 일부 단체는 대통령(또는 총리) 직속 정부기구 신설을 주장했었다.

그러나 TF 간담회에서는 감독권을 가진 기관에서 담당해야 소비자보호의 실효성 확보는 반대논리와 건전성 감독과의 이해상충 문제가 있으므로 분리가 필요하다는 이견이 대두됨에 따라 소비자보호원 분리는 결론을 짓지 못하게 될 전망이다.

출처: 조선닷컴(2011년 8월 2일자).

참고문헌

금융감독원. 금융감독정보. 각호.

금융감독원. 금융통계월보. 각호.

방영민(2010). **금융의 이해**. 법문사.

송지영(2010). **금융시장과 금융상품의 이해**. 청목출판사.

윤봉한·황선웅(2011). **금융기관의 이해**. 문영사.

한국은행(2007). **우리나라의 외환제도와 외환시장**. 한국은행.

한국은행(2009). **우리나라의 금융시장**. 한국은행.

허경옥·여윤경·유현정·고선강·차경욱(2006). **소비자 투자와 보험**. 교문사.

3부
증권 투자

6장

증권시장과 증권거래제도

본 장에서는 증권시장의 개념과 기능을 이해하고, 대표적인 증권시장인 채권시장과 주식시장을 중심으로 구조와 특성을 살펴보기로 한다. 특히 주식발행시장과 주식유통시장을 중심으로, 주식이 처음 발행되어 발행주체로부터 투자자에게 매도되는 과정과 관련된 주요 개념들을 이해하고, 투자자들 간의 주식매매가 이루어지는 유통시장의 구조와 특성, 관련 개념들을 학습한다. 또한 주식거래와 관련된 다양한 제도들에 대해 다룸으로써, 증권시장과 거래제도 전반에 대한 이해를 높이고자 한다.

1. 증권시장의 의의

1) 증권시장의 개념

증권시장이란 유가증권을 매개로 하여 발행주체와 증권회사[1] 및 투자자 사이에서 유가증권과 자금의 수요공급이 이루어지는 장소이다. 장기자금의 수요자인 기업이 주식이나 채권 등의 유가증권을 발행하거나 매출하여 필요한 자금을 조달하고, 투자자가 이를 매입하거나 매도하여 금융자산을 운용하는 일련의 과정이 이루어지는 곳이다.

---

1) 증권회사는 금융위원회로부터 투자중개업 또는 투자매매업의 인가를 받고 일정한 요건을 갖추어 매매거래에 참여할 수 있는 회사를 말함. 아직까지는 대부분 '증권회사'라는 상호를 사용하고 있지만, 「자본시장법」 시행 이후 '금융투자회사'로 상호를 전환하기도 함.

증권시장은 크게 채권시장과 주식시장으로 구분되며, 각각 발행시장과 유통시장으로 구성된다. 발행시장(primary market)은 주식, 채권이 신규로 발행되는 시장이며, 유통시장(secondary market)은 기 발행된 주식과 채권이 거래되는 시장이다.

주식의 거래는 조직화된 유통시장 내에서 일정한 시간, 일정한 장소, 일정한 매매거래 제도를 통해 이루어지는 반면, 대부분의 채권 거래는 장외시장에서 주로 증권회사의 단순중개를 통해 이루어진다. 이러한 이유로, 통상적으로 증권시장은 주식시장을 갈음하는 의미로 사용되고 있다.

2) 증권시장의 기능

경제와 산업구조에서 증권시장이 수행하는 기능을 살펴보면 다음과 같다.

첫째, 증권시장은 산업자본을 조달하는 기능을 한다. 기업은 증권의 발행을 통해 일반 투자자들의 소액자금을 모아 대규모의 산업자금을 조달하고, 이를 장기적·안정적으로 사용할 수 있다. 증권시장은 기업에게 자금을 조달해 주는 기능을 함과 동시에 유동자금을 산업자본으로 전환하는 기능을 하는 것이다. 이를 통해 기업의 투자확대, 산업의 성장 및 국가 경쟁력 확보에 중요한 기여를 한다.

둘째, 증권시장은 일반 투자자들에게 투자수단을 제공하는 기능을 한다. 증권시장의 활성화는 일반 투자자들이 소액의 자금으로 새롭고 다양한 금융자산에 투자할 수 있는 기회를 제공하였다. 특히 주식이나 펀드와 같은 증권투자에 대한 투자자들의 수요가 증대되면서, 증권시장이 점점 더 중요한 역할을 하고 있다.

셋째, 증권시장은 산업자금을 순환시키는 기능을 한다. 증권시장에서 형성되는 주가는 장기적으로 기업의 수익성을 반영하기 때문에, 주가 변동에 따라 투자자금이 생산성 낮은 기업에서 생산성 높은 기업으로 순환·배분될 수 있다.

넷째, 증권시장은 기업공개 및 주식의 분산을 촉진함으로써 소득의 재분배를 구현하는 기능을 한다.

마지막으로, 증권시장은 정부의 재정·금융정책의 수단으로 활용될 수 있다. 즉 정부는 증권시장을 통한 재정증권의 발행과 상환으로 재정정책을 보완할 수 있고, 중앙은행은 증권시장을 통한 국공채 매매로 통화량을 조절할 수 있다.

2. 채권시장의 구조와 기능

채권은 정부, 공공기관, 기업 등이 장기자금을 조달하기 위하여 불특정 다수에게 정해진 이자와 원금의 지급을 약속하면서 발행하는 유가증권이다. 그러나 유통수익률이 변화하기 때문에 만기 전에 채권을 매각할 경우 자본이득이나 손실이 발생할 수 있다. 채권시장은 채권을 신규 발행하는 발행시장과 이미 발행된 채권이 거래되는 유통시장으로 구분된다.

1) 발행시장

채권의 발행주체 및 한도는 관련 법률에 의해 정해진다. 채권은 발행주체에 따라 국채, 공채, 지방채, 금융채, 특수채, 회사채 등 다양한데, 그 종류에 따라 발행방식 및 요건 등에 차이가 있다. 국채의 경우에는 국회의 동의를 거쳐야 하고, 회사채는 유가증권 신고서를 금융위원회에 제출한 후 일정한 절차를 거쳐 발행할 수 있다.

(1) 국 채

국채는 국고채권, 재정증권, 국민주책채권, 보상채권 등 자금용도에 따라 네 가지 종류로 나누어지며, 종목에 따라 발행방식 및 이자지급방식 등에 차이가 있다. 국고채권과 재정증권은 경쟁입찰을 통해 발행되는데, 금리결정방식이 2000년 8월부터 복수금리결정방식에서 단일금리결정방식으로 변경되었다. 단일금리결정방식은 정부 입장에서 볼 때 상대적으로 낮은 금리로 발행하여 자금조달비용을 절감할 수 있고, 입찰자 입장에서도 보다 적극적인 참여가 가능하다는 장점이 있다. 한편 국민주택채권은 인허가와 관련하여 의무적으로 매입하도록 되어 있고, 보상채권은 당사자 앞 교부방식으로 발행된다.

국채의 이자지급방식을 비교해 보면, 국고채권은 6개월마다 이자가 지급되는 이표채이고, 재정증권은 할인채의 형태를 취한다. 또한 국민주택채권과 보상채권은 원리금이 만기에 일시상환되는 복리채이다.

우리나라에서는 1999년부터 국고채전문딜러(Primary Dealer, PD)제도를 도입하고 있다. 국고채전문딜러는 국채발행시장에서 우선적인 입찰참여권, 비경쟁입찰참여자의 입찰대행, 국채인수 및 유통금융지원 등의 혜택을 부여받는 한편, 총발행국채의 5%이상을 인수하고, 국채전문유통시장에서 시장조성의무를 수행해야 한다. 국고채전문딜러는 재무건전성, 딜링인력, 국고채딜링 업무기간, 리서치인력, 백오피스 인력 등의 항목 요건을 충족한 후 심의를 거쳐 지정된다. 2010년 12월 31일 현재 은행 8개, 증권회사 12개가 국고채전문딜러로 지정되어 있고, 기획재정부에서는 매년 우수 국고채전문딜러 5개사에 대해 시상하고 있다.

(2) 회사채

회사채의 발행은 모집방법에 따라 공모발행과 사모발행으로 구분된다. 공모발행의 경우에는 인수기관인 증권회사, 종합금융회사, 한국산업은행 등이 총액을 인수하여 발행하며, 사모발행의 경우에는 발행기업이 최종 매수자와 발행조건을 직접 협의하여 발행한다.

회사채의 발행요건은 총발행금액이 회사 순자산액의 4배 이하로 제한되어 있으며, 발행인이 비상장법인인 경우 금융감독위원회에 등록해야 한다. 공모발행을 하는 경우에는 유가증권신고서를 금융감독위원회에 제출해야 하며, 상법상 회사채 발행에 관한 이사회의 결의가 필요하다. 표면금리는 발행기업과 인수기관 간의 협의에 의해 자율적으로 결정할 수 있는데, 보통 시가 금리 수준에서 결정한다.

2) 유통시장

(1) 장외시장

채권거래는 주식거래와는 달리, 거래의 95% 이상이 주로 장외시장에서 증권회사의 단순중개에 의해 이루어지고 있다. 채권은 종목이 다양하고, 거래조건이 표준화되어 있지 않아 한국거래소시장의 자동매매시스템을 통해 거래하는 것이 어렵기 때문이다. 증권회사가 매도 또는 매수를 원하는 투자자의 호가 주문을 받은 후 상대방을 찾아 거래를 중개하는 방식을 취한다. 자금의 결제는 일반적으로 거래 익일에 이루어진다.

(2) 장내시장

장내시장은 한국거래소에 상장된 국채, 지방채, 특수채, 전환사채, 회사채 등 모든 채권을 대상으로 표준화된 거래방식에 따라 거래가 이루어지는 조직화된 시장이다. 장내시장은 크게 국채전문유통시장과 일반채권시장으로 구분된다.

국채전문유통시장에서는 기획재정부 장관이 지정하는 국채지표종목과 한국거래소가 국고채전문딜러와 협의하여 지정하는 국채비지표종목, 통안채, 예보채가 거래되며, 국고채전문딜러 등 시장조성 활동을 담당하는 금융기관만 참가할 수 있다. 일반채권시장은 그 외에 거래소에 상장된 소액국공채, 지방채, 특수채, 전환사채, 신주인수권부사채, 일반 회사채 등 모든 채권이 거래대상이다.

3. 주식시장의 구조와 기능

주식은 기업이 장기자금을 조달할 목적으로 발행하는 출자증권으로서, 자본에 대한 지분권을 나타내는 유가증권이다. 주식시장은 기업에게 자기자본의 조달 기회를 제공하고, 투자자에게는 자금운용의 기회를 제공한다. 주식시장은 주식을 신규 발행하는 발행시장과 기 발행된 주식이 투자자 간에 거래되는 유통시장으로 나누어지며, 유통시장은 다시 유가증권시장, 코스닥시장, 프리보드로 구분된다.

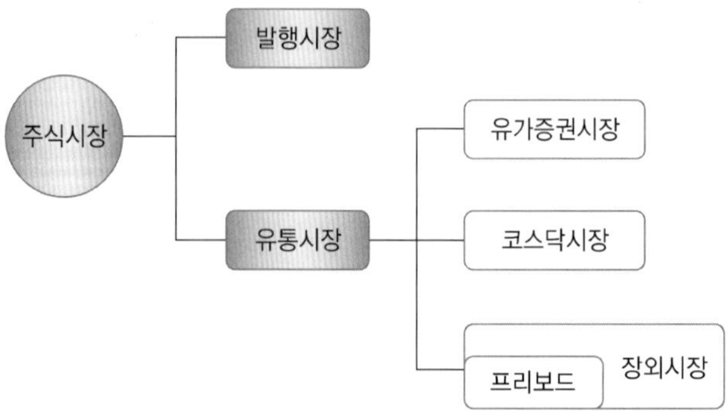

| 그림 6-1 | 주식시장의 구조

1) 발행시장

발행시장(primary market)은 자금을 조달하고자 하는 기업이 발행하는 주식이 최초로 투자자에게 매도되는 시장으로서, 1차적 시장 또는 본원적 시장이라고도 한다.

자금의 수요자가 발행주체가 되어 주식을 새로 발행하거나 특정인이 보유하고 있는 주식을 자금의 공급자인 투자자에게 매각함으로써, 주식시장에 새로운 유가증권을 공급하고 자금을 조달하는 시장이다.

발행시장은 주식의 모집 및 매출을 통해 다수의 투자자로부터 대규모의 장기 자금을 조달하여, 기업의 자본을 증대시켜주는 기능을 한다. 일반 투자자에게 금융자산을 제공하여 투자의 기회를 확대해 주고, 신규로 발행되는 증권을 분산시켜 기업의 소유구조를 분산해 주는 기능도 한다. 또한 정부는 주식시장의 공개시장조작 등을 통해 통화를 조절할 수 있다.

(1) 발행시장의 구성

발행시장은 자금의 수요자인 발행주체, 자금의 공급자인 투자자 그리고 자금의 수요자와 공급자를 연결시켜 주는 인수기관으로 구성된다.

발행주체(issuer)는 유가증권을 발행하여 자금을 조달하는 주체, 자금의 수요자를 말한다. 주식의 경우에는 주식회사를 일컫고, 회사채, 국공채, 출자증권 등 여타의 유가증권이라면 해당 주식회사, 국가 및 지방자치단체, 법인 등이 해당된다.

투자자(investor)는 발행시장에서 유가증권을 취득하여 발행주체에게 자금을 공급하고, 이를 다시 유통시장에서 매도하는 자를 말한다. 투자자는 일반적으로 개인투자자, 기관투자자(각종 금융회사), 외국인투자자로 구분한다.

인수기관(underwriter)은 발행주체와 투자자 사이에서 증권과 자금이 원활하게 배분될 수 있도록 유가증권을 모집 또는 매출할 때 인수 주선하는 기능을 하는 기관이다. 인수기능은 증권회사의 고유 업무 중 하나이다. 증권회사는 풍부한 지식과 정보, 경험을 바탕으로 증권발행에 따른 모집을 주선하고, 사무절차를 주도하고, 증권발행 시의 위험을 부담한다.

(2) 주식의 발행방식

주식의 발행방식은 수요자를 구하는 방법에 따라 공모발행과 사모발행으로 구분하고, 발행모집 사무업무와 발행에 따른 위험부담을 누가 부담할 것인가에 따라 직접발행과 간접발행으로 나눈다.

① 공모발행과 사모발행

공모발행은 신규 발행된 주식이나 발행회사의 대주주 등이 소유한 주식을 다수의 투자자에게 공개적으로 취득 권유하여 매도하는 방법이다. 여기에서 다수의 투자자는 50인 이상의 개인이나 법인을 말한다.

그에 반해, 사모발행은 발행주체가 소수의 투자자(50인 미만)에게 유가증권의 취득을 권유하는 방법으로 매도하는 것을 말한다.

② 직접발행과 간접발행

직접발행은 발행주체가 직접 발행관련 사무업무를 하고, 발행위험에 대한 부담도 스스로 지는 방법이다. 사모발행의 경우 소수의 투자자를 대상으로 하기 때문에 매도 절차가 비교적 간단하여 대부분 직접발행의 형태를 취한다. 공모를 직접발행 방식으로 하는 경우는 직접공모라고 부르는데, 주로 비상장 법인이 주식을 공모할 경우 이러한 방식을 사용한다. 발행주체가 자기점포망이나 공고를 통하여 직접모집을 하고, 발행 사무와 그 인수위험을 직접 부담하며 증권을 발행하는 것이다.

반면, 간접발행은 사무 처리의 복잡함과 증권발행에 따른 위험부담을 줄이기 위하여 발행주체가 인수기관 및 청약사무 대행기관 등 중개기관(증권사, 종합금융회사 등)의 도움을 받아 간접적으로 발행하는 방법이다. 공모발행은 다수의 투자자를 상대로 복잡한 업무처리를 해야 하기 때문에 주로 간접발행의 형태를 취한다.

(3) 기업공개

기업공개(Initial Public Offering, IPO)는 주식회사가 신규로 발행하는 주식을 다수의 투자자에게 모집하거나, 이미 발행되어 대주주 등이 소유하고 있는 주식을 매출하여 분산시키는 것을 말한다. 개인이나 가족 등 소수의 주주에 의해 폐쇄적으로 경영되던 기업을 공개적인 기업으로 전환시키기 위해, 구주주의 신주인수권을 배제하고 신주를 발행하여 주식을 분산하거나, 대주주 등의 기존 소유 주식을 대중에게 분산하는 것이다. 증권관련법규에서는 유가증권시장 또는 코스닥시장에 상장하기 위해 주식을 다수의 투자자에게 분산하는 것을 가리키기도 한다.

(4) 증자 : 신주의 발행

증자(增資)는 회사의 자본을 증가시키는 것을 의미하는데, 자본을 증가시키기 위해서는 신주의 발행이 따르므로 증자를 신주의 발행과 같은 의미로 사용한다. 일반적으로 회사가 증자를 하는 목적은 자금조달, 부채상환, 주주에 대한 이익배당, 재무구조의 개선, 주식분산과 유통 주식 수 증가를 통한 원활한 주식거래 유도, 경영안정권의 확보 등을 위해서이다.

증자에는 회사의 주식자본 증가와 함께 실질적인 재산의 증가를 가져오는 유상증자와 주식자본은 증가하지만 실질재산은 증가하지 않는 무상증자의 두 가지 형태가 있다.

① 유상증자

유상증자는 신주를 발행할 때 주식의 가격에 해당하는 납입 금액(주금)을 받음으로써, 주식자본의 증가와 더불어 신규로 자금이 들어와서 회사의 실질적 재산이 증가하는 경우를 말한다. 유상증자는 발행가액과 배정방식 등에 따라 구분할 수 있다.

발행가액에 따라 유상증자의 유형을 분류하면, 액면가액에 의한 유상증자와 시가발행에 의한 유상증자로 나누어 볼 수 있다. 액면가액에 의한 유상증자는 액면가로 신주를 발행하고 해당주금을 납입하는 방법인데, 현재 상장법인의 경우에는 거의 사용하지 않는다. 상장법인들은 금융감독위원회의 유가증권의 발행 및 공시 등에 관한 규정에 의거하여 시가발행에 의한 유상증자를 할 수 있기 때문에, 대부분 시가발행의 형태로 증자가 이루어지고 있다.

배정 및 인수방법에 따라 유상증자의 유형을 분류하면, 구주주 배정, 제3자(연고자) 배정, 공모방식의 유상증자 등으로 나누어 볼 수 있다. 구주주 배정은 현재 시행하고 있는 가장 일반적인 형태로서 기존 주주에게 신주인수권을 부여하는 방법이다. 주주가 보유하고 있는 주식 수에 비례하여 신주를 배정받을 권리를 주는 것이다. 정관에서 주주의 신주인수권 배제나 제한에 관한 내용을 정하지 않은 한 모든 주주에게 신주인수권이 부여된다. 신주가 새로운 주주에게 너무 많이 할당되어 구주주의 지위에 변동이 생기는 것을 막을 수 있고, 신주의 발행가액과 시가 간에 차이가 있는 경우 구주주의 재산상 손실을 막을 수 있으며, 일반공모에 비해 발행비용이 적고 절차가 비교적 간단하다는 장점이 있는 반면에 발행금액이 대규모인 경우에는 적합하지 못하다는 단점이 있다.

제3자(연고자) 배정은 회사의 임원, 특정주주, 거래처, 거래은행 등 회사의 특정 관계자에게 신주인수권을 부여하는 것이다. 우리사주제도가 대표적인 예라고 할 수 있다. 그러나 이는 회사의 경영권 및 기존 주주의 이해관계에 큰 영향을 줄 수 있기 때문에 정관에서 특별히 정하거나 주주총회의 특별결의 절차를 거쳐야 하는 등 엄격한 통제가 가해진다. 공모방식의 유상증자는 다수의 투자자에게 공개적으로 신주를 모집하는 방식이다. 주주 우선 공모는 구주주와 우리사주조합에게 우선 청약권을 부여하여 청약을 받은 후, 청약 미달분에 대해서 일반투자자를 대상으로 공모를 하는 방식이고, 일반공모는 구주주의 신주인수권을 배제하고 불특정 다수인를 대상으로 하여 신주를 모집하는 방식이다.

② 무상증자

무상증자는 기업이 가진 준비금 또는 재평가적립금을 자본금으로 전입한 후, 그 금액만큼 신주를 발행하여 이를 주주에게 무상으로 할당하는 방법이다. 신주를 발행하므로 주식자본은 증가하지만, 주금의 납입 없이 자본전입에 의해 이루어지기 때문에 실질적인 재산은 증가하지 않는다. 즉 재무제표상 항목 간의 변경을 통해 새로운 주식을 발행하는 형식적 증자라고 할 수 있다. 무상증자는 자금조달을 목적으로 하는 것이 아니라 주로 자본구성의 개선, 사내유보의 적정화 등을 목적으로 실시한다.

2) 유통시장

(1) 유통시장의 구성

유통시장(secondary market)은 이미 발행된 주식이 투자자 상호 간에 매매 거래되는 시장으로서, 2차적 시장이라고 부른다. 유통시장은 투자자들이 자금을 투입하여 새로운 주식을 매입하거나, 소유하고 있는 주식을 매각하여 투자자금을 회수하는 등의 방법으로 금융자산을 운용하는 시장이다.

발행시장이 추상적인 시장인 것에 반해, 유통시장은 한국거래소 시장으로서 구체적이며 조직적이고, 거래가 반복적으로 이루어지는 계속적인 시장이다. 유통시장은 발행된 주식의 시장성과 유통성을 높여 일반투자자의 투자를 촉진시킴으로써 발행시장에서의 장기자본조달을 원활하게 해 주는 기능을 한다. 또한 유통시장은 다수의 투자자가 참여하는 경쟁시장이므로 주식의 공정한 가격을 형성할 뿐만 아니라, 유통시장에서 형성되는 가격은 향후 발행할 새로운 주식의 가격을 결정하는 역할을 한다.

유통시장은 크게 한국거래소 시장과 장외 시장으로 구분할 수 있다. 한국거래소 시장은 한국거래소에서 개설·운영하는 유가증권시장, 코스닥시장을 말하고 그 외의 시장은 장외시장이라고 할 수 있는데, 프리보드는 한국금융투자협회가 법률에 근거하여 개설한 조직화된 장외시장이다(그림 6-1).

① 유가증권시장

유가증권시장은 유가증권의 매매거래를 위하여 한국거래소가 개설·운영하는 시장으로서 코스닥시장 외의 시장이다. 종전의 한국증권거래소가 개설, 운영하던 거래소시장을 말한다. 유가증권시장은 자본규모가 큰 우량기업 중심시장으로, 유가증권시장에서 주식이 매매거래 되기 위해서는 한국거래소가 정한 요건을 갖추고 까다로운 심사절차를 거쳐 승인을 받아야 한다.

유가증권시장은 증권과 자금을 신속하고 정확하게 대량으로 교환할 수 있게 해 주는 가장 큰 금융시장이라고 할 수 있다. 대형, 우량기업들의 주식이 거래되는 시장이기 때문에 투자자들에게는 상대적으로 안정적인 투자기회를 제공한다. 또한 유가증권시장에서 형성된 주식의 가격은 경쟁매매를 통해 형성되는 가격이므로, 그 가치에 대한 사회적 평가가 가장 공정하며, 신뢰성이 있다고 볼 수 있다.

② 코스닥시장

코스닥시장은 성장성, 기술력 있는 기업의 주식을 일정 거래 질서하에서 경쟁 매매하도록 조직화한 시장이다. 유가증권시장이 대기업, 우량기업 중심인 것에 반해 코스닥시장은 중소기업, 벤처기업 중심의 고위험-고수익을 추구하는 역동적인 증권시장의 역할을 수행하고 있다.

코스닥시장은 한국증권업협회가 1996년 매매중개를 전문으로 하는 증권회사인 (주)코스닥증권을 설립한 것을 시작으로, 1997년 코스닥시장(협회중개시장)의 운영에 대한 법적 근거가 마련된 이후 제2의 유통시장으로 중요한 역할을 해왔으며, 2005년 한국거래소 내에 독립적 사업본부 형태의 시장으로 재출범하였다.

코스닥시장은 유망 벤처기업, 중소기업 등이 발행한 주식에 대하여 환금성을 부여함으로써 이들이 신주공모 등을 통해 장기적이고 안정적인 자금을 조달할 수 있도록 돕고 있다. 또한 벤처기업의 발굴과 지원이 선순환 되도록 하여 자금의 효율적인 배분을 돕고, 나아가 새로운 산업의 탄생과 성장을 촉진하는 기회를 제공한다. 뿐만 아니라 투자자들에게 유가증권시장에 상장된 대형주 외에 작지만 강한 기업의 주식, 고수익, 고위험의 투자대안에 투자할 수 있는 기회를 제공하고 있다.

③ 프리보드

프리보드는 유가증권시장 및 코스닥시장에 상장되지 않은 비상장주권의 매매거래를 위하여 한국금융투자협회가 '자본시장과 금융투자업에 관한 법률' 에 의거, 개설·운영하는 제도화된 장외시장이다. 법률에 근거하여 개설된 조직화된 장외주식시장이라는 점에서 순수한 장외시장과 구별된다.

프리보드는 비상장기업 중 성장단계에 있는 벤처기업 등 혁신형 기업들이 자본시장을 통하여 장기적·안정적 자금조달이 가능하도록 지원한다. 특히 벤처자금의 선순환을 도모하는 벤처중심의 시장을 지향하고 있다. 또한 비상장기업의 발행주식에 대해 유동성을 부여하고, 거래의 편의성과 가격의 공정성을 제고하며, 기존 장외 주식거래에서 발생할 수 있었던 불공정거래나 사기행위로부터 투자자를 보호하는 기능을 한다.

프리보드는 규제를 최소화한 시장으로서, 주식 유통에 필요한 최소한의 형식적 요건만 갖추면 진입이 가능하다. 정기공시는 결산 및 반기만, 주요 경영사항의 신고는 경영상 중요한 사실이나 결정 등 약 16개 항목만 공시한다. 그러나 규제를 최소화하기 때문에 투자자의 자기 판단과 책임이 매우 중요하다.

(2) 한국거래소

한국거래소(KRX)는 한국증권거래소, 한국선물거래소, 코스닥위원회, (주)코스닥증권시장 등 기존 4개의 기관이 통합되어 2005년 1월 한국증권선물거래소로 출범하였으며, 2009년 2월 한국거래소로 명칭을 변경하였다.

자본시장과 금융투자업에 관한 법률에서 규정하고 있는 한국거래소의 주요 기능 및 업무는 유가증권시장과 코스닥시장, 파생상품시장의 개설업무, 증권 및 장내파생상품의 매매에 관한 업무, 증권의 매매거래 및 파생상품거래에 따른 청산 및 결제에 관한 업무, 증권의 상장에 관한 업무, 상장법인의 신고, 공시에 관한 업무, 시장감시, 이상거래의 심리 및 회원에 대한 감리 업무, 유가증권시장, 코스닥시장 및 파생상품시장 등에서의 매매거래와 관련된 분쟁의 자율조정에 관한 업무, 시장정보의 제공 및 판매에 관한 업무 등이다.

한국거래소를 중심으로 한 유통시장 관련 주체 및 기관의 운영구조는 그림 6-2와 같다. 금융감독위원회는 의사결정기구로서, 금융감독과 관련된 주요 사항의 심의, 의결, 금융감독원에 대한 지시·감독 등을 주요 업무로 하며, 금융감독위원회 권한 중 증권 및 선물시장의 관리·감독에 관한 사항은 증권선물위원회에서 심의한다. 금융감독원은 금융기관의 건전성 확보, 공정한 시장질서 확립, 금융소비자의 보호 등을 목적으로 설립된 무자본 특례법인으로서 금융감독위원회, 증권선물위원회의 지시를 받아 금융기관에 대한 감사와 감독업무를 한다. 한국예탁결제원은 유가증권의 대체결제업무, 유가증권의 보호예수, 명의개서대행 등의 업무를 하고 있다.

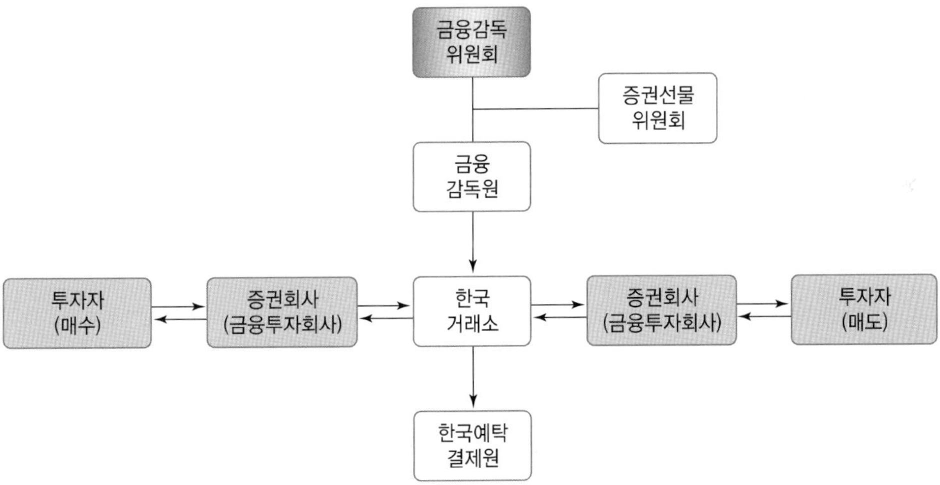

| 그림 6-2 | 유통시장의 운영 구조

(3) 상 장

상장(listing)이란 유가증권을 한국거래소에서 매매할 수 있도록 등록하는 것을 말한다. 한국거래소가 정한 요건을 충족한 기업이 발행한 주권을 증권시장에서 집단적·대량적으로 매매 거래할 수 있도록 허용하는 것이다.

상장법인은 유상증자, 전환사채, 교환사채 등 다양한 방법으로 대규모의 필요자금을 조달하는 것이 용이하고, 주식 및 사채 발행한도도 확대된다. 상장된 유가증권의 가치가 거래소에 의해 보증되는 것은 아니지만, 해당 상장법인에 대한 신뢰성을 제고하여 주식가치의 향상, 기업자금조달의 용이, 담보가치의 향상, 회사의 지위 향상 등 부수적인 효과가 있다. 상장은 주식 발행법인이 기업의 규모, 재무내용, 유통성, 건전성, 공익, 투자자보호 등에 관한 요건을 충족하여 상장예비심사를 청구하면 증권선물위원회의 감리, 유가증권신고서, 사업설명서, 유가증권 발행실적 보고서, 주식신규상장신청서 등의 심사를 통해 한국거래소가 승인함으로써 이루어진다. 상장요건은 표 6-1과 표 6-2에서 보는 바와 같이, 유가증권시장과 코스닥시장 간에 차이가 있다.

| 표 6-1 | 유가증권시장의 신규상장 요건

상장요건		일반회사	지주회사
규모 요건 (모두)	기업규모	다음 중 하나만 충족하면 됨 • 자기자본 100억 원 이상 • 기준시가총액 200억 원 이상 – 시장이전 시(코스닥 → 유가) 300억 원 이상 * 기준시가총액=공모가격×상장예정수식수(시장이전기업 또는 2차 상장 외국기업의 경우 증권시장 시세)	좌동
	상장주식 수	100만 주 이상	좌동
분산 요건 (모두)	소액주주 소유주식 수	다음 중 하나만 충족하면 됨 • 소액주주소유비율 25% 이상 • 공모주식 수 25% 이상 • 자기자본 500억 원 이상 법인은 10% 이상 공모하고 자기자본에 따라 일정규모 이상 주식 발행 – 자기자본 500~1,000억 원 또는 기준시가총액 1,000~2,000억 원: 100만 주 이상 – 자기자본 1,000~2,500억 원 또는 기준시가총액 2,000~5,000억 원: 200만 주 이상 – 자기자본 2,500억 원 이상 또는 기준시가총액 5,000억 원 이상: 500만 주 이상 • 국내외 동시공모법인은 공모주식 수 10% 이상 & 국내 공모주식 수 100만 주 이상	좌동

(계속)

상장요건		일반회사	지주회사
분산 요건 (모두)	소액주주 수	1,000명 이상(의결권주기준)	좌동
	의무공모	상장예비심사 청구 후 5% 이상, 10억 원 이상 공모	좌동 (금융지주회사 제외)
	양도제한	발행주권에 대한 양도제한이 없을 것	좌동
경영 성과 요건 (택1)	매출액 및 이익 등	최근 매출액 300억 원 이상 및 3년 평균 200억 원 이상, 최근 사업연도에 영업이익, 법인세 차감 전 계속사업이익 및 당기순이익 각각 실현, 다음 중 하나를 충족하면 됨 • ROE: 최근 5%, 3년 합계 10% 이상 • 이익액: 최근 25억 원, 3년 합계 50억 원 이상 • 자기자본 1천억 원 이상 법인: 최근 ROE 3% 또는 이익액 50억 원 이상이고 영업현금흐름이 양(+)일 것	좌동 (지주회사매출액+자회사매출액×지분율) 연결재무제표 기준
	매출액 및 기준시가 총액	최근 매출액 500억 원 이상, 기준시가총액 1,000억 원 이상	좌동 (지주회사매출액+자회사매출액×지분율)
	매출액, 기준시가총액 및 영업현금 흐름	최근 매출액 700억 원 이상, 최근 기준시가총액 500억 원 이상, 최근 영업현금흐름 20억 원 이상	좌동 (지주회사매출액+자회사매출액×지분율) 연결재무제표 기준
안정성 및 건전성 요건	영업활동 기간	설립 후 3년 이상 경과, 계속적인 영업활동(합병 등이 있는 경우 실질적인 영업활동기간 고려)	좌동 (주요 자회사의 실질적 영업활동기간 고려)
	감사 의견	최근적정, 직전 2년 적정 또는 한정 (감사범위 제한에 따른 한정의견 제외)	좌동 (개별 및 연결재무제표)
	합병 등이 있는 경우	합병 등이 있는 경우 당해사업연도 결산재무제표 확정-합병 등의 기일부터 사업연도 말까지 영업기간이 3월 미만인 경우 다음 사업연도의 반기재무제표 확정	좌동 (지주회사 설립, 지주회사로의 전환 또는 지주 회사의 주식 교환에 의한 다른 회사의 완전자회사화를 위해 합병 등을 하는 경우 적용 배제)
	최대주주 변경제한	상장예비심사청구일 이전 1년 동안 최대주주의 변경이 없을 것	
	매각제한 (보호예수)	• 최대주주 등 소유주식, 상장예비심사청구 전 1년 이내 최대주주 등으로부터 양수한 주식: 상장 후 6월간 • 상장예비심사청구 전 1년 이내 제3자 배정 신주: 발행일로부터 1년간. 단, 그날이 상장일로부터 6월 이내인 경우에는 상장 후 6월간	좌동

| 표 6-2 | 코스닥시장의 상장 요건

상장요건	일반기업	벤처기업	성장형벤처
경과연수	3년 이상	–	–
택일 / 자기자본	30억 원 이상	15억 원 이상	15억 원 이상
택일 / 시가총액	90억 원 이상		
주식분산	모집 상장(택일) • 소액주주 500명 이상, 지분 25% 이상으로서 아래의 요건 중 하나를 충족 – 심사청구일 현재 소액주주지분이 25% 이상인 경우 → 청구 후 5%(10억 원) 이상 모집 – 심사청구일 현재 소액주주지분이 25% 미만인 경우 → 청구 후 10% 이상 모집 • 자기자본 500억 원/시가총액 1,000억 원 이상 법인의 경우: 소액주주 500명 이상, 심사청구 후 모집지분이 10% 이상으로서 – 자기자본(시가총액) 500~1,000억 원(1,000~2,000억 원): 100만 주 이상 – 자기자본(시가총액) 1,000~2,500억 원(2,000~5,000억 원): 200만 주 이상 – 자기자본(시가총액) 2,500억 원(5,000억 원) 이상: 500만 주 이상 • 공모 25% 이상, 소액주주 500인 기분산 직상장(모집 없이 상장) ※ 직상장 대상: 심사청구일 현재 소액주주가 500명 이상이고 그 소액주주가 모집에 의해 소유한 지분이 25% 이상(10% 이상으로서 자기자본규모별 일정주식 수 이상인 경우 포함)인 경우		
자본상태	자본잠식 없을 것		
경영성과	법인세 비용 차감 전 계속 사업 이익 시현	법인세 비용 차감 전 계속 사업 이익 시현	–
이익규모, 매출액 & 기준시가총액 (택일)	• ROE 10% • 당기순이익 20억 원 • 최근 매출액 100억 원, 기준시가총액 300억 원 이상	• ROE 5% • 당기순이익 10억 원 • 최근 매출액 50억 원, 기준시가총액 300억 원 이상	–
무상증자	1년간 자본전입총액이 2년 전 자본금의 100% 이하 ※ 한도 초과분을 1년간 보호예수 시 요건충족으로 인정		
유상증자	1년간 총액이 2년 전 자본금의 100% 이하 ※ 한도 초과분을 1년간 보호예수 시 요건충족으로 인정		
최대주주 변경제한	심사청구일 이전 1년간 최대주주 변경 금지		
매각제한	상장 후 일정기간 지분매각 제한 • 최대주주 등: 1년(6월 후에는 5%씩 매각가능) • 벤처금융/기관투자자: 1월 • 유상증자제한 초과분: 1년 • 심사청구일 이전 1년간, 최대주주 등으로부터 주식을 매입한 자 및 3자 배정으로 신주를 취득한자: 1년(6월 후에는 5%씩 매각 가능)		
감사의견	최근 사업연도 적정		

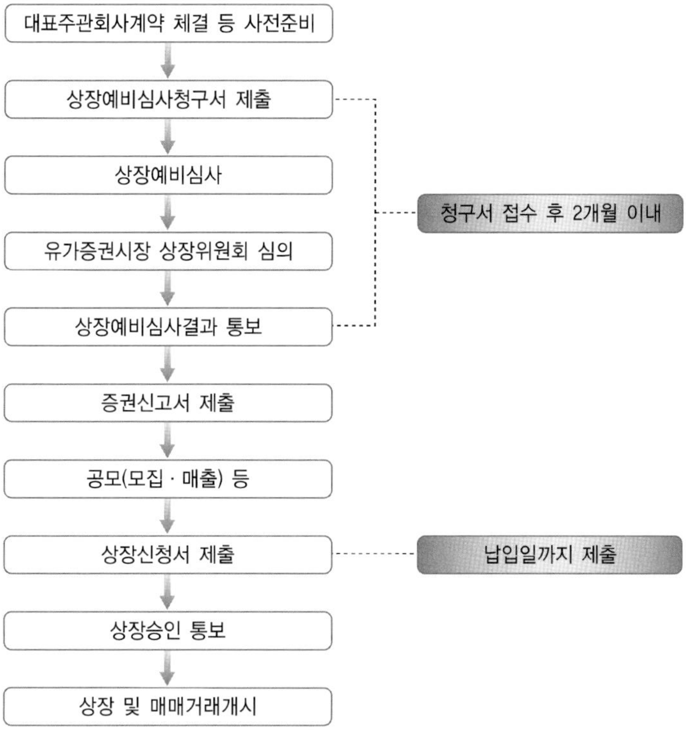

| 그림 6-3 | 유가증권시장 신규상장 절차
출처: 한국거래소(http://www.krx.co.kr).

4. 증권거래제도의 이해

증권시장은 다수의 거래자가 동시에 참여하는 시장이므로 관련 제도의 표준화가 필요하다. 이에 「자본시장과 금융투자업에 관한 법률」에서는 계좌개설, 매매거래 수탁방법 등 수탁제도, 매매거래시간, 매매계약체결방법 등 매매제도, 종목별 매매거래정지, 각종 시장조치 등 시장관리제도, 그리고 결제제도 등 증권거래와 관련된 사항을 한국거래소의 업무 규정으로 정하도록 하고 있다.

1) 주식시장 매매거래제도

(1) 매매거래시간

주식의 매매거래시간은 월요일부터 금요일까지 정규시장은 오전 9시부터 오후 3시까지이다. 그리고 정규시장 외 추가적인 매매거래 수요를 충족하기 위하여, 장 개시 전인 오전 7시 30분부터 9시까지 1시간 30분 동안, 장 종료 후 오후 3시 10분부터 6시까지 2시간 50분 동안 시간 외 시장이 운영된다. 장 개시 전 시간 외 시장은 기존에 7시 30분~8시 30분이었으나, 2011년 5월 30일부터 30분 연장되었다.

한편 장이 열리기 전인 오전 8시~9시, 장이 끝나기 직전인 오후 2시 50분~3시에는 동시호가 주문을 낼 수 있다. 해당 시간 동안 접수된 주문은 동시에 들어온 것으로 처리해서 단일가격을 정하며, 이를 통해 시가와 종가를 결정한다.

(2) 매매수량단위

매매수량단위는 투자자가 매수, 매도 주문을 제출할 수 있는 최저수량 단위이다. 유가증권시장에서는 10주 단위로 매매하지만 당일 기준가격(종가)이 5만 원 이상인 경우에는 1주 단위 매매가 가능하고, 코스닥시장에서는 1주 단위로 매매한다. 증권 종류별 매매수량 단위는 표 6-4와 같다.

시간 외 시장에서의 매매수량단위는 1주이며, 호가 건수의 과다 등으로 전산시스템에 영향을 미칠 수 있다고 인정되는 종목은 매매수량단위를 상향 조정할 수 있다.

| 표 6-3 | 주식시장 매매거래시간(월요일~금요일)

<table>
<tr><th colspan="3">구 분</th><th>매매거래시간</th></tr>
<tr><td colspan="2" rowspan="2">정규시장</td><td>정규매매</td><td>09 : 00~15 : 00</td></tr>
<tr><td>동시호가매매</td><td>08 : 00~09 : 00, 14 : 50~15 : 00</td></tr>
<tr><td rowspan="4">시간 외 시장</td><td>장 개시 전</td><td>시간 외 종가, 시간 외 대량, 시간 외 바스켓매매</td><td>07 : 30~09 : 00</td></tr>
<tr><td rowspan="3">장 종료 후</td><td>시간 외 종가매매</td><td>15 : 10~15 : 30</td></tr>
<tr><td>시간 외 대량, 시간 외 바스켓매매</td><td>15 : 10~18 : 00</td></tr>
<tr><td>시간 외 단일가매매</td><td>15 : 30~18 : 00</td></tr>
</table>

| 표 6-4 | 증권 종류별 매매수량 단위

구 분		매매수량단위	비 고
주 권	유가증권시장	10주	당일 기준가격이 5만 원 이상인 경우 1주
	코스닥시장	1주	
외국주식예탁증권(DR)		10증권	
상장지수집합투자기구 집합투자증권(ETF)		1주	2002년 9월 30일 도입
신주인수권증권		1증권	2009년 8월 3일 개정
주식워런트증권(ELW)		10증권	2005년 8월 26일 도입
수익증권		10좌	
채 권	일반채권	액면 10만 원	소액채권은 액면 1,000원으로 함
	외화표시채권	1만 포인트	
	국채지표종목	액면 10억 원	국채딜러 간 매매거래에 한함

(3) 호 가

호가는 주식의 매수 또는 매도 의사표시를 하며 희망가격을 제시하는 것을 말한다. 증권회사는 투자자의 주문을 위탁받아 거래소에 호가해야 한다. 호가가격단위(tick size)란 가격표시의 최소단위를 말하며, 한국거래소에서는 거래를 표준화하고 매매체결을 원활하게 하기 위해 호가가격단위를 별도로 정하고 있다. 호가가격단위가 넓으면 보다 신속한 매매체결이 가능한 반면 투자자의 가격 선택폭이 좁아지고, 호가가격단위가 좁으면 투자자의 거래비용에서는 감소효과가 있으나 시스템상 매매체결이 지연되는 등 비효율적일 수 있다.

제출된 호가 중에서 매매거래가 성립되지 않은 수량에 대해서는 전부 또는 일부를 취소하거나 정정할 수 있다. 호가 취소는 미체결 잔량에 한하여 유효하며, 일부만 취소하는 경우 취소 후 잔량에 대한 호가접수시간은 변경되지 않는다. 호가의 정정은 다른 가격 및 다른 종류의 호가로 변경하는 경우에만 가능하며, 수량을 정정하는 것은 제한된다.

| 표 6-5 | 호가가격 단위

<table>
<tr><th rowspan="2">구 분</th><th colspan="2">호가가격 단위</th></tr>
<tr><th>유가증권시장</th><th>코스닥시장</th></tr>
<tr><td>5,000원 미만</td><td>5원</td><td>5원</td></tr>
<tr><td>5,000원 이상 10,000원 미만</td><td>10원</td><td>10원</td></tr>
<tr><td>10,000원 이상 50,000원 미만</td><td>50원</td><td>50원</td></tr>
<tr><td>50,000원 이상 100,000원 미만</td><td>100원</td><td>100원</td></tr>
<tr><td>100,000원 이상 500,000원 미만</td><td>500원</td><td>100원</td></tr>
<tr><td>500,000원 이상</td><td>1,000원</td><td>100원</td></tr>
</table>

(4) 매매거래형태

매매거래의 형태는 매매계약 체결일과 결제일의 시간적 간격에 따라 보통결제거래, 당일결제거래, 익일결제거래로 구분한다.

보통결제거래는 매매계약을 체결한 날로부터 공휴일을 제외하고 3일째 되는 날(T+2)에 결제가 이루어지는 것으로, 주식은 대부분 보통결제거래로 매매를 체결한다. 당일결제거래는 매매계약을 체결한 당일에 결제가 이루어지는 거래방법으로 일반채권 및 소액채권 매매거래에 주로 적용하며, 익일결제거래는 매매계약을 체결한 다음 날 결제가 이루어지는 것으로 국채전문유통시장에서 적용한다.

또한 매매거래 형태는 현금거래와 신용거래로 나눌 수 있다. 신용거래는 투자자가 증권회사로부터 매입대금 또는 주권을 빌려서 주식을 매매하는 거래이다. 신용거래를 특별히 지시하지 않는 한 현금거래를 적용한다.

2) 수탁과 매매주문

(1) 계좌의 설정과 수탁방법

정규시장에서 매매거래를 할 수 있는 자는 투자중개업 또는 투자매매업의 인가를 받고, 한국거래소 회원으로 등록한 증권회사에 한정되어 있으므로, 일반 투자자가 매매거래를 하기 위해서는 증권회사와 매매거래계좌를 설정해야 한다. '자본시장과 금융투자업에 관한 법률' 에 따라, 증권회사는 계좌 설정 전에 해당 투자자의 정보를 파악하고 적합성의 원칙에 따라 투자권유를 해야 한다.

투자자는 문서, 전화, 팩스, HTS(Home Trading System), 무선통신, 인터넷 홈페이지 등의 온라인 방법을 이용하여 주문을 수탁할 수 있다.

(2) 매매주문(호가)의 종류

① 지정가 주문

지정가 주문은 투자자가 종목, 수량 및 원하는 가격을 지정하여 주문하는 것이다. 이는 투자자가 지정한 가격 또는 그보다 유리한 가격(매수가격 이하, 매도가격 이상)으로 매매거래를 하고자 하는 주문이다. 따라서 지정된 가격은 매매거래가 가능한 가격의 한도를 의미하며, 지정된 가격에 부합하는 상대주문이 없으면 매매체결이 되지 않을 수 있다. 지정가 주문은 시장에서 일반적으로 이용되는 주문형태로서, 보통주문이라고 부른다.

② 시장가 주문

시장가 주문은 성립가 주문이라고도 하는데, 현재 거래되는 주문가격 중 가장 유리한 가격조건, 즉 최우선호가로 주문이 되는 것을 말한다. 최우선호가란, 매도가격은 가장 낮은 가격, 매수가격은 가장 높은 가격을 의미한다. 시장가 주문은 시장에서 형성되는 가격으로 즉시 매매거래를 하고자 하는 주문이기 때문에, 주문을 할 때 종목과 수량만 지정하고 가격은 지정하지 않는다. 시장가 주문은 매매거래가 신속하게 이루어진다는 장점이 있으나 매도, 매수 주문의 균형이 맞지 않을 경우 가격이 급등하거나 급락할 위험이 있다.

③ 조건부 지정가 주문

조건부 지정가 주문은 매매거래시간 중에는 지정가 주문으로 매매거래에 참여하다가 체결이 안 된 경우에는 종가결정(장 종료 전 10분 동안 단일가 매매) 시에 시장가 주문으로 전환되는 주문이다. 장중에는 지정가 주문의 가격보장기능을 유지하다가 장 종료 전까지 체결이 안 될 경우 시장가주문으로 전환되므로 매매체결율을 높일 수 있다.

④ 최유리 지정가 주문

최유리 지정가 주문은 상대주문이 있는 경우 즉시 체결이 가능하도록 하기 위해 상대방 최우선호가 가격으로 지정되는 주문형태이다. 즉 매도의 경우 가장 높은 매수호가의 가격, 매수의 경우 가장 낮은 매도호가의 가격으로 지정한 것으로 매매체결에 참여하는 것이다.

⑤ 최우선 지정가 주문

최우선 지정가 주문은 자기 주문방향의 최우선호가 가격으로 가격을 지정하는 형태의 주문이다. 매도의 경우 가장 낮은 매도호가의 가격, 매수의 경우 가장 높은 매수호가의 가격으로 지정한 것으로 매매체결에 참여하는 것이다.

(3) 위탁증거금

위탁증거금은 투자자가 증권회사에 주문을 제출할 때 결제이행의 보증을 위해 납부하는 금전 또는 증권을 말한다. 결제이행을 위한 담보를 확보함으로써 거래의 안정을 도모하기 위한 것으로 증권회사는 매매주문의 위탁을 받을 때 매수의 경우는 현금, 매도의 경우는 현금이나 당해 매도증권을 증거금으로 징수할 수 있다.

위탁증거금의 징수율과 징수방법은 증권회사가 자율적으로 정하며, 징수율을 정한 경우나 변경한 경우에는 시행일로부터 2일 이내에 거래소에 보고해야 한다. 대부분의 증권회사는 매수의 경우 위탁금액의 40%, 매도의 경우 매도증권 전량을 위탁증거금으로 징수하고 있으며, 관리종목을 매수할 경우에는 위탁금액의 100%를 현금으로 징수한다.

3) 매매계약의 체결

(1) 매매체결방식

매매계약 체결방식에는 복수의 매도자와 복수의 매수자가 가격경쟁에 의해 거래하는 경쟁매매, 단일의 매도자와 단일의 매수자 간의 가격협상에 의해 거래하는 상대매매가 있다. 또한 경쟁매매는 다수의 중개인이 한 장소에 모여 경합을 거쳐 매매계약을 체결하는 집단경쟁매매와 호가의 접수순에 따라 상호대응하는 방식으로 매매를 성립시키는 개별경쟁매매로 나누어진다. 우리나라 주식시장의 일반적인 매매체결은 개별경쟁매매의 방식을 사용하고 있다.

(2) 개별경쟁매매의 구분

개별경쟁매매는 접속매매와 동시호가매매(단일가 매매)로 구분할 수 있다.

접속매매는 호가의 접수순에 따라 각각의 매도호가와 매수호가가 매매체결의 원칙에 부합될 때마다 거래를 체결시키는 방식이다. 가격조건이 부합할 때마다 매매체결을 하기 때문에 복수의 가격이 형성되며, 정보를 적시에 반영한 신속한 매매거래가 가능하다. 장이 시작되는 9시부터 장 종료 10분 전인 오후 2시 50분까지 접속매매가 적용된다.

동시호가매매는 일정시간 동안 주문 접수된 호가를 동일한 시간에 접수된 호가로 처리하여 단일가격으로 거래를 체결시키는 것이다. 오전 8시부터 9시까지, 그리고 장이 종료되기 직전인 오후 2시 50분부터 3시까지 동시호가매매가 이루어진다. 동시호가매매는 시가와 종가를 결정할 때, 시장의 임시 정지나 매매거래 중단 후 최초 가격을 결정할 때, 신규 상장종목의 최초 가격을 결정할 때 등에 사용된다.

(3) 매매체결의 원칙

한국거래소 시장에서는 다수의 호가 간에 신속하고 명확하게 매매체결이 이루어질 수 있도록 체결의 우선순위를 정하는 원칙을 가지고 있다.

첫째, 가격우선의 원칙은 매수호가의 경우 가격이 높은 호가가 가격이 낮은 호가에 우선하고, 매도호가인 경우 가격이 낮은 호가가 가격이 높은 호가에 우선한다는 것이다.

둘째, 시간우선의 원칙은 가격이 동일한 호가 간 또는 시장가 호가 간에는 먼저 접수된 호가가 나중에 접수된 호가에 우선한다는 것이다.

셋째, 위탁자 우선의 원칙은 증권회사가 자기매매(투자매매업)와 위탁매매(투자중개업)를 겸업함에 따라 발생할 수 있는 문제를 방지하기 위한 제도이다. 즉 위탁자 주문을 증권회사 자기매매 주문보다 우선하여 체결한다는 것이다.

넷째, 수량우선배분의 원칙은 동일가격, 동일시간, 위탁매매호가 간 혹은 자기매매호가 간일 경우에는 많은 수량의 호가가 적은 수량의 호가에 우선한다는 것이다.

(4) 매매체결방법

① 접속매매 시 체결방법

접속매매, 즉 복수가격에 의한 개별경쟁매매는 거래시간 중 매도호가와 매수호가의 경합에 의해 가격 및 수량이 일치하는 호가 간에 계속적으로 매매거래를 성립시킨다. 매도호가와 매수호가의 경합에 의해 가장 낮은 매도호가와 가장 높은 매수호가가 합치되는 경우, 먼저 접수된 호가 가격으로 매매거래가 체결된다. 즉, 가격우선의 원칙과 시간우선의 원칙에 따라 합치되는 호가 간에 매매거래를 성립시키는 것이다.

② 단일가 매매 시 체결방법

단일가 매매는 일정시간 동안 매도, 매수호가를 접수하여 가격 및 시간우선원칙에 따라 우선하는 호가 간에 하나의 가격으로 매매체결이 이루어진다.

과거에는 단일가 매매에 참여하는 호가를 동시호가로 간주하여 시간우선의 원칙을 적용하지 않았으나, 2001년부터 원칙적으로 시간우선원칙을 적용하되 예외적으로 동시호가를 인정하고 있다. 따라서 단일가 매매에 참여한 호가도 가격우선 및 시간우선원칙에 따라 우선하는 호가 간에 전량을 체결하고, 동일가격대의 호가 간에는 수량배분을 하지 않는다. 단, 시가 또는 매매거래 중단 후 재개 시 최초가격이 상한가 또는 하한가로 결정된 경우, 단일가 매매에 참여한 상한가, 하한가 호가 간에는 시간 우선의 원칙을 적용하지 않고 동시호가 제도를 적용한다. 예외 시의 체결원칙은 위탁자주문을 우선으로 하고, 수량우선원칙에 따라 가장 많은 호가부터 수량이 적은 호가 순으로 체결수량을 배분한다.

4) 매매거래의 결제

보통결제는 투자자가 매매계약을 체결한 날로부터 공휴일을 제외하고 3일째 되는 날(T+2)까지 증권회사에 매수대금 또는 매도증권을 납부하여야 하며, 증권회사는 이를 거래소와 결제함으로써 매매거래가 완료된다.

(1) 위탁수수료

위탁수수료는 증권회사가 투자자의 위탁을 받아 매매거래를 성립시키고, 관련 서비스를 제공한 대가로 받는 보수 성격의 수수료이다. 위탁수수료의 징수율과 징수방법은 증권회사가 자율적으로 결정하도록 되어 있으며, 징수율을 정하거나 이를 변경할 경우에는 시행일로부터 7일 이내에 한국거래소에 보고해야 하며, 투자자에게 공표해야 한다.

최근 온라인 증권사들이 급증하면서, 약 10년 전 평균 0.5% 선이던 위탁수수료율이 현재는 평균 0.1% 선까지 감소하였다.

(2) 증권거래세

증권거래세는 주권 또는 지분을 양도할 때 부과되는 조세이다. 해당 주권 등의 양도가액이 과세표준이 되고, 세율은 표 6-6과 같다. 유가증권시장 종목은 증권거래세로 양도가액의 0.15%, 농어촌특별세로 양도가액의 0.15%를 징수하며, 코스닥시장 종목은 증권거래세가 양도가액의 0.3%이다.

| 표 6-6 | 증권거래세 세율

기본세율		0.5%	
탄력세율	유가증권시장에서 양도되는 주권	0.15%	+농어촌특별세율(0.15%) 징수
	코스닥시장에서 양도되는 주권	0.3%	

소비자 투자코너 6-1

미수금에 대한 이해

일반적으로 투자자들은 매매거래일(T)에 증거금을 우선 납입하고, 결제일(T+2)에 잔금을 결제한다. 그러나 투자자가 결제일에 매수대금 또는 매도증권을 납입하지 않을 경우, 미수(未收)가 발생한다. 이 때 주문을 위탁받은 증권회사는 해당 투자자를 대신하여 거래소와의 결제를 완료함으로써, 결제불이행이 발생하지 않도록 조치한다.

투자자가 미수를 해소하지 않을 경우, 즉 결제 잔금을 납입하지 않거나 매수증권을 매도하지 않을 경우, 증권회사는 결제일 익일에 반대매매를 실시하여 대납금액에 대한 채권을 회수할 수 있다.

미수동결계좌란, 증거금만으로 주식을 매수한 후 결제일에 매수잔금을 완납하지 못한 미수거래자에 대해, 다음 매매거래일로부터 30일간 모든 증권사에서 위탁증거금을 현금 100%로 징수하도록 하는 제도로, 해당 증권사뿐 아니라 전 증권사 공통으로 적용된다.

| 표 6-7 | 유가증권시장과 코스닥시장의 매매 및 결제제도 비교

구 분	유가증권시장	코스닥시장
운영주체	한국거래소	좌 동
매매대상	한국거래소 상장종목	좌 동
매매거래 시간	단일장 09 : 00~15 : 00, 장 개시 전 1시간 30분, 장 종료 후 2시간 50분간 시간 외 매매 가능	좌 동
매매수량 단위	10주(당일 기준가 5만 원 이상 종목은 1주) 단, 시간 외 매매에서 단주거래 가능	1주
매매주문, 체결방법	지정가 주문, 시장가 주문, 조건부 지정가 주문 등 접속매매, 단일가 매매, 시간 외 매매, 시간 외 대량매매 등	좌 동
증거금	자율화, 당일매매 가능	좌 동
신용거래	허 용	좌 동
체결원칙	가격우선, 시간우선, 위탁매매우선, 수량우선	좌 동
위탁 수수료	자율화	좌 동
증권거래세 등	• 증권거래세: 양도가액의 0.15% (탄력세율) • 농어촌 특별세: 양도가액의 0.15% (증권거래세 비과세일 경우 비과세)	• 증권거래세: 양도가액의 0.3% (탄력세율)
결제일	매매일로부터 3일째(T+2)	좌 동
가격제한폭	정율제(기준가격대비±15%)	좌 동

5) 매매거래의 관리와 규제

(1) 가격제한폭

가격제한폭은 하루 동안 주가가 변동될 수 있는 상한가와 하한가 사이의 범위를 말한다. 급격한 주가변동으로 인한 투자자의 피해를 방지하고, 유가증권의 공정한 가격형성을 도모하는 등 거래질서의 확립을 위해 당일 주가가 변동할 수 있는 폭을 일정 범위로 제한한 것이다.

현재 유가증권시장과 코스닥시장의 가격제한폭은 기준가격 ±15%이다. 그러므로 기준가격의 ±15%를 초과한 가격으로 매매거래 하는 것은 불가능하다. 기준가격은 신규상장과 같은 특수한 경우를 제외하고는 전일 종가를 의미한다. 프리보드의 가격제한폭은 기준가격 ±30%이다.

가격제한폭은 안정적 주가형성에 도움이 되는 반면, 인위적 가격 억제로 인해 균형 가격 형성에 부정적 영향을 미칠 수 있다. 우리나라는 가격제한폭을 점점 확대하고 있는 추세인데, 유가증권시장의 가격제한폭은 1995년 6%, 1998년 3월 12%를 거쳐 1998년 12월에 다시 15%로 확대되었고, 코스닥시장은 1998년 12%, 2005년 15%로 확대되었다. 미국, 영국, 브라질 등의 경우는 가격제한폭이 없는 대신, 별도의 가격안정화 장치를 두고 있다.

(2) 배당락과 권리락

배당락은 당해 사업연도에 대한 이익배당을 받을 권리가 소멸되었음을 의미한다. 주식회사는 주주총회에서 권리를 행사할 주주를 확정하기 위해 권리 확정일을 정하고, 그 다음 날부터 주주총회 종료일까지는 일시적으로 주주명부를 폐쇄한다. 따라서 이 기간 동안 주식을 새로 산 투자자는 배당을 받을 권리가 없다. 거래소가 이러한 사실을 투자자에게 알려주는 것을 배당락 조치라고 한다. 배당락 종목은 주가가 떨어지기 마련이다. 배당락 조치는 주가가 떨어진 이유를 투자자에게 알려주고, 주가가 합리적으로 형성되도록 관리하는 시장 조치이다.

권리락은 구주에 부여되어 있는 신주인수권이 소멸되어 있음을 의미한다. 주식회사가 증자를 할 때 신주인수권을 확정하기 위해 신주배정 기준일을 정하는데, 그 기준일의 익일 이후에 결제되는 주식은 신주인수권이 없다. 권리락 조치는 신주인수권을 받을 권리가 소멸됨을 조건으로 하는 매매라는 내용을 투자자에게 주지시킴으로써 올바른 주가가 형성될 수 있도록 하는 시장 조치이다.

(3) 관리종목 지정

관리종목이란, 영업실적의 악화 등의 사유로 기업의 부실이 심화되거나, 일정한 주식 분산요건, 유동성 비율에 미달하는 경우 등 상장폐지기준에 해당할 우려가 있는 종목을 말한다. 거래소는 관리종목의 지정을 통해 투자자의 주의를 환기시키는 한편, 기업에게는 유예기간을 부여하여 정상화를 도모한다.

유가증권시장의 관리종목은 일반 종목과 동일하게 매매거래를 하지만, 코스닥시장에서는 관리종목에 대한 비이성적 투자를 방지하고, 주가 변동성을 축소하기 위해 2009년부터 30분 단위 단일가 매매 방식을 적용하고 있다.

(4) 시장경보제도

시장경보제도는 시장감시위원회가 투기적이거나 불공정거래 가능성이 있는 종목 또는 주가가 단기간에 비정상적으로 급등한 종목을 지정, 공표하여 투자자의 주의를 환기시키고 불공정거래의 확산을 방지하는 제도이다. 시장경보제도는 투자주의종목 → 투자경고종목 → 투자위험종목의 3단계로 지정되며, 한국거래소 시장감시위원회 홈페이지(http://moc.krx.co.kr)에서 투자주의, 투자경고, 투자위험종목을 조회할 수 있다.

투자주의종목은 투기적이거나 불공정거래의 개연성이 있는 종목으로서 소수지점 거래집중 종목, 소수계좌 거래집중 종목, 종가급변 종목, 상한가 잔량 상위종목, 단일계좌 거래량 상위종목 등이 해당된다.

| 표 6-8 | 투자경고종목 지정요건

구 분	요 건
단기 급등	• 지정예고: 최근 5일간 주가상승률이 75% 이상 • 지정: 단기 급등 지정예고 종목 중 지정예고일로부터 10일 이내에 요건에 모두 해당하는 종목 - 단기급등 지정예고 요건에 다시 해당 - 해당일 종가가 최근 20일 종가 중 최고가 - 최근 5일간 주가상승률이 동기간 코스피(코스닥)지수 상승률의 6배 이상
중장기 상승	• 지정예고: 최근 20일간 주가상승률이 150% 이상 • 지정: 중장기 상승 지정예고 종목 중 지정예고일로부터 10일 이내에 다음 요건에 모두 해당하는 종목 - 단기급등 지정예고 요건에 다시 해당 - 해당일 종가가 최근 20일 종가 중 최고가 - 최근 5일간 주가상승률이 동기간 코스피(코스닥)지수 상승률의 6배 이상
	• 지정예고: 최근 20일간 주가상승률이 150% 이상 • 지정: 중장기 상승 지정예고 종목 중 지정예고일로부터 10일 이내에 다음 요건에 모두 해당하는 종목 - 중장기 상승 지정예고 요건에 다시 해당 - 해당일 종가가 최근 20일 종가 중 최고가 - 최근 20일간 주가상승률이 동기간 코스피(코스닥)지수 상승률의 4배 이상
투자주의 종목 반복지정	• 지정예고: 최근 20일간 투자주의 종목으로 5회 이상 지정되고, 동기간 주가상승률이 100% 이상 • 지정: 투자주의 종목 반복 지정예고 종목 중 지정예고일로부터 10일 이내에 다음 요건에 모두 해당하는 종목 - 투자주의 종목 반복 지정예고 요건에 다시 해당 - 해당일 종가가 최근 20일 종가 중 최고가 - 최근 20일간 주가상승률이 동기간 코스피(코스닥)지수 상승률의 3배 이상

출처: 시장감시규정 시행세칙 제3조의3(2011년 7월 7일 일부개정).

| 표 6-9 | 투자위험종목 지정요건

구 분	요 건
단기급등	• 지정예고: 투자경고종목 지정 5일 이후로서 최근 5일간 주가상승률이 75% 이상 • 지정: 단기 급등 지정예고 종목 중 지정예고일로부터 10일 이내에 요건에 모두 해당하는 종목 - 단기급등 지정예고 요건에 다시 해당 - 해당일 종가가 최근 20일 종가 중 최고가 - 최근 5일간 주가상승률이 동기간 코스피(코스닥)지수 상승률의 6배 이상
중장기상승	• 지정예고: 투자경고종목 지정 20일 이후로서 최근 20일간 주가상승률이 150% 이상 • 지정: 중장기 상승 지정예고 종목 중 지정예고일로부터 10일 이내에 다음 요건에 모두 해당하는 종목 - 단기급등 지정예고 요건에 다시 해당 - 해당일 종가가 최근 20일 종가 중 최고가 - 최근 5일간 주가상승률이 동기간 코스피(코스닥)지수 상승률의 6배 이상
	• 지정예고: 투자경고종목 지정 20일 이후로서 최근 20일간 주가상승률이 150% 이상 • 지정: 중장기 상승 지정예고 종목 중 지정예고일로부터 10일 이내에 다음 요건에 모두 해당하는 종목 - 중장기 상승 지정예고 요건에 다시 해당 - 해당일 종가가 최근 20일 종가 중 최고가 - 최근 20일간 주가상승률이 동기간 코스피(코스닥)지수 상승률의 4배 이상

출처: 시장감시규정 시행세칙 제3조의4(2011년 7월 7일 일부개정).

투자경고종목은 주가가 비정상적으로 급등한 경우이다. 단기급등, 중장기상승, 투자주의종목 반복지정으로 나누어 지정요건을 살펴보면 표 6-8과 같다.

투자위험종목은 투자경고종목 지정에도 불구하고 주가가 지속적으로 상승할 경우에 지정한다. 지정요건은 표 6-9와 같다.

(5) 매매거래의 중단

① 서킷 브레이커: 주식시장의 매매거래 중단

서킷 브레이커(Circuit Breakers, CB)제도는 주가지수가 일정수준 이상 급락하였을 때, 투자자가 냉정한 투자판단 시간을 제공하기 위해 주식시장 전체의 매매거래를 일시적으로 중단하는 제도이다. 주가 급등 시에는 발동하지 않는다.

코스피(코스닥)지수가 전일 종가 대비 10% 이상 하락하여 1분간 지속되는 경우, 서킷 브레이커를 발동하여 20분 동안 주식시장 전체의 매매거래를 중단한다. 20분 동안은 호가접수도 중단된다. 그러나 호가의 취소는 가능하다. 20분이 경과하면 매매거래를 재개하며, 재개 시 최초의 가격은 재개 시점부터 10분간 호가를 접수하여 단일가 매매 방법으로 결정한다. 서킷 브레이커는 1일 1회에 한하여 발동할 수 있으며, 2시 20분(장 종료 40분 전) 이후에는 발동하지 않는다.

소비자 투자코너 6-2

서킷 브레이커 발동 코스닥 저점 신호?

연중 최고치를 경신하던 코스닥 지수가 1주일 만에 연중 최저치로 돌변하는 등 폭락했다. 그러나 증시전문가들은 과거 코스닥지수가 서킷 브레이커가 발동한 이후 급등장세를 연출해 바닥신호가 나타났다고 분석했다.

2011년 8월 9일 코스닥 지수는 전날보다 29.81포인트(6.44%) 떨어진 432.88을 기록하며 6거래일 연속 하락했다. 불과 1주일 전인 2일 545.06포인트를 찍으며 연중 최고치를 달성할 때와는 분위기가 다르다. 이날 코스닥 지수가 장중 10% 이상 하락하자 사상 여섯 번째 서킷 브레이커가 발동됐다. 지수는 서킷 브레이커가 해제된 이후 낙폭을 줄여 결국 432.88로 마감했다.

증시 전문가들은 "과거 네 차례의 서킷 브레이커를 분석해 본 결과 대부분 발동된 날을 기점으로 반등했다."면서 코스닥시장의 바닥 가능성을 점치고 있다. 실제 코스닥 첫 서킷 브레이커가 발동됐던 2006월 1월 23일 601.33으로 끝났던 시장은 이날을 저점으로 반등에 나서며 4월 14일에는 704.57까지 17.57% 상승했다. 2007년 8월 16일 발동된 두 번째 서킷 브레이커 당시에도 마찬가지. 689.07까지 하락했던 코스닥지수는 10월 14일 814.72까지 급반등해 상승률이 11.48%에 달했다.

세 번째, 네 번째 서킷 브레이커는 금융위기의 직격탄을 맞았던 2008년 10월 23일과 24일 이틀 연속 발동됐다. 네 번째 서킷 브레이커가 발동됐던 2008년 10월 24일 10.45% 하락하며 276.68로 장을 마쳤던 코스닥 지수는 2거래일 후인 28일 장중 245.06을 찍으며 반등했다. 이후 코스닥 지수는 11월 5일 장중 358.86으로 오를 때까지 단기적으로 상승을 이어갔다.

증시전문가들은 코스닥 시장이 급락한 것은 글로벌 악재에 따른 영향도 있지만 급락장에서 코스닥 종목을 먼저 매도하는 특성도 한몫하고 있다고 지적한다. 주가가 폭락하자 대출로 주식을 매수한 투자자들의 반대매매가 쏟아지면서 코스닥 지수 하락을 부채질했다는 것이다.

금융투자협회에 따르면 위탁매매 코스닥 시장의 미수금 대비 실제 반대매매금액은 지난 1일 74억여 원에 불과했지만 주가가 하락한 2일부터는 매일 100억 원 규모로 뛰었다.

급기야 5% 넘게 하락한 지난 5일에는 185억 원으로 불과 닷새 사이에 두 배 넘게 반대매매물량이 출회됐다. 이에 따라 미수금 대비 반대매매 비중 역시 지난 1일 4.1%에서 6.5%에 달했다.

증시자금 추이 (단위: 억 원, %)

일	위탁매매미수금	반대매매금액	반대매매비중
8일	3587.61	182.54	5.2
5일	3490.42	185.3	6.5
4일	2834.42	109.3	5.9
3일	1865.45	107.93	5.1
2일	2096.17	100.22	5.2
1일	1911.30	74.96	4.1

자료: 금융투자협회.

출처: 파이낸셜뉴스(2011년 8월 9일자).

② 개별 종목별 매매거래정지

거래소는 투자자보호와 시장관리를 위해 필요하다고 판단하는 경우 특정 종목의 매매거래를 일시적으로 정지할 수 있다. 부도 발생, 은행거래 정지, 영업활동 정지, 파산, 해산, 자본금 잠식 등의 풍문과 관련하여 주가 및 거래량이 급변하는 경우, 또는 호가 폭주로 매매체결이 지연되는 경우, 그 밖에 시장관리상 필요하다고 인정되는 경우에 특정 종목의 매매거래를 정지할 수 있다. 풍문 등으로 인해 정지한 경우, 정지사유에 대한 조회결과를 해당 기업이 공시하면 공시 시점부터 30분 후에 거래를 재개한다. 호가 폭주로 중단한 경우에는 호가 상황 및 매매거래 상황을 감안하여 재개시기를 결정한다.

(6) 프로그램매매 호가의 효력정지: 사이드카

사이드카(side car)제도는 시장상황이 급변할 경우 프로그램매매 호가의 효력을 일시적으로 제한함으로써 주식시장의 충격을 완화하는 제도이다. 유가증권시장은 코스피200지수선물 가격이 기준가 대비 5% 이상 상승 또는 하락하여 1분간 지속되는 경우, 코스닥시장은 스타지수선물가격이 6% 이상 변동하고 스타지수가 3% 이상 변동하여 1분간 지속되는 경우에 발동된다.

상승하는 경우에는 매수 프로그램매매 호가의 효력을 5분 동안 정지하고, 하락하는 경우에는 매도 프로그램매매 호가의 효력을 5분 동안 정지한다. 효력정지 시점부터 5분이 경과한 때, 또는 장 종료 40분 전인 경우에 사이드카는 해제된다.

참고문헌

곽철효·김병곤(2004). **잇센셜 투자론**. 도서출판 대명.

곽해선(2011). **주식 투자 궁금증 300문 300답(제7판)**. 동아일보사.

김대호·오세경(2004). **투자론**. 경문사.

우재룡·박광수·이승희·이재명(2011). **투자설계**. AFPK Text Series III. 한국 FPSB.

이해영·김철중(2003). **현대투자론**. 도서출판 탐진.

지청·조담(2003). **투자론**. 학현사.

한국거래소(2011). **주식시장 매매제도의 이해**. 한국거래소.

Ernst & Young Lip(2004). **Personal Financial Planning Guide(5/e)**. John Wiley & Sons Inc.

Zvi Bodie 저, 이영기·남상구 역(2008). **투자론**. McGraw Hill.

시장감시위원회(http://moc.krx.co.kr)

한국거래소(http://www.krx.or.kr)

야후 금융서비스(http://kr.yahoo.com/finance)

7장

주식 투자

주식의 발행은 기업이 장기자금을 조달하는 가장 대표적인 방법이다. 주주가 되면 경영참여권을 갖고 수익배분의 권리인 배당금을 받으며, 주가상승에 따른 자본이득을 기대할 수 있다. 본 장에서는 가장 대표적인 유가증권이자 투자대안인 주식의 개념과 특성, 종류를 알아보고, 주식의 가치평가 방법을 이해하며, 주식 투자를 위해 필요한 주요 개념과 정보를 학습하고자 한다.

1. 주식의 개념과 종류

1) 주식의 개념과 특성

주식(stock)은 주식회사 형태의 사기업이 장기성 자금을 조달할 목적으로 발행하는 유가증권이다. 유가증권은 재산적 가치를 갖는 일체의 증서를 말하며, 기업이 발행하는 유가증권은 주식, 채권, 출자증권, 신주인수권증서 등 여러 가지가 있지만 대표적인 것이 주식이다.

주식은 채권과 함께 기업이 자금을 조달하는 대표적인 수단이다. 채권은 만기에 원금과 함께 확정된 이자를 지급해야 하는 타인자본인 데 반해, 주식은 자기자본에 대한 지분권을 투자자에게 배분하는 것이다.

채권을 보유한 자는 채권자로서 확정이자를 수령할 권리가 있고, 기업의 청산 시 원리금상환에 대한 우선권을 갖지만, 기업의 경영활동에 참여할 권리는 없다. 그에 반해 주식의 소유권자는 주주로서 회사에 대한 법률상 권리를 갖는다. 주식회사의 구성원이기 때문에 경영에 참여하여 의결할 수 있는 권리가 있고, 사업이익금에 따라 배당금을 받을 권리가 있다. 그러나 투자원금에 대한 상환은 보장되지 않으며, 기업의 청산 시 채권보다 후순위의 청구권을 갖는다. 주식은 발행회사와 존속을 같이 하는 영구증권이라고 할 수 있다. 위험부담이 큰 대신 기업의 경영성과에 따라 높은 수익을 기대할 수 있다.

2) 주식의 종류

(1) 「상법」상 분류

① 보통주와 우선주

주식회사는 정관의 규정에 따라 권리의 내용을 달리하는 주식을 발행할 수 있다. 「상법」(제344조)에서는 이익배당, 잔여재산분배 등과 관련하여 그 내용이 다른 종류의 주식을 인정하고 있다. 주식을 이익배당과 잔여재산 분배에 관한 권리의 순서에 따라 구분하면, 크게 보통주와 우선주로 나눌 수 있다.

보통주(common stock)는 표준이 되는 주식으로서, 일반적으로 주식이라고 하면 보통주를 일컫는다. 보통주의 소유주인 주주는 이익배분과 경영참여의 권리를 갖는다. 즉 기업의 경영성과에 따라 배당금을 수령할 권리를 가지며, 기업의 중요한 의사결정에 직접 참여할 수 있는 의결권이 있다. 보통주를 매입하는 투자자는 재산소득에 해당하는 배당금을 받을 수 있을 뿐 아니라, 주가가 상승하는 경우 매매를 통해 자본이득(capital gain)을 얻을 수 있다.

우선주(preferred stock)는 이익배당과 잔여재산 분배에서 보통주보다 우선적 지위가 인정되는 주식이다. 우선주 주주는 보통주 주주보다 우선적으로 배당금을 지급받고, 기업의 청산 시에도 채권자에게 채무를 상환하고 남은 잔여재산 분배에서 우선적인 청구권을 갖는다. 그러나 경영에 참여할 권리, 즉 주주총회 의결권이 없고 일반적으로 보통주보다 주가가 낮다.

그 외에 후배주는 보통주보다 뒤에 배당을 받는 주식이고, 혼합주는 이익배당에서는 보통주에 우선하고 잔여재산 분배에서는 보통주보다 후순위 권리를 갖는 주식이다.

② 액면주와 무액면주

액면주는 주권 권면에 액면가액(par value)이 명시된 주식을 말한다. 상법에서는 액면주의 금액이 균일해야 하고, 1주의 금액은 100원 이상으로 해야 한다고 규정하고 있다. 반면 무액면주는 주권에 주금이 기재되어 있지 않고, 주식 수만 기재되어 있는 주식을 말한다.

미국, 캐나다, 일본 등에서 오래 전부터 무액면주의 발행이 보편화되었던 것에 반해, 우리나라는 상법에서 액면주의 발행만을 허용해 왔다. 그러나 2011년 4월 14일 「상법」의 개정과 더불어 액면가 없는 주식을 발행할 수 있게 되었다. 개정 「상법」 제329조에서는 회사에서 정관으로 정한 경우 주식의 전부를 무액면주로 발행할 수 있고, 무액면주를 발행하는 경우에는 액면주를 발행할 수 없다고 규정하고 있다. 즉, 액면주와 무액면주를 동시에 발행할 수는 없고 둘 중 하나로 통일해야 한다는 것이다. 또한 회사는 정관으로 정하는 바에 따라 발행된 액면주를 무액면주로 전환하거나 무액면주를 액면주로 전환할 수 있다고 명시하였다.

무액면주를 발행하는 주요 이유는 액면주를 할인 발행하는 경우에 생길 수 있는 주주의 우발 채무를 회피하고, 액면주의 발행 시 나타날 수 있는 액면가액과 시가와의 혼란을 피할 수 있기 때문이다.

(2) 주식의 특성상 분류

증권시장에서 거래되는 주식들은 고유가치, 상대적 평가정도, 경제변화에 대한 민감도, 자본규모 등 다양한 기준에 의해 분류될 수 있다. 고유의 속성은 아니지만, 시장에서 형성된 특성에 따라 주식을 구분하는 것은 주식 투자 측면에서 유용한 정보가 된다.

① 성장주와 가치주

성장주(growth stock)는 기업의 영업실적이나 수익의 증가율이 시장평균보다 높을 것으로 기대되는 주식을 말한다. 이러한 기업들은 수익을 기업 내부에 재투자하여 성장률을 높이는 데 주력하기 때문에, 상대적으로 배당률은 높지 않다. 이러한 주식들은 배당금보다는 가치상승에 따른 자본이득을 기대하며 선택해야 하는 투자대안이다.

소비자 투자코너 7-1

새 「상법」에 달라진 증시 … 액면가 없는 주식 탄생

2011년 4월 15일 시행에 들어간 개정 「상법」에는 기업인과 주식 투자자들이 꼭 알아둬야 할 내용이 적지 않다. 새 상법은 2005년 개정 작업에 들어가 6년의 산고 끝에 탄생한 것으로 달라진 경제·금융 여건을 두루 반영했다.

먼저 눈에 띄는 것은 무액면주식제도 도입이다. 이제껏 국내 기업은 주식을 발행할 때 주당 500원이나 5,000원 식으로 액면을 반드시 정하도록 돼 있었지만, 앞으로는 선진국들처럼 액면 없는 주식을 발행할 수 있게 됐다. 다만 회사는 액면주식과 무액면주식을 동시에 발행할 순 없으며 둘 중 하나로 통일해야 한다.

배당제도도 달라졌다. 현금과 주식으로 한정했던 배당 방법을 확대해 현물도 가능하도록 했다. 또 배당의 결정은 주총 의결사항이었지만, 정관에서 정하면 이사회 의결로도 할 수 있도록 했다.

증자제도에도 손질이 있었다. 주주 이외의 자에게 신주를 배정하는 경우 반드시 납입일 2주 전에 주주들에게 통지·공고하도록 했다. 기존 주주들의 주식가치가 자기도 모르는 사이에 희석되는 일을 가급적 줄이기 위한 조치다.

회사의 등기이사들이 꼭 알아둬야 할 내용도 있다. 이사가 잘못된 의사결정으로 회사에 피해를 끼쳤을 경우 책임 한도를 최근 1년간 보수액의 6배(사외이사는 3배)로 제한하는 조치가 처음으로 취해졌다. 다만 고의 또는 중대 과실의 경우는 예외다.

이사와 회사 간 자기거래는 보다 엄격히 규제된다. 이사는 물론이고 이사의 배우자, 직계 존·비속, 이사 배우자의 직계 존·비속 등이 회사와 거래하는 경우까지 이사회에서 이사 2/3 이상의 찬성으로 승인을 받도록 했다. 이른바 '일감 몰아주기'로 지배주주나 전문경영인이 가족 등에게 회사의 부를 이전시키기 힘들도록 조치한 것이다.

감사위원회의 설치가 수월해진 것도 주목된다. 이제껏 자산 2조 원 이상 상장회사에 감사위원회 설치를 의무화했던 것을 자산 1,000억~2조 원 미만의 상장회사도 원하면 설치할 수 있도록 문호를 넓혔다. 감사위원회를 만들면 상근감사 자리를 없앨 수 있는 선택권을 갖게 된다. 사외이사 중심의 감사위원회 제도가 활성화되면 정부와 금융감독원, 감사원·한국은행 등의 상근감사 낙하산 시비가 줄어들 것으로 기대된다.

출처: 중앙일보(2011년 5월 30일자).

가치주(value stock)는 주식의 내재가치보다 현재의 주가수준이 상당히 낮게 형성되어 있는 주식을 말한다. 기업이 가지고 있는 능력이나 실적에 비해 기업가치가 저평가되어 있는 주식이다. 일반적으로 PER나 PBR이 낮은 주식을 가치주라고 하는데, 현재 저평가된 이유를 파악하고 향후 주가상승의 가능성을 판단해야 한다.

② 경기순환주와 경기방어주

경기순환주(cyclical stock)는 경기변동에 따라 기업의 영업실적과 수익의 변화가 심해서 주가의 변동이 큰 주식을 말한다. 호경기일 때는 높은 성장률을 나타내지만, 경기가 침체기로 접어들면 실적이 급속하게 악화되는 기업의 주식이다. 경기변동에 따라 수요의 변화가 심한 건설업, 철강, 자동차, 조선, 석유화학업 등의 주식이 이에 해당한다.

소비자 투자코너 7-2

우리나라 대형주: 시가총액 1~50위

시가총액이 1위~100위인 기업의 주식을 대형주, 101위~300위인 기업의 주식을 중형주, 301위 이하인 기업의 주식을 소형주로 구분한다. 다음은 시가총액 1~50위에 해당하는 기업의 명단이다. 산업별 분포를 살펴보고, 우리나라 대형주의 특성에 대해 논의해 보자.

순 위	종목명	순 위	종목명
1	삼성전자	26	기업은행
2	현대차	27	LG전자
3	POSCO	28	하나금융지주
4	현대모비스	29	현대제철
5	기아차	30	고려아연
6	현대중공업	31	LG생활건강
7	신한지주	32	SK C&C
8	LG화학	33	아모레퍼시픽
9	삼성생명	34	엔씨소프트
10	KB금융	35	현대글로비스
11	한국전력	36	LG디스플레이
12	롯데쇼핑	37	삼성중공업
13	SK텔레콤	38	현대건설
14	SK이노베이션	39	삼성카드
15	삼성물산	40	강원랜드
16	S-Oil	41	OCI
17	삼성화재	42	삼성SDI
18	KT	43	SK
19	KT&G	44	GS
20	호남석유	45	한국타이어
21	하이닉스	46	대한생명
22	NHN	47	두산중공업
23	우리금융	48	외환은행
24	LG	49	GS건설
25	삼성엔지니어링	50	대우조선해양

이에 반해 경기방어주(defensive stock)는 경기변동에 덜 민감한 주식이다. 침체기에도 일정 수준의 실적을 내고 안정적인 주가 수준을 유지하는 반면, 호황기라고 해서 높은 성장률을 보이는 것도 아니다. 음식료업, 제약업 등 생활필수품 관련 업종과 전력, 가스 등 공공재 관련 회사의 주식이 이에 해당한다.

③ 대형주·중형주·소형주

대형주·중형주·소형주는 주로 시가총액에 의해 구분된다. 과거에는 상장법인의 자본금 규모에 따라 자본금 150억 원 이상인 기업이 발행한 주식을 대형주로 구분했었는데, 2003년 이후로는 시가총액을 기준으로 하고 있다. 시가총액이 1~100위인 기업의 주식을 대형주, 101~300위인 기업의 주식을 중형주, 301위 이하인 기업의 주식을 소형주로 구분한다. 대형주는 일반적으로 기관투자자들이 많이 가지고 있고, 주식분포가 고르기 때문에 중소형주에 비해 주가의 변동폭이 좁은 편이다. 시가총액규모에 따라 기업이 시장환경변화에 반응하는 정도가 다르므로 대형주, 중형주, 소형주별로 주가지수를 발표하고 있다.

2. 주식의 가치평가

주식의 가치평가에 있어서 투자자가 알고자 하는 것은 주식의 가치를 결정하는 기본적 요소가 무엇이며, 이에 기초하여 주식의 내재가치(intrinsic value)가 어떻게 평가되어야 하는가이다.

1) 단일기간모형

주식의 가치를 평가하는 가장 단순한 경우는 주식을 1기간만 보유하고 1기간 후에 매도하는 것이며, 이 경우 주식의 내재가치(V_0)는 1년 후의 예상가격과 배당을 적절한 요구수익률로 할인한 현재가치이다.

$$V_0 = \frac{E(D_1) + E(P_1)}{1+k} \quad \cdots\cdots \text{ 식 } 7\text{-}1$$

여기에서, V_0 = 주식의 내재가치
$E(D_1)$ = 1기간 후에 받게 될 주당 배당의 기대치
$E(P_1)$ = 1기간 후에 매도하여 받게 될 기대가격
k = 요구수익률, 주식의 적정할인율

예를 들어, 어떤 투자자가 특정 주식을 매입할 것인지 말 것인지에 대해 결정해야 하는 경우를 생각해 보자. 이 투자자는 1년 후에 목돈이 필요하기 때문에 1년 후에 이 주식을 팔아야 한다. 이 때 투자자는 이 주식의 현재 시장가격이 내재가치보다 높은지 낮은지를 알아봐야 한다. 이 주식의 현재 주가(P_0)가 1만 8,000원이고, 1년 동안 얻게 될 주당 배당의 기대치 $E(D_1)$가 1,000원이며 1년 후에 기대되는 주가 $E(P_1)$가 22,000원으로 예상된다고 가정해 보자. 또한 투자자가 원하는 요구수익률은 16%로 결정되었다고 하자.

식 7-1을 이용하여 주식의 내재가치(V_0)를 구하면 [(1,000+22,000)/(1+0.16)]=19,827원이다. 그런데 이 주식의 현재 가격은 18,000원으로서 내재가치 보다 1,827원 정도 낮게 팔리고 있는 것이다. 그러므로 이 투자자는 주식을 매입하여 1,827원의 수익을 기대할 수 있다.

자본시장의 균형과 효율성의 원칙하에서 현재 주식의 가격은 모든 투자자들이 평가한 내재가치의 평균치 혹은 대표치를 반영해야 한다. 그러나 실제로 각각의 투자자들은 미래에 받으리라고 기대하는 배당 $E(D_1)$, 미래의 기대주가 $E(P_1)$ 및 요구수익률 (k)이 모두 상이하기 때문에, 같은 주식에 대해서도 서로 평가하는 내재가치가 다르다.

일반적으로 일정기간 동안 주식을 보유하여 얻는 수익률(R)을 보유기간수익률(holding period rate of return)이라고 한다. 위의 예에서 투자자가 이 주식에 1년간 투자함으로써 얻게 될 기대수익률을 $E(R)$을 구하면 다음과 같다.

$$E(R) = \frac{E(D_1) + [E(P_1) - P_0]}{P_0} = \frac{E(D_1)}{P_0} + \frac{E(P_1) - P_0}{P_0} \quad \cdots\cdots \text{ 식 } 7\text{-}2$$

$$= \frac{1,000}{18,000} + \frac{22,000 - 18,000}{18,000}$$

$$= 0.056 + 0.222 = 0.278$$

위의 식 7-2에서 첫 번째 항 $\frac{E(D_1)}{P_0}$은 배당수익률(dividend yield)을 의미하고, 두 번째 항 $\frac{E(P_1)-P_0}{P_0}$은 주가상승률(rate of price appreciation)의 기대치를 의미한다. 이 주식에 투자하여 얻게 될 기대수익률은 27.8%이다. 이는 투자자의 요구수익률(k) 16%보다 11.8%가량이나 높으므로 이 투자자는 주식을 매입하는 것이 유리하다고 하겠다.

2) 배당할인모형

앞서 살펴본 단일기간모형에서는 투자자가 일정 주식을 1기간만 보유하는 경우의 주식의 내재가치를 평가하는 방법에 대해 살펴보았다. 이번에는 이를 일반화하여 주식을 t 기간 동안 보유하고 t 기간 후에 매도하고자 할 경우의 내재가치를 평가해 보도록 하겠다. 이때 투자자가 얻게 될 수익은 t 기간 동안의 기대배당과 t 기간 후의 기대주가가 되며, 주식의 내재가치(V_0)는 다음과 같이 표현될 수 있다.

$$V_0 = \sum_{t=1}^{T} \frac{E(D_t)}{(1+k)^t} + \frac{E(P_T)}{(1+k)^t} \qquad \cdots\cdots \text{ 식 7-3}$$

여기에서, V_0 = 주식의 내재가치
$E(D_t) = t$ 기간 후에 받게 될 기대배당액
$E(P_T) = T$기의 기대주가
k = 요구수익률, 주식의 적정할인율

이때 식 7-3에서 T기의 기대주가 $E(P_T)$는 T기 이후에 지속적으로 받게 될 기대배당흐름의 T기 현재가치라고 할 수 있다. 따라서 이 주식의 현재 내재가치는 지속적으로 받게 될 미래 기대배당흐름의 현재가로 볼 수 있다.

식 7-4는 주식가치를 미래 기대배당흐름의 현재가치로 평가한 것으로, 이를 흔히 배당할인모형(dividend discount model)이라고 부른다.

$$V_0 = \sum_{t=1}^{\infty} \frac{E(D_t)}{(1+k)^t} \qquad \cdots\cdots \text{ 식 7-4}$$

배당할인모형은 마치 미래의 배당만을 고려하고 자본이득(capital gain)을 고려하지 않은 것으로 보일 수 있다. 그러나 이 모형의 도출과정에서 투자자가 원하는 T기에 주식을 팔 것이라는 것을 이미 전제하고 있기 때문에, 배당할인모형에는 T기의 매도를 통해 얻게 될 자본이득까지 포함되어 있다고 볼 수 있다.

3) 일정성장모형

위에서 살펴본 배당할인모형은 투자자들이 미래에 얻게 될 배당의 현재가치가 바로 주식의 내재가치와 같다는 개념에 기반을 두고 있다. 그러나 현실적으로 미래 모든 시기의 주당 배당을 예측한다는 것은 불가능하기 때문에 현실성이 부족하다는 지적을 받는다.

식 7-5에 제시된 일정성장모형(constant growth model)은 매기마다 주당 배당이 일정한 성장률(g)로 증가한다고 가정하고, 배당흐름모형을 변형시킨 것이다.

$$V_0 = \frac{E(D_1)}{k-g} \qquad \cdots\cdots \text{ 식 7-5}$$

여기에서, g = 매기의 기대배당 성장률

예를 들어, 당기의 기대 주당배당이 1,000원으로 예상되고 있고 이 주당배당이 매기 10%씩 지속적으로 증가할 것으로 예상된다고 생각해 보자. 또한 이 주식에 대한 투자자들의 요구수익률이 16%라면 이 주식의 내재가치는 다음과 같다.

$$V_0 = \frac{1,000}{0.16-0.1} = 16,667\text{원}$$

일정성장모형은 주식 투자의 기대수익률이 당기에 기대되는 배당수익률과 주가상승률의 합과 같다는 것을 의미한다. 식 7-5를 요구수익률 k에 대해 정리하고, 이를 식 7-7과 비교해 보자.

$$\text{일정성장모형: } k = \frac{E(D_1)}{V_0} + g \qquad \cdots\cdots \text{ 식 7-6}$$

$$\text{기대수익률: } E(R) = \frac{E(D_1)}{P_0} + \frac{E(P_1)-P_0}{P_0} \qquad \cdots\cdots \text{ 식 7-7}$$

시장의 균형하에서 일정 주식의 내재가치(V_0)는 현재의 주가 (P_0)와 같아야 하며, 그 주식에 투자하여 얻으려고 하는 기대수익률 E(R)은 투자자의 요구수익률(k)과 같아야 한다. 즉 균형상태에서 위의 두 식은 동일해야 한다. 식 7-6 일정성장모형에서 $\frac{E(D_1)}{V_0}$과 식 7-7 기대수익률에서 $\frac{E(D_1)}{P_0}$은 둘 다 기대 배당수익률(dividend yield)을 나타낸다. 따라서 위의 두 식이 동일한 식이 되기 위해서는 식 7-6의 배당성장률 g가 식 7-7에서 $\frac{E(P_1)-P_0}{P_0}$, 즉 주가상승률(rate of price appreciation)의 기대치와 같아져야 한다. 그러므로 일정성장모형 역시 기대수익률이 배당수익률과 주가상승률의 합으로 이루어진다는 것을 알 수 있다. 이는 만약 배당수익률이 낮은 주식이라고 하더라도 주가의 상승가능성, 즉 성장성이 큰 주식의 경우에는 투자를 할 가치가 있다는 것을 보여준다.

4) 다단계 배당할인모형

일정성장모형은 주당 배당이 일정한 성장률(g)로 증가한다는 것을 가정하고 있다. 그러나 이는 상당히 단순하고 비현실적인 가정이라고 할 수 있다. 실제로는 기업의 이익이나 배당 역시 나름대로의 수명주기(life cycle)를 가지고 있기 때문이다. 그러므로 주식의 내재가치를 평가할 때에도 이익 및 배당의 단계적 변화를 고려할 필요가 있다.

증권분석에서는 이익 및 배당의 변화를 성장기(growth stage), 전환기(transition stage), 성숙기(steady-state or maturity stage)의 세 단계로 나누는 것이 일반적이다.

첫째, 성장기(growth stage)는 기업의 매출액이 급속도로 증가하고 이익률이 높은 시기여서 점차 경쟁기업이 출현하기 시작한다. 이익률이 높기 때문에 주당 이익은 매우 높은 반면, 수익성 있는 투자기회에 많은 자금을 투입해야 하므로 배당성향은 상당히 낮은 편이다.

둘째, 전환기(transition stage)에는 경쟁기업의 증가로 인해 이익률과 주당이익 성장률이 성장기보다 감소하게 된다. 그러나 수익성 있는 투자기회가 줄어들기 때문에 더 많은 배당을 지급하여 배당성향이 높아지고, 주당배당의 성장률이 크게 높아지는 시기이다.

셋째, 성숙기(steady-state or maturity stage)는 새로운 투자기회로부터 평균 수준의 수익률만이 기대되는 시기이다. 주당이익 성장률 역시 안정된 수준에서 유지되고, 배당흐름 역시 일정하기 때문에 주당배당의 성장률도 비교적 장기간 안정된 수준에서 유지된다.

위와 같은 성장단계 구분에 따라 어떤 기업의 주당배당이 처음 3년간(성장기)에는 7%의 성장률로 성장하고, 다음 5년간(전환기)은 14%의 성장률, 그 후(성숙기)에는 매기 10%의 성장률로 증가한다고 가정해 보자. 이 때 현재의 주당배당이 800원이고 이 주식의 요구수익률이 16%라면 주식의 내재가치는 다음과 같이 평가될 수 있다.

$$V_0 = \sum_{t=1}^{3} \frac{800(1.07)^t}{(1+0.16)^t} + \sum_{t=4}^{8} \frac{800(1.07)^3(1.14)^{t-3}}{(1+0.16)^t} + \sum_{t=9}^{\infty} \frac{800(1.07)^3(1.14)^5(1.10)^{t-8}}{(1+0.16)^t}$$

3. 주식 투자의 이해

1) 주식 투자의 특성

많은 사람들이 주식 투자를 선호하는 이유는 주식 투자가 여러 가지 장점을 가지고 있기 때문일 것이다. 투자의 3요소인 수익성·안정성·유동성을 중심으로 주식 투자의 특성을 살펴보면 다음과 같다.

첫째, 주식 투자의 가장 큰 장점은 수익성이다. 주식 투자를 통해 얻을 수 있는 수익은 배당수익과 자본이득(capital gain)이다. 배당수익은 기업이 매년 결산기마다 경영성과에 따라 주주들에게 현금이나 주식으로 주는 배당금을 말하고, 자본이득은 매입할 때보다 주가가 상승하여 얻게 되는 시세차익을 말한다. 자본이득은 투자자들이 주식투자를 선호하는 가장 큰 이유일 것이다. 현재와 같은 저금리 상황에서 주식은 높은 기대수익을 갖는 매력적인 자산이다.

둘째, 유동성이 높다는 것도 주식 투자의 장점이다. 주식은 증권시장에서 매일 거래가 이루어지고 있기 때문에 소유하고 있는 주식을 언제든지 처분하여 현금화할 수 있고, 거래비용도 매우 저렴하다.

셋째, 주식 투자는 편리성과 활용성이 확보된다. 주식매매와 관련된 일체의 업무를 증권회사(투자중개업)가 대행해 주기 때문에 주식을 사고파는 절차는 일반은행의 입출금처럼 간단하다. 또한 주식은 각종 보증금으로 대납이 가능하며 주식을 담보로 대출도 가능하다.

넷째, 주식의 매매를 통해 얻는 시세차익은 세금이 부과되지 않는다는 것도 장점이다. 배당금에 대해서는 배당소득세가 부과되지만, 시세차익에 대해서는 양도소득세가 부과되지 않기 때문에, 세금관리 측면에서 이를 적절하게 활용할 수 있다.

그러나 주식 투자를 할 때 반드시 기억해야 할 점은 기대수익이 높은 만큼 위험 또한 크다는 것이다. 은행의 예금이나 단기금융상품들에 비해 안전성이 떨어지기 때문에 자금의 성격과 투자의 목적을 고려하여, 투자원칙에 충실한 의사결정을 하는 것이 매우 중요하다.

2) 주식 투자정보의 이해

실제로 주식 투자를 하기 위해서는 앞서 6장에서 살펴본 매매주문, 매매계약체결 및 결제의 절차와 방법, 주식시장 매매거래 제도와 관리, 규제 등에 대해 충분한 이해가 선행되어야 한다. 뿐만 아니라 다음에 제시하는 시황, 주식시세표, 주가지수, 증시 관련 자금동향 등의 정보를 이해하고 활용할 수 있어야 한다.

(1) 시 황

시황은 당일 증권시장의 현황을 요약해서 보여주는 글이다. 시황은 주식시장의 흐름을 이해하고, 투자를 결정하는 데 있어 중요한 길잡이가 된다. 신문이나 방송, 인터넷 등을 통해 다양한 금융기관과 전문가가 내놓은 시황을 두루 살펴보는 것이 좋다. 시장을 분석하는 관점이 다를 수 있기 때문이다.

(2) 주식시세표

① 주가의 상승과 하락, 상한가와 하한가

주가의 상승과 하락은 전일 종가와 비교해서 상승했는지, 하락했는지를 보여주는 것으로, 상승은 빨간색 삼각형(▲)으로, 하락은 파란색 삼각형(▽)으로 표시한다.

주가가 전일 종가 대비 15%(가격제한폭) 상승하여 상한가에 이르면, 빨간색 화살표(🠉)로, 15% 하락하여 하한가에 이르면 파란색 화살표(⇩)로 표시한다.

② 시가와 종가

시가는 당일 최초로 성립된 가격으로, 개장 전 8~9시에 동시호가매매로 체결된 가격이다. 종가는 당일 장이 종료되는 시점에서 성립된 가격으로, 2시 50분~3시에 동시호가매매로 결정된다.

③ 고가와 저가

고가는 당일 중 형성된 가장 높은 가격을 말하고, 저가는 당일 중 형성된 가격 중 가장 낮은 가격을 말한다.

④ 거래량과 거래대금

거래량은 유가증권시장, 코스닥시장에서 매매거래가 성립된 주식 수를 말한다. 즉 주식매매의 결과, 매도측에서 매수측으로 건네야 할 주권의 수이다.

거래대금은 각각의 매매거래에서 성립가격과 주식 수를 곱하여 전체를 합계한 금액이다. 주권과 교환한 대가로 매수측이 매도측에 지불해야 할 대금의 총액이다.

⑤ 시가총액

시가총액이란 모든 상장주식을 시가로 평가한 금액이다. 해당 종목의 주가와 발행주식의 수를 곱한 값으로, 회사의 자본금 규모와 가치를 평가할 때 사용되는 대표적 지표이다. 예를 들어, 현재가가 1만 원이고, 발행주식 수가 1천만 주인 종목의 시가총액은 1천억 원이다. 시가총액은 기업 간 자본금을 비교할 때, 산업 간 자금유입 등을 비교할 때 등에서 중요한 지표가 된다.

⑥ 신고가와 신저가

당일 종가가 일정기간을 기준으로 가장 높은 주가를 형성하면 신고가라고 하고, 가장 낮은 가격을 형성하면 신저가라고 한다. 일반적으로 52주 신고가, 52주 신저가를 사용하며 신고가는 H, 신저가는 L로 표시한다.

소비자 투자코너 7-3

2011년 8월 11일 주식시황

◆ 코스피지수 이틀째 상승 1810선 회복

코스피지수가 옵션만기일 부담을 뚫고 이틀째 상승하며 1810선을 회복했다. 11일 주식시장에서 코스피지수는 전 거래일보다 11.20포인트(0.62%) 오른 1817.44를 기록했다. 미 뉴욕증시 급락 소식과 프랑스 신용등급 강등 루머로 1,730선대로 밀려나며 출발했다. 특히 외국인이 8일째 순매도를 지속하면서 부담이 됐지만 연기금을 중심으로 기관 매수세가 유입되면서 반등에 성공했다. 이날 한국은행 금융통화위원회는 기준금리를 연 3.25%로 유지키로 했다. 현대자동차와 현대모비스, 기아자동차 등 자동차 관련주가 강세였고, 최근 실적우려로 약세를 보였던 SK이노베이션과 S-oil 등 정유주가 상승한 반면 삼성전자는 1.6% 하락하며 8일째 약세를 보였다. 코스닥지수는 전 거래일 보다 15.69포인트(3.46%) 오른 469.24로 마감하며 이틀째 상승했다. 실적개선 기대와 경기방어주 성격이 부각된 게임주가 강세를 보인 가운데 엠게임과 게임빌이 이틀 연속 상한가를 기록했다. 북한의 연평도 포격 소식에 방위산업주에 매수세가 몰렸고, 소프트웨어 산업 관련주도 상승했다.

출처: 파이낸셜뉴스(2011년 8월 11일자).

◆ 등락 거듭하던 코스피, 1810선에 '안도'

코스피가 이틀 연속 상승세를 보이며 1810선에서 하루를 마감했다. 11일 코스피 지수는 전일 대비 11.20포인트(0.62%) 오른 1817.44를 기록하며 장을 마쳤다. 전일 글로벌 증시는 프랑스 신용등급 강등 루머로 인해 다우지수가 4.62% 밀리고, 프랑스와 런던, 이탈리아 증시가 3~6% 동반하락 하면서 다시금 '공포무드'를 조성했다. 이 영향으로 우리증시도 전날보다 70포인트 이상 떨어진 1,730선에서 출발했으나, 오전 11시께 상승반전에 성공한 후 등락을 거듭하다 오후 들어 1,800선에 안착하는 등 양호한 성적을 기록했다. 투자주체별로는 외국인과 기관의 매매공방이 치열했다. 외국인이 2,847억 원 '팔자'세를 보인 반면 기관이 1,609억 원 '사자'세를 보였다. 전일 사상 최대 순매수를 경신한 개인은 이날 892억 원 순매수하며 장을 마쳤다.

업종별로 섬유의복과 의료정밀이 4% 이상 오르며 가장 크게 상승했고, 음식료와 운수창고, 건설 등도 1% 이상 나란히 올랐다. 반면 전기가스와 금융이 1% 이상 하락했다. 건설주가 금리동결로 인해 집값 하락과 미분양 증가 등으로 위축된 건설주들의 투자심리가 개선될 것으로 기대되면서 오랜만에 상승반등에 성공했으며, 대표주인 현대건설이 1.95%, 코오롱건설이 3.02%, 두산건설이 2.35% 오르는 등 강세를 보였다. 시가총액 상위종목은 혼조세를 보인 가운데 삼성전자가 1.67% 밀리며 70만 원 선을 겨우 지켜냈고, 신한지주와 KB금융이 각각 1.89%, 2.91% 밀리며 약세를 보였다. 반면 현대차가 2.34% 오르고, 현대모비스와 기아차가 각각 0.30%, 0.43% 오르는 등 자동차 3인방이 동반상승에 성공했고, 현대중공업도 2.43%로 선전했다. 이날 코스피 시장은 상한가 14개 등 570개 종목이 올랐고, 하한가 1개를 포함한 277개 종목이 내렸다. 61개 종목은 보합세를 유지했다. 한편 코스닥도 오후 들어 상승탄력을 키우며 전날보다 15.69포인트(3.46%) 오른 469.24를 기록하며 장을 마쳤다. 투자주체별로는 개인과 외국인이 각각 744억 원, 79억 원 동반매도 했으며 기관이 791억 원 순매수했다. 낙오없이 전 업종에 '빨간불'이 켜졌으며 특히 인터넷과 제조가 6% 가까이 급등했다. 시가총액 상위 14위 중에선 SK브로드밴드와 동서를 제외하고 전 종목이 상승했다. 시총 58위의 안철수 연구소가 최근 네트워크 보안 관련 하반기 실적이 기대되는 가운데 이틀 연속 급등세를 보이며 상한가 경신했다. 이날 코스닥 시장은 상한가 27개를 포함해 759개가 올랐고, 하한가 4개 등 205개 종목이 내렸다. 56개 종목은 보합세를 유지했다.

출처: 세계일보(2011년 8월 11일자).

⑦ 기세: 기세상승, 기세하락

장 종료 시까지 매매거래가 성립되지 않은 상황에서, 전일 종가(기준가격)보다 가장 낮은 매도호가 가격, 혹은 가장 높은 매수호가 가격을 기세(氣勢)라고 한다. 즉 주식을 사려는 가격과 팔려는 가격에 차이가 있어서 매매는 체결되지 않고, 가격이 오르거나(기세상승) 내리는(기세하락) 것이다. 매매가 성립되지는 않았지만, 기세가격은 시세의 흐름을 반영하기 때문에 의미가 있다. 전일 종가보다 낮은 매도호가가 있었음에도 불구하고 매매가 성립되지 않았다는 것은 당해 종목의 주가가 하락세에 있다는 것을 의미하고, 반대로 전일 종가보다 높은 매수호가가 있었음에도 불구하고 매매가 성립되지 않았다는 것은 주가가 상승세에 있음을 의미한다.

⑧ 보합: 강보합, 약보합

주가가 특별한 변동을 보이지 않고, 일정 수준에서 유지되는 경우를 보합(stationary)이라고 한다. 시세가 상승한 상태에서 보합을 유지하는 것을 강보합, 시세가 하락하는 상태에서 보합을 유지하는 것을 약보합이라고 한다.

⑨ 거래형성률

거래형성률은 상장된 총종목 수 대비 거래가 성립된 종목 수를 %로 나타낸 지표이다. 이는 주가의 상승, 하락과는 관계없이 거래가 성립된 종목 수로 계산하는데, 거래형성률이 높을수록 증시가 과열되었다는 의미로 볼 수 있다.

| 표 7-1 | 주식시세표의 예: 코스피 거래량 상위종목(2011년 8월 19일)

번호	종목명	현재가	전일비	등락률	거래량	거래대금 (백만 원)	시 가	고 가	저 가	시가총액 (억 원)
1	KODEX 인버스	9,240	▲ 115	+1.26%	34,787,990	318,284	9,085	9,320	8,945	2,717
2	KODEX 레버리지	9,930	▽ 300	-2.93%	32,842,560	333,375	10,255	10,460	9,770	7,348
3	삼양옵틱스	1,190	▲ 50	+4.39%	29,660,558	36,184	1,190	1,285	1,130	911
4	대현	3,205	⇩ 565	-14.99%	19,816,651	73,841	3,785	4,050	3,205	1,451
5	S&T모터스	654	▽ 90	-12.10%	19,222,305	13,410	691	751	651	780
6	쌍방울트라이	1,080	▽ 135	-11.11%	18,448,321	22,229	1,250	1,275	1,080	898
7	하이닉스	15,750	▲ 150	+0.96%	18,099,753	288,513	15,800	16,300	15,500	93,267

(계속)

번호	종목명	현재가	전일비	등락율	거래량	거래대금 (백만 원)	시 가	고 가	저 가	시가총액 (억 원)
8	배명금속	445	▲ 37	+9.07%	15,797,829	7,182	409	469	408	424
9	모나리자	2,150	▽ 170	-7.33%	14,879,477	34,252	2,490	2,530	2,015	786
10	알앤엘바이오	5,600	▲ 625	+12.56%	8,244,990	43,673	5,000	5,710	4,780	4,639
11	한화케미칼	27,400	▽2,900	-9.57%	7,311,107	210,914	30,150	30,950	27,400	38,438
12	기아차	59,000	▽3,500	-5.60%	5,460,946	330,545	62,100	63,300	58,100	235,535
13	광명전기	2,020	▲ 165	+8.89%	4,860,324	9,933	2,130	2,130	1,960	875
14	KODEX 200	22,070	▽ 405	-1.80%	4,795,446	106,595	22,475	22,750	21,970	23,549
15	페이퍼코리아	663	▽ 27	-3.91%	4,550,740	3,236	730	760	660	677
16	국동	371	▽ 49	-11.67%	4,308,266	1,840	469	479	360	74
17	퍼스텍	1,700	⇩ 295	-14.79%	4,012,518	7,723	2,100	2,150	1,700	795
18	한국전력	22,300	▲1,450	+6.95%	3,987,938	88,110	21,200	22,750	21,000	143,158
19	동일벨트	7,120	▽ 840	-10.55%	3,785,521	29,570	8,620	8,700	6,770	1,566
20	진흥기업	225	-	0.00%	3,769,199	853	226	233	220	1,363
21	신풍제약	5,100	▲ 145	+2.93%	3,677,511	19,465	5,200	5,570	4,900	1,994
22	VGX인터	1,280	▲ 85	+7.11%	3,385,326	4,295	1,205	1,335	1,185	654
23	대우조선해양	23,500	▽1,200	-4.86%	3,191,522	77,497	24,700	25,400	23,500	44,977
24	우리금융	11,300	▲ 100	+0.89%	3,180,895	36,503	11,100	11,800	11,050	91,080
25	삼성중공업	29,150	▽ 900	-3.00%	2,789,007	82,978	29,850	31,150	29,050	67,300
	⋮									
34	삼원강재	4,950	⇩ 870	-14.95%	2,484,763	12,950	5,420	5,770	4,950	1,980
35	미래산업	286	▲ 1	+0.35%	2,466,627	702	284	290	275	684
36	두산인프라코어	18,800	▽1,200	-6.00%	2,447,604	47,306	19,700	20,250	18,700	31,687
37	외환은행	7,920	▽ 140	-1.74%	2,256,974	18,020	8,000	8,140	7,910	51,077
38	LG유플러스	4,680	▽ 85	-1.78%	2,210,165	10,561	4,765	4,905	4,675	24,092
39	SK증권	1,295	-	0.00%	2,103,095	2,708	1,290	1,320	1,250	4,146
40	후성	7,000	▲ 170	+2.49%	2,006,163	14,003	6,950	7,150	6,680	5,938
41	케이비물산	3,075	⬆ 400	+14.95%	2,005,225	5,843	2,620	3,075	2,620	446
42	KB금융	42,200	▲ 850	+2.06%	1,956,826	82,311	41,650	42,750	41,100	163,040

(3) 주가지수

주가지수(stock price index)는 증권시장에서 거래되고 있는 주식가격의 전반적 수준을 나타내는 지표이다. 주가지수를 통해 투자자들은 증권시장의 추세를 판단할 수 있다. 또한 주가지수는 경제상황을 예측하는 대표적인 선행지표 중 하나이다.

① 주가지수 종류

주가지수의 종류는 산출방식에 따라 나눌 수 있는데, 대표적인 산출방식은 다우존스(Dow Jones)방식과 시가총액(Aggregate value of listed stock)방식이다.

■ 다우존스방식(주가평균식 주가지수)

다우존스방식은 대상종목의 주가합계를 종목 수로 나누어 단순주가평균을 구한 후, 기준시점의 주가평균과 비교시점의 주가평균을 비교함으로써 주가평균식 주가지수를 산출하는 방식이다.

$$\text{주가평균식 주가지수} = \frac{\text{비교시점의 주가평균}}{\text{기준시점의 주가평균}} \times 100$$

$$\text{주가평균} = \frac{\text{대상종목의 주가합계}}{\text{대상종목 수}} \qquad \cdots\cdots \text{ 식 7-8}$$

다우존스 방식에서는 상장종목 중 비교적 거래가 활발하고 전체 주가 동향을 잘 반영하는 대표 종목을 선택한 후, 해당 종목들의 시장가격 합계를 해당 종목 수로 나누어 주가평균을 구한다. 미국 증시를 대표하는 다우존스 산업평균지수(Dow Jones Industrial Averages, DJIA)는 뉴욕증권거래소에 상장된 30개 대표 종목(씨티그룹, 코카콜라, 맥도날드, 월마트, AT&T 등)의 가격 변동을 기준으로 만든 지수이다. 그 외에 미국의 Dow 30, 일본의 닛케이, 한경지수 등이 주가평균식 주가지수에 해당한다.

다우존스방식은 일부 종목만 편입하여 지수를 산출하기 때문에, 시장전체의 흐름을 대변하기 어렵고, 가격변동이 심한 종목과 주가가 높은 몇몇 종목이 주가지수에 큰 영향을 미칠 수 있다는 한계점이 있다.

■ 시가총액방식(시가총액식 주가지수)

시가총액방식은 모든 종목의 주가와 발행 주식 수를 곱하여 시가총액을 구한 후(모든 상장주식을 현재 시가로 평가), 기준시점의 시가총액과 비교시점의 시가총액을 비교함으로써, 시가총액식 주가지수를 산출하는 방식이다. 미국의 NYSE종합, S&P 500 및 우리나라의 모든 주가지수가 시가총액방식을 사용한다.

$$\text{시가총액식 주가지수} = \frac{\text{비교시점의 시가총액}}{\text{기준시점의 시가총액}} \times 100$$

$$\text{시가총액} = \text{주가} \times \text{상장주식수} \qquad \cdots\cdots \text{ 식 7-9}$$

② 한국거래소의 주가지수

■ 코스피(KOSPI)

KOSPI(KOrea composite Stock Price Index)는 주식시장에서 형성되는 주식 가격의 변동을 종합적으로 나타내는 지표로서, 증권시장뿐만 아니라 국가의 경제 지표로서 중요한 역할을 한다. 유가증권시장에 상장된 모든 주식을 대상으로 하며, 1980년 1월 4일을 100p로 하는 시가총액식 주가지수이다. KOSPI는 1980년 1월 4일의 시가총액을 분모로 하고, 비교시점의 시가총액을 분자로 하여 산출하며, 현재 10초 단위로 발표되고 있다.

■ 코스피 200(KOSPI 200)

KOSPI 200은 주가지수선물 및 주가지수옵션의 거래대상으로 개발된 주가지수이다. 선물 및 옵션거래에 적합하도록 유가증권시장에 상장된 전체 종목 중에서 시장대표성, 업종대표성 및 유동성 등을 감안하여 선정된 200종목을 구성종목으로 한다. KOSPI 200은 1990년 1월 3일을 100p로 하여, 시가총액방식으로 주가지수를 산출한다.

■ 코스닥지수(KOSDAQ)

코스닥종합지수(KOSDAQ Composite Index)는 코스닥시장 상장기업의 주가에 주식 수를 가중한 시가총액식 주가지수로, 1996년 7월 1일을 1,000p로 하여 계산한다. 2004년 1월 26일부터 기준단위를 100에서 1,000으로 변경하여 산출하기 시작하였다. 코스닥지수는 기준시점인 1996년 7월 1일의 시가총액을 분모로 하고, 비교시점의 시가총액을 분자로 하여 지수화하며, 현재 10초 단위로 발표되고 있다.

■ 스타지수(KOSDAQ STAR)

스타지수는 코스닥시장에 상장된 종목 중에서 시장대표성, 유동성요건, 재무요건을 감안하여 선정한 우량종목 30종목을 대상으로 하며, 2003년 1월 2일을 1,000p로 하여 산출한 시가총액식 주가지수이다.

■ KRX 100

KRX 100(Korea Exchange 100 Index)은 한국거래소 설립 이후 개발된 주가지수로서, 증권시장 통합의 취지를 반영하여 유가증권시장과 코스닥시장의 대표종목 100종목을 대상으로 한다. 기업규모, 유동성(거래대금)뿐만 아니라 수익성, 안정성, 건전성 등 다양한 각도의 재무기준을 반영하여 우량종목을 선정한 것이다. 2001년 1월 2일을 1,000p로 하여 산출한 시가총액식 주가지수이다.

참고문헌

곽철효·김병곤(2004). **잇센셜 투자론**. 도서출판 대명.
김건우(2002). **투자론**. 홍문사.
김대호·오세경(2004). **투자론**. 경문사.
박광수·양재영·주소현(2010). **개인재무설계**. 경문사.
우재룡·박광수·이승희·이재명(2011). **투자설계**. AFPK Text Series III. 한국 FPSB.
이해영·김철중(2003). **현대투자론**. 도서출판 탐진.
지청·조담(2003). **투자론**. 학현사.

Ernst & Young Lip(2004). **Personal Financial Planning Guide(5/e)**. John Wiley & Sons Inc.
Gardner, D. & Gardner, T.(2002). **What to Do with your Money Now**. Simon & Schuster.
Garman, E. T. & Forgue, R. E.(1997). **Personal Finance(5th ed.)**. Houghton Mifflin Company: Boston, MA.
Mayo, H. B.(1997). **Investments: An Introduction**. The Dryden Press.

8장

증권분석

주식 투자를 하려면 투자의사결정에 필요한 각종 정보를 수집하고 분석하여 적절한 종목 및 매매 시점을 판단하는 것이 중요한데, 이를 증권분석이라고 한다. 본 장에서는 기본적 분석과 기술적 분석으로 나누어서, 실전 주식 투자에 필요한 지식과 기술을 함양하고자 한다.

1. 기본적 분석

증권분석은 투자의사결정에 필요한 각종 정보를 수집하고 분석함으로써, 적절한 종목을 선택하여 위험을 최소화하고, 목표수익률을 달성하기 위한 과정이다. 증권분석은 크게 기본적 분석과 기술적 분석으로 분류되는데, 기본적 분석은 주식의 내재가치를 평가하여 투자종목과 매매시점을 선정하는 분석방법이고, 기술적 분석은 과거 주가 변동 및 거래량 변동 등을 분석하여 주식의 미래 수익을 예측하는 기법들을 말한다.

1) 기본적 분석의 개념

기본적 분석(fundamental analysis)은 증권분석에서 하향식 분석기법 혹은 톱다운(top-down) 분석이라고도 하는데, 표 8-1에서 보는 바와 같이 주로 3단계 접근과정을 통해 이루어진다.

| 표 8-1 | 기본적 분석의 3단계(톱다운 분석기법)

기본적 분석 단계		주요 분석 내용	분석 목적
1단계	경제분석	• 경제변수분석: 경기변동, 국민소득, 환율, 금리, 통화, 국제수지 등 • 경제정책분석	투자시기 판단
2단계	산업분석	산업경쟁력, 제품 사이클, 산업수요 및 공급 분석	유망업종 선택
3단계	기업분석	재무제표 분석, 기업의 성장성, 안정성, 활동성, 수익성 등 분석	유망종목 선택

첫 번째 단계는 경제분석으로서, 기업을 둘러싸고 있는 경제적 환경과 거시경제적 요인들을 분석하는 것이다. 즉, 경기변동·국민소득·환율·국제수지 등 경제전반에 관한 분석을 통해 주식 투자를 하기에 적절한 시점인지를 판단한다.

두 번째 단계는 산업분석이다. 이는 해당 기업이 속한 산업분야의 경쟁력과 수요·공급에 관해 분석하고 해당 산업의 전망과 위상을 파악함으로써, 투자하기에 유망한 업종을 선택하기 위한 과정이다.

세 번째 단계는 기업분석이다. 주식 투자를 하고자 하는 해당 기업의 수익성, 효율성, 자본구조 특성, 현재 재무상태 등을 평가해서 산업 내 경쟁적 위상을 파악하는 것이다. 이를 통해 주식의 미래 수익을 예측하고 유망종목을 최종적으로 선택할 수 있다.

2) 경제분석

(1) 세계경제의 흐름

2007년 미국의 서브프라임모기지 사태로부터 시작된 금융위기로 인해 전 세계는 유래 없는 불안과 침체를 경험하게 되었다. 시장개방과 함께 국제적인 상호의존도가 증가하면서, 해외시장의 변화가 자국의 경제에 미치는 영향력은 실로 엄청난 것이 되었다. 특히 우리나라처럼 수출에 대한 의존도가 큰 국가는 더더욱 세계 경제의 변화에 민감할 수밖에 없다. 경기변동, 물가, 금리, 주가 등 국내 경제변수는 국제 유가상승, 환율의 변화 등 해외의 경제변수 및 실물변수에 의해 영향을 받는다. 그러므로 기본적 분석의 첫 번째 단계인 경제분석을 수행함에 있어, 세계 경제의 흐름을 읽는 것도 포함되어야 할 것이다.

(2) 국내 거시경제변수와 주가

① 경제성장률

국민총생산(GNP)은 한 나라의 국민이 1년 동안 생산한 부가가치 또는 최종생산물의 총계를 시장가격으로 평가한 것이고, 국내총생산(GDP)은 국내에서 생산된 최종생산물의 총계를 시장가격으로 평가한 것이다. 거시경제지표로서 특히 중요한 것은 GNP 또는 GDP 성장률로 구해지는 경제성장률이다. 경제성장률은 기업의 성장과 매우 밀접한 관련을 갖는다. 경제성장률이 높을 것으로 예상되면 경제규모가 급속하게 확대되어 기업이 풍부한 투자기회를 갖게 될 것임을 의미하며, 이는 곧 주식가치의 상승요인으로 작용한다. 대부분의 기업들은 정부가 발표하는 GNP 성장률 또는 GDP 성장률을 기업 성장의 기준으로 삼게 되는데, 일반적으로 높은 경제성장률은 기업의 성장을 촉진시키고 증권시장을 활성화시키는 반면, 낮은 경제성장률은 기업의 성장을 둔화시키고 증권시장을 침체시키게 된다.

② 물가상승률

인플레이션은 전반적인 물가의 상승을 의미하며 물가지수의 변화율로서 측정하는데, 일반적으로 소비자물가지수의 상승률을 지표로 삼는다. 소비자물가지수 외에도 생산자물가지수, 도매물가지수, 수출입물가지수 등이 있다. 일반적으로 지속적이고 완만한 물가상승은 기업의 투자의욕을 증가시키고, 자산가치를 증가시켜 증권시장에 긍정적인 영향을 미친다. 그러나 급격하고 예상치 못했던 물가상승은 기업의 투자의욕과 국민의 저축동기를 감소시켜, 실물자산을 선호하게 하고 주가를 하락시키는 결과를 초래한다.

인플레이션과 주가의 관계를 분석한 실증연구들은 대체로 주식의 실질수익률이 인플레이션과 부(-)의 관계를 갖는다는 증거를 제시해 왔으나, 거시경제학 분야에서는 인플레이션과 주가의 관계에 대해 아직 충분한 합의가 이루어지지 못하고 있다.

③ 이자율

이자율은 자금의 수요와 공급에 의해 결정된다. 그러나 이자율이 경제 전반에 미치는 영향이 매우 크기 때문에 정책당국이 어느 정도 관여하여 이를 조정한다. 즉 경기가 침체되거나 소비수요가 부진하면 이자율을 낮추어 경기를 부양하고, 경기가 과열되거나 과잉투자가 우려될 때는 이자율을 올려 경기과열을 방지한다.

일반적으로 이자율과 주가는 반대방향으로 움직인다. 이자율이 인상되면 기업의 이자부담이 증가하여 현금흐름이 감소하고, 투자에 대한 요구수익률이 상승하기 때문에 기업의 투자의욕이 감퇴한다. 따라서 이자율 상승에 따라 주식의 가치는 하락하게 된다. 또한 이자율이 상승하면 실물투자의 자본비용이 증가하고, 과도한 이자부담은 순이익을 감소시키기 때문에 기계 및 설비투자, 건축계획 등이 축소된다. 이에 따라 주식의 미래 이익 및 배당의 성장률이 감소하게 되어 주가가 하락하는 것이다. 뿐만 아니라 이자율이 상승하면 일반 투자자들은 은행예금이나 채권 투자를 선호하게 되고, 상대적으로 위험부담이 큰 주식에 대한 수요가 줄어들기 때문에 주가가 하락하고 주식시장은 전반적으로 위축되는 경향이 있다.

④ 통화량

통화량은 국내 경제활동에서 실제 지급수단으로 사용되는 유동성의 크기를 의미한다. 우리나라에서는 M1, M2, M3의 세 가지 통화량 지표를 사용하는데, M1(통화)은 현금과 요구불예금의 합이고, M2(총통화)는 현금, 요구불예금, 저축성예금 및 거주자 외화예금의 합을 의미하며, M3(총유동성)는 M2(총통화)에 제2금융권의 모든 예수금을 합한 값이다. 이 중 통화관리의 중심지표는 M2이다. 일반적으로 통화량이 증가하면, 시중의 자금이 풍부해지고 투자자들의 유동성이 커져서 주식 투자 수요가 확대되기 때문에 주가가 상승하는 반면, 통화량을 줄이는 긴축정책하에서는 주식시장이 침체된다. 그러나 장기적으로 볼 때 통화량 증가는 인플레이션을 유발하여, 결과적으로 이자율 상승정책을 초래하기 때문에 오히려 주가를 하락시킬 수 있다.

⑤ 환 율

환율은 국내통화와 외국통화의 교환비율이다. 우리나라에서는 원화와 미국 달러, 미국 달러와 일본 엔, 미국 달러와 유럽의 유로(Euro) 사이의 환율에 주로 관심이 있다. 예를 들어, 1달러당 원화의 환율이 1,000원에서 1,200원으로 상승한다면, 원화의 가치는 상대적으로 평가절하된다.

환율의 변화가 우리나라 주가에 미치는 영향은 과거 장기추세로 볼 때, 환율이 인하되면 주가가 상승하고 환율이 인상되면 주가가 하락하는 것으로 나타났다. 과거 환율이 인하된 시기에는 국제수지가 흑자였고, 해외로부터 자금의 유입이 풍부해지고 유동성이 증가함에 따라 주식의 매입수요가 늘어 주가가 상승했다. 반대로 환율이 인상된 시기에는 국제수지가 적자였고, 물가가 상승하여 주가하락을 초래했던 것으로 평가된다. 일본의 경우도 환율이 인하된 시기에 주가가 대체로 상승하고, 환율이 인상된 시기에 주가가 하락한 것으로 나타났다.

환율의 변화가 주식시장 전반에 미치는 영향력은 주가지수의 변화로 측정할 수 있다. 그러나 환율의 변화가 개별 기업의 주가에 미치는 영향은 기업이 수출에 더 의존하는지, 수입에 더 의존하는지에 따라 달라진다. 수출 중심의 산업이나 기업은 환율이 인상되는 경우, 기업의 가격 경쟁력이 상승하여 수출이 증가하기 때문에 주가도 상승한다. 그러나 원자재를 수입하거나 완제품을 수입 판매하는 기업의 경우에는, 환율이 인상되면 수입가격이 상대적으로 비싸지기 때문에 영업에 부정적인 영향을 받고 주가가 하락하게 된다. 한편, 환율이 상승할 것으로 예상되면 외국인 투자자들이 미리 투자자금을 회수하려는 움직임이 일어나므로 주가가 하락할 수 있다.

⑥ 국제수지

국제수지는 일정 기간 동안 우리나라와 외국 사이에 일어난 모든 경제적 거래를 종합한 것으로서, 경상수지(current balance)와 자본수지(capital balance), 그리고 이 두 가지를 합한 종합수지(overall balance)로 나타낸다. 경상수지는 무역과 기타 재화 및 용역의 이동을 나타내는 것으로서 무역수지와 무역 외 수지로 나뉘며, 국제수지를 나타내는 가장 중요한 지표이다. 자본수지는 만기가 1년을 초과하는 장기자본거래와 만기가 1년 이하인 단기자본거래로 구분된다.

경제의 대외 의존도가 높은 우리나라에서는 국제수지가 매우 중요한 의미를 갖는다. 일반적으로 국제수지의 흑자폭이 증가하거나 적자폭이 감소하면 GNP의 증가와 기업이익의 증가로 이어지므로, 주가의 상승을 가져온다. 반대로 국제수지의 적자폭이 증가하거나 흑자폭이 감소하는 것은 주가를 하락시키는 요인으로 작용한다.

(3) 경제정책과 주가

증권시장의 주가동향은 다양한 거시경제변수에 의해 영향을 받으며, 거시경제의 흐름은 정부의 경제정책에 의해 상당부분 조정되기 때문에, 증권시장의 동향 파악을 위해서는 경제정책의 내용과 효과를 이해해야 한다.

경제정책은 크게 수요정책(demand side policy)과 공급정책(supply side policy)으로 나누어진다. 수요정책은 재화와 용역의 수요에 영향을 미치는 정책으로서, 재정정책과 통화정책을 중심으로 이루어진다. 공급정책은 재화와 용역의 공급에 영향을 미쳐 경제 생산력을 강화하기 위한 경제정책으로서, 세율인하와 규제완화를 통해 근로와 투자에의 유인을 제공한다.

① 재정정책

재정정책(fiscal policy)은 정부의 세입(수입)과 세출(지출)을 조정하여 국민경제의 총수요를 관리하는 정책이다. 정부의 세입은 주로 조세의 징수이고, 세출은 정부가 국민경제 발전을 위해 사회간접자본투자, 복지투자, 교육투자 등을 하는 것이다. 조세수입의 확대는 민간부문의 소득을 정부로 이전시켜 소비의 감소를 이끌어 내며, 정부지출의 확대는 재화 및 용역의 총수요에 직접적인 영향을 미친다.

정부의 재정정책을 표현해 주는 지표가 재정적자, 또는 재정흑자이다. 이론적으로 세입과 세출은 균형을 이루어야 하지만, 실제로 정부는 국민경제의 발전을 위해 세출이 세입보다 많은 재정적자 상태를 유지하는 경우가 많다. 재정적자는 주로 정부투자의 증대로 인해 발생한다. 즉, 민간투자를 확대시키고 총수요를 증가시켜 경기회복의 중요한 수단으로 삼는 것이다. 재정적자의 확대는 대체로 주가 상승요인으로 작용한다. IMF 구제금융 이후 적자재정을 편성하여 정부지출을 확대한 것은 경기부양과 실업자 구제를 위한 대표적인 재정정책이라고 할 수 있다.

그러나 재정적자가 커진다는 것은 정부의 자금차입 증가를 의미하므로 시장 이자율의 상승을 가져올 수 있으며, 그 결과 주가가 하락할 수 있다. 그러므로 재정적자가 주가에 미치는 영향은 상황에 따라 달라질 수 있다.

② 통화정책

통화정책(monetary policy)은 통화량의 조절을 통해 거시경제에 영향을 미치는 경제정책으로서, 재정정책과 함께 수요정책의 대표적 수단이다. 통화정책은 적정한 유동성을 확보함으로써, 기업이나 가계가 필요로 하는 자금을 공급해 주기 위한 목적과 이자율을 조정하고자 하는 목적을 가지고 있다. 일반적으로 통화량의 증가는 자금공급의 확대를 가져오므로 단기적으로 이자율을 하락시키며, 그 결과 투자 및 소비를 확대시킨다. 그러나 통화량의 증가는 장기적으로 인플레이션을 유발시키고, 그 결과 이자율을 상승시켜 경제활동의 위축을 초래할 수 있다.

통화정책 중 가장 중요한 수단은 공개시장조작(open market operation)이다. 공개시장조작은 한국은행이 통화량을 증가시키기 위해 통화안정증권을 매입하거나, 반대로 통화량을 감소시키기 위해 국공채를 발행 또는 매도하는 것을 말한다. 이 외에도 시중은행의 상업어음 재할인율(rediscount rate)을 조절하거나, 시중은행이 한국은행에 예치하는 현금 요구액의 수준, 즉 지급준비율(reserve requirement)을 조절함으로써 통화정책이 이루어진다.

일반적으로 통화정책은 재정정책에 비해 집행하기 쉬운 반면, 그 효과가 간접적이고 우회적이다. 재정정책은 매우 복잡한 정부예산 수립과정을 통해야 하므로 긴 시간을 필요로 하는 반면, 통화정책은 국회의 동의를 필요로 하지 않는 통화당국의 고유권한이므로 융통성 있고 순발력 있게 집행할 수 있다. 그러나 통화량 조절이 이자율, 투자수요 및 국민소득에 미치는 영향은 간접적이고 다소 불투명하다. 앞서 지적한 바와 같이, 통화량이 증가하면 시중의 자금사정이 좋아져 단기 이자율이 하락하고 더 많은 실물투자가 발생하지만, 다른 한편으로는 소비를 자극하여 물가상승이 유발되고, 그 결과 이자율의 상승을 가져오기 때문이다.

③ 공급측면의 정책

재정정책이나 통화정책과 같은 수요측면의 정책은 시장이 스스로 완전고용 상태를 달성하기 어려우므로 정부가 개입하여 수요를 창출함으로써 완전고용에 가까워지도록 만들어야 한다는 전제를 가지고 있다. 그러나 공급측면의 정책은 불필요한 규제와 마찰요인만 제거된다면 시장기구 스스로가 완전고용을 달성할 수 있다는 전제로부터 출발한다. 즉, 공급측면의 정책에서는 근로자와 기업들이 재화를 생산할 수 있는 최대의 유인과 능력을 갖도록 환경을 만드는 데 목적을 둔다.

구체적으로는 세율인하를 통해 기업과 국민의 투자 및 소비유인을 확대하고, 규제완화를 통해 생산의욕을 증대하며 투자환경을 조성해 준다는 것이다. 공급측면의 정책에 의하면, 세율인하가 경제를 활성화하고 세금수입원을 확대하기 때문에 오히려 정부의 세수입이 늘어나는 효과를 거둔다고 본다. 또한 정부의 규제완화는 기업으로 하여금 스스로 능력을 최대한 발휘하게 하여 결과적으로 국민경제의 총공급을 증가시켜 준다고 본다.

3) 산업분석

기본적 분석의 두 번째 단계는 산업분석이다. 산업의 경기변동은 주로 거시경제변수들과 밀접한 관련을 가지고 움직이지만, 특정 산업의 고유 요인에 따라 경기변동이 달라질 수 있다. 즉, 같은 연도 같은 기간에도 산업에 따라 수익률이 다르기 때문에 유망산업과 사양산업이 존재하며, 산업별 업종별 위험수준 역시 다르다는 의미이다. 그러므로 산업분석을 통해 특정산업의 수명주기(life cycle)와 산업 내부의 경쟁구조를 분석하는 것이 매우 중요하다.

(1) 경기변동과 산업

앞서 살펴본 경제분석이 모든 산업에 똑같이 영향을 미치는 것은 아니다. 경기변동의 각 과정마다 산업별 성과가 달라지기 때문이다. 예를 들어, 경기가 최저점을 지나서 회복하는 시기에는 금융산업의 성과가 좋아진다. 경기회복으로 인해 기업의 투자가 확대되면 대출수요가 늘어 은행 수익이 상승하고, 기업이 주식이나 채권 등을 통해 자본을 조달하기 때문에 증권산업이 활성화된다. 또한 경기가 회복되면 개인의 소득수준이 상승하고 소비심리가 확대되기 때문에 자동차, 가구, 대형가전제품 등 고가의 내구소비재 관련 산업이 바람직한 투자종목이 된다.

경기회복이 시작되어 경기가 상승하는 과정에서는 일반적으로 기계·항공·중장비 등 자본재산업이 유망하며, 호경기에 이르러 수요가 공급을 능가하고 인플레이션이 발생하는 시기에는 고물가에서 얻어지는 이익을 누릴 수 있는 정유, 광산, 제지 등의 소재산업이 바람직하다.

호경기의 정점을 지나 경기가 불황으로 접어들면 식료품, 제약, 음료 등과 같은 생활필수품 산업이 상대적으로 유리한 투자대상이 된다. 불황이라고 하더라도 필수품 소비는 유지되기 때문에 이러한 방어적 산업들이 투자가치를 유지하는 것이다. 또한 경기가 나빠져서 우리나라의 통화가치가 상대적으로 낮아지는 시기에는 수출 중심의 산업이 해외 경쟁력을 갖게 되므로 유망한 투자대상이 된다.

(2) 산업의 라이프사이클

산업이나 제품은 개발에서부터 쇠퇴에 이르기 까지 라이프사이클(life-cycle)을 갖는다. 따라서 특정 산업의 시장규모와 투자 가능성 역시 그 산업이 라이프사이클 중 어느 단계에 있느냐에 달라진다. 일반적으로 산업의 라이프사이클은 그림 8-1과 같이 도입기, 급속성장기, 안정성장기, 성숙기 그리고 쇠퇴기의 과정을 반복 순환하며 각 단계마다 다음과 같은 특성이 나타난다.

도입기에는 기술진보의 결과로 새로운 상품이 창출되며, 산업 전반이 매우 빠르게 성장한다. 그러나 어떤 회사가 산업을 주도하게 될지가 불분명하기 때문에 산업 내에서 투자종목을 선택하는 것은 매우 어렵다. 급속성장기에는 새로운 수요가 창출되고 기술개발이 진행된다. 아직은 소수의 기업들이 경쟁하기 때문에 이익 마진이 높고, 수요가 급속하게 증가하여 산업 전반에서 높은 성장이 나타난다. 안정성장기에는 시장 수요가 거의 충족되고 경쟁이 심화된다. 제품이 확고한 시장기반을 형성하게 되고, 산업 내 선도기업이 명확해진다. 선도기업의 위치가 안정되므로 시장점유율의 예측이 용이해지고, 산업 전체 및 선도기업의 성장률과 투자수익률은 경제 전반보다 훨씬 높은 수준을 유지한다.

성숙기에는 제품이 충분한 시장을 확보하게 되어 성장률이 둔화되고 경제 전반이 성장률 수준에 머무른다. 산업의 라이프사이클 중 가장 긴 단계로, 제품이 표준화되고 기업 간의 경쟁이 격화되며, 가격이 주요 경쟁요인이 되는 경향이 있다. 이 시기에 이른 기업들은 안정적인 현금흐름을 유지할 수 있지만, 매력적인 성장기회를 갖지는 못한다. 마지막으로 쇠퇴기에는 제품이 진부해지고 수요가 축소되며, 서서히 매출이 감소하여 이익도 감소한다. 대체 신제품들이 등장하며 비용절약적인 신기술이 개발되어 산업의 규모가 정체하거나 쇠퇴하게 된다.

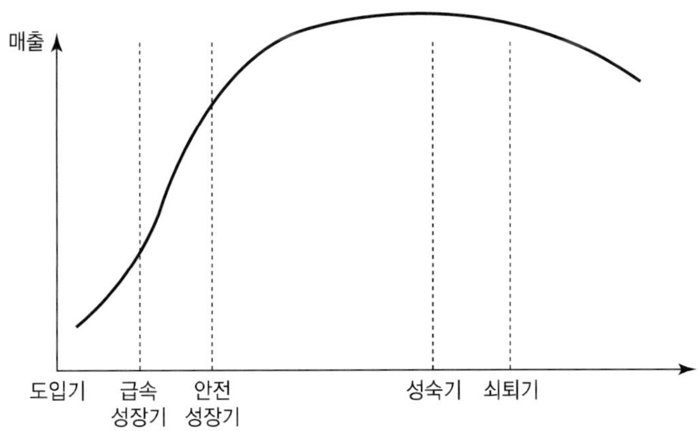

| 그림 8-1 | 산업의 라이프사이클

투자를 결정할 때, 어떤 단계의 산업에 투자해야 할 것인가는 매우 중요하다. 일반적으로 도입기나 성숙기의 주도기업에 투자하는 것이 바람직하지만, 그러한 기업의 주식을 선별하기 위해서는 시장분석 및 기술예측 능력이 필요하다.

(3) 산업의 경쟁 강도

산업의 성숙과정은 기업의 경쟁 환경에 변화를 가져온다. 포터(M. Porter)는 어떤 산업의 잠재적 이익에 영향을 미치는 요인을 산업 내 경쟁의 강도라고 보고, 경쟁 강도 때문에 산업별·업종별로 투자수익률에 차이가 발생한다고 하였다. 포터에 의하면, 산업의 경쟁 강도를 결정하는 5가지 요인은 다음과 같다.

첫 번째 요인은 진입가능성이다. 산업 내에 새로운 경쟁기업이 진출하거나 그 가능성이 존재하면 기존 기업들의 이익이 크게 줄어든다. 그러므로 진입장벽(entry barrier)은 산업 전반의 수익성을 결정하는 핵심요소가 된다. 진입장벽은 막대한 투자규모, 원가에 비해 낮은 매출가격, 배타적인 기존 유통망, 그리고 정부의 정책 및 규제 등에 의해 형성되는데, 진입장벽이 낮을수록 경쟁자가 산업에 참여하는 것이 쉽기 때문에 경쟁의 강도가 증가한다.

두 번째 요인은 기존 경쟁자들 간의 관계이다. 동일 산업 내에서 비슷한 규모의 경쟁기업이 많을수록 경쟁의 강도가 증가하고, 이에 따라 제품가격이나 이익은 낮아진다. 산업의 성장률이 낮아지거나 고정비 부담이 크면 이러한 산업 내 경쟁은 더욱 격화된다.

세 번째 요인은 대체제품의 위협이다. 대체제품이 개발되거나 개발 가능성이 높아질수록 경쟁이 치열해 지고, 매출액은 줄어들게 되어 기존 산업의 성장률이 정체하거나 쇠퇴하게 된다.

네 번째 요인은 구매자들의 교섭력이다. 구매자들이 공급 기업으로부터 구매하는 물량이 많을수록, 공급 원가를 잘 알고 있을수록, 그리고 공급 기업을 바꿀 수 있는 능력이 클수록 기업은 약자의 위치에 놓이게 되고 산업의 경쟁 강도는 증가한다. 특히 자동차회사가 부품회사의 제품을 구매하는 경우처럼, 하나 또는 소수의 구매자가 제품 생산량의 많은 부분을 구매하게 되면 그 구매자는 제품가격과 품질의 결정에 있어서 생산자보다 우월한 교섭력을 행사하게 되는 것이다.

마지막 요인은 공급자의 교섭력이다. 산업 내에서 원재료, 기술 또는 다른 생산요소를 공급하는 자가 적을수록, 그리고 공급의 대체안이 적을수록 산업 내에서 기업의 경쟁 강도가 증가한다.

4) 기업분석

경제분석과 산업분석을 수행한 후에는 증권의 발행주체인 기업에 대해 최종적인 분석을 함으로써, 구체적인 투자종목을 결정해야 한다. 기업분석은 기업의 제반환경에 대해 파악하는 질적 분석과 기업 재무제표의 수치를 근거로 하여 경영성과를 분석하는 양적 분석으로 나누어 볼 수 있다.

(1) 기업의 질적 분석

질적 분석은 주로 기업의 배경이나 사업내용, 경영자의 능력과 자질, 그리고 기업의 생산설비 수준이나 신제품 개발, 연구개발투자 수준, 고객의 신용도, 노사관계, 주주의 구성, 정부와의 관계, 금융기관과의 관계 등에 대해 살펴봄으로써 기업의 특성을 파악하고 이를 근거로 기업의 미래를 전망하는 것이다.

기업의 배경과 성장과정을 살펴보는 것은 경제 환경 변화에 대한 대응능력과 미래의 성장전망 등을 예측하기 위해 필요하다. 일반적으로 오랜 역사를 가진 기업은 경기변동이나 인플레이션을 지속적으로 경험했기 때문에 예기치 않은 불황에 대해 대응할 수 있는 능력이 클 것이다. 또한 같은 산업에 속해 있는 기업일지라도 각 기업이 주력하는 사업내용은 매우 다르므로, 사업내용을 구체적으로 살펴봄으로써 경기변동에 안정적인지, 사업의 위험부담 수준은 어떠한지, 또는 미래의 전망이 양호한지 등에 대해 평가할 필요가 있다.

기업 경영성과의 많은 부분은 실제로 경영자의 능력에 의해 결정된다. 경영자의 능력은 주로 사업내용에 대한 전문적인 지식과 리더십을 의미하지만, 경영자의 경력이나 과거실적, 장단점, 평판, 대인관계, 인격 등에 대한 평가도 고려되어야 한다. 또한 최고경영층의 인적구성 역시 기업의 경영성과와 밀접한 관련이 있다.

기업의 질적 분석은 정보의 수집이 쉽지 않을 뿐 아니라, 판단을 위한 표준의 설정이 어렵기 때문에 투자자가 주관적으로 평가해야 하지만, 기업의 성과와 주식의 가치평가에서 매우 중요한 변수임에는 틀림이 없다.

(2) 재무제표 분석

이익을 많이 내는 기업이 발행한 주식은 가격이 오르고, 이익이 줄어드는 기업의 주가는 하락하는 것이 당연하다. 그러므로 투자자는 관심 기업이 이익을 내는지 손실을 보는지에 대해 파악해야 투자종목을 제대로 선택할 수 있다. 재무제표는 기업의 재무상태나 경영성과를 회계수치로 나타낸 것으로 대차대조표, 손익계산서, 이익잉여금처분계산서, 현금흐름표 등이 있다. 재무제표는 공시자료이기 때문에 자료의 획득이 쉽고 또 분석하는 것이 비교적 용이하다.

① 대차대조표

대차대조표(balance sheet)란 기업이 일정시점에 가지고 있는 자산, 부채, 자본을 요약하여 기업의 자산상태를 보여주는 표이다. 대차대조표의 차변(왼쪽)에는 자산항목을 기록하고, 대변(오른쪽)에는 부채와 자본항목을 기록한다. 즉, 차변에서는 기업의 총재산을 표시하여 기업자금의 운용 상태를 보여주고, 대변에서는 타인자본(부채)과 자기자본(사업가와 주주의 자금)을 표시함으로써 기업자금의 유입 원천을 보여주는 것이다. 그러므로 대차대조표상에서 자산(차변)은 부채와 자기자본을 합한 금액(대변)과 일치하게 된다.

표 8-2는 대차대조표의 구성요소를 간단히 제시한 것이다. 차변을 구성하는 자산은 크게 유동자산과 고정자산으로 나뉜다. 유동자산은 일반적으로 1년 이내에 현금화가 가능한 자산으로서, 당좌자산과 재고자산을 포함한다. 당좌자산이란 유동자산 중 가장 현금화가 쉬운 자산으로서 현금, 미수금, 당좌예금, 단기 금융상품 등이 있다. 이에 반해 재고자산은 상품, 제품, 원자재 등을 의미한다.

| 표 8-2 | OO회사의 대차대조표(2011년 12월 31일 현재)

<table>
<tr><td rowspan="7">자 산</td><td rowspan="2">유동자산</td><td>당좌자산</td><td rowspan="2">부 채</td><td>유동부채</td></tr>
<tr><td>재고자산</td><td>고정부채</td></tr>
<tr><td rowspan="5">고정자산</td><td rowspan="2">투자자산</td><td rowspan="5">자 본</td><td>자본금</td></tr>
<tr><td>자본잉여금</td></tr>
<tr><td rowspan="2">유형자산</td><td>이익잉여금</td></tr>
<tr><td rowspan="2">자본조정</td></tr>
<tr><td>무형자산</td></tr>
<tr><td colspan="3">자산 총계</td><td colspan="2">부채+자본 총계</td></tr>
</table>

고정자산은 경영수단으로 사용할 목적으로 취득한 각종 자산을 의미하는데, 그 보유 목적에 따라 투자자산, 유형자산, 무형자산으로 구분된다. 투자자산은 기업의 여유자금 활용이나 타 기업 지배를 위해 자금을 투자한 자산 중에서 보유기간이 장기적이어서 영업활동의 운용자금으로는 사용할 수 없는 자산을 말한다. 장기금융상품, 투자증권, 투자부동산 등이 이에 속한다. 유형자산이란 물리적 실체를 갖는 자산으로서 토지, 건물, 구축물, 기계장치 등이 포함되며, 무형자산은 물리적 실체는 없지만 경제적 가치를 갖는 영업권, 산업재산권, 특허권 등을 말한다.

대변의 구성요소는 자금을 어디에서 조달했는지에 따라 부채와 자본으로 나누어진다. 부채는 다시 유동부채와 고정부채로 구분되는데, 유동부채는 단기차입금이나 선수금처럼 1년 이내 상환기일이 도래하는 부채이고, 고정부채는 사채나 장기차입금과 같이 상환기일이 1년 이후에 도래하는 부채이다.

자본은 크게 자본금, 자본잉여금, 이익잉여금 그리고 자본조정의 4가지로 분류된다. 자본금은 주주의 출자금으로서 보통주 자본금과 우선주 자본금으로 나뉜다. 자본잉여금은 영업활동이 아닌 자본적 거래를 통해 발생한 이익을 말한다. 증자를 할 때 신주의 발행가격이 액면가보다 높을 때 발생하는 주식발행 초과금, 감자이익이나 합병차익 등이 자본잉여금에 속한다. 이익잉여금은 기업의 정상적인 영업활동을 통해 발생한 이익을 말하는데, 이익준비금이나 각종 적립금을 포함한다. 마지막으로 자본조정은 자본의 성격이 결정되지 않은 임시항목으로서 자산, 부채의 변동이 있으나 손익계산서에 미계상한 금액을 말한다.

대차대조표를 구성하는 자산, 부채 및 자본의 구체적인 항목들은 그림 8-2 대차대조표 서식에 기재되어 있다. 또한 표 8-3은 삼성전자의 2007~2010년 결산기와 2011년 3월 31일 현재 대차대조표의 주요 내용이다.

② 손익계산서

손익계산서(income statement)는 일정 영업기간 동안의 수익과 비용을 나타낸 표이다. 손익계산서를 통해 기업의 경영활동 성과를 측정하고, 수익력과 미래 순이익의 흐름을 파악함으로써 기업분석을 수행할 수 있다.

손익계산서의 구성요소는 매출액, 매출총이익과 영업이익, 경상이익을 거쳐 결국 기업의 당기순이익을 도출하는 과정을 보여주는데, 그 과정은 그림 8-3과 같다.

(제1쪽)

표 준 대 차 대 조 표 (일반법인용) (단위: 원)					
사업자등록번호		법인명		년월일 현재	
법인등록번호					

자산항목

계정과목	코드	금액	계정과목	코드	금액
Ⅰ. 유동자산	01		3. 장기대여금	40	
(1) 당좌자산	02		① 관계회사대여금	41	
1. 현금·예금	03		② 주주·임원·종업원대여금	42	
2. 단기금융상품	04		③ 기타	43	
3. 유가증권	05		4. 장기성매출채권	44	
4. 매출채권	06		5. 투자부동산	45	
5. 단기대여금	07		6. 보증금	46	
① 주주·임원·관계회사	08		7. 이연법인세차	47	
② 기타	09		8. 이연수주비	48	
6. 미수금	10		9. 기타	49	
① 분양미수금	11		(2) 유형자산	50	
② 공사미수금	12		1. 토지	51	
③ 기타	13		2. 건물	52	
7. 선급금	14		3. 구축물	53	
8. 기타	15		4. 기계장치	54	
(2) 재고자산	16		5. 선박·항공기	55	
1. 상품	17		6. 건설용 장비	56	
2. 제품	18		7. 차량운반구	57	
3. 반제품	19		8. 건설중인 자산	58	
4. 재공품	20		9. 기타	59	
5. 원재료(원자재)	21		(3) 무형자산	60	
6. 가설재	22		1. 영업권	61	
7. 저장품	23		2. 산업재산권	62	
8. 미착상품(미착재료)	24		3. 광업권	63	
9. 완성주택	25		4. 어업권	64	
10. 미완성주택	26		5. 차지권	65	
11. 용지(건설업)	27		6. 창업비	66	
12. 미성공사	28		7. 연구개발비	67	
13. 기타	29		8. 사용수익기부자산가액	68	
Ⅱ. 고정자산	36		9. 개업비	69	
(1) 투자자산	37		10. 사채발행비	70	
1. 장기 금융상품	38		11. 기타	71	
2. 투자 유가증권	39		자 산 총 계(Ⅰ+Ⅱ)	72	

| 그림 8-2(1) | 대차대조표 서식[별지 제3호의 2 서식(1)]

(제2쪽)

표 준 대 차 대 조 표 (일반법인용)					(단위: 원)
사업자등록번호		법인명		년월일 현재	
법인등록번호					

부채 및 자본항목

계정과목	코드	금액	계정과목	코드	금액
Ⅰ. 유동부채	01		Ⅲ. 자본금	41	
1. 매입채무	02		1. 보통주자본금	42	
2. 단기차입금	03		2. 우선주자본금	43	
3. 미지급법인세	04				
4. 미지급배당금	05		Ⅳ. 자본잉여금	44	
5. 선수금	06		1. 주식발행초과금	45	
① 공사선수금	07		2. 감자차익	46	
② 분양선수금	08		3. 합병차익	47	
③ 기타	09		4. 재평가적립금	48	
6. 유동성 장기부채	10		5. 기타자본잉여금	49	
7. 공사손실충당금	11				
8. 수선충당금	12		Ⅴ. 이익잉여금	50	
9. 판매보증충당금	13		1. 이익준비금	51	
10. 기타	14		2. 기업합리화적립금	52	
Ⅱ. 고정부채	15		3. 재무구조개선적립금	53	
1. 사채	16		4. 조특법상 준비금	54	
2. 장기차입금	17		5. 기타임의적립금	55	
① 관계회사	18		6. 차기이월이익잉여금 또는 차기이월결손금	56	
② 주주·임원·종업원	19				
③ 기타	20		Ⅵ. 자본조정	57	
3. 장기성 매입채무	21		1. 주식할인발행차금	58	
4. 퇴직급여충당금	22		2. 배당건설이자	59	
5. 단체퇴직급여충당금	23		3. 자기주식	60	
6. 제 충당금	24		4. 미교부주식배당금	61	
7. 제 준비금	25		5. 투자유가증권평가손익	62	
8. 이연법인세대	26		6. 해외사업환산대차	63	
9. 장기공사선수금	27		7. 기타	64	
10. 기타	28				
			자본총계(Ⅲ+～Ⅵ)	65	
부채 총계(Ⅰ+Ⅱ)	29		부채와 자본총계	66	

| 그림 8-2(2) | 대차대조표 서식[별지 제3호의 2 서식(1)]

| 표 8-3 | 삼성전자 대차대조표 요약(2007~2011년) (단위: 억 원, %)

항 목	2007. 12. 31	2008. 12. 31	2009. 12. 31	2010. 12. 31	2011. 3. 31
유동자산	419,010.1	489,685.5	620,691.9	614,025.8	609,570.7
비유동자산	514,741.2	563,320.9	562,122.9	728,861.5	755,750.7
자산총계	933,751.3	1,053,006.5	1,182,814.8	1,342,887.4	1,365,321.5
유동부채	297,959.7	322,070.7	377,191.4	399,447.2	380,365.8
비유동부채	76,072.5	101,696.2	75,080.5	49,949.3	69,968.2
부채총계	374,032.2	423,766.9	452,271.9	449,396.5	450,334.0
자본금	8,975.1	8,975.1	8,975.1	8,975.1	8,975.1
이익잉여금	510,651.7	554,195.7	642,612.0	850,145.5	869,729.7
자본총계	559,719.0	629,239.5	730,542.9	893,490.9	914,987.5
총자산증가율	14.76	12.77	12.33	13.53	1.67
총자본순이익율	8.49	5.56	8.63	12.51	8.02
자기자본순이익율	14.28	9.30	14.19	19.46	12.01
자기자본비율	59.94	59.76	61.76	66.54	67.02
부채비율	66.83	67.35	61.91	50.30	49.22
유보율	6,676.85	7,368.09	8,282.32	10,301.12	10,478.67
총자본회전율	1.13	1.22	1.24	1.22	1.0

매출액(sales)이란 기업의 제품과 서비스를 판매하여 얻는 총수입을 의미하며, 매출총이익은 매출액에서 제품생산에 드는 비용, 즉 매출원가를 차감한 금액이다. 매출총이익은 판매와 생산 활동의 성과, 즉 생산효율성을 측정하는 기본 지표가 된다.

매출액을 얻으려면 매출원가비용 외에도 여러 가지 비용이 든다. 근로자를 고용하여 임금을 주어야 하고, 사무실, 공장 등을 유지·관리하는 비용이 들며, 교통통신비, 감가상각비, 소모품비 등이 지출된다. 이러한 비용을 판매비와 일반관리비라고 하는데, 매출총이익에서 판매비와 일반관리

매출액
－매출원가

= 매출총이익
－판매비, 일반관리

= 영업이익
＋영업 외 수익 － 영업 외 비용

= 경상이익
＋특별이익 － 특별손실

= 법인세 공제 이전 순이익
－법인세

= 당기순이익

| 그림 8-3 | 당기순이익 도출과정

비를 차감한 금액이 기업 영업활동을 통해 얻은 영업이익(operating profit)이 된다. 만약 비용이 매출액을 초과하여 영업이익이 마이너스가 되면 이를 영업손실이라고 한다.

기업은 영업활동 외에 예금이나 주식 투자 등을 통해 이자나 배당금, 자본이득 등을 얻을 수 있는데 이를 영업 외 수익(non-operating profit)이라고 하며, 대출이자 지급, 사채이자지급 등 영업활동 이외의 영역에서 지출하는 비용을 영업 외 비용(non-operating expenses)이라고 한다. 따라서 영업 외 수익에서 영업 외 비용을 차감한 금액이 영업 외 이익이 된다. 경상이익(normal profit)은 영업이익과 영업 외 이익을 합친 금액으로서, 기업의 수익성을 살펴볼 수 있는 대표적인 지표이다. 만약 경상이익이 마이너스가 되면, 경상손실이라고 한다.

기업은 때때로 경상이익이나 경상손실 외에 특별한 이익과 손실이 생기기도 하는데 이를 특별이익, 특별손실이라고 한다. 예를 들어 기업 소유의 부동산이나 주식을 처분

| 표 8-4 | 삼성전자 손익계산서(2007~2011년) (단위: 억 원, %)

항 목	2007. 12. 31	2008. 12. 31	2009. 12. 31	2010. 12. 31	2011. 3. 31
매출액	985,078.1	1,212,943.1	1,389,936.7	1,546,303.2	369,850.1
매출액증가율	14.76	23.13	14.59	11.25	6.78
매출원가	708,809.1	897,623.5	989,450.3	1,026,668.2	260,544.4
매출액총이익율	28.05	26.00	28.81	33.60	29.55
영업이익	59,428.5	41,340.7	63,485.2	123,185.4	19,695.4
영업이익증가율	-1.71	-32.78	91.94	43.56	-30.73
매출액영업이익율	9.11	4.97	8.33	10.75	7.56
이자비용	2,941.4	6,702.7	5,465.2	5,810.9	1,382.5
영업 외 수익	41,449.3	108,242.7	121,833.5	114,876.6	20,765.4
영업 외 비용	34,853.5	102,783.5	111,959.5	87,800.3	14,842.3
법인세비용 차감 전 계속사업이익	96,328.7	65,777.7	125,650.5	193,286.5	33,877.5
계속사업 손익법인세비용	17,098.9	6,875.6	23,351.2	31,821.3	6,030.2
당기순이익	74,205.7	55,259.0	96,494.8	157,990.3	27,146.4
순이익증가율	-6.38	-25.53	74.62	63.73	-
매출액순이익률	7.53	4.56	6.94	10.22	7.34

하여 자본이득이 생길 수도 있고, 예상치 못한 사고로 인해 손실이 발생할 수도 있다. 기업은 경상이익에 특별이익을 더하고, 특별손실을 차감한 금액을 기준으로 법인세를 내게 되어 있다. 따라서 법인세를 내고 나서 남은 금액이 이 기업의 최종적인 당기순이익이 되는 것이다.

표 8-4는 삼성전자의 2007년~2010년 결산기 손익계산서와 2011년 3월 31일 현재 손익계산서의 주요 내용이다.

(3) 재무비율 분석

재무비율 분석(financial ratio analysis)은 재무제표 항목들 간의 비율을 산출하여 기업의 재무상태와 경영성과를 분석하는 방법이다. 재무비율 분석은 실제로 증권시장에서 주식의 가치평가를 위해 유용하게 쓰이며 채권등급의 평가, 기업의 신용평가 및 기업부실예측 등의 자료로도 사용된다.

① 수익성 비율

수익성 비율(profitability ratios)은 일정 기간 동안 기업의 경영성과를 나타내는 비율로서, 이익창출능력을 평가할 수 있는 지표이다.

$$\text{총자산순이익률(ROA)} = \frac{\text{당기순이익}}{\text{총자산}} \times 100(\%) \qquad \cdots\cdots \text{ 식 8-1}$$

총자산순이익률(Return On Asset, ROA)은 당기순이익을 총자산으로 나눈 수치이다. ROA는 단위 총자산에 대하여 얼마 만큼의 순이익을 창출해 냈는가를 나타내는 비율로서, 총자산을 얼마나 효율적으로 투자하여 순이익을 창출했는지를 보여준다.

$$\text{자기자본순이익률(ROE)} = \frac{\text{당기순이익}}{\text{자기자본}} \times 100(\%) \qquad \cdots\cdots \text{ 식 8-2}$$

자기자본순이익률(Return On Equity, ROE)도 수익과 관련된 대표적인 지표로서, 기업이 얼마나 잘 운영되는지를 보여준다. ROE는 당기순이익을 자기자본으로 나눈 값으로, 단위 자기자본에 대하여 얼마만큼의 순이익을 창출해 냈는가를 나타내는 비율이다. 이는 자기자본, 즉 투자자의 투자자금을 얼마나 효율적으로 운영하여 순이익을 창출했는지를 보여준다.

기업의 순이익은 중요한 분석요소이다. 그러나 회계기준 변경이나 감가상각 방법의 변경 등에 의해 영향을 받을 가능성이 높다. 그러므로 최근에는 EBIT(Earnings Before Interest and Tax)나 EBITDA(Earnings Before Interest, Tax, Depreciation and Amortization)분석이 많이 사용된다.

EBIT는 이자와 세금 이전의 순이익을 말하는데, 영업이익과 동등한 것으로 간주된다. EBITDA는 이자, 세금, 감가상각 및 감모상각 이전의 순이익을 의미하며, 정상적인 기업활동을 통한 수익창출 능력을 말한다.

$$\text{매출액 경상이익률} = \frac{\text{경상이익}}{\text{매출액}} \times 100(\%) \qquad \cdots\cdots \text{ 식 8-3}$$

매출액 경상이익률은 일정기간 기업 경영활동의 성과를 총괄적으로 나타내는 지표이다. 경상이익은 영업이익과 영업 외 이익을 합친 금액으로서, 기업의 수익성을 총괄적으로 평가해 준다.

② 유동성 비율

유동성 비율(liquidity ratios)의 분석 목적은 단기 부채에 대한 지급능력을 평가하는 것이다. 아무리 수익성이 높은 기업일지라도 유동성이 부족하여 단기 부채를 상환할 능력이 없으면, 최악의 경우 흑자도산이 발생할 수도 있기 때문이다.

$$\text{유동비율} = \frac{\text{유동자산}}{\text{유동부채}} \times 100(\%) \qquad \cdots\cdots \text{ 식 8-4}$$

유동비율(current ratio)은 현금화가 가능한 유동자산이 1년 이내에 상환해야 하는 단기 부채의 몇 배인지를 나타내는 지표로서, 단기부채지급능력비율이라고도 한다. 일반적으로 200%를 표준으로 삼는다.

$$\text{당좌비율} = \frac{\text{당좌자산}}{\text{유동부채}} \times 100(\%) \qquad \cdots\cdots \text{ 식 8-5}$$

당좌자산(quick asset)은 유동자산 중에서도 상대적으로 현금화가 쉬운 자산이다. 기업의 유동성 정도를 평가하는 데 있어, 당좌비율(quick ratio)이 유동비율보다 더 엄격한 지표가 된다.

$$현금보상비율 = \frac{영업활동현금흐름 + 금융비용}{단기차입금 + 유동성장기차입금 + 금융비용} \times 100(\%)$$

…… 식 8-6

현금보상비율은 영업활동에서 창출된 현금흐름으로 해당 기간의 부채상환액을 어느 정도 충당할 수 있는지를 보여주는 지표이다.

③ 레버리지 비율

레버리지 비율(leverage ratios)은 타인자본을 사용하는 수준을 측정하는 지표이다.

$$부채비율 = \frac{부채}{자기자본} \times 100(\%) \quad \cdots\cdots \text{ 식 8-7}$$

부채비율(debt to equity ratio)은 자기자본 중에서 부채가 차지하는 비중을 나타낸다. 이는 기업의 장기적인 안정도와 기업자본구성의 건전성 정도를 파악하기 위해 측정한다. 부채비율이 낮을수록 기업의 재무건전도가 높다고 할 수 있으나, 일반적으로 타인자본과 자기자본을 동등한 수준으로 유지하는 것이 바람직하다고 본다. 호황기일 때는 기업이 타인자본을 늘릴수록 레버리지 효과(지렛대효과)로 인해 수익성을 높일 수 있으므로 부채비율이 증가하는 경향을 보이며, 반대로 불황기일 때는 타인자본의 증가가 기업의 수익을 낮추는 역할을 하기 때문에 부채비율이 높으면 위험하다.

$$고정비율 = \frac{고정자산 + 투자자산}{자기자본} \times 100(\%) \quad \cdots\cdots \text{ 식 8-8}$$

고정비율은 자기자본을 가지고 고정자산 및 투자자산을 어느 정도 충당할 수 있는지를 나타내는 지표이다. 고정자산은 가급적 자기자본으로 충당하는 것이 바람직하다.

④ 성장성 비율

성장성 비율(growth ratios)은 일정 기간 동안 기업의 경영성과가 얼마나 증가하였는가를 나타내는 비율로서, 기업의 경쟁력이나 성장 잠재력 등을 예측할 수 있는 지표가 된다.

$$매출액\ 증가율 = \frac{당기매출액 - 전기매출액}{전기매출액} \times 100(\%) \quad \cdots\cdots \text{ 식 8-9}$$

매출액 증가율은 일정기간 동안 매출액이 얼마나 증가하였는지를 보여주는 지표이다. 매출액 증가는 제품가격의 상승과 판매수량의 증가에 의해 영향을 받는데, 기업의 매출액 증가율을 산업 전체의 매출액 증가율 평균과 비교해 보면, 이 기업의 시장점유율을 평가할 수 있다.

$$\text{이익 증가율} = \frac{\text{당기순이익증가액}}{\text{전기순이익}} \times 100(\%) \qquad \cdots\cdots \text{ 식 8-10}$$

순이익증가율은 일정기간 동안 순이익이 얼마나 증가하였는지를 보여주는 지표이다.

⑤ 시장가치 비율(주가 관련 비율)

시장가치 비율은 주식시장에서 기업의 가치가 어떻게 평가되고 있는지를 보여준다. 이는 주식의 시장가격과 재무제표 항목의 수치를 비교하여 나타낸다.

$$\text{주당순이익(EPS)} = \frac{\text{당기순이익}}{\text{평균발행주식수}}(\text{원}) \qquad \cdots\cdots \text{ 식 8-11}$$

주당순이익(Earning Per Share, EPS)은 기업의 당기순이익을 당해 연도의 평균 발행주식 수로 나눈 값이다. 이는 한 주당 창출하는 이익이 어느 정도인지를 보여줌으로써, 기업의 성과지표로 사용된다. 또한 일반적으로 EPS가 높을수록 주식의 투자가치가 높고, 주가도 높은 경향이 있다.

$$\text{주가수익비율(PER)} = \frac{\text{주가}}{\text{주당순이익(EPS)}}(\text{배}) \qquad \cdots\cdots \text{ 식 8-12}$$

주가수익비율(Price Earings Ratio, PER)은 주식 투자 판단의 기본적 지표 중 하나로서, 현재 주가를 주당순이익(EPS)으로 나눈 값이다. 즉, 현재의 주가가 주당순이익의 몇 배인가를 나타낸다. 예를 들어, A사의 주가가 20,000원, 1주당 순이익이 2,000원이라면, PER은 20,000/2,000=10(배)이다.

일반적으로 PER이 높으면 기업이 영업활동으로 벌어들인 이익에 비해 주가가 높게 평가되었다는 것을 의미하며, 반대로 PER이 낮으면 이익에 비해 주가가 낮게 평가되었으므로 주가 상승의 가능성이 크다고 볼 수 있다. 그러나 PER은 업종에 따라 많은 차이가 있으므로, 투자를 결정할 때는 동종 업종의 다른 주식들의 PER과 비교해야 한다.

$$\text{주가순자산비율(PBR)} = \frac{\text{주가}}{\text{주당순자산(BPS)}}\text{(배)} \qquad \cdots\cdots \text{ 식 8-13}$$

주가순자산비율(Price Book-Value Ratio, PBR)은 주가를 주당순자산가치(BPS)로 나눈 값이다. 현재의 주가가 1주당 순자산의 몇 배인지를 보여준다. 이는 PER과 같이 주가의 상대적 수준을 나타내는 지표이다. 그러나 PER은 기업의 수익을 기초로 한 투자지표인 데 반해, PBR은 주주의 지분을 기초로 한 투자지표라고 할 수 있다. 주가가 1주당 순자산보다 낮은 경우에는 저평가되었다고 볼 수 있다.

$$\text{배당률} = \frac{\text{주당배당금}}{\text{액면가}} \times 100(\%) \qquad \cdots\cdots \text{ 식 8-14}$$

$$\text{배당수익률} = \frac{\text{주당배당금}}{\text{주가}} \times 100(\%) \qquad \cdots\cdots \text{ 식 8-15}$$

$$\text{배당성향} = \frac{\text{주당배당금}}{\text{주가}} \times 100(\%) \qquad \cdots\cdots \text{ 식 8-16}$$

배당률은 주식의 액면가에 대한 주당 배당금의 비율로서, 배당지급의 기준이 되는 지표이다. 배당수익률(dividend yield)은 현재 주가에 대한 배당금의 비율이다. 주식을 보유함으로써 받는 현금배당의 수익률을 보여주기 때문에 실제 투자에 도움이 된다. 배당성향(dividend payout ratio)은 주당순이익 중에서 배당금이 차지하는 비율이다.

2. 기술적 분석

1) 기술적 분석의 개념

앞서 살펴본 기본적 분석은 주식의 미래 수익률을 결정하는 기본적 요소들에 대해 관심을 갖는다. 주식이 고평가되었는지, 저평가되었는지를 파악하기 위해 주식의 내재가치를 파악하는 것이다. 반면 기술적 분석(technical analysis)은 주가의 과거 움직임이나 거래량 변화를 분석하여 미래의 주가 변동을 예측하는 데 초점을 둔다.

기술적 분석에서는 자산의 수요와 공급이 일정한 추세 혹은 반복적 패턴을 가지고 있다고 보고, 증권거래의 과거 자료를 면밀히 살펴봄으로써 그 패턴을 찾아 미래의 주가를 예측하고자 한다.

기술적 분석에서는 다음과 같은 기본 가정을 하고 있다. 첫째, 주가의 시장가치는 그 주식의 수요와 공급에 의해서만 결정된다. 둘째, 주식의 수요와 공급은 재무적 요인뿐 아니라 심리적·비이성적 요인 등 복합적인 요인에 의해 영향을 받는다. 셋째, 주가는 관련 정보를 서서히 반영하되, 상당한 기간 동안 지속되는 특정한 추세를 형성하면서 변화한다. 넷째, 주가와 거래량의 변화 양상은 스스로 반복하는 경향이 있다. 다섯째, 주가 추세의 변화는 그 주식의 수요와 공급의 변동에 의해 발생하며, 이는 도표(chart)를 통해 살펴봄으로써 파악 가능하다.

결국 기술적 분석에서는 주가가 특정한 추세를 형성하면서 변화하기 때문에 과거 주가나 거래량의 도표(chart)분석을 통해 미래 주가를 예측할 수 있으며, 주가 움직임의 추세가 형성되는 시작 시점을 잘 파악하면 투자시점을 포착할 수 있고, 증권시장의 전환점을 예측할 수 있다는 것이 핵심이다.

기본적 분석이 기업 자체를 분석해서 미래 수익률을 예측하는 것이라면, 기술적 분석은 끊임없이 변동하는 투자자들의 움직임을 분석해서 주가 변동을 예측하는 것이다. 기술적 분석은 적용이 용이하고, 여러 증권에 대해 동시에 적용할 수 있다는 측면에서 실무적으로는 기본적 분석에 비해 효과적이다.

기본적 분석의 경우 기업분석을 철저히 하기 위해 많은 노력과 시간을 투입해야 하지만, 기술적 분석은 차트와 지표를 이용해서 비교적 쉽게 주가의 움직임을 분석할 수 있다. 기본적 분석이 이용하는 미래 이익의 자료는 기업의 손익계산서로부터 얻어지는데, 이러한 회계자료는 자의적인 부분이 상당히 있으며, 기본적 분석에서 흔히 이용하는 PER(주가수익비율)이나 요구수익률 역시 다분히 주관적일 수 있다. 그러나 기술적 분석에서 주가예측을 위해 사용하는 추세나 패턴은 과거의 경험에 의해 얻어진 객관적인 자료라고 할 수 있다. 또한 기술적 분석을 통해 변화하는 매매세력의 변동 양상과 주가 변동을 예측할 수 있기 때문에, 적절한 매수시점과 매도시점을 판단하여 단기간에 여러 번의 복리수익을 올릴 수 있다.

그러나 기술적 분석 역시 현실적으로 몇 가지 제한점을 갖는다.

첫째, 주식의 내재가치를 간과하고 시장의 변동에만 너무 집착하면 왜 시장이 변화하고 있는지에 대한 원인 분석이 어렵다. 따라서 증권시장의 대세와 달리 중간에 일시적으로 나타나는 속임형 변동에 영향을 받아 부적절한 매매를 할 수도 있다.

둘째, 주식 가격의 변동이 장기간 지속적인 특정 추세를 형성하고, 그 추세가 동일한 패턴을 가지고 순환한다는 가정은 비현실적이다. 시장에서는 항상 예기치 못한 일들이 생기기 마련이므로 주가의 변동 추세 역시 예측과 달리 엉뚱한 방향으로 나타날 수 있다. 그러므로 과거의 주가 또는 거래량 변화양상으로 미래를 예측하기는 어렵다는 것이다. 현실적으로 볼 때, 주가에 영향을 미치는 정보나 투자자의 심리적 변화는 반복적일 수가 없다.

셋째, 주가 변동의 추세나 패턴을 해석하는 데 있어, 분석자의 주관성이 개재될 가능성이 많다. 즉, 동일한 차트에 대해서도 모두 다른 해석을 할 수 있다는 것이다.

넷째, 기술적 분석을 통해 단기적으로 여러 번의 복리수익을 올릴 수 있지만, 동일한 분석기법을 사용하는 투자자들이 늘어나면 효용성이 떨어지기 마련이다.

따라서 성공적인 투자를 하기 위해서는 협의의 기술적 분석기법만을 가지고 판단하지 말고, 주식의 가치를 판단하는 기본적 분석기법을 비롯하여 시장흐름과 투자심리분석 등 광의의 기술적 분석기법을 종합적으로 사용해야 한다.

기술적 분석의 종류는 크게 주가차트분석, 거래량차트분석, 지표분석 등으로 분류할 수 있다. 먼저 기술적 분석의 시초인 다우이론에 대해 살펴본 후 다양한 기술적 분석에 대해 설명하기로 하겠다.

2) 추세분석

(1) 다우이론

기술적 분석이 체계적으로 시작된 것은 미국 월스트리트 저널을 창간한 다우(Charles H. Dow)에 의해서였다. 1990년 발표된 다우이론(Dow theory)은 주식시장의 움직임에 일정한 흐름이 있으며, 이에 따라 주식시장 전체의 방향을 예측할 수 있다는 가설로부터 출발하여 주가의 장기추세를 예측한 기술적 분석방법이다. 다우이론에서는 주가가 항상 일정한 추세(trends)를 그리면서 움직이므로 추세가 하락에서 상승으로 바뀌거나 상승에서 하락으로 바뀌는 국면을 잘 포착해서 주식의 매수와 매도시점으로 활용해야 한다고 설명한다.

다우이론은 주가추세를 단기 추세(minor trends), 중기 추세(secondary trends 또는 intermediate trends), 그리고 주추세(primary trends)로 구분하고 있다. 단기 추세는

매일매일의 주가 움직임을 말하는 것으로써, 단기 변동 또는 일일변동이라고도 한다. 중기 추세는 몇 주 혹은 몇 개월간의 주가 움직임으로서, 2차 추세라고도 한다. 주추세는 몇 개월 혹은 몇 년 이상 지속되는 주가추세로서, 장기적인 주가 움직임을 보여주므로 장기추세라고 한다. 다우이론에서는 주가의 단기추세는 중요하게 여기지 않으며, 중기추세를 관찰하여 변화의 양상을 근거로 주추세를 예측하고, 주추세의 방향이 전환되는 시점을 포착하는 데 주목적을 두고 있다.

주추세가 상승추세에서 하락추세로 전환되거나 반대로 하락추세에서 상승추세로 전환됨을 알려주는 신호를 불임점(abortive point)이라고 한다. 즉, 불임점은 이제까지 유지되어 온 장기추세가 더이상 유지되지 못하고 반대 방향으로의 새로운 장기추세로 전환되는 시점이라는 의미이다. 그림 8-4는 다우이론을 이용한 강세시장과 약세시장의 추세전환 예측방법을 보여준다. 강세시장(I)에서 새로운 중기추세의 최고점(C)이 주추세의 최고점(A)을 상향 돌파하지 못하고 불임점(C)를 형성하면, 주추세는 하락추세로 전환된다. 이는 앞으로 강세시장이 약세시장으로 전환될 것임을 의미한다. 또한 약세시장에서 새로운 중기추세의 최저점(D)이 이전 주추세의 최저점(B)보다 높아 불임점(D)을 형성하면, 주추세는 상승추세로 전환되고 약세시장이 강세시장(II)으로 전환된다.

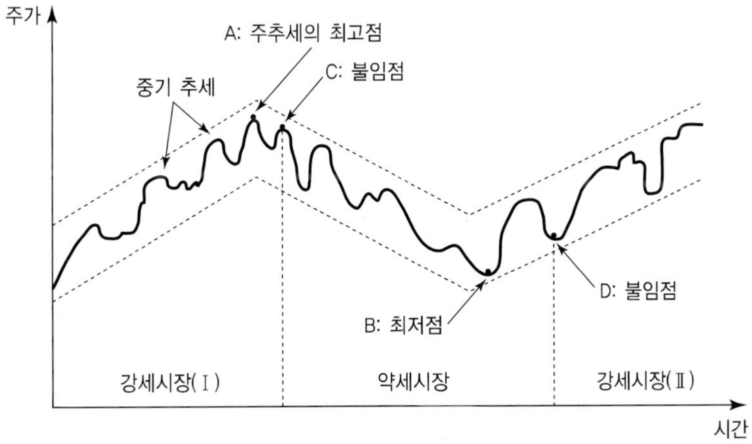

| 그림 8-4 | 다우이론의 추세전환
출처: 박정식·박종원(2001). 현대투자론 p.386.

| 표 8-5 | 장기 추세의 진행과정

구 분	강세시장	약세시장
제1국면	매집국면	분산국면
제2국면	마크업국면(상승국면)	공황국면
제3국면	과열국면	침체국면

증권시장에서 장기적으로 주추세선이 상승하고 있는 경우를 강세시장(bull market)이라고 하고, 주추세선이 하락하고 있는 경우를 약세시장(bear market)이라고 한다. 다우이론의 장기추세 진행과정을 시장상황과 연결하여 구분해 보면, 강세시장에서는 매집국면, 마크업국면(상승국면), 과열국면으로 진행되고, 약세시장에서는 분산국면, 공황국면, 침체국면으로 진행된다.

강세시장(bull market)의 초기 단계에는 경제, 산업, 기업환경, 주식시장 등 모든 여건이 회복되지 못하고 장래에 대한 어두운 전망이 예상된다. 불안감을 느낀 대다수 일반 투자자들은 장기간 지속된 약세시장(bear market)에 지쳐서 보유 주식을 매도하려고 하지만, 경기 호전을 미리 예측한 전문 투자자들은 매도 물량을 매수하기 시작해 점차 거래량이 증가하게 된다. 이와 같이 강세시장 제1국면에서 나타나는 시장내부의 변화과정을 매집 국면이라고 한다. 강세시장의 제2국면에서는 전반적인 경제 여건 및 기업의 영업 수익이 호전됨으로써, 일반 투자자들의 관심이 고조되어 주가가 상승하고 거래량도 증가하게 되는데, 이러한 국면을 마크업국면(mark-up phase) 혹은 상승국면이라고 한다. 이 국면에서는 기술적 분석에 따라 주식 투자를 하는 사람들이 가장 많은 수익을 올릴 수 있다. 강세시장의 제3국면에서는 경제 전반에 걸쳐 각종 통계 자료가 호조를 보이면서 투자가치가 적은 종목에까지 인기가 확산되기 시작한다. 또한 언론에서 주식시장 관련 보도가 급증하는 등 과열현상이 나타난다. 이러한 상황에서는 일반 투자자나 주식 투자 경험이 없는 사람들이 뒤늦게 적극 매수에 나서기 때문에 장세가 과열되지만, 과열국면에서 매수하는 경우 손해를 보기 쉽다.

약세시장의 제1국면은 분산국면이라고 한다. 왜냐하면 이 시기는 강세시장의 제3국면에서 주식시장이 지나치게 과열된 것을 감지한 전문 투자자들이 투자 수익을 취한 후 빠져나가는 단계로서, 주가가 조금만 하락해도 거래량이 증가하는 양상을 보이기 때문이다. 약세시장의 제2국면에서는 경제 전반에 관한 각종 통계 자료가 악화됨에 따라 주식을 매도하려는 일반 투자자들이 늘어나면서 매수 세력이 상대적으로 크게 위축된다. 주가는 거의 수직 하락하게 되며 거래량도 급격히 감소하기 때문에 공황국면(panic phase)이라고 부른다. 약세시장의 제3국면은 공황국면에서 미처 처분하지 못한 일반 투자자들의 실망매물이 증가하면서 투매 양상이 나타난다. 이에 따라 주가는 계속 하락하지만 시간이 경과할수록 그 하락폭은 감소한다. 주식시장의 침체와 기업의 수익성 악화 등 부정적인 정보가 주식시장 전체에 확산되어 있기 때문에 이를 침체국면이라고 부른다.

이와 같이 다우이론은 주가변동의 장기적인 추세를 파악함으로써, 시장 전체뿐 아니라 개별 종목의 주가변동을 예측한다. 다우이론은 1930년대 미국경제의 대공황에 따른 증권시장의 대폭락을 예측하여 유명해진 바 있다. 그러나 미래의 주가가 반드시 과거 주가의 반복은 아니라는 점, 중기추세나 주추세를 구분하는 객관적 기준이 모호하다는 점, 추세 전환점을 확인하는 것이 쉽지 않다는 점, 그리고 분석자의 주관적 판단이 개입되어 분석결과의 일관성이 부족하다는 점 등이 문제점으로 지적된다.

(2) 추세분석을 이용한 매매

앞서 설명한 것처럼, 주가는 같은 방향으로 추세를 형성하며 움직이려는 속성이 있다. 차트에 추세선(trend line)을 그려보면 그림 8-5에서와 같이 상승, 하락, 횡보 중 하나의 추세선을 따라 움직인다는 것을 알 수 있다. 이러한 주가의 성질을 이용하여 향후 주가를 예측하는 것이 추세분석이다.

상승추세선은 주가의 고점과 저점이 점차 높아질 때 의미 있는 두 개 이상의 저점을 연결하여 그린다. 그림 8-6에서 A와 B의 두 저점을 연결한 선이 상승추세선이다. 하락추세선은 주가의 고점과 저점이 점차 낮아질 때 의미 있는 두 개 이상의 고점을 연결한 것이다. 상승추세선이 확인되면 향후 주가도 상승할 것으로 예상한다. 그러므로 주가가 상승추세선을 하락돌파하지 않는 한 매수하는 것이 바람직하다. 반대로 하락추세선이 확인되면, 향후 주가도 하락할 것으로 예상하고 매도에 관심을 가져야 한다.

상승추세선에서는, 주가가 추세선에 닿으면 매수세력이 증가하여 주가가 더 이상 떨어지지 않고 지지(support)되거나 반등한다. 상승추세선이 지지선의 역할을 하는 것이다. 만약 주가가 상승추세선에서 지지되지 못하고 추세선을 이탈하면, 기존의 추세선은 없어지고 새로운 추세선이 생기게 된다.

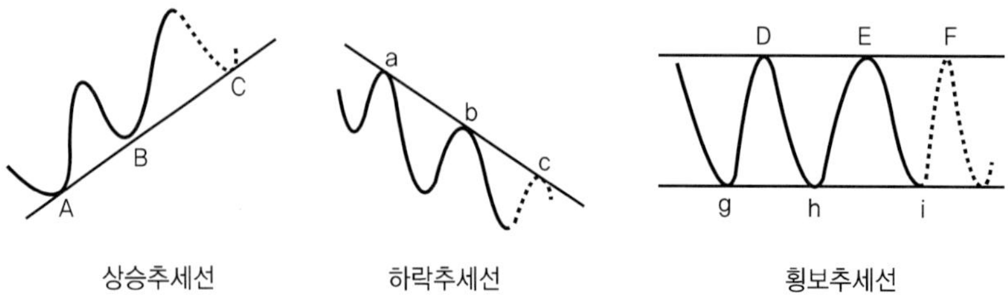

| 그림 8-5 | 추세선의 유형

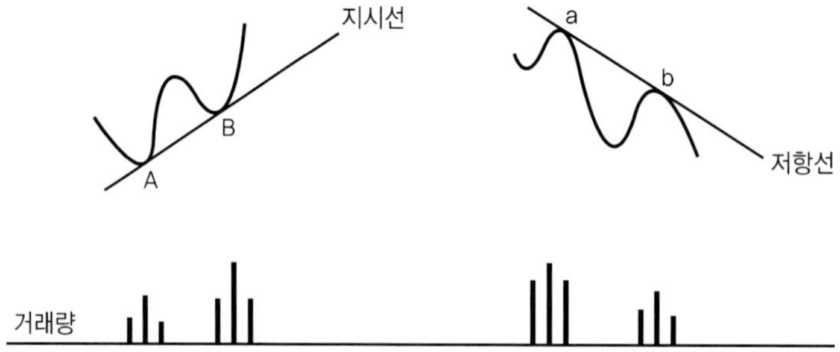

| 그림 8-6 | 지지선과 저항선

반면 하락추세선에서는, 주가가 추세선에 닿으면 매도세력이 급증하여 주가가 더 이상 오르지 못하고 떨어진다. 이를 저항(resistance)라고 한다. 즉 하락추세선이 저항선이 되는 것이다. 따라서 주가가 저항선까지 올라갔을 때 매도하는 것이 바람직하다.

거래가 많이 이루어진 가격일수록 지지나 저항의 강도가 강하다. 그림 8-6에서, 상승추세일 때 B의 지지가 더 많은 거래량을 수반했으므로, A보다 지지력이 강하다고 볼 수 있다. 또한 하락추세일 때는 a의 저항이 더 많은 거래량을 수반했으므로, b보다 a의 저항력이 강하다고 할 수 있다. 또한 추세선의 길이가 길수록 신뢰도가 높으므로 단기의 지지나 저항보다는 장기의 지지나 저항이 더 강력한 힘을 갖는다.

주가가 상승추세선(지지선)을 하향 돌파하면, 상승에서 하락으로의 추세전환을 의미하므로 보유주식을 매도하는 것이 바람직하다. 반대로 주가가 하락추세선(저항선)을 상향돌파하면, 하락에서 상승으로의 추세전환이므로 주식 매수를 고려하는 것이 좋다. 상승추세선을 하향돌파하면 기존에 지지선 역할을 했던 추세선이 저항선으로 바뀐다. 마찬가지로 주가가 하락추세선을 상향돌파하면, 기존에 저항선 역할을 하던 추세선이 지지선으로 바뀐다.

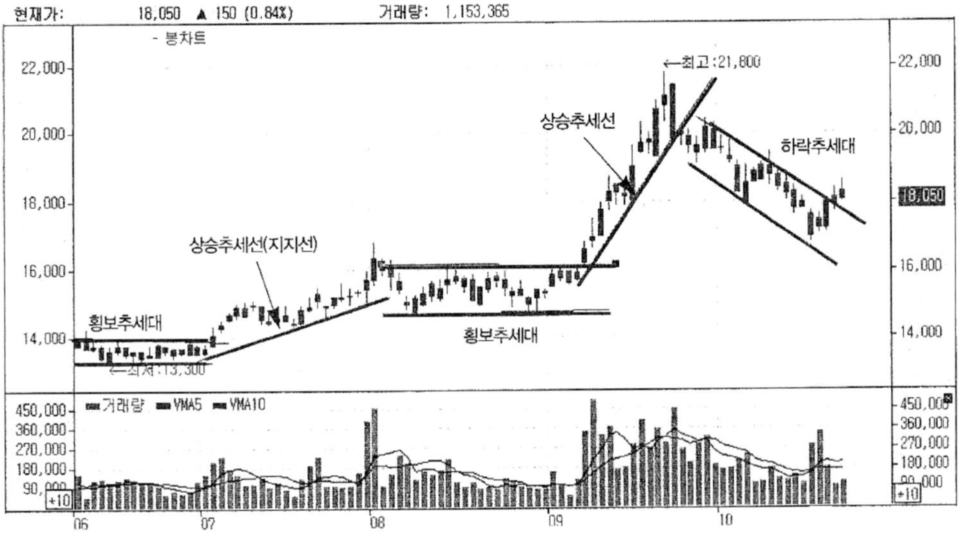

| 그림 8-7 | 추세선과 추세대

추세대는 그림 8-7에서 보는 바와 같이, 고점과 고점을 이은 선과 저점과 저점을 이은 선이 평행하여 일정 간격의 구간이 만들어진 것을 말한다.

3) 패턴분석

과거 자료의 분석을 통해 주가그래프의 모양을 몇 가지 형태로 정형화하여 패턴을 만든 후, 이러한 패턴을 이용하여 주가를 예측하고, 매매시점을 포착하는 방법을 패턴분석이라고 한다. 즉, 과거의 주가흐름을 통해 검증된 패턴을 현재의 주가흐름에 대입하여 주가의 등락을 예측하는 방법이다. 주가의 변화는 조직적으로 움직이는 습성이 있기 때문에, 수요와 공급 원리에 의해 나타난 과거의 주가자료를 검토하여 그 주식 특유의 시장습성을 파악하면, 향후 주가의 변화 방향도 예측이 가능하다는 것이다.

패턴분석은 주가의 천장권이나 바닥권에서 일어나는 전형적인 주가모형을 분석하여, 주가흐름의 전환시점을 포착하고 매매시점을 판단하고자 할 때 많이 이용된다. 패턴분석을 통해 주가변동을 예측하는 전형적인 방법은 크게 천장형 패턴, 바닥형 패턴, 지속형 패턴을 분류해 내는 것인데, 이는 주가 시세의 천장(top)이나 바닥(bottom)에서 일어나는 패턴을 찾아내어 주가흐름이 상승국면인지 하락국면인지를 포착하기 위한 것이다.

(1) 머리-어깨형 패턴

머리-어깨형(Head and Shoulder) 패턴은 봉우리가 세 개라고 하여 삼봉형 패턴이라고도 부르는데, 추세의 반전을 예측하는 가장 신빙성 있는 패턴으로 알려져 있다. 주가의 천장권이나 바닥권에서 모두 나타날 수 있으며, 천장권에서 나타나는 머리-어깨 천장형 패턴이 가장 전형적인 형태이다.

머리-어깨 천장형 패턴은 그림 8-8에서 보는 바와 같이, 세 개의 고점(A, C, E)과 두 개의 저점(B, D)으로 구성되고 왼쪽 어깨(A), 머리(C), 오른쪽 어깨(E)의 순서로 세 개의 봉우리를 이룬다.

일반적으로 왼쪽 어깨(A)가 형성되는 과정에서는 주가가 상승하면서 거래량 증가가 이루어지므로, 왼쪽 어깨의 정점에서 거래량이 가장 많다. 두 번째 주가 상승으로 머리(C)가 형성될 때는 왼쪽 어깨의 정상보다 높게 나타나며, 거래량은 왼쪽 어깨와 마찬가지로 주가상승 과정에서 증가하지만, 전체의 거래량 수준은 왼쪽 어깨보다 많지 않다. 세 번째 상승으로 오른쪽 어깨(E)가 형성될 때는 머리의 정상까지 올라가지 못하고 하락폭의 1/2~2/3 수준까지만 회복한 후 다시 하향한다. 이 과정에서는 거래량이 현저하게 줄어드는 것이 특징이다. 만약 이때 거래량이 증가하면 머리-어깨형 패턴이 아닌 다른 패턴으로 움직일 가능성이 크다는 점에 유의해야 한다.

두 개의 저점(B, D)을 이은 수평선을 목선(neckline, 기준선)이라고 하는데, 주가가 세 개의 고점을 형성한 뒤 목선을 완전히 하향 돌파하면 머리-어깨 천장형 패턴이 완성되고, 상승추세에서 하락추세로 전환된다. 머리-어깨 천장형 패턴이 완성된 후에는 과거 자료와 경험에 근거하여 주가가 앞으로 어느 수준까지 하락할 것인가를 미리 계산해 볼 수 있는데 이를 목표치 계산이라고 한다. 일반적으로 머리-어깨형 천장형 패

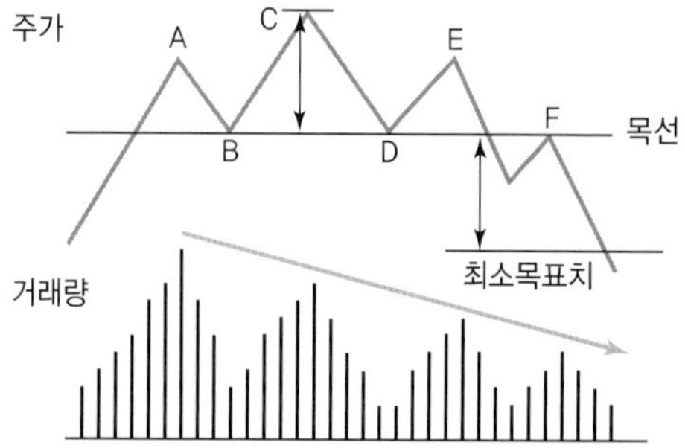

| 그림 8-8 | 머리-어깨 천장형 패턴

턴에서 적용되는 하락 목표치는 머리와 목선의 하락폭만큼 목선에서 더 하락한다고 예상된다. 그러나 이는 최소 목표치일 뿐이며, 때로는 그 이상으로 하락할 수도 있고 덜 하락할 수도 있다.

머리-어깨 천장형 패턴은 상승추세에서 하락추세로의 전환을 예고하는 패턴이므로 매도시점을 포착하는 것이 매우 중요하다. 가장 바람직한 매도시점은 머리 부분의 정점이다. 그러나 그 단계에서는 머리-어깨형이 나타날 것을 예측하는 것이 거의 불가능하므로 일단 기다리는 것이 보통이다. 머리-어깨형이 완성되는지의 여부를 가장 빨리 판단할 수 있는 시점은 오른쪽 어깨의 정점이 나타나면서 거래량 감소와 함께 주가가 하락하는 때이다. 물론 예외적인 경우도 있지만, 오른쪽 어깨의 정점이 형성되고 주가와 거래량이 하락하면 매도신호로 보는 것이 바람직하다.

머리-어깨 바닥형 패턴은 머리-어깨 천장형 패턴을 뒤집어 놓은 형태로서, 주가가 하락추세에서 상승추세로 반전할 때 나타나는 패턴이다. 머리-어깨 바닥형 패턴은 그림 8-9에서 보는 바와 같이 세 개의 저점(A, C, E)과 두 개의 고점(B, D)으로 구성되며, 주가가 세 개의 저점을 형성한 뒤 목선(두 개의 고점을 이은 수평선)을 상향이탈하면 머리-어깨 바닥형이 완성되고, 하락추세에서 상승추세로 전환된다.

왼쪽 어깨가 형성되는 과정은 장기간 하락장세가 지속된 후 주가의 급락세가 진정되면서 바닥에서 반등하는 경우로, 거래량은 하락과정에서 현저하게 증가하지만 반등으로 들어서면 감소한다. 두 번째 하락으로 머리가 형성될 때는 주가가 왼쪽 어깨의 저점보다 더 하락하지만, 거래량은 일반적으로 왼쪽 어깨가 형성될 때보다 많이 증가한다. 세 번째로 하락할 때는 머리의 저점에 도달하기 전에 중간에 상승 전환되면서 오른쪽 어깨를 형성한다. 왼쪽 어깨와 머리에 비해 거래량이 많고, 주가가 목선을 돌파하여 상

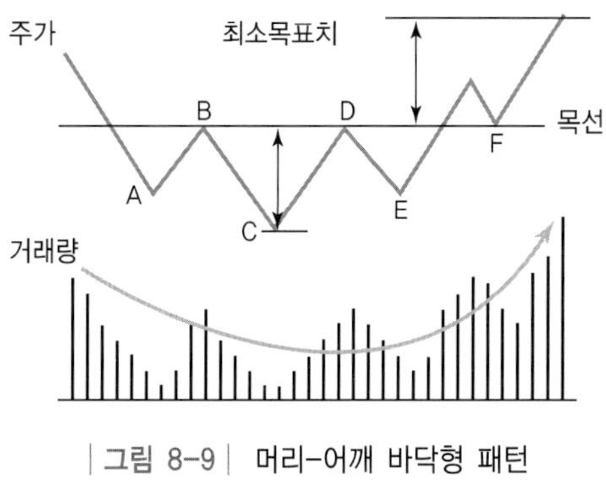

| 그림 8-9 | 머리-어깨 바닥형 패턴

승하면 거래량이 크게 증가한다. 상승 최소 목표치는 머리-어깨 천장형에서 적용했던 것과 마찬가지로, 머리에서 목선까지의 상승폭만큼 목선에서 더 상승할 것으로 본다.

(2) 원형 패턴

대표적인 추세반전형 모형인 머리-어깨형 패턴이 장기간에 걸쳐 형성되면, 구성 요소들이 점차 복잡해져서 어깨부분이 여러 개 나타나는 다중 머리-어깨형 패턴(multiple Head and Shoulder pattern)으로 발전하고, 나아가 더 복잡해지면 목선(neckline)의 기울기가 활선의 형태를 가지는 원형 패턴(Scallop & Saucer 또는 Rounding formation)으로까지 변화하게 된다.

원형 패턴은 장기간에 걸쳐 완만한 속도로 형성되기 때문에 명확한 신호가 나타나지 않아 천장 또는 바닥을 돌파하는지의 여부를 판단하기 어렵다. 그럼에도 불구하고 원형 패턴이 나타난 후에는 중요한 장세 변화가 수반되므로 주의 깊게 살펴봐야 한다.

원형 천장형은 그림 8-10과 같이 주가의 움직임이 둥근 지붕 형태이며, 주가에 따라 변화하는 거래량의 모양은 넓은 접시 형태를 이루는 패턴이다. 즉, 주가가 천장에 가까울수록 거래량이 감소하며, 이후 주가가 하락하면서 거래량이 증가하는 것이 특징이다. 일단 원형을 이룬 다음에는 주가의 하락추세가 본격화되는 것으로 본다.

원형 바닥형은 그림 8-11과 같이 주가의 하락추세가 완만한 곡선을 그리며 서서히 상승추세로 전환되는 패턴으로서, 주가의 변화 모양은 원형 천장형과 반대지만, 거래량 변화 모양은 원형 천장형과 비슷한 접시 형태를 이룬다. 바닥을 형성하는 도중에 거래량이 현저하게 감소하지만 돌파시점에서는 거래량이 큰 폭으로 증가하며, 바닥을 형성하는 기간이 길수록 완성된 후 큰 폭의 주가상승이 나타나는 경향이 있다.

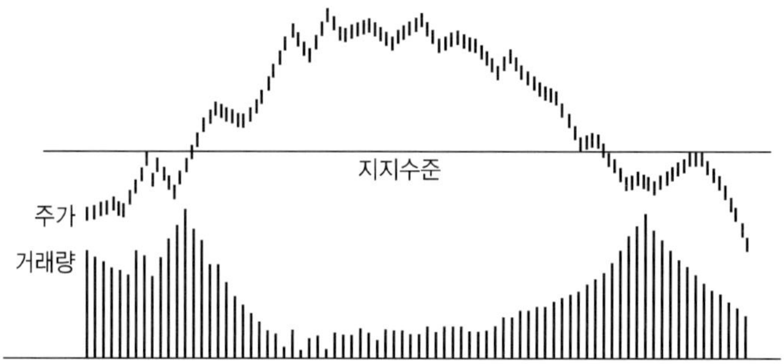

| 그림 8-10 | 원형 천장형 패턴

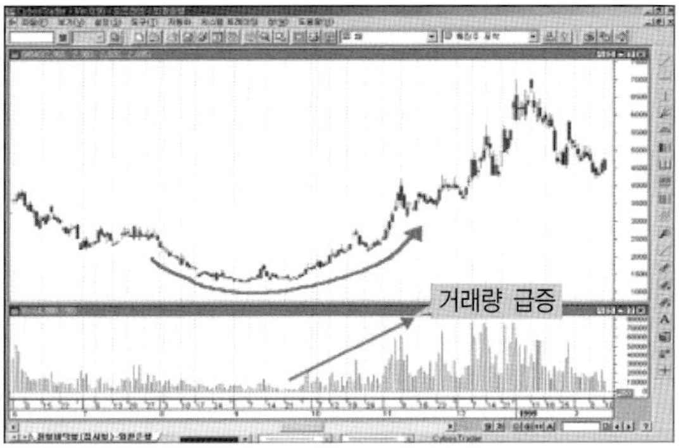

| 그림 8-11 | 원형 바닥형 패턴

(3) 이중형 패턴

이중형 패턴(double tops and bottoms)은 두 개의 봉우리(이중천장형), 혹은 두 개의 골짜기(이중바닥형)가 나타나는 패턴이다. 이중형은 때때로 삼중 또는 다중형으로 나타나기도 한다.

이중천장형 패턴은 M자형, 혹은 쌍봉형 패턴이라고도 부르는데, 그림 8-12에서 보는 바와 같이 주가의 급등 이후 고점(A)을 형성한 뒤, 다시 저점(B)을 형성하고 상승하였으나, 두 번째 고점(C)은 첫 번째 고점(A)을 상향 돌파하지 못한 채 다시 하락하여 이중천장형(M자형)을 완성한다. 일반적으로 최소 하락 목표치는 최고점(A)에서 이중천장형을 완성한 저점(D)까지의 수직거리만큼으로 본다.

이중천장형은 주가가 본격적인 하락추세로 전환될 가능성을 보여준다. 이중천장형을 확인하기 위해서는 양 봉우리를 형성하는 데 걸린 기간과 또한 그 기간 동안의 주가의 움직임을 잘 살펴보아야 하는데, 일반적으로 양 봉우리를 형성하는 데 걸린 시간이 길수록, 주가 움직임의 진폭이 클수록 추세반전의 힘이 강하다고 볼 수 있다. 또한 첫 번째 봉우리를 형성하는 단계에서는 거래량이 증가하지만, 두 번째 봉우리가 형성될 때는 첫 번째 봉우리에 비해 거래량이 감소하는 특성을 보인다.

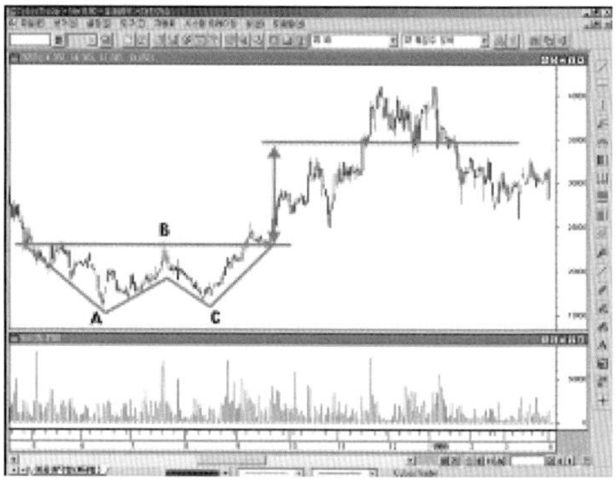

| 그림 8-12 | 이중천장형 패턴　　　　| 그림 8-13 | 이중바닥형 패턴

출처: 대신증권교육(http://power2.daishin.co.kr).

이중바닥형 패턴(그림 8-13)은 이중천장형을 뒤집어 놓은 형태이다. 이중바닥형(W자형)은 주가가 저점(A)을 형성하고 상승 반등한 후, 다시 저점을 향해 하락 전환(B)을 하다가 첫 번째 저점(A)을 돌파하지 않고 거래가 증가하면서 상승세(C)를 나타낸다. 이중천장형과 마찬가지로 이중바닥형도 첫 번째 저점에서의 거래량이 두 번째 저점에서의 거래량보다 많다는 것이 특징이다. 이중바닥형이 완성된 후에 본격적인 상승추세로 진입할 때는 대량 거래를 수반하는 것이 일반적이다. 이중바닥형의 경우, 두 번째로 형성된 바닥이 첫 번째 바닥보다 더 낮은 경우는 거의 없으며, 두 번째 바닥의 경사가 첫 번째 바닥의 경사보다 완만할 때가 많다.

4) 봉차트분석

봉차트는 가장 많이 이용되고 있는 주가차트로서, 일본식 봉차트와 미국식 봉차트가 있으나 우리나라를 비롯하여 많은 국가에서 일본식 봉차트를 사용하고 있다. 그림 8-14와 같이 봉차트는 시가, 최고가, 최저가, 종가를 표시해 준다. 하나의 봉이 나타내는 시세변동의 기간이 1일이면 일봉, 1주일이면 주봉, 1개월이면 월봉차트라고 한다. 하루 동안의 주가 움직임을 나타내는 일봉차트는 가장 많이 사용하는 그래프로써, 단기 주가 흐름을 파악하는 데 이용된다. 주봉차트는 중기 흐름, 원봉차트는 장기적인 흐름을 파악하는 데 이용된다.

하루 동안의 주가 변동에서 종가가 시가보다 높으면, 즉 주가가 상승한 날에는 양봉

(흰색 또는 빨간색)으로, 종가가 시가보다 낮으면, 즉 주가가 하락한 날에는 음봉(검은색 또는 파란색)으로 그려준다. 시가와 종가까지를 몸통(body)이라고 하고, 최고가와 최저가는 몸통의 위 또는 아래의 방향으로 고가선과 저가선을 나타낸다. 몸통에서부터 최고가와 최저가까지를 각각 위꼬리는 윗그림자(upper shadow), 아래꼬리 또는 아래 그림자(lower shadow)라고 한다.

봉차트의 몸통은 일정기간(1일, 1주일, 1개월 등) 동안 형성되는 주가의 상승과 하락폭을 나타내 주고, 고가선과 저가선의 길이는 주가의 변동폭을 의미한다. 즉, 고가와 저가 사이의 간격이 멀면 멀수록 주가의 변동폭이 크다는 것이다. 그러므로 몸통의 크기와 그림자의 길이가 봉차트 분석의 기초가 된다.

예를 들어, 어떤 주식의 시가가 8,000원에서 시작하여 10,000원 종가로 끝나고, 그날 장중 최고가가 11,000원, 최저가가 7,500원을 기록했다면 봉차트는 그림 8-12의 왼쪽 그림과 같다. 또한 시가가 10,000만 원이었는데 종가가 8,000원이고, 최고가와 최저가는 각각 11,000원, 7,500원이었다면 봉차트는 그림 8-14의 오른쪽과 같다.

봉차트를 해석하는 방법은 두 가지로 구분할 수 있다. 하나하나의 봉차트 모양을 분석하여 증권시장의 매수세력과 매도세력의 변동 상황을 파악하는 것을 단일봉 해석방법이라고 하고, 여러 개의 봉차트가 모여서 형성한 주가 흐름의 패턴을 분석하고 주가 전환 시점을 파악하는 것을 연결봉 해석방법이라고 한다.

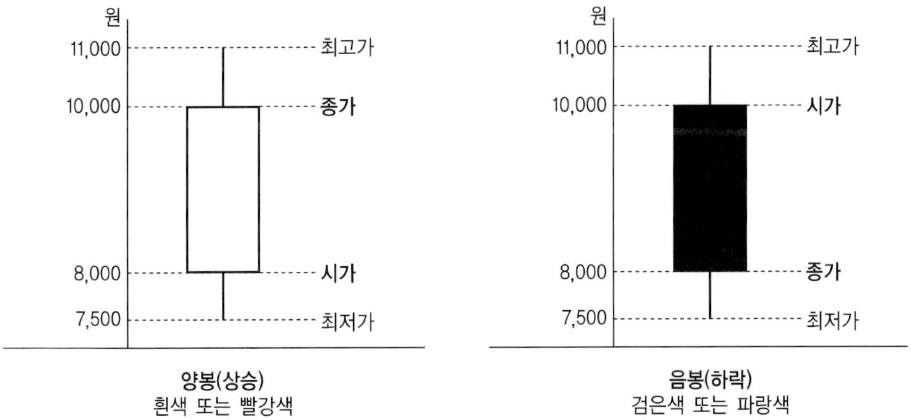

| 그림 8-14 | 봉차트 기본모형

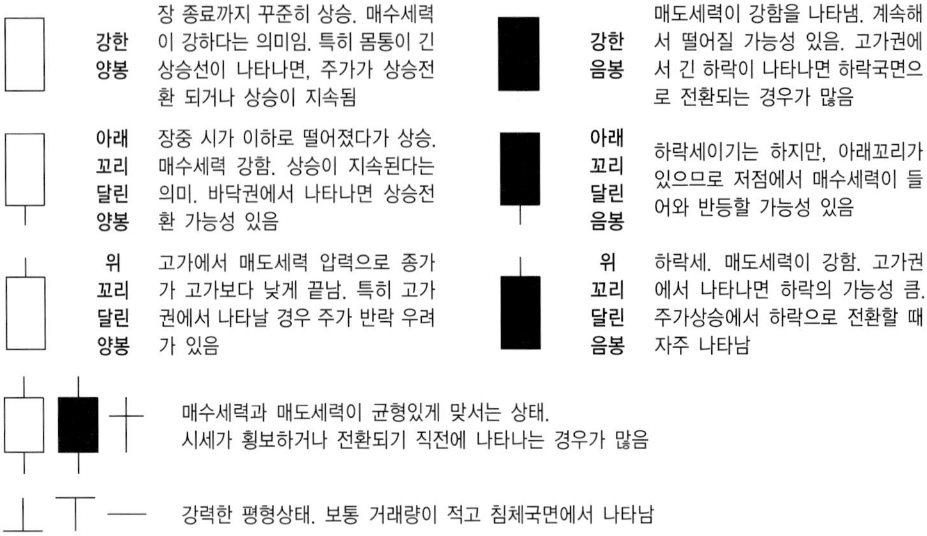

| 그림 8-15 | 단일봉 해석

그림 8-15는 단일 봉차트가 갖는 기본적 의미를 정리한 것이다. 일반적으로 몸체의 길이가 길수록 상승폭이나 하락폭이 크다는 것을 의미하고, 위꼬리는 매도세력이 우세함을 나타내며, 아래꼬리는 매수세력이 우세함을 의미한다. 또한 위꼬리와 아래꼬리가 똑같이 달린 것은 매수, 매도세력이 균형을 이루고 있음을 의미한다. 균형을 이루고 있을 경우, 그 다음 날(주)에 양봉이 나타나면 주가가 상승하고, 음봉이 나타나면 주가가 하락할 가능성이 매우 크다.

그림 8-16은 몇몇 연결봉의 해석을 통해 주가를 예측한 사례이다. 주가가 연속 하락하다가 멈추고 바닥권에서 강한 양봉이 출현하는 경우(그림 a), 주가는 상승반전할 가능성이 매우 크다. 그러므로 매수를 결정하고 그 시점을 빨리 판단하는 것이 좋다. 하락하던 주가가 멈추는 듯 하더니 바닥권에서 강한 음봉이 출현하여 추가적으로 폭락하는 것(그림 b)은 주로 주식을 보유한 투자자들이 겁이 나서 투매하는 경우에 나타나는 현상이다. 그림 c는 상승하던 주가가 천정권에서 크게 하락한 경우이다. 이러한 경우 추가 상승이 어려우므로 하락추세로 반전되었다고 보아야 하며, 빨리 매도하는 것이 좋다. 그림 d는 상승하던 주가가 천정권에서 큰 폭으로 추가 상승하는 경우이다. 이는 주로 투자자들이 주가 조정을 기다리다가, 약간의 하락이 나타나자 대거 매수하는 경우에 나타나는 현상이다.

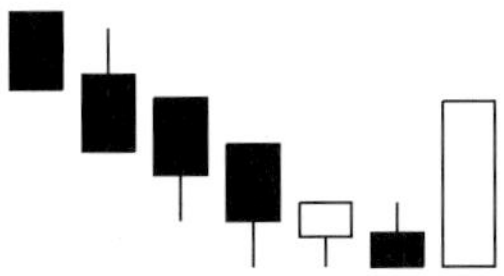

(a) 바닥원에서 강한 양봉이 출현할 때

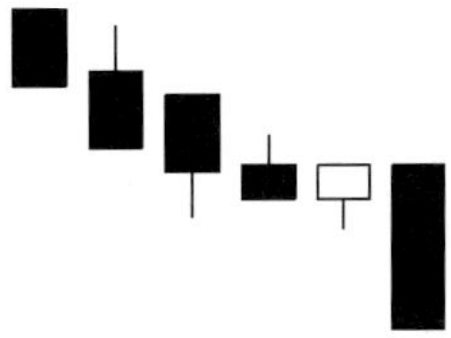

(b) 바닥권에서 강한 음봉이 출현할 때

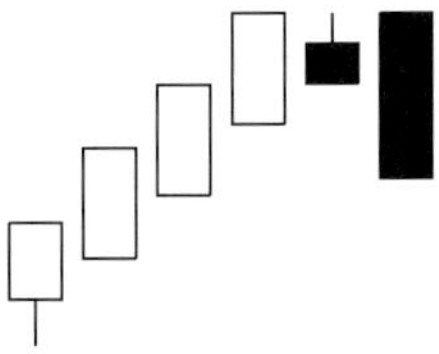

(c) 천정권에서 강한 음봉이 출현할 때

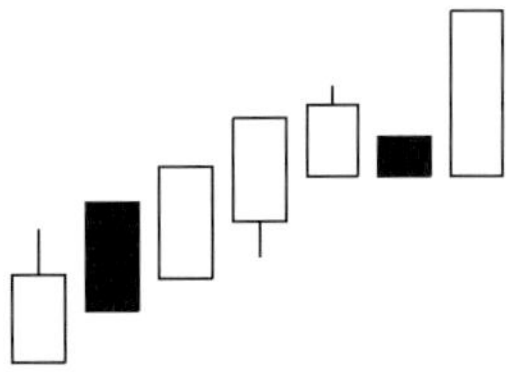

(d) 천정권에서 강한 양봉이 출현할 때

| 그림 8-16 | 연결봉 해석

5) 이동평균선 분석

이동평균선(moving average) 분석은 단기변동에서 나타나는 불규칙성을 제거하고 장기적이고 안정적인 변동추이를 파악하기 위해 널리 사용되는 방법이다. 투자자가 이용하기에 가장 쉬우면서도 신뢰도가 높은 기술적 지표이다.

특정 날짜의 이동평균은 그 날을 포함하여 과거 일정 기간 동안의 평균값을 구한 것이며, 매일의 이동평균을 선도표(line chart)로 나타낸 것이 이동평균선이다. 증권분석에서는 주가이동평균선을 가장 많이 활용하며, 거래량 이동평균선도 이용한다.

(1) 주가이동평균선

주가이동평균선은 매일의 종가로 작성한 이동평균값, 즉 당일 포함 최근 O일 간의 종가평균을 구한 값을 연결한 선이다. 이는 어떤 일정기간 동안에 이루어진 주가의 연속적인 변동과정에서 일일변동과 같은 비정상적인 변동의 영향을 최대한 줄이고, 전체 주가의 흐름에 대한 객관적 관찰이 가능하도록 주가를 평균화하여 도표상에 옮겨놓은 것이다. 주가이동평균선을 통해 일정기간 동안 주가평균치가 어떻게 진행되어 왔는지를 확인하고, 현재의 주가 진행방향과 어떤 관계가 있는지를 분석함으로써 미래의 주가

동향을 예측할 수 있다.

주가이동평균선은 며칠 동안의 이동평균값을 구하는가에 따라 5일, 10일, 20일, 60일, 120일, 200일 이동평균선 등으로 세분화된다. 예를 들어, 2011년 9월 1일(목)부터 9일(금)까지의 종가를 P_1, P_2, …… P_6, P_7이라고 하자. 9월 3일(토)과 4일(일)은 휴장이므로, 9월 5일(월)의 종가가 P_3이 된다. 이때 5일 이동평균주가(5MA)는 다음과 같이 구할 수 있다.

$$9\text{월 } 7\text{일(수)의 '5일 이동평균주가'} = \frac{P_1 + P_2 + P_3 + P_4 + P_5}{5}$$

$$9\text{월 } 8\text{일(목)의 '5일 이동평균주가'} = \frac{P_2 + P_3 + P_4 + P_5 + P_6}{5}$$

$$9\text{월 } 9\text{일(금)의 '5일 이동평균주가'} = \frac{P_3 + P_4 + P_5 + P_6 + P_7}{5}$$

즉, 당일을 포함하여 지난 5일간의 종가 평균값을 구하면 된다. 이러한 방법으로 이동평균주가를 구하고 매일 매일의 이동평균주가를 연결하면 5일 주가이동평균선이 된다.

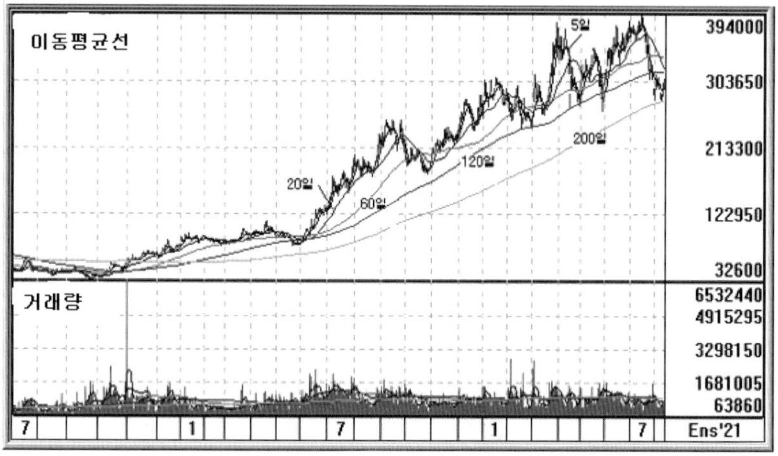

| 그림 8-17 | 주가이동평균선

그림 8-17은 다양한 이동평균선의 모양을 보여주고 있다. 대체로 5일, 10일 이동평균선은 단기변동을 파악하기 위해 사용되므로 단기 이동평균선이라고 하고, 20일, 60일 이동평균선을 중기 이동평균선, 그리고 120일, 200일 혹은 그 이상의 주가이동평균을 구하여 연결한 선을 장기 이동평균선이라고 한다. 단기 이동평균선은 시세변화를 신속하게 파악할 수 있지만, 전반적인 추세파악이 어렵다. 장기 이동평균선은 매일 매일의 주가 영향력이 크게 반영되지 않으므로 시세변화에 민감하지 못하지만, 전체적인 흐름을 읽고 대세를 판단하는 데 유용하다.

(2) 주가와 이동평균선의 관계

주가와 이동평균선의 변동을 비교하면, 향후 추세를 예측하고 전환의 변곡점을 찾을 수 있으며, 이는 매매시점 판단에 있어 중요한 정보가 된다. 그림 8-18에서 보는 바와 같이, 강세시장에서는 주가가 이동평균선 위에서 파동을 그리며 상승한다. 이동평균선이 지지선의 역할을 하는 것이다. 이동평균선이 상승추세에 있을 때는 주식을 매수하거나 보유하는 것이 좋다. 이동평균선이 지지의 역할을 하므로 주가가 이동평균선에 접근했을 때 매수하는 것이 바람직하다.

약세시장에서는 주가가 이동평균선 아래에서 파동을 그리며 하락한다. 이 경우에는 이동평균선이 저항선이 되어 주가의 추가상승을 저지한다. 이동평균선이 하락추세에 있다면, 주가가 반등하여 이동평균선에 가까워졌을 때 매도하는 것이 바람직하다. 보합

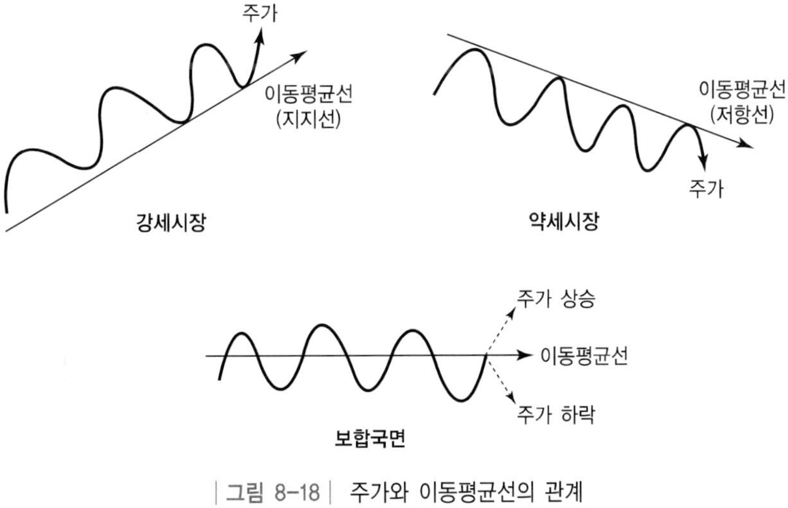

| 그림 8-18 | 주가와 이동평균선의 관계

국면에서는 주가가 이동평균선을 중심축으로 하여 파동을 그린다. 이때는 상승 또는 하락의 방향을 정하여 점차 이탈해 나갈 때까지 매매를 보류하는 것이 바람직하다.

주가가 이동평균선을 상향돌파하면 매수신호이고, 주가가 이동평균선을 하향돌파하면 매도신호이다. 주가와 이동평균선의 관계를 이용한 구체적인 매매전략은 그랜빌의 법칙을 통해 알아보도록 하겠다.

(3) 그랜빌 법칙: 여덟 가지 매매신호

그랜빌(J. E. Granville)은 주가와 이동평균선의 변동을 이용하여 매수시점과 매도시점을 파악할 수 있는 여덟 가지 투자전략을 제시하였는데, 이를 그랜빌 법칙 또는 그랜빌 투자전략이라고 부른다. 주로 20일 이동평균선을 많이 이용하며, 장기매매보다는 단기매매에 유용한 것으로 알려져 있다.

그랜빌이 제시한 여덟 가지 매매신호는 그림 8-19에 제시된 바와 같다. 1~4는 그랜빌에 의한 매수신호 4가지이며, 각각에 대해 구체적으로 설명하면 다음과 같다.

첫째, 이동평균선이 하락하다가 보합이나 상승국면으로 진입하는 중에 주가가 이동평균선을 아래서 위로 뚫고 올라가면, 주가가 반등한다는 의미이므로 중요한 매수신호이다. 특히 거래량 증가가 수반되면 더욱 강력한 매수신호가 된다.

둘째, 이동평균선이 상승하고 있을 때 주가가 이동평균선 아래로 하락하는 경우 매수해도 좋다. 왜냐하면 이동평균선이 상승국면이므로 이 때의 주가하락은 일시적 현상일 가능성이 높기 때문이다.

셋째, 이동평균선이 상승추세에 있고 주가가 이동평균선 위에 있다가, 이동평균선 가까이 하락한 후 하향돌파하지 않고 다시 상승하는 경우는 매수신호이다. 이는 이동평균선이 주가하락을 저지하는 지지선 역할을 하고 있으므로 단기적인 조정국면이다. 그러므로 주가가 이동평균선에 접근할 때 매수하는 것이 좋다.

넷째, 주가가 이동평균선 아래에서 급속히 하락하다가 이동평균선에 접근하면 단기적인 매수신호가 된다. 주가가 이동평균선으로 회귀하는 성향, 즉 이동평균선과 주가의 거리가 멀어질수록 주가가 이동평균선으로 접근할 가능성 역시 높아지는 성향을 이용하는 것이다.

그랜빌에 의한 매도신호 네 가지는 그림 8-19의 5~8에 제시되어 있고, 각각에 대해 구체적으로 설명하면 다음과 같다.

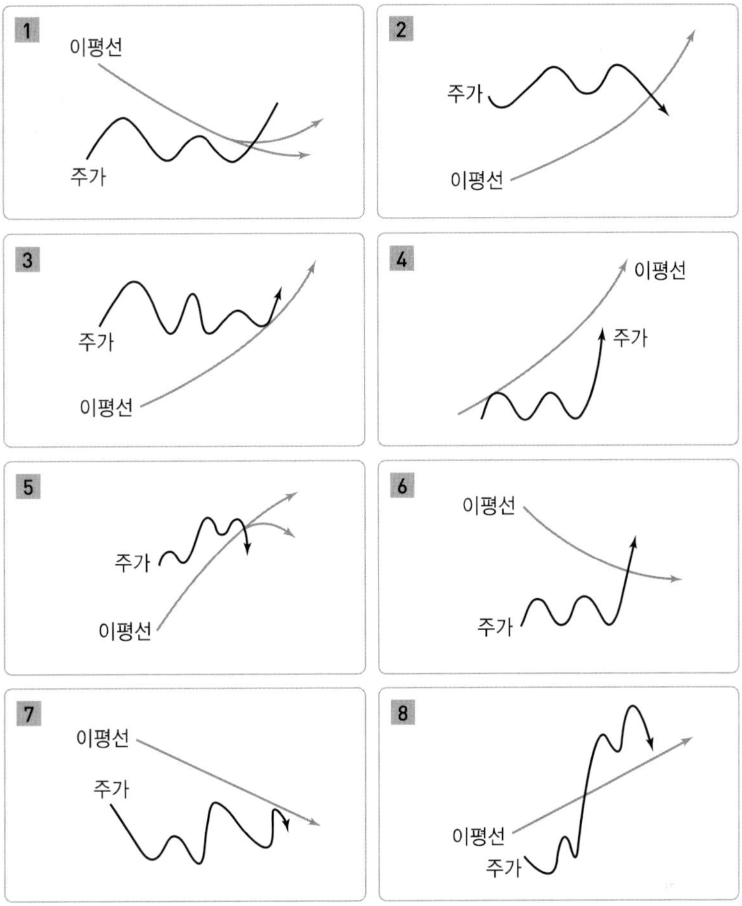

| 그림 8-19 | 그랜빌법칙: 여덟 가지 매매신호

첫째, 이동평균선이 상승하다가 보합 또는 하락으로 전환되는 국면에서, 주가가 위에서 아래로 이동평균선을 뚫고 내려가면 이동평균선과 주가가 모두 하락함을 의미하므로 중요한 매도신호가 된다.

둘째, 이동평균선이 계속 하락하는 가운데 주가가 이동평균선을 상향 돌파하는 경우, 일시적인 반등일 가능성이 높으므로 매도의 기회가 된다.

셋째, 이동평균선이 하락하고 있을 때 주가가 이동평균선 아래에서 이를 향해 상승하다가 이동평균선을 돌파하지 못하고 다시 하락하는 경우, 이동평균선이 저항선의 역할을 하고 있다는 의미이므로 매도신호가 된다.

넷째, 주가가 상승하고 있는 이동평균선을 넘어 급등하다가 다시 하락할 기미를 보이는 경우는 단기적인 매도신호이다. 이동평균선과 주가가 모두 상승하는 가운데 나타난 일시적인 주가하락은 재반등의 가능성이 높기 때문에 일시적인 매도전략으로 활용할 수 있다.

(4) 단기·중기·장기 이동평균선을 활용한 매매전략

이동평균선은 일정기간 동안 이루어진 주가의 변동을 반영한다. 단기 이동평균선은 주가의 움직임이 빠르게 반영되는 반면, 장기 이동평균선은 주가의 변동이 반영되기까지 시간이 걸린다. 그러므로 단기·중기·장기 이동평균선의 추세를 비교하면, 향후 주가의 흐름을 예측할 수 있다.

예를 들어, 단기 이동평균선이 중·장기 이동평균선을 돌파하면 추세가 반전될 가능성이 높다. 5일 이동평균선이 20일 이동평균선을 상향돌파하면 주가가 상승추세로 전환된 것으로 볼 수 있고, 20일 이동평균선이 200일 이동평균선을 상향돌파하면 대세상승으로 볼 수 있다. 또한 장기(200일) 이동평균선이 상승추세에 있다면, 이는 지속적이고 안정적인 주가상승을 의미하므로 향후에도 주가상승의 여력이 있다고 볼 수 있다.

단기·중기·장기 이동평균선을 활용하여 매매시점을 포착하는 방법은 주가가 상승추세일 때와 하락추세일 때로 나누어 볼 수 있다. 그림 8-20에 제시된 정배열 상태는 위로부터 주가·단기·중기·장기 이동평균성이 나란히 상승 중인 경우이다. 주가와 장단기 이동평균선이 정배열되어 있다는 것은 투자자들이 이익을 보고 있는 강세국면이며, 앞으로도 상승추세가 지속될 가능성이 높다. 앞으로 주가가 계속 오를 것이 예상되므로 매수, 보유하는 것이 바람직하다.

골든크로스(Golden Cross)는 단기 이동평균선이 아래서 위로 중·장기 이동평균선을 급하게 가로질러 올라가는 경우이다. 향후 주가 상승이 예상되므로 매수신호이며, 특히 주가가 바닥인 상황에서 나타났다면 보다 강력한 매수신호가 된다.

그림 8-20의 역배열은 위로부터 장기·중기·단기·주가의 순으로 나란히 하락추세에 있는 경우로서, 정배열의 반대 모양이다. 이는 대부분의 투자자들이 손실을 보고 있는 상황이며, 추세가 전환되는 데 많은 시간이 소요될 것으로 보인다. 이러한 상황에서는 매수와 매도 모두 보류하는 것이 바람직하다.

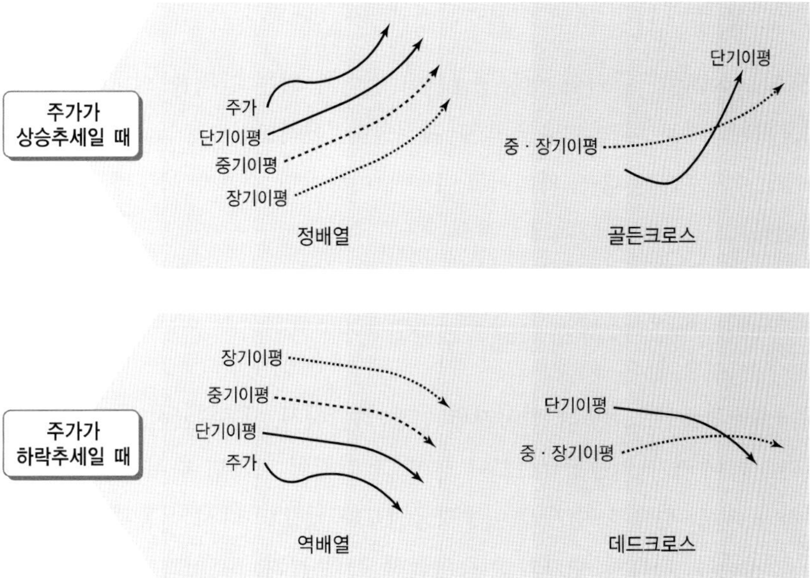

| 그림 8-20 | 단기·중기·장기 이동평균선을 활용한 매매전략

데드크로스(Dead Cross)는 단기 이동평균선이 위에서 아래로 중·장기 이동평균선을 급속히 하향 돌파하는 경우이다. 이는 향후 주가의 하락을 예고하므로 대표적인 매도신호이다. 특히 주가가 천정일 때 나타났다면 적극적으로 매도해야 한다.

그림 8-21에서는 대표적인 매수신호와 매도신호인 골든크로스와 데드크로스의 실례를 제시하였다.

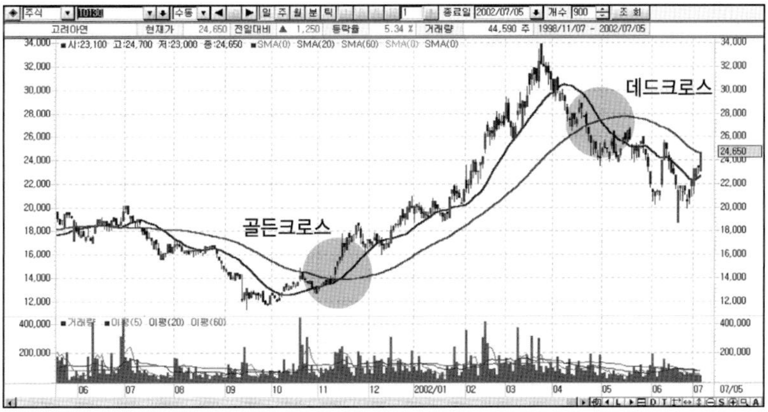

| 그림 8-21 | 골든크로스와 데드크로스

(5) 이격도 분석

이격도(disparity)는 주가와 이동평균선이 떨어져 있는 간격을 의미하며, 당일의 주가를 이동평균주가로 나눈 비율을 %로 표시한다. 이격도가 100% 이상이면 당일 주가가 이동평균주가보다 높다는 의미이고, 100% 이하이면 주가가 이동평균주가보다 낮다는 의미이다.

$$\text{이격도}(\%) = \frac{\text{당일 주가}}{\text{당일 이동평균주가}} \times 100 \qquad \cdots\cdots \text{ 식 } 8\text{-}17$$

주가는 이동평균선으로부터 멀어지면 언젠가는 다시 이동평균선으로 회귀하려는 경향이 있다. 즉, 주가가 이동평균선보다 높아 그 간격이 커지면 다시 이동평균선을 향하여 하락하게 되고, 반대로 주가가 이동평균선보다 낮으면 다시 이동평균선으로 상승하는 특성을 지닌다. 따라서 주가와 이동평균선 간의 간격, 즉 이격도가 너무 크거나 작으면 시장가격이 추세로부터 벗어나 있다는 의미이므로 곧 추세가 반전될 것임을 예측할 수 있으며, 매수 혹은 매도의 신호가 된다.

이동평균주가는 과거 일정 기간의 주가를 평균한 값이기 때문에 매매시기를 포착하는 데 어려움이 있는 반면, 이격도는 매매시기에 대한 준거를 제공해 준다는 점에서 장점이 있다. 일반적으로 상승국면에서는 20일 단기 이동평균주가에 의한 이격도가 106% 이상이면 매도시점으로, 98% 이하이면 매수시점으로 판단하고, 60일 중기 이동평균주가에 의한 이격도가 110% 이상이면 매도시점으로, 98% 이하면 매수시점으로 판단한다. 하락국면일 경우에는 20일 단기 이동평균주가에 의한 이격도가 102% 이상이면 매도, 92% 이하이면 매수시점으로로 판단하고, 60일 중기 이동평균주가에 의한 이격도의 경우에는 104% 이상일 때 매도, 88% 이하면 매수시점으로 판단한다.

대개는 20일선 또는 60일선과 당일 주가와의 이격도가 주로 분석되는데, 단기매입에는 20일선과의 이격도가 더 중요하지만, 장기종목을 발굴하고자 할 때는 120일선과의 이격도를 살펴봐야 한다.

6) 주가 관련 지표분석

(1) 투자심리선

주가는 경제적·정치적 요인과 같은 체계적인 요인에 의해 영향을 받지만, 한편으로는 증시 분위기에 따른 투자심리에 의해서도 영향을 받는다. 주식시장에 대한 인기의 변화, 즉 투자심리의 변화를 일정 기간 동안 파악하여 과열상태인지, 침체상태인지를 판단하는 기법이 투자심리선(psychological line)이다. 투자심리선은 최근 10일 중 전일 대비 종가가 상승한 날이 차지하는 비율로 나타낸다. 만약 10일 중 6일이 상승하고, 4일이 감소했다면 투자심리선은 60%가 된다.

$$\text{투자심리선}(\%) = \frac{\text{최근 10일 중 주가상승일}}{10} \times 100 \qquad \cdots\cdots \text{ 식 8-18}$$

일반적으로 투자심리선이 25% 이하이면 침체로 판단하여 매수신호가 되고, 75% 이상이면 과열로 판단하여 매도신호가 된다. 그러나 투자심리선은 단순히 10일간의 주가 등락일 수만으로 판단하기 때문에 매매시점을 포착하기 위한 지표라기보다는 시장의 과열, 침체정도를 측정하는 지표로 보는 것이 바람직하다.

(2) 등락주선(ADL)

증권시장 전체가 상승추세인지 하락추세인지를 파악하기 위해서 시장의 폭(the breadth of market)을 계산하는데, 이를 계산하는 가장 간단한 방법은 주가상승종목 수와 하락종목 수의 차이를 매일 누계하는 것이다. 이렇게 주가상승종목 수에서 하락종목 수를 차감하여 매일 누계한 값을 그래프로 그린 것을 등락주선(Advance-Decline Line, ADL)이라고 한다.

$$\text{ADL} = \text{분석기간 중 상승종목 수 누계} - \text{동기간의 하락 종목 수 누계} \qquad \cdots\cdots \text{ 식 8-19}$$

상승종목 수에서 하락종목 수를 차감하여 매일 누적할 경우, 상승종목이 상대적으로 많으면 시장 내부로의 자금유입이 활발함을 의미하고, 하락종목 수가 상대적으로 많으면 자금유출을 의미한다. ADL은 이와 같이 자금유입 수준을 통해 주가가 전체적으로 상승할지, 혹은 하락할지의 여부를 판단하고 시장의 내부세력을 측정하는 데 유용하다.

ADL은 주가의 선행지표로 이해되고 있는데, 만약 종합주가지수가 상승추세를 보이고 있더라도 ADL이 하락하면, 즉 상승종목의 수가 감소하면, 시장내부세력이 약화되고 있어 조만간 주가지수가 하락할 것으로 예상할 수 있다. 반대로 종합주가지수가 하락하더라도 ADL이 상승하면, 즉 상승종목의 수가 증가하면, 시장내부세력이 강화되고 있어 곧 주가가 반등할 것으로 예상할 수 있다.

(3) 등락비율(ADR)

등락비율(Advance-Decline Ratio, ADR)도 등락주선(ADL)과 마찬가지로 상승종목 수와 하락종목 수를 이용하여 작성한 지표인데, 이는 분석기간(주로 25일) 동안의 상승종목 수 누계를 동기간의 하락종목 수 누계로 나누어 비율(%)로 표시한다.

$$\text{ADR}(\%) = \frac{\text{분석기간 중 상승종목 수 누계}}{\text{분석기간 중 하락종목 수 누계}} \times 100 \quad \cdots\cdots \text{ 식 8-20}$$

등락주선(ADL)이 시장 전체의 대세를 판단하는 데 유용한 지표인데 반해, 등락비율(ADR)은 특정 시점에서의 시장상황을 보여준다. ADR이 100% 수준이라는 것은 상승종목 수와 하락종목 수가 동일함을 의미하며, 110%라면 상승종목 수가 하락종목 수보다 10% 많다는 것을 의미한다. 그러므로 ADR의 상승은 시장인기의 확대를 의미하고, ADR의 하락은 시장인기의 하락을 의미한다. 일반적으로 ADR이 75% 이하면 매수신호, 125% 이상이면 매도신호로 해석한다.

(4) 상대강도지수(RSI)

상대강도지수(Relative Strength Index, RSI)는 어떤 종목 또는 업종의 자체 움직임을 파악하여, 객관적인 추세 강도를 측정하고 매매시점을 포착하는 데 사용된다. 즉 현재의 주가가 상승추세라면 얼마나 강력한 상승추세인지, 하락추세라면 얼마나 강력한 하락추세인지를 백분율로 나타내는 지표이다.

$$\text{RSI}(\%) = \frac{\text{14일간 주가상승폭 합계}}{\text{14일간 주가상승폭 합계} + \text{14일간 주가하락폭 합계}} \times 100$$

$$\cdots\cdots \text{ 식 8-21}$$

RSI을 구할 때의 기간은 14일 또는 25일을 주로 사용한다. 일정 기간(14일) 동안 주가가 계속 상승하고 하락이 없었다면 RSI는 100%가 되고, 계속 하락만 했다면 0%가 될 것이다. 일반적으로 14일을 기준으로 할 때 RSI의 값이 75% 이상이면 과열로 판단하여 매도를 고려하고, 25% 이하면 침체로 판단하여 매수를 고려한다.

(5) 상대강도

어떤 주식은 강세시장에서 다른 주식보다 빠른 속도로 주가가 상승하고, 약세시장에서 더 빠른 속도로 하락한다. 전체 시장의 움직임은 선도업종에 의해 주도되는 것이 일반적이다. 상대강도(relative strength)는 시장전체보다 강하게 움직이는 업종 또는 종목을 판단하는 방법이다. 상대강도를 이용하는 분석가들은 주식의 상대강도가 장기적으로 변하지 않는 경향이 있으므로 과거에 상대강도가 크다고 입증된 주식에 투자하면 높은 수익을 기대할 수 있다고 본다.

상대강도를 측정하는 방법은 여러 가지가 있으나 가장 많이 사용하는 방법은 가격변동의 상대적 비율을 이용하여 측정하는 방법이다. 즉, 개별 종목이나 업종의 주가 변화를 코스피(KOSPI)의 변동률과 비교함으로써, 해당 종목 혹은 업종의 집중, 분산추세를 파악하는 것이다.

$$\text{종목 상대강도(\%)} = \frac{\text{특정기간 중 개별 종목의 주가변동률}}{\text{특정기간 중 코스피의 변동률}} \times 100$$

…… 식 8-22

$$\text{업종 상대강도(\%)} = \frac{\text{특정기간 중 개별 업종의 주가변동률}}{\text{특정기간 중 코스피의 변동률}} \times 100$$

…… 식 8-23

상대강도가 높은지 낮은지, 그리고 점차 강해지는지 약해지는지를 분석하면, 해당 종목이나 업종에 대한 시장 흐름의 전환을 파악할 수 있다. 특히 상대강도는 업종지수를 판단하는 데 많이 이용되는데, 코스피 변동률에 비해 상대적으로 강하게 움직이는 업종이 주도 업종이므로, 수익률이 높은 인기 주도업종을 판단하는 데 도움이 된다.

(6) 베타계수

베타계수(β-coefficient)는 개별 주식이나 포트폴리오의 수익이 증권시장 전체의 움직임에 대해 얼마나 민감하게 반응하여 변동하는지를 나타내는 수치이다. 즉 증권시장 전체의 변동에 대한 개별 자산 수익률의 민감도(sensitivity)를 의미한다.

증권시장 전체의 움직임을 나타내는 주가지수의 수익률이 1% 증가하거나 감소할 때, 해당 주식의 수익률도 동일하게 1% 증가하거나 감소한다면 이 주식의 베타계수는 1이 된다. 베타계수가 1보다 크면 해당 주식의 수익률 변동폭이 시장 전체 주가지수의 수익률 변동폭보다 크게 움직이고, 베타계수가 1보다 작으면 해당 주식의 수익률 변동폭이 주가지수의 수익률 변동폭보다 작게 움직인다는 의미이다.

예를 들어, 어떤 종목의 베타계수가 2라면 시장 전체의 주가지수 수익률이 1% 증가하거나 감소할 때, 해당 주식의 수익률은 2% 증가하거나 감소하는 것이다. 그러므로 베타계수가 큰 종목은 기대수익률이 크지만 그만큼 투자위험도 크고, 베타계수가 작은 종목은 기대수익률과 투자위험도 상대적으로 작아진다.

7) 거래량 관련 지표분석

거래량은 주식의 수요와 공급의 관계를 나타내며, 개별 종목뿐 아니라 시장 전체에 대해서도 변화의 전환점을 알려주는 신호가 된다. 주가는 주식의 수요와 공급에 의해 결정되므로 일반적으로 거래량은 주가에 선행하여 움직인다. 그러므로 증권시장의 주가변동을 예측하려면 주가와 거래량 변화를 함께 파악해야 한다.

(1) 거래량 이동평균선

주가가 상승 중일 때는 매수세력이 강하기 때문에 거래량이 증가하고, 주가가 하락 추세에 있을 때에는 매수세력이 줄어들어 거래량도 감소하는 경향이 있다. 예를 들어, 감소추세를 보이던 거래량이 증가하기 시작하면 조만간 주가가 상승할 것으로 예상되고, 반대로 증가세를 보이던 거래량이 감소하기 시작하면 조만간 주가하락을 예상할 수 있다. 또한 주가가 큰 폭으로 상승한 후 주가의 지속적인 상승에도 불구하고 거래량이 감소하기 시작하면 조만간에 천정권이 예상되고, 반대로 주가가 큰 폭으로 하락한 후 주가의 지속적인 하락에도 불구하고 거래량이 증가하기 시작하면 조만간에 바닥권이 예상되기도 한다. 이와 같은 원리를 이용하여 주가변동을 예측하고, 매매시점을 찾을 때 이용하는 방법이 거래량 이동평균선이다.

거래량 이동평균선도 주가 이동평균선과 동일한 방법으로 산출하며, 단기투자에는 5일 이동평균선을, 중기투자에는 20일 이동평균선을, 장기투자에는 60일 이동평균선을 주로 사용한다.

(2) OBV

OBV(On Balance Volume)는 그랜빌(J. E. Granville)에 의해 고안된 것으로, 거래량이 주가에 선행하여 변동한다는 것을 전제로 주가변동을 예측하는 데 사용된다. OBV는 주가가 전일에 비해 상승했을 때의 거래량 누계에서 하락했을 때의 거래량 누계를 차감하여 계산한다.

OBV = 주가상승일 누적거래량 − 주가하락일 누적거래량 …… 식 8-24

다시 말해, 주가가 상승한 날의 거래량은 더하고, 주가가 하락한 날의 거래량은 뺀 누적거래량과 같다. 그러므로 다음과 같이 계산할 수도 있다.

주가상승일 OBV = 전일 OBV + 당일거래량
주가하락일 OBV = 전일 OBV − 당일 거래량
주가보합일 OBV = 전일 OBV

표 8-6의 예를 통해 7일째의 OBV를 구해보면, 주가상승일의 누적거래량은 6,100백만 주, 주가하락일의 누적거래량은 3,400백만 주이므로 OBV는 6,100−3,400=2,700백만 주이다. 이와 같은 방법으로 각 거래일의 OBV를 구하여 연결한 것이 OBV선이다.

| 표 8-6 | OBV 계산의 예

일 자	KOSPI	거래량(백만 주)	OBV(백만 주)
1	1,850	1,200	−
2	1,858	1,500	1,500
3	1,810	1,600	−100
4	1,840	1,300	1,200
5	1,864	1,100	2,300
6	1,855	1,800	500
7	1,880	2,200	2,700

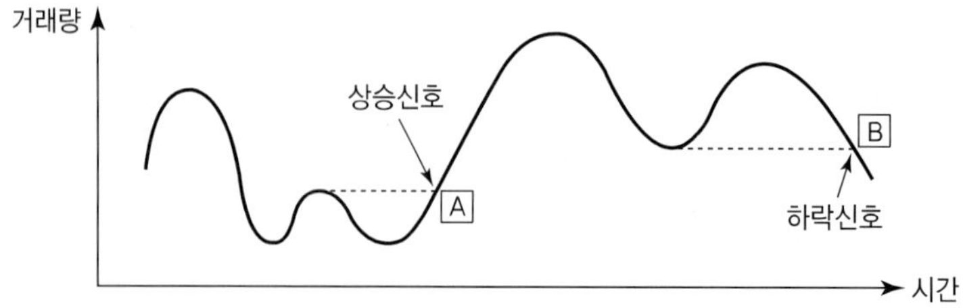

| 그림 8-22 | OBV선

강세시장에서는 주가상승과 함께 거래량도 증가하므로 OBV선이 상승곡선을 그리며, 약세시장에서는 주가하락과 함께 거래량도 감소하므로 OBV선이 하락곡선을 그린다. 그림 8-22의 A와 같이 OBV선이 이전 고점수준 이상으로 올라가면 주가의 상승을 예측할 수 있고, B와 같이 이전 저점수준 이하로 내려가면 주가의 하락을 예측할 수 있다.

주가가 상승한 날의 거래량 선도세력은 주식을 매수한 거래량이고, 주가가 하락한 날의 거래량 선도세력은 주식을 매도한 거래량이라는 가정을 근거로 볼 때, 당일 주가가 크게 오르지 않더라도 매수한 거래량이 많으면 주가는 조만간 상승할 것이다. 그러므로 OBV선이 상승추세에 있을 때는 매수세력이 집중되므로 주가상승의 신호가 되고, OBV선이 하락추세에 있으면 매도세력이 분산되어 주가하락을 예측할 수 있다. 또한 주가상승기에 OBV선이 이전의 고점 수준 이상으로 오르지 않고 일정 수준에 머무르면 조만간 주가가 하락할 것으로 예측되고, 주가하락기에 OBV선이 이전 저점 수준 이하로 떨어지지 않고 일정 수준에 머무르면 주가의 상승을 예상할 수 있다.

(3) 거래량 비율

거래량 비율(Volume Ratio, VR)은 OBV와 상호 보완적 역할을 하는 거래량 지표로서 현재 시장 상황이 과열인지 침체인지를 판단하는 데 유용하다. VR은 분석기간(주로 25일) 동안의 주가상승일 거래량 합계를 동기간의 주가하락일 거래량 합계로 나누어 비율(%)로 표시한다.

$$\text{VR}(\%) = \frac{\text{주가상승일 거래량 합계} + (\text{보합일 거래량 합계} \times 0.5)}{\text{주가하락일 거래량 합계} + (\text{보합일 거래량 합계} \times 0.5)} \times 100$$

…… 식 8-25

OBV는 기준일을 언제로 정하느냐에 따라 수치에 차이가 발생하기 때문에, 개개의 국면을 분석하는 것은 가능하지만 절대수치 자체로는 시세 판단이나 과거와의 비교가 불가능하다는 단점이 있다. 그러나 VR은 일정기간 동안의 주가 상승일과 하락일 거래량 합계 비율을 파악함으로써, 시세의 강약을 분석하는 것이 가능하다.

VR이 100%라는 것은 일정 기간 동안 주가가 상승할 때의 거래량과 주가가 하락할 때의 거래량이 동일하다는 의미이다. 일반적으로 주가가 상승하는 날의 거래량이 하락하는 날의 거래량에 비해 다소 많기 때문에 평상시의 VR은 150% 정도를 나타내며, 강세장에서는 주가 상승 시의 거래량이 하락 시의 거래량보다 더욱 많아 세 배 이상을 기록하는 것이 보통이다. 만약 VR이 450% 이상이면 과열로 판단하여 매도를 적극적으로 고려하고, VR이 75% 이하이면 바닥권으로 보고 공격적인 매수를 준비하는 것이 바람직하다.

참고문헌

곽철효 · 김병곤(2004). **잇센셜 투자론**. 도서출판 대명.
곽해선(2011). **주식 투자 궁금증 300문 300답(제7판)**. 동아일보사.
김대호 · 오세경(2004). **투자론**. 경문사.
김상범(2003). **알기쉬운 주가차트**. 더난출판사.
박정식 · 박종원(2001). **현대투자론**. 다산출판사.
윤재수(2007). **주식기술적 분석 무작정 따라하기**. 길벗.
이해영 · 김철중(2003). **현대투자론**. 도서출판 탐진.
조승제(2002). **쉽게 배우는 실전주가차트입문**. 중앙경제평론사.

Ernst & Young Lip(2004). **Personal Financial Planning Guide(5/e)**. John Wiley & Sons Inc.
Garman, E. T. & Forgue, R. E.(1997). **Personal Finance(5th ed.)**. Houghton Mifflin Company: Boston, MA.
Mayo, H. B.(1997). **Investments: An Introduction**. The Dryden Press.

야후 금융서비스(http://kr.yahoo.com/finance).

9장

채권 투자

주식 투자는 수익률의 변동이 크지만 채권 투자는 원리금상환과 이자지급이 대부분 보장되므로 투자자의 입장에서는 주식보다는 안정적인 투자자산이다. 이 장에서는 채권의 특성과 종류, 채권의 가격결정, 채권 투자전략에 대해 학습한다.

1. 채권의 특성과 종류

1) 채권의 특성

채권은 정부, 공공기관, 기업이 일반 투자자들로부터 자금을 조달하면서 원리금과 이자의 지급조건을 명확하게 하기 위하여 발행하는 유가증권이다. 채권에는 액면가(face value), 이자율(coupon rate), 만기(maturity)가 표시되어 있다. 채권의 특성은 다음과 같다.

첫째, 채권은 채권 발행자의 수익여부에 관계없이 미리 정해진 이자를 지급받으며, 만기에는 원리금을 상환받는다. 그런 점에 있어서 주식에 비해 채권은 상대적으로 위험이 적다.

둘째, 채권은 원리금의 상환기간이 발행시점에 정해져 있는 기한부증권이다. 채권은 만기가 중요하며, 동일한 채권이라도 만기까지의 기간에 따라 수익률이 달라진다.

| 표 9-1 | 주식과 채권의 특성 비교

구 분	주 식	채 권
자본의 성격	자기자본	타인자본
발행자	주식회사	정부·지자체·특수법인·주식회사
소유자의 지위	주주	채권자
경영권	있음	없음
존속기간	영구적	한시적
이익형태 및 성격	배당·가변적	이자·확정적

출처: 한국거래소(2009). 증권과 투자 따라잡기, p.63.

셋째, 채권은 대부분 장기 증권이며 유통시장에서 쉽게 현금화할 수 있는 유동성이 높은 증권이다.

넷째, 의결권, 경영참가권, 배당청구권 등 주주가 가지고 있는 권리와 달리 채권 소유자는 의결권과 경영참가권이 없고, 확정이자를 받으며, 발행기관이 청산될 경우 주주보다 우선적으로 원리금을 상환받을 권리를 가진다. 표 9-1은 주식과 채권의 차이를 보여주고 있다.

2) 채권의 종류

(1) 발행기관에 따른 분류

채권은 발행기관에 따라 국가가 발행하는 국채, 지방자치단체가 발행하는 지방채, 특별법인이 발행하는 특수채, 금융기관이 발행하는 금융채, 주식회사가 발행하는 회사채로 구분된다. 흔히 국채, 지방채 및 특수채를 국공채라고 말한다.

국채(government bond)는 중앙정부가 자금조달이나 정책집행을 위해 발행하는 만기가 정해진 채권이다. 국채는 정부가 원리금 지급을 보장하기 때문에 기업들이 발행하는 회사채에 비해 안전성이 높다는 장점이 있다. 상환시기에 따라 1년 이내의 단기 국채와 1년 이상의 장기 국채로 구분되는데, 대표적인 국채로는 국고채권, 외국환평형기금채권, 국민주택채권 1·2종, 양곡기금채권, 철도채권 등이 있다.

지방채(municipal bond)는 지방자치단체가 지방재정의 건전한 운영과 공공의 목적을 위해 재정상의 필요에 따라 발행하는 채권이다. 발행기관은 특별시·광역시·도 등

광역자치단체와 시·군 등 기초자치단체이다. 국가가 발행하는 국채보다 발행 액수가 적고, 신용도 국채보다 떨어지기 때문에 유동성도 낮은 편이다. 대표적인 지방채로는 서울특별시·부산광역시 지하철공채, 지역개발채권, 도로공채, 상하수도공채 등이 있다.

특수채(specific laws bond)는 공공단체나 공적기관 등 특별법에 의해 설립된 특별법인이 자금조달을 목적으로 발행하는 채권이다. 정부가 원리금의 지급을 보증하는 정부보증채권으로, 회사채에 비해 안전성이 높을 뿐만 아니라 국채에 비해 수익성이 높다. 대표적인 특수채로는 토지개발채권, 한국가스공사채권, 한국도로공사채권, 한국전력공사채권, 한국수자원공사채권 등이 있다.

특수채 중에서 금융채(financial bond)는 특별법에 의해 설립된 특정 금융기관이 장기 융자를 위한 자금을 흡수할 목적으로 발행하는 채권이다. 예를 들면 한국은행이 통화조절을 목적으로 발행하는 통화안정채권, 한국산업은행이 발행하는 산업금융채권, 국민은행이 발행하는 국민주택채권 등이 있다.

회사채(coporate bond)는 기업이 자금을 조달하기 위해 발행하는 채권으로 '사채'라고도 한다. 회사채는 주식과 달리 회사의 수익에 관계없이 일정률의 이자가 지급되는 것이 특징이다. 국채와 지방채에 비해 회사채는 기업의 재무상태에 따라 원리금을 지급하지 못할 채무불이행위험이 있다. 이러한 위험을 줄이기 위해 담보와 보증유무에 따라 담보부사채, 무담보사채, 보증사채, 무보증사채 등으로 분류된다.

(2) 이자지급방법에 의한 분류

채권은 이자지급방법에 따라 이표채, 할인채, 복리채로 구분된다. 이표채(coupon bond)는 채권에 일정기일에 지급할 이자율이 표시되어 있고 이자 지급일에 이표(coupon)를 제시하면 이자를 지급받을 수 있다. 또한 만기에 액면가에 의한 원리금을 상환받는 채권이다. 대부분의 회사채가 여기에 포함된다.

할인채(discount bond)는 중간에 이자지급이 이루어지지 않는 대신 만기까지의 이자를 현재 시점을 기준으로 액면가에서 할인하여 발행되는 채권이다. 재정증권, 통화안정증권, 산업금융채권 등이 할인채로 발행된다.

복리채는 액면가로 발행되지만 중도에 이자를 지급하지 않고 대신 이자를 복리로 재투자하여 만기에 원리금과 함께 복리로 계산된 이자를 지급하는 채권이다. 양곡기금채권, 국민주택 1·2종 채권, 국채관리기금 등의 국채와 대부분의 지방채, 주택채권, 전신전화채권 등의 특수채는 복리채로 발행된다.

일반적으로 채권은 발행될 때 쿠폰이자율에 의하여 이자의 지급이 확정적으로 이루어지는데, 이러한 채권은 금리확정부채권(fix-rate bond)이라 한다. 반면에 이자율이 시장금리에 연동하여 변하는 채권을 변동금리채권(floating-rate bond)이라 한다.

(3) 보증유무에 따른 분류

채권은 보증유무에 따라 보증사채와 무보증사채로 구분된다. 보증사채(guaranteed bond)는 정부 또는 금융기관이 원리금 지급이행을 보증하는 채권으로 정부보증사채, 일반보증사채(시중은행·보증보험·신용보증기금 등) 등이 있다. 담보부사채는 발행회사가 원리금을 상환하지 못할 경우를 대비하여 물적 담보를 제공하는 사채를 말하며 금융채, 회사채 중 일부가 이에 해당한다.

무보증사채(non-guaranteed bond)는 신용도가 높은 기업이 원리금 상환 및 이자지급에 대한 제3자의 보증이나 담보 없이 기업의 신용에 의하여 발행하는 채권이다. 무보증사채는 채무불이행의 위험 때문에 일반적으로 보증사채보다 이자율이 높으며, 기간이 단기간인 것이 특징이다.

(4) 상환방법에 따른 분류

채권의 원리금이 최종 만기일에 일시에 상환되는 채권을 만기상환채권이라 한다. 정기분할상환채권은 원리금도 이자처럼 일정기간마다 정기적으로 일정액씩 분할상환되는 채권이다. 또한 이미 발행된 채권을 만기일 이전에 채권소지자의 의사에 관계없이 발행회사가 일방적으로 상환할 수 있는 권리를 갖는 채권을 수의상환채권(callable bond) 혹은 콜채권이라 한다. 이와 반대로 풋채권(put bond)은 채권소지자가 일정한 기간이 경과한 후 일정한 가격으로 채권만기일 이전에 채권발행자에게 다시 팔 수 있는 권리를 갖는 채권을 말한다.

(5) 기타 채권

① 전환사채

전환사채(convertible bond, CB)는 일정한 조건에 따라 채권을 발행한 회사의 주식으로 전환할 수 있는 권리가 부여된 채권이다. 채권을 주식으로 전환하는 방식은 전환사채 발행 당시에 미리 결정해 두는데, 보통 채권과 주식을 얼마의 비율로 교환할 것인가 하는 '전환가격'을 정해두게 된다. 전환사채의 주식으로의 전환은 일반적으로 채권 발행 후 3개월부터 가능하다.

예를 들어 K사가 1년 만기 전환사채를 발행하면서 전환사채 만기 보장 수익률이 8%, 전환가격이 1만 원이었다고 가정하자. 전환사채를 보유한 사람은 1년 동안 K사 주가가 1만 원에 못 미칠 경우에는 만기까지 보유했다가 8%의 이자를 받으면 되고, 만약 주가가 급등하여 2만 원이 되었다면 주식으로 전환하여 주당 1만 원에 이르는 시세차익을 누릴 수 있다.

이와 같이 전환사채 보유자는 주식시장이 활황일 때는 주식으로 전환하여 시세차익을 노릴 수 있고, 주식시장이 침체일 때는 발행 당시 확정된 이자를 지급받으며, 채권으로서의 안정성을 확보할 수 있는 장점이 있다. 그러나 전환사채는 보통 회사채보다 표면금리가 낮기 때문에 금리만으로는 큰 매력이 없다.

② 신주인수권부사채

신주인수권부사채(bond with warrant, BW)는 발행회사의 유·무상 증자 시 약정된 신주인수비율에 의해 일정한 가격으로 발행회사의 주식을 매입할 수 있는 권리가 부여된 채권이다. 신주인수권부사채의 소유자는 보통 사채의 경우와 마찬가지로 일정한 이자를 받으면서 만기에 원리금을 상환받을 수 있으며, 동시에 자신에게 부여된 신주인수권을 가지고 주식시가가 발행가액보다 높은 경우 회사 측에 신주의 발행을 청구할 수 있다. 전환사채와의 차이점은 전환사채의 경우 채권이 주식으로 전환되지만, 신주인수권부사채의 경우에는 사채보유자는 채권자로서의 이자소득을 가지면서 동시에 신주인수권을 행사할 수 있는 권리가 부여된다는 점이다.

③ 이익참가부사채

이익참가부사채(participating bond)는 일정한 이자가 지급되는 동시에 회사의 이익분배에도 참가할 수 있는 권리가 부여된 사채이다. 즉, 사채권자는 최소한의 확정이자가 보장될 뿐만 아니라 발행회사의 수익상황에 따라 더 많은 이익을 받을 수 있다. 이익사채(income bond)는 확정이자는 없이 발행회사의 수익상황에 따라 이자만 받게 되는 사채로서, 이러한 이익사채의 경우 채권의 이자는 주식의 배당과 유사한 성격을 가진다.

④ 자산유동화 증권

자산유동화 증권(asset backed securities, ABS)은 금융기관이나 기업 등이 보유하고 있는 자산을 담보로 발행하여 제3자에게 매각하는 증권을 말한다. 초기 형태로는 주택저당대출을 대상으로 한 주택저당담보부채권(mortgage backed securities, MBS)이 있고, 이후 다른 자산에까지 확대 적용되면서 최근에는 자동차 할부금융, 신용카드 대출, 리스대출 등을 대상으로 한 담보채권을 포함하고 있다.

⑤ 정크본드

정크(junk)란 쓰레기를 의미하는데, 일반적으로 기업의 신용등급이 아주 낮아 회사채 발행이 불가능한 기업이 발행하는 회사채로 고수익채권 또는 열등채라고 부른다. 따라서 성장성은 있으나 신용등급이 낮은 중소기업 또는 벤처기업이 발행한 채권을 의미한다.

2. 채권의 가격결정

1) 채권의 가격결정 요인

채권 보유자가 채권을 만기일까지 보유하지 않고 만기 전에 매도할 경우 채권의 시장가격은 채권에 표기되어 있는 액면가격과 다르다. 채권의 시장가격은 채권 발행 당시의 액면금액, 액면이자율(쿠폰이자율), 만기 등 채권의 3대 요소와 채권수익률에 의하여 결정된다. 만기 전에 채권을 매도할 경우 채권의 시장가격은 이자와 원리금을 채권수익률로 할인한 현재가치의 합이다. 장래에 지급받는 원리금과 이자는 채권의 발행시점에서 결정되기 때문에 채권가격은 주로 채권수익률에 의하여 결정된다.

(1) 채권수익률

채권수익률은 시장이자율을 의미하는데, 채권가격을 결정하는 식에서 채권의 현재가치를 계산하기 위한 할인율로 사용된다. 채권수익률이 높아질수록 채권가격은 낮아진다. 즉, 채권가격과 채권수익률은 반대방향으로 변화한다. 예를 들어 액면금액이 100만원, 액면이자율이 8%이고 반년마다 이자를 지급하는 회사채가 있다고 가정하자. 만기

| 표 9-2 | 채권수익률의 변화에 따른 채권가격의 변화(8% 액면이자율, 반년마다 이자지급) (단위: 원)

만기까지의 기간	채권수익률				
	4%	6%	8%	10%	12%
1년	1,038,830	1,019,130	1,000,000	981,410	963,330
10년	1,327,030	1,148,770	1,000,000	875,350	770,600
20년	1,547,110	1,231,150	1,000,000	828,410	699,070
30년	1,695,220	1,276,760	1,000,000	810,710	676,770

출처: 김대호·오세경(2004). 투자론.

가 일정할 경우에 채권수익률과 채권가격의 관계는 표 9-2에서 보듯이 채권수익률이 상승하면 채권가격은 낮아진다.

또한 만기까지 남은 기간이 동일할 때 채권수익률이 상승하면 채권가격은 하락하고, 반대로 채권수익률이 하락하면 채권가격은 상승함을 보여준다. 그림 9-1에서 보여주듯이 채권수익률 상승에 따른 채권가격 하락폭이 채권수익률 하락에서 오는 채권가격 상승폭보다 작음을 알 수 있다. 즉, 채권수익률이 높아질수록 채권가격 곡선이 편평하게 된다.

(2) 만기까지 남은 기간

일반적으로 일정한 액면이자율에서 채권수익률이 변하는 경우에는 만기까지 남은 기간이 길수록 채권수익률의 변화가 크다. 즉, 장기 채권이 단기 채권보다 채권의 가격변동률이 크다. 표 9-2에서 보듯이 채권수익률이 변하는 경우 만기 30년의 장기채권이 만기 1년의 단기채권 가격변동이 더 크다는 것을 알 수 있다.

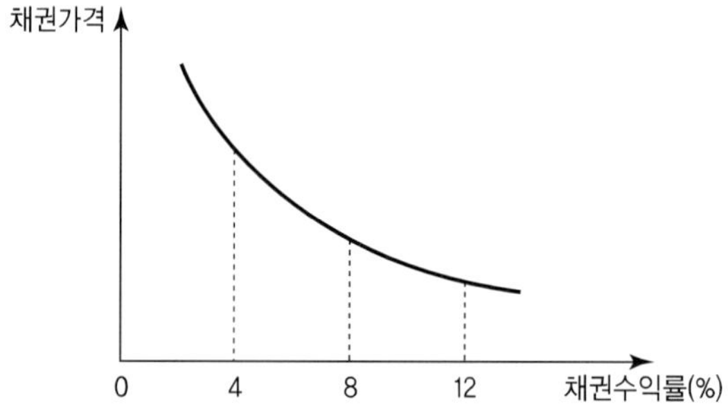

| 그림 9-1 | 채권수익률과 채권가격

(3) 액면이자율

만기까지의 기간이 일정한 경우 채권수익률이 변화하면 액면이자율이 낮을수록 금리 변화에 더 민감하다. 즉, 액면이자율이 낮은 채권일수록 채권의 가격변동은 크고, 반면에 액면금리가 높을수록 채권의 가격변동은 적다.

2) 채권의 가치평가

채권의 가치는 채권을 보유함으로써 장래에 받게 되는 현금흐름(이자와 원리금)을 채권수익률로 할인한 현재가치를 말한다. 모든 만기에 하나의 할인율을 사용한다고 가정하면, 매기 말에 지급되는 이자와 만기시점에서의 액면가액 현재가치의 합이 채권매입시점에서 투자자가 지불하게 될 채권의 가격이 된다. 이를 식으로 표현하면 다음과 같다.

채권가격＝이자의 현재가치＋액면가의 현재가치 …… 식 9-1

$$B_0 = \sum_{i=1}^{n} \frac{i \cdot F}{(1+kd)^i} + \frac{F}{(1+kd)^n}$$

여기서, B_0: 채권의 현재가격
i: 액면이자율
F: 채권의 만기 상환액(액면금액)
kd: 채권의 만기수익률 또는 시중금리
n: 채권의 만기일까지 기간

예를 들어 액면금액이 10만 원인 10년 만기 채권을 발행금리 10%로 발행하였다면 채권 투자자는 매년 말 1만 원씩의 이자를 지급받고 10년째 되는 날에는 10만 원의 원금을 상환받는다. 현재의 시중금리가 10%일 경우 채권가격은 어떻게 될지 계산해 보자. 채권 투자자들은 시중금리 정도의 수익률을 요구하기 때문에 시중금리가 채권할인율로 사용된다.

$$B_0 = \sum_{i=1}^{10} \frac{10,000}{(1.1)^{10}} + \frac{100,000}{(1.1)^{10}}$$ …… [예 1]

＝10,000 PVIFA(10%, 10년)＋100,000 PVIF(10%, 10년)

＝10,000(6.1446)＋100,000(0.3855)＝100,000

여기서, PVIF(present value interest factor for annuity)는 연금의 현재가치이고, PVIF(present value interest factor)는 현재가치이다. 시중금리가 발행금리와 같을 경우 채권의 가격은 액면금액이 된다.

만약 시중금리가 12%로 상승할 경우에는 채권 가격은 88,702원으로 떨어진다.

$$B_o = 10{,}000\ \text{PVIFA}(12\%,\ 10\text{년}) + 100{,}000\ \text{PVIF}(12\%,\ 10\text{년}) \quad \cdots\cdots\ [\text{예}\ 2]$$
$$= 10{,}000(5.6502) + 100{,}000(0.3220)$$
$$= 88{,}702$$

이번에는 시중금리가 8%로 떨어질 경우 채권 가격은 113,421원이 된다.

$$B_o = 10{,}000\ \text{PVIFA}(8\%,\ 10\text{년}) + 100{,}000\ \text{PVIF}(8\%,\ 10\text{년}) \quad \cdots\cdots\ [\text{예}\ 3]$$
$$= 10{,}000(6.7101) + 100{,}000(0.4632)$$
$$= 113{,}421$$

위의 예에서 알 수 있듯이 시중금리(혹은 시장이자율)가 달라짐에 따라 채권의 현재가격이 달라짐을 알 수 있다. [예 1]에서 보듯이, 시중금리가 액면이자율과 같을 경우 채권의 시장가격은 액면가격과 같다. 또한 [예 2]와 같이 시중금리가 액면이자율보다 높은 경우에는 채권의 시장가격은 액면가격보다 낮다. [예 3]의 경우, 시중금리가 액면이자율보다 낮은 경우에는 채권의 시장가격이 액면가격보다 높다. 채권가격이 시중금리와 반대방향으로 움직이고 있음을 다시금 확인할 수 있다.

3) 채권수익률의 영향요인

채권 투자 시 채권수익률은 매우 중요하다. 여기서는 채권수익률에 영향을 미치는 요인을 살펴보자.

첫째, 시장이자율이 미래에 상승할 것으로 예상되면 채권가격은 내려가고 채권수익률은 올라간다. 이와 반대로 시장이자율이 미래에 하락할 것으로 기대되면 채권가격은 올라가고 채권수익률은 내려갈 것이다.

둘째, 물가가 상승하면 시장이자율도 상승한다. 이에 따라 채권수익률은 상승하고 채권가격은 하락한다.

셋째, 채권의 만기가 짧을수록 경제상황의 영향을 적게 받아 시장이자율 변동이 적지만, 만기가 길수록 이러한 영향을 받아 채권수익률의 변화가 커질 것이다.

넷째, 채권 발행회사의 채무불이행위험은 채권위험에 영향을 준다. 기업의 채무불이행위험이 높을수록 투자자들은 이 채권을 매각하려고 하고, 따라서 채권의 수익률은 상승하게 된다.

3. 채권 투자전략

1) 채권 투자 시 고려사항

유통시장에서 거래되는 채권은 대체로 만기가 되기 전에 거래가 이루어진다. 그래서 채권의 투자수익은 채권을 보유한 기간 동안의 확정이자와 채권의 매입금액과 매도금액과의 차이에 의해 발생된다. 그러므로 채권 투자 시 투자자가 고려해야 할 사항은 만기수익률이다. 그리고 채권가격에 영향을 미치는 여러 가지 위험이 있는데 이러한 위험들 또한 채권 투자 시 고려해야 한다.

(1) 만기수익률

투자자들에게 채권 발행 당시의 약정이자율은 별로 중요하지 않다. 그 대신 현재 채권의 가격, 만기까지 남은 기간, 만기까지의 수입이자들을 고려한 만기수익률(yield to maturity)이 훨씬 중요한 투자지표가 된다. 만기수익률이란 지금 채권을 매입하여 보유할 경우 얻을 수 있는 평균수익률을 의미한다.

채권의 만기수익률을 계산하는 방식은 식 9-1에서 Bo(채권의 현재가격)과 i(액면이자율), F(액면금액)이 주어진 경우 kd(채권의 만기수익률)을 구하는 것이다. 예를 들어, 액면가 10만 원, 액면이자율 5%, 만기가 5년인 채권이 2009년 3월 1일 발행되어 2011년 2월 28일 현재 시장가격이 9만 8,509원에 형성되어 있다고 가정하자. 만기수익률을 계산하면 약 5.55%가 나온다.

여기서 만기수익률 5.5%가 의미하는 바는 현재 9만 8,509원으로 이 채권을 매입하여 3년간 5%의 이자율을 지급받고 만기에 원금 10만 원을 상환받는다면 수익률이 5.5%가 된다는 것이다. 만일 채권의 시장가격이 9만 8,509원보다 낮다면 만기수익률은 5.5%보다 높을 것이고, 반대로 시장가격이 높다면 만기수익률은 5.5%보다 낮을 것이다.

(2) 채권 투자의 위험

① 이자율위험

주식의 가격이 변하듯이 채권가격도 변한다. 이자율이 변하면 채권가격이 변하는데, 이자율과 채권가격은 반비례의 관계에 있다. 이와 같이 이자율이 변함에 따라 채권 투자의 수익이 변화하는 위험을 이자율위험(interest rate risk)이라 한다.

이자율 위험은 가격위험과 재투자위험으로 분류된다.

첫째, 가격위험(price risk)은 시장이자율이 변함에 따라 채권가격이 변화하는 위험이다. 즉, 시장 이자율이 상승하게 되면 채권가격은 하락하고 따라서 채권 투자자는 평가손실이나 매매손실을 보게 된다. 반대로 시장 이자율이 하락하면 채권가격이 상승하게 되어 채권 투자자는 평가이익이나 매매차익을 얻게 된다.

둘째, 재투자위험(reinvestment risk)은 매 기간에 지급받는 이자를 재투자할 때 이자율이 변함에 따라 재투자수익이 달라지는 위험이다. 즉, 시장 이자율이 상승하면 재투자수익은 상승하고 시장 이자율이 하락하면 재투자수익은 하락한다. 이와 같이 시장 이자율이 변함에 따라 채권 투자수익률은 가격위험과 재투자위험으로 투자시점에서 기대했던 것과 달라지게 된다.

② 채무불이행위험

채무불이행위험(default risk)은 채권발행자가 약속한 원리금과 이자를 지급하지 못할 위험을 의미한다. 보증채권이나 담보부채권은 채무불이행위험이 적지만 일반채권의 경우 기업의 경영상태에 따라 위험이 다르기 때문에 채권 투자자는 채권발행자의 채무불이행위험 정도를 반드시 확인해야 한다. 채권 투자자는 채권의 등급표시를 이용하면 쉽게 발행기업의 채무불이행위험 정도를 파악할 수 있다.

미국의 경우 스탠다드 앤 푸어스(Standard & Poor's), 무디스(Moody's) 등에서 채권의 안전도에 영향을 주는 재무적 요인과 비재무적 요인을 평가하여 채권의 등급을 평가한다. 우리나라에서는 한국신용평가(주) 등의 신용평가기관에서 채권의 등급을 평가하고 있다. 해당 채권의 채무불이행위험이 증가함에 따라 채권수익률은 높아진다. 즉, 일반적으로 고위험채권에 투자하는 투자자들은 저위험채권에 투자하는 투자자들보다 더 높은 수익률을 요구한다. 따라서 채권의 등급이 높아질수록 안정적인 채권이므로 채권의 수익률은 낮다.

| 표 9-3 | 회사채등급 평가기준

투자적격 여부	한국 신용평가	등급의 내용	S&P등급	Moody's 등급
투자 적격 채권	AAA	원리금 지급능력이 최고 수준	AAA	Aaa
	AA	원리금 지급확실성은 매우 높으나 AAA채권에 비해 다소 열등함	AA+ AA AA-	Aa1 Aa2 Aa3
	A	원리금 지급확실성은 높으나 장래 경제여건 및 환경 악화에 따라 다소 영향을 받기 쉬운 면이 있음	A+ A A-	A1 A2 A3
	BBB	원리금 지급확실성은 인정되지만 장래 경제여건 및 환경악화에 따라 지급능력이 저하될 가능성이 있음	BBB+BBB BBB-	Baa1 Baa2 Baa3
정크 본드	BB	원리금 지급능력에는 당장 문제가 없으나 장래의 안정성은 보장할 수 없는 투기적인 면이 있음	BB+ BB BB-	Ba1 Ba2 Ba3
	B	원리금 지급능력에 문제가 있고 투기적인 면이 강함	B+ B B-	B1 B2 B3
	CCC	채무불이행이 발생할 위험이 크고 투기적임	CCC	Caa
	CC	채무불이행이 발생할 위험이 매우 크고 극히 투기적임	CC	Ca
	C	현재 이자지급이 연기되고 있고 채무불이행의 위험성이 매우 높음	C	C
	D	원금 또는 이자가 지급 불능상태에 있음	D	

출처: 김대호·오세경(2004). 투자론, p.245.

③ 수의상환위험

일부 채권의 경우 만기 전이라도 채권발행자가 원리금을 상환할 수 있는 권리인 수의상환권(call option)이 부여되기도 한다. 이 경우는 채권 발행 시 지급하기로 약속한 이자율보다 시중금리가 낮아질 경우 행사된다. 이때 투자자는 상환된 원리금을 과거보다 낮은 이자율로 운용해야 하므로 투자수익에 대한 불확실성이 커진다. 따라서 채권발행 시 결정되는 액면이자율은 일반적으로 수의상환권이 없는 조건의 일반채보다 수의상환권을 가진 채권의 경우 더 높게 형성된다. 이러한 금리 차이는 수의상환권을 가진 채권발행자가 채권 투자자에게 지불하는 일종의 혜택으로 볼 수 있다.

소비자 투자코너 9-1

회사채는 반드시 신용등급을 확인하라

우리나라의 경우 IMF 외환위기 이전에는 보증사채의 비중이 대부분이었으나, 이후에는 보증금융기관의 신뢰문제가 대두되면서 무보증사채가 사채발행의 대부분을 차지하게 되었다.

회사가 무보증사체를 발행하기 위해서는 투자자 보호를 위해 2개 이상의 신용평가회사로부터 신용평가를 받아야 한다. 신용평가등급은 회사채 투자 시 채무불이행위험을 판단하는 주요 지표로 사용된다. 원리금의 적기상환 능력에 따라 결정되는 신용등급은 투자적격등급(AAA, AA, A, BBB)과 투기등급(BB, B, CCC, CC, C, D)으로 구분된다. 투자적격등급은 채무이행에 문제가 없는 경우이고, 투기등급은 자칫하면 이자는 고사하고 원금도 찾지 못할 위험이 있는 경우이다.

발행회사는 신용등급이 높을수록 원리금 상환 여부에 대한 위험이 낮아지므로 채권을 발행할 때 낮은 수익률을 제시하여 금융비용을 줄일 수 있다. 투자자 입장에서도 투자위험이 낮은 채권에 대해서는 돈을 떼일 염려가 적기 때문에 위험보상에 대한 대가를 적게 요구하고 채권수익률이 낮더라도 이러한 채권을 선호한다. 대부분의 개인투자자들은 채권을 만기까지 보유하는 경우가 많기 때문에 채권 투자 시에는 신용등급을 꼼꼼하게 살피는 것이 무엇보다 중요하다.

출처: 증권선물거래소. 시민을 위한 증권투자 이야기.

소비자 투자코너 9-2

채권등급평가

최근에 채권등급평가회사인 무디스가 포르투갈의 국가신용등급을 네 단계 낮은 투기등급으로 분류한 바람에 유럽연합(EU) 관련 국가들의 반발이 거세어졌다. 또한 피치는 그리스의 국가신용등급을 세 단계 낮추어 투기등급으로 떨어뜨렸다.

국가신용등급이란 해당 국가의 국채에 대한 채권등급평가를 말한다. 채권등급평가가 높으면 금리를 낮게 국채를 발행할 수 있으며, 채권등급평가(bond rating)가 낮으면 금리가 높아져 채권을 발행하는 국가의 이자 부담이 커진다. 현재 우리나라의 외국환평형기금채권(gdhlvudco)에 대한 채권등급평가는 무디스가 A1, 스탠다드 앤 푸어스가 A, 피치는 A+를 부여하여 우량채권으로 평가하고 있다. 이것을 우리나라의 국가신용등급이라고 한다.

채권등급평가란 채권등급평가회사가 국채와 지방채, 회사채같은 특정한 채권 발행에 대해 채무불이행 가능성과 재무건전성 등을 따져 등급을 매기는 것을 말한다. 증권등급평가(security rating)라고도 한다. 세계적인 채권등급평가회사로는 스탠다드 앤 푸어스(S & P), 무디스(Moody's), 피치(Fitch), 더프 앤 펠프스(Duff & Phelps) 등이 있다. 채권등급평가는 AAA(채무불이행이 극히 희박함)에서 D(채무불이행)까지의 등급을 부여한다.

가령 스탠다드 앤 푸어스에서 BBB(무디스 등급 Baa) 또는 그 이상의 등급으로 평가된 채권은 금융회사들이 사들이기에 적절한 투자적격등급으로 간주된다. 반면 BB(무디스의 Ba) 또는 그 이하의 등급으로 평가된 채권은 투기적인 투자자산으로 간주된다.

출처: 조선일보(2011년 7월 28일자).

④ 인플레이션 위험

채권 투자의 경우에 지급되는 이자와 원리금은 명목금리에 의해 지급되기 때문에 인플레이션은 채권으로부터 얻게 되는 수입의 실질가치, 즉 구매력을 감소시킨다. 이러한 위험은 채권의 만기가 길수록 커지는 경향이 있으며, 이러한 위험을 피하기 위해서는 확정금리가 지급되는 채권보다는 금리변동부 채권이 유리하다. 우리나라에서 발행되고 있는 물가연동국채의 경우 인플레이션에 따라 이자와 원리금이 변동하므로 실질구매력을 보장하므로 인플레이션에 대한 방어기능을 가지고 있다.

2) 채권 투자전략

과거에는 채권이 대부분 보유대상이었기 때문에 가능한 한 채무불이행위험이 적은 채권을 선택하는 것이 채권 투자의 전부였다면 이제는 적극적인 운용전략으로 유통채권에 대한 투자전략이 변화하고 있다.

채권 투자의 기본단계는 투자목표의 설정·운용·운용성과의 평가라는 세 단계로 구분할 수 있다. 투자자가 채권에 투자할 때는 먼저 투자할 자금의 성격을 명확히 하여 투자목표를 설정한다. 그 다음에는 이러한 목표를 달성하기 위해 앞으로의 채권수익률 동향 및 장·단기 수익률 구조, 만기별 가격변동위험 등을 분석·예측하여 운용전략을 수립한다. 마지막으로 운용 성과를 평가하여 목표치와 실적치를 비교하고 새로운 투자목표를 설정한다.

채권 투자전략은 적극적 전략, 소극적 전략, 중립적 전략으로 구분할 수 있다.

첫째, 적극적 전략은 위험은 감수하더라도 투자수익을 극대화하려는 전략이다. 이 전략의 핵심은 수익률 예측과 채권비교평가분석으로 정리된다. 수익률 예측은 시장환경 변화에 대한 채권수익률의 기간구조의 변화 형태를 예측함으로써 수익을 극대화하는 방법이다. 채권비교평가분석은 일시적으로 가격불균형 상태에 있는 채권을 발견하여 수익을 제고시키는 방법이다. 즉, 채권의 발행조건이나 위험도의 차이를 지닌 채권을 비교·분석하여 상대적으로 저평가된 채권을 찾아 교체매매를 통하여 수익을 극대화시키는 전략이다.

둘째, 소극적 투자전략은 기본적으로 위험을 회피하는 전략이다. 소극적 전략을 이용하는 투자자는 대체로 채권시장이 효율적이라고 생각하기 때문에 미래예측에 기초를 두기보다는 미리 정해진 투자원칙에 따라 기계적으로 운용하는 방법이다. 예를 들면 채권을 매입하여 만기까지 보유하거나, 채권시장 전체의 흐름을 따라가는 포트폴리오(인덱스 펀드)를 구성하는 채권인덱싱전략 등이 있다.

셋째, 중립적 투자전략은 적극적 전략과 소극적 전략의 요소를 포함하고 있는 복합적 성격의 투자전략이다. 대표적인 방법으로 면역전략과 현금흐름일치전략이 있는데, 이 두 전략은 투자자 스스로 정한 일정한 목표 투자기간 동안에 최선의 수익을 가져올 수 있는 포트폴리오를 구성하고 운용하고자 한다. 생명보험회사나 연기금, 은행의 유가증권관리에 중립적 투자전략이 유용한 것으로 알려져 있다.

소비자 투자코너 9-3

똑똑한 투자자가 알아야 할 채권 투자전략

◆ 투자효과 극대화를 위한 소매채권 투자전략

채권 투자는 크게 '다양한 투자기간과 다양한 유형의 리스크 리턴(risk-return) 상품, 그리고 확정적인 미래현금'이라는 세 가지 유용성을 가지고 있다. 성공적인 채권 투자를 위해서는 투자자의 채권 투자성향 및 자금의 용도에 맞는 투자전략을 수립하는 것이 중요하다. 발행주체가 채권만기 이전에 부도가 발생한다면 이자는 물론이고 원금까지도 상환받지 못할 가능성이 크기 때문이다.

시장금리의 변동성을 활용한 채권 투자전략을 수립하고자 하는 투자자라면 금리상승 및 금리하락기에 맞는 투자전략을 활용해야 한다. 우선 금리상승기에는 단기채권 위주의 투자전략을 사용해야 한다. 장기채권에 투자한 후에 금리가 더 높아져버리면 더 높은 금리로 투자할 수 있는 기회를 상실할 수 있기 때문이다. 즉, 단기 채권에 대한 투자를 반복적으로 실행하면서 금리상승으로 인한 투자수익률의 상승효과를 가져와야 하는 것이다. 금리하락기에는 장기채권에 투자하는 것이 가장 유리하다. 이 경우에도 투자효과를 극대화하기 위해서는 표면금리가 낮은 채권이 더 유리하다.

금리예측에 대한 전망이 불투명하고 시장상황이 불안하다고 판단되면 채권 투자를 최소 규모로 축소하고 MMF, CMA 및 초단기 RP 등과 같은 유동성이 큰 상품에 투자한 후, 잠시 시장상황을 모니터링하는 것도 현명한 투자전략이라고 판단된다. 채권 투자를 할 수 있는 시장은 크게 두 가지로 구분할 수 있다. 주식 투자와 마찬가지로 투자자가 직접 거래소를 통하여 불특정 다수의 투자자와 특정 상장채권의 매매를 하는 거래소시장이 있고, 증권사 영업 창구를 통해 상장/비상장채권 모두를 매매하는 시장이 있다. 양 시장 간의 큰 차이는 없지만 매매대상이 되는 채권의 범위가 증권사를 통하는 경우가 상장채권 및 비상장채권까지 더 다양하고, 매매시간이 증권사 영업시간까지 할 수 있다는 점이 다르다.

증권사를 통한 채권매매의 경우에 있어서는 어떤 증권사를 선택할 것인가가 중요한 부분이다. 같은 채권이지만 증권사별로 판매하는 채권수익률이 서로 다를 수 있기 때문이고, 또한 가급적이면 채권의 만기 이전이라도 해당 채권을 되사주는 증권사를 선택하는 것이 좋다. 채권을 중도에 급히 매각해야 하는 상황이 발생하거나, 금리 하락으로 인한 채권 매매이익이 크게 발생할 경우 자본이득을 극대화하고 손실을 최소화할 수 있어야 한다. 대부분의 증권사는 국공채의 경우 환매를 해주고 있지만, 일부 증권사의 경우 회사채에 대해서는 '환매불가'라는 단서조항이 있는 경우가 있기 때문이다.

(계속)

◆ 절세상품 투자로 실질수익률을 높여라

채권 투자에 있어서 세금과 관련된 이슈는 매우 중요한 부분을 차지하고 있다. 일반적으로 채권과 관련하여 발생된 수익은 크게 두 가지로 나누어진다. 기본적으로 채권의 표면금리에서 발생하는 이자소득과 채권매매수익률의 차이로 인한 매매손익이 있다. 이 중 채권매매로 인한 매매손익은 과세의 대상이 아니고, 표면이자율에 의한 이자소득만이 과세대상이 된다. 이자소득이 발생한 시점에서 개인투자자에 대한 과세방법은 종합과세대상소득과 비과세 및 분리과세대상소득 인지 여부에 따라서 달리 적용된다. 비과세 및 분리과세대상소득은 분리과세 이자소득세율 30%와 주민세율 3%, 총 33%의 원천징수로 납세의무가 종료되지만, 종합과세대상소득에 대해서는 소득세 종합과세 시 각 과표수준에 따라서 14~35%의 상이한 이자소득세율을 적용하고 세액 정산의 절차를 따르게 된다. 따라서, 채권투자로 인하여 발생하는 세금을 최소화하기 위해서는 분리과세가 가능한 채권, 비과세채권, 표면금리가 아주 낮은 채권에 대한 관심을 기울일 필요가 있다.

금융소득이 많은 투자자의 경우에는 분리과세가 가능한 채권(예를 들면 2003년 이전에 발행된 만기 5년 이상 채권 또는 2004년 이후에 발행된 만기 10년 이상 채권) 및 2006년 11월 이후 발행되고 있는 표면금리가 0%인 국민주택 2종 채권(이 채권의 경우 표면금리가 0%이기 때문에 과표가 0원이다. 즉, 비과세채권이라는 의미이다)이 유리할 수 있다. 금융소득이 많지 않더라도 표면금리가 채권매매수익률보다 낮은 채권에 투자하면 낮은 표면금리에 따른 이자소득만 과세되기 때문에 수익률 대비 작은 과표로 인하여 상대적으로 세후수익률이 높게 나올 수 있어서 절세효과 측면에서 유리하다는 점을 꼭 기억하기 바란다.

출처: 전국투자자교육협의회(www.kcle.or.kr).

참고문헌

김대호·오세경(2004). **투자론**. 경문사.

금융투자교육원(2009). **시험대비교재 증권투자상담사 II**. 한국금융투자협회.

안승철·정영숙·배미경(2003). **신 투자와 보험**. 도서출판 신정.

이도윤·강철준(2007). **자산운용 I**. 한국금융연수원.

조선일보(2011년 7월 28일자).

최운열·박영석(2008). **투자론**. 박영사.

한국거래소(2009). **초보투자자를 위한 증권과 투자 따라잡기**. 한국거래소.

전국투자자교육협의회(www.kcle.or.kr)

10장 파생상품 투자

우리나라에는 파생상품이 비교적 늦게 도입되었지만 높은 투자수익을 올리기 위해 많은 투자자들이 관심을 가지고 참여하면서 최근 급속도로 성장하고 있다. 이 장에서는 파생상품 투자에 대한 이해를 높이기 위해 대표적인 파생상품인 선물과 옵션을 중심으로 주요 개념, 구성요소, 거래유형 등에 대해 학습하기로 한다.

1. 파생상품 개요

파생상품(derivatives)이란 그 상품의 수익구조가 기초자산이라 부르는 다른 자산의 가격에 따라 변하는 상품을 말한다. 대표적인 예로서 주가지수선물을 들 수 있는데, 이것의 가격은 주가지수에 따라 변화한다.

파생상품은 거래하는 방식에 따라 선물(futures), 옵션(options), 스와프(swaps)로 분류된다. 선물은 미래의 특정시점에 계약한 자산을 인도하거나 결제하겠다는 약속을 하는 것이다. 옵션은 계약의 기초자산을 일정한 가격에 매입할 수 있는 권리 또는 매도할 수 있는 권리를 만들어 매매하는 것이다. 또한 스와프는 두 개의 상품 또는 자산에서 파생되는 현금흐름을 일정 기간마다 교환하기로 약정하는 거래이다.

파생상품시장에서의 거래는 장외파생상품거래와 장내파생상품거래의 두 가지로 분류된다. 장외파생상품거래는 매매당사자가 직접계약을 통해 거래를 하는 경우로서 외환시장과 단기 금융시장에서 주로 이루어진다. 장내파생상품거래는 상품거래소 또는 증권거래소에서 거래조건을 표준화해서 파생상품을 주식처럼 상장시켜 거래하는 것으로, 선물 및 옵션 상품들이 여기에 속한다.

파생상품시장은 원래 미래의 불확실성을 회피하기 위한 수단으로 공급자와 수요자 간의 사전 계약의 필요성에 의해 시작되었으나, 그 규모가 커지면서 실제 상품의 거래보다는 계약 자체의 거래를 통한 이익을 추구하는 사람들이 나타나기 시작하였다. 파생상품투자는 전형적인 고위험·고수익 투자이다. 예를 들어 선물투자의 경우 약정금액의 15%만 있으면 그 수 배 규모의 계약을 맺을 수 있고, 만일 투자에 성공하면 몇 십 배 수익을 올릴 수 있지만 실패하면 투자금액의 몇 십 배 손해를 볼 수 있다. 그러므로 개인투자자들은 파생상품에 직접 투자하기보다는 파생상품과 관련하여 증권회사나 투자신탁회사의 펀드를 매입하는 간접투자방법이 안전하다고 할 수 있다.

2. 선 물

1) 선물의 개념 및 선물시장

선물거래의 개념을 이해하기 위해 선물거래와 선도거래의 차이점을 비교해 보고, 선물시장의 발전과정을 간략히 살펴본 후, 선물시장의 종류를 살펴보자.

(1) 선물거래와 선도거래

현재의 시점에서 계약체결과 동시에 상품의 인도 및 대금결제가 이루어지는 방식이 현물거래(spot or cash transaction)이고, 현재의 시점에서 매매계약을 하지만 일정시간이 지난 후에 상품과 대금이 교환되는 매매예약거래의 일종이 선물거래(futures transaction)이다. 즉, 선물거래는 미래의 계약을 앞당겨 계약하는 거래를 말한다.

선물거래와 유사한 것으로 선도거래(forward transaction)가 있는데, 선도거래는 계약자 간에 임의로 행해지는 사적인 계약을 말한다. 전형적인 선도거래로 수확기에 밭 전체의 농작물을 미리 사놓는 '밭떼기'를 들 수 있다. 선물거래와 선도거래의 차이점을 살펴보면 다음과 같다.

첫째, 선물거래는 반드시 선물거래소라는 정형화되고 조직적인 시장에서만 거래된다. 반면에 선도거래는 특정한 장소 없이 거래상대방이 장외시장에서 직접계약에 의하여 거래를 한다.

둘째, 선물거래에서는 대상상품의 품질과 수량, 인수도 시점, 인수도 조건 및 거래가격의 변동폭 등 모든 거래조건이 표준화되어 있지만, 선도거래는 사적 계약이기 때문에 표준화된 계약조건이 없다.

셋째, 선물거래에 있어서는 계약의 이행을 보장하기 위하여 청산소(clearing house)가 존재하는 반면, 선도거래는 청산소가 없으므로 계약불이행위험이 있다. 선물거래는 불특정 다수가 참여하므로 거래상대방의 신용을 파악하지 못한 상태에서 매매가 이루어진다. 선물거래 참여자가 안심하고 매매하기 위해 모든 거래의 계약이행을 보증할 제3자가 필요한데 청산소가 이런 역할을 수행한다.

넷째, 선물거래에서는 계좌를 개설할 때 증권회사 혹은 선물회사가 매매당사자에게 계약의 이행을 보증하기 위해 일정비율의 증거금(margin) 납부를 요구한다. 선도거래에서는 일반적으로 증거금이 요구되지 않는다.

다섯째, 선물거래에서는 일일정산제도(daily settlement)가 도입되어 매일매일 종가에 의해 결재되고 그 종가에 의해 새로운 계약이 체결된다. 즉, 선물계약 체결 이후 선물가격의 변화에 의한 차익과 차손을 매일매일 반영하여 거래상대방의 증거금계정을 통해 관리된다. 그러나 선도거래는 매일매일 종가에 의해 결제되는 것이 아니고 만기일에 대상품의 현물가격과 선도가격 차이가 매매상대방의 손익으로 처리된다.

여섯째, 선도거래는 최종 결제일에 계약을 종결시키는 방식으로 대부분이 실물인수도 방식에 의해 계약이 종결된다. 하지만 선물거래에서는 계약을 종료하기 위해 반드시 상

| 표 10-1 | 선물거래와 선도거래의 차이

구 분	선도계약	선물계약
시장조직	정형화된 시장 없음(장외시장)	거래소시장
거래조건	개별적, 비표준화	표준화
정산 여부	정산 없음	일일정산
인도 여부	보통 상품의 인도가 이루어짐	상품의 인도가 거의 없음
보증 여부	보증 없음	청산소가 보증

품의 인수도가 이루어질 필요가 없다. 선물거래에서는 최종 결제일 이전이라도 언제든지 매입한 선물계약을 다시 팔거나 매도한 선물을 다시 매입하는 반대매매(off setting)를 통해 계약을 종결시킬 수 있다. 실제로 선물거래의 대부분은 이러한 방식을 사용하며, 실물인수도 방식은 5% 미만으로 미미하게 이루어진다.

(2) 선물시장의 발전과정

처음에 선물시장은 옥수수, 콩, 밀, 커피와 같은 농산물과 금, 은, 구리와 같은 금속 및 원유 등 상품선물(commodity futures)을 중심으로 발전되어 왔다. 최초의 선물시장은 1948년 개설된 시카고 상품거래소(CBOT)이며, 여기서는 곡물을 중심으로 거래가 시작되었다. 그 후 1972년에 시카고 상업거래소(CME)가 설립되어 국제통화시장(IMM)이 개설되고 통화선물거래가 시작되자 금융선물(financial futures)이 등장하였다. 또한 1975년 시카고 상품거래소에서 금리선물의 거래가 시작되었고, 1982년에는 캔자스시티 상품거래소에서 주가지수선물의 거래가 시작되었다. 금융선물의 경우 주식과 채권시장에 큰 영향을 미쳤고, 거래가 급증하면서 지금은 선물거래의 대부분을 이루고 있다.

우리나라의 경우 1996년 한국증권거래소(KSE)에서 주가지수를 이용한 KOSPI 200 주가지수선물시장이 처음으로 개설되었다. 1999년 부산에 한국선물거래소(KOFEX)가 설립되었고, 이곳에서 국채, 금, 달러 등 다양한 상품이 거래되었다. 2005년 한국증권거래소와 한국선물거래소가 통합되면서 현재 한국거래소(KRX)에서 주가지수선물과 국채 등의 선물이 모두 거래되고 있다.

(3) 선물거래의 종류

선물거래는 거래대상물에 따라 상품선물과 금융선물로 구분된다. 상품선물은 농축산물, 에너지, 금속 등의 실물상품을 대상으로 하고, 금융선물은 주식 또는 주가지수, 채권(금리), 통화 등의 금융자산을 거래대상으로 한다. 최근에는 자연현상(날씨, 허리케인), 공해(탄소배출권), 경제변수(소비자물가지수), 신용(신용부도스와프) 등을 기초자산으로 한 선물계약들도 등장하고 있다.

| 표 10-2 | 선물의 종류

구 분			주요 거래대상상품
선물계약	상품선물	농림축산물	옥수수, 콩, 밀, 면화, 커피, 설탕, 코코아, 고무, 합판, 소, 돼지, 우유 등
		에너지	원유, 휘발유, 난방유, 등유, 에탄올, 석탄, 천연가스, 전기 등
		금속	금, 은, 백금, 구리, 알루미늄, 납, 아연, 니켈, 철(steel billet), 철근 등
	금융선물	주가지수	S&P 500, NIKKEI 225, KOSPI 200 등
		채권	Eurodollar time deposit, 각국의 장·단기 국채 등
		통화	각국의 통화(달러, 유로, 엔, 파운드 등) 및 이종통화(유로/엔, 유로/파운드 등)

출처: 금융투자교육원(2010). 파생상품투자상담사, p.12.

2) 선물거래의 기능

(1) 가격변동 위험의 전가

선물거래의 가장 중요한 목적은 현물보유자나 현물보유예정자가 미래에 발생하게 될 가격변동에 따른 손실을 회피하거나 줄이는 것이다. 현물보유자는 보유하고 있는 자산이 가격하락 위험에 노출되어 있을 때 선물시장에서 반대포지션인 매도포지션을 취하여 가격하락에 따른 손실을 선물거래의 이익으로 상쇄하고자 하는데 이를 헤지(hedging)라고 한다. 가격변동 위험을 회피하려는 거래자(hedger)가 회피한 위험은 선물거래를 통해 보다 높은 이익을 추구하려는 투기자(speculator)에게 전가된다.

(2) 가격예시

선물시장에서 결정되는 선물가격은 해당상품의 수요와 공급에 관련된 각종 정보가 집약되어 결정되기 때문에, 선물가격은 현재시점에서 미래의 가격을 정확히 예측하는 것은 아니지만 유용한 정보를 제공해준다. 이러한 가격예시기능을 통해 선물가격은 각 경제주체들이 미래의 경제활동에 대해 합리적인 의사결정을 할 수 있도록 돕는 역할을 한다.

(3) 효율적인 자원배분

투기자는 헤저(hedger)가 회피한 위험을 적극적으로 인수하면서 미래의 환율 및 금리전망, 상품의 수요와 공급 등을 토대로 선물시장에서 매입 또는 매도포지션을 취득함으로써 이익을 얻으려고 한다. 이를 위해 수시로 정보를 수집·분석하며, 그 결과는 선물가격에 즉각 반영된다. 그래서 가계, 중소기업 등 경제주체들은 선물가격을 통해 미래 현물가격에 대한 정보를 얻을 수 있고 투자 및 소비활동을 합리적으로 할 수 있다. 그리고 선물시장에서는 다수의 시장참가자가 경쟁함에 따라 시장의 자원배분기능이 효율적으로 이루어질 수 있다.

(4) 현물거래의 활성화

선물거래는 소액의 증거금만으로 거액의 거래가 가능하기 때문에 투자원금에 대한 손익의 레버리지 효과가 매우 크다. 따라서 위험을 감수하고서라도 적은 자금으로 높은 수익을 얻고자하는 투기자에게는 선물거래가 유리한 투자수단이 된다. 또한 선물시장은 현물시장과의 차익거래기회를 제공함으로써 현물시장의 거래를 촉진시킬 수 있다. 그 결과 현물시장의 안정성과 유동성을 제공하여 현물거래의 활성화에 기여한다.

(5) 새로운 금융서비스 제공

종래 은행이나 증권회사를 중심으로 한 현물(spot) 금융거래방식에서 새로운 선물거래소를 중심으로 하는 금융선물거래가 금융산업에 가세함에 따라 금융서비스 산업은 그 영역이 확대되었고 금융거래행위도 크게 변화하고 있다.

3) 선물거래의 구성요소

(1) 기초자산

기초자산(underlying asset)이란 선물계약의 만기일에 가서 인도되는 상품 또는 자산을 말한다. 선물거래의 거래대상이 되는 상품은 다양하며 거래대상상품이 점차 확대하고 있는 추세이다. 하지만 어떤 선물상품이 선물거래소에 상장되어 거래되기 위해서는 현물상품의 동질성, 가격변동성, 가격결정구조, 현물시장규모와 활성화 정도 등 여러 가지 조건이 고려되어야 한다.

이러한 기초자산의 종류는 상품선물과 금융선물로 구분된다. 상품선물은 농축산물 및 임산물, 비철금속, 귀금속, 에너지 상품 등의 기초자산이 있고, 금융선물은 토오하, 금리, 주가지수 등의 기초자산이 있다. 현재 한국거래소에서는 8개의 금융상품(KOSPI

200, 스타지수, 3년국채, 5년국채, 통안증권 금리, 미국달러, 일본엔화, 유로화)과 1개의 상품선물(금)이 상장되어 거래되고 있다.

(2) 계약단위

계약단위(contract size)는 선물거래의 거래 기본단위로 하나의 단위를 1계약(contract)이라고 한다. 대부분의 선물거래소에서는 거래가 신속하게 이루어질 수 있도록 하기 위하여 거래대상상품별로 계약단위를 표준화하여 거래하고 있다. 예를 들면 KOSPI 200주가지수선물의 경우 지수에 거래단위 승수인 50만 원을 곱한 것이 된다.

계약단위는 선물시장을 개설하는 경우 그 시장의 성공과 실패를 가름할 정도로 중요하다. 계약단위가 작은 경우 많은 투자자의 참여로 유동성 확대에 도움이 되지만 무분별한 참여로 시장이 불안정하게 될 수 있다. 반대로 계약단위가 클 경우에는 기관투자자의 참여비중 증대로 시장의 안정성에는 도움이 되지만 유동성 확보에 문제가 된다.

(3) 결제월

결제월(delivery month)은 선물계약이 만기가 되어 실물의 인수도가 이루어지는 달(month)을 말하며, 인수도월(delivery month)이라고도 한다. 일반적으로 상품의 특성에 따라 1년 중 4~7개의 달이 결제월로 지정되고 있다. 주가지수, 금리, 통화선물과 같은 금융선물계약의 경우 일반적으로 분기의 마지막 월(3, 6, 9, 12월)이 결제월로 지정되며, 상품선물계약들은 상품의 수급요인에 따라 더 많은 결제월을 갖는 경향이 있다.

(4) 일일가격제한폭

일일가격제한폭(daily price limit)이란 전일의 결제가격을 기준으로 당일 거래 중 등락할 수 있는 최대한의 가격변동범위를 의미한다. 각 선물거래소에서는 시장상황이 과열되는 것을 방지하기 위하여 상품별로 가격제한폭을 설정해 놓고 있지만 경우에 따라서 가격제한폭이 적용되지 않는 상품도 있다. 예를 들어 시카고상업거래소의 주요 금리선물과 통화선물에는 가격제한폭이 없지만, KOSPI 200선물이나 스타지수선물의 경우 상하 10%를 가격제한폭으로 설정하고 있다.

(5) 호가단위

호가단위(tick size)란 선물계약의 매수 또는 매도주문 시 제시하는 최소가격변동폭을 말한다. 여기에 계약단위를 곱하면 최소호가단위가 1단위 변동할 때 계약당 손익변동금액이 산출되며, 이를 한 틱의 가치(tick value)라고 한다. 예를 들어, 국내에서 거래되는 3년 국채선물은 액면의 0.01%(1만 원), KOSPI 200선물의 경우는 0.05포인트(2만 5,000원), 스타지수선물의 경우는 0.50포인트(5,000원)이다.

4) 선물거래의 유형

(1) 헤지거래

헤지거래(hedging trading)란 예상하지 못한 가격변동으로 인한 손실의 위험을 줄이거나 제거하는 것을 목적으로 하는 거래를 말한다. 선물가격과 현물가격이 같은 방향으로 움직이기 때문에 현물의 포지션과 반대로 선물의 포지션을 취함으로써 헤지거래는 이루어진다. 헤지거래의 기본적인 유형은 매도헤지(short hegde)와 매입헤지(long hedge)로 구분된다. 매입헤지란 선물시장에서는 매입포지션을 현물시장에서는 매도포지션을 취하여 가격상승에 따른 손실을 선물시장에서 상쇄시키는 것이다. 매도헤지란 선물시장에서 매도포지션을 현물시장에서는 매입포지션을 취하여 가격 하락 시 발생하는 손실을 선물시장에서 상쇄하는 것이다.

(2) 투기거래

투기거래(speculation trading)란 현물시장에서는 어떤 포지션도 취하지 않고 선물거래만을 통해 장래 선물가격 변동에 따른 시세차익을 얻을 목적으로 거래하는 것을 말한다. 만일 미래 선물가격이 오를 것으로 예상한다면 선물계약을 매입함으로써 이익을 보려고 할 것이고, 반대로 선물가격이 하락할 것으로 예상한다면 선물계약을 매도하여 이익을 보려고 할 것이다. 투기거래는 자신의 예측과 맞으면 이익을 얻을 수 있지만 예측이 틀리면 손실을 보게 된다. 선물시장에서는 일부 증거금만 있으면 자신의 예측을 실현할 수 있기 때문에 현물시장에 비해 투기성이 강하다.

소비자 투자코너 10-1

프로그램매매

프로그램매매(program trade)란 선물 이론가격과 실제로 시장에서 거래되는 가격이 비정상적으로 벌어질 때 발생하는 무위험 차익거래를 말한다. 주가지수선물의 '이론가격'은 KOSPI 200 현물지수에 단기금리를 더하고 배당수익률을 뺀 가격이다. 이론가격은 만기일이 멀리 떨어져 있을수록 이자부담이 커지기 때문에 현물가격(KOSPI 200지수)보다 높을 수밖에 없다. 선물은 3개월마다 만기가 있는데, 만기일 종가에는 선물매매분을 현물과 같은 가격으로 청산을 한다.

비정상적 선물가격 발생 → 매도차익거래·매수차익거래 유발

선물시장에서는 주가지수선물을 사고자하는 세력과 팔고자 하는 세력 간의 수급에 따라 선물가격이 이론가격에 비해 비정상적으로 낮거나 높게 거래되는 경우가 자주 발생한다. 실제로 시장에서 형성되는 선물가격이 이론가격에 비해 비정상적으로 낮다면 정상적인 선물가격에 비해 시장가격이 지나치게 낮은 상태에서 거래되고 있음을 의미한다. 이는 선물이 현물에 비해 과도하게 저평가된 것으로 투자가는 저평가된 선물을 사들이고 고평가된 현물을 팔아치우는 '매도차익거래'에 나선 뒤, 가격차가 좁혀지면 선물을 다시 팔고 현물을 사들이는 반대매매를 통해 무위험 차익을 얻을 수 있다.

반대로 선물가격이 이론가격보다 지나치게 높은 상태라고 가정하자. 만기일에는 어차피 가격이 같아지므로 비싼 선물을 팔고 동시에 가격이 낮은 현물을 매수하는 '매수차익거래'를 할 수 있다.

이 같은 차익거래를 하기 위해서는 현물을 사들이거나 팔아 치워야 한다. 여기서 말하는 현물은 개별주식을 말하는 것이 아니라 현물가격을 대표하는 KOSPI 200지수를 일컫는다. 그런데 KOSPI 200지수는 개별주식처럼 사고팔 수 있는 실물이 아니라 지수의 흐름을 보여주는 추상물이다. 때문에 KOSPI 200지수를 매·수도하는 것과 같은 효과를 내기 위해 실제로는 KOSPI 200지수 종목 중 시가총액이 높고 유동성이 좋은 종목을 집중적으로 거래하고 있다.

또한 시시각각 변화하는 선물시장에서 차익거래의 기회를 놓치지 않기 위해서는 순간적으로 현물주식을 팔고 사야한다. 이를 위해 미리 컴퓨터에 입력시켜 놓은 프로그램에 따라 KOSPI 200지수의 흐름을 따라갈 수 있는 종목의 현물주식 한 묶음(바스켓)을 동시에 사고 팔 수 있도록 기관투자가들은 '컴퓨터 프로그램'을 짜놓고 있다. 이 때문에 국내에서는 프로그램매매가 선물과 연계된 차익거래를 의미하는 용어로 함께 사용되고 있다.

◆ 프로그램매매가 시장에 끼치는 영향

보통 현물을 팔고 선물을 사는 프로그램매도가 발생하면 매물압박 때문에 현물지수가 하락하게 된다. 반면 현물을 사고 선물을 파는 프로그램매수가 발생하면 주가가 큰 폭으로 뛰어 오른다.

한편 만기일에 이르러서는 매수차익거래(선물매도 현물매수)잔고의 경우 현물매도 선물매수로 청산되고, 매도차익거래(선물매수 현물매도) 잔고는 현물매수 선물매도로 청산된다. 따라서 매수차익거래 잔고가 누적되면 만기일에 가까울수록 현물시장에 매물 압박요인으로 작용한다.

출처: 네이버 백과사전.

(3) 차익거래

차익거래(arbitrage trading)는 현물시장과 선물시장 간 일시적 가격 불균형으로 인해 가격차이가 발생하였을 경우, 이 차이를 이용하여 아무런 위험 없이 이익을 얻는 것을 말한다. 차익거래에서는 자금을 빌려서 가격이 낮게 형성된 시장에서 상품을 매입한 다음, 가격이 높게 형성된 시장에서 매도하여 매매차익을 얻는다. 따라서 차익거래를 하는 투자자는 자신의 자금을 전혀 투자하지 않고도 아무런 위험 없이 이익을 가질 수 있다. 그러나 이러한 차익거래의 기회는 매우 일시적이며, 이런 기회가 발생하면 거래자들이 몰려 결국 현물시장과 선물시장의 상품가격이 동일해지는 균형상태가 일어나기 때문이다. 차익거래를 하기 위해서는 선물의 이론적 가격을 정확하게 계산하여 이를 선물시장가격과 비교한 후, 현물의 매입·매도 거래전략을 세워야 한다. 그리고 신속한 거래를 위한 컴퓨터 시스템이 뒷받침되어야 한다.

(4) 스프레드거래

스프레드거래(spread trading)는 선물과 선물의 가격 사이에 비정상적인 차이가 발생했을 때 그 차익을 노리는 거래이다. 즉, 만기 또는 종목이 서로 다른 두 개의 선물계약을 대상으로 한쪽 계약을 매입하는 동시에 다른 계약을 매도하는 거래를 말한다. 스프레드거래에는 상품 내 스프레드(혹은 시간 스프레드), 상품 간 스프레드, 시장 간 스프레드 등으로 구성된다.

5) KOSPI 200 주가지수선물

(1) 주가지수선물의 개요

주가지수선물이란 증권시장에서 매매되고 있는 전체 주식 또는 일부 주식의 가격수준을 나타내는 주가지수를 매매대상으로 하는 금융선물의 한 종류이다. 주가지수가 상승할 것으로 예상될 때에는 주가지수선물을 매입하고, 주가지수 하락이 예상될 때에는 주가지수선물을 매도하게 된다. 주가지수는 주식전체의 가격수준을 나타내는 수치일 뿐 실물이 없는 추상물이기 때문에 일반 선물거래와는 달리 주가지수선물에서는 현물 인수도가 불가능하므로 만기일 전에 반대매매를 통해 포지션을 청산하든지 아니면 만기일에 현금으로 결제하게 된다.

우리나라에서는 1996년 5월에 최초로 한국증권거래소에서 KOSPI 200을 대상으로 주가지수선물거래를 도입하였다. 그리고 2001년 1월에는 한국선물거래소에서 코스닥 50을 대상으로 하는 KOSDAQ 50 선물이 상장되었으나 거래부진 등의 이유로 폐지하고 새로운 지수인 스타지수를 대상으로 한 선물을 2005년 11월에 상장하였다.

(2) KOSPI 200 주가지수 선물거래

① 거래대상 및 결제월

KOSPI 200 선물거래의 대상은 유가증권에 상장된 종목 중에서 시가총액, 업종대표성 및 유동성을 감안하여 선정한 200개 종목을 구성종목으로 한다. 주가지수선물의 결제월은 3월, 6월, 9월, 12월이고 새로 상장되는 종목의 거래기간은 최장 1년이며 최종거래일은 각 결제월의 두 번째 목요일이다. 이 날이 되면 해당 결제월 종목은 거래시간 종료 후 상장 폐지되고, 다음 날 부터는 새로운 결제월종목이 자동적으로 상장되어 거래된다.

② 거래시간

선물거래는 주식시장과 동시에 거래를 개시(오전 9시)하고 미결제약정을 정리할 수 있도록 주식시장 종료 15분 후(오후 3시 15분)에 거래를 종료한다. 다만 최종거래일에는 오후 2시 50분에 선물거래가 종료되고 10분 후 주식시장이 마감될 때 최종결제가격이 확정된다. 거래의 체결은 주식시장과 마찬가지로 개별경쟁매매방식으로 가격, 시간, 수량의 우선원칙에 따라 이루어진다.

③ 거래단위와 호가단위

1계약의 거래금액은 KOSPI 200의 지수(소수점 둘째 자리)에 거래단위승수 50만 원을 곱한 금액이 된다. 호가의 단위는 1계약이며, 호가의 가격단위는 0.05포인트로 금액은 거래단위승수 50만원에 0.05를 곱한 2만 5,000원이 된다.

④ 기본예탁금과 증거금

KOSPI 200 주가지수선물 거래를 위해서는 기본예탁금과 증거금이 필요하다. 신규거래 시에는 500만 원 이상의 현금이나 대용증권을 납부해야 한다. 개시증거금은 약정금액의 15%이며 유지증거금은 10%이다.

⑤ 가격제한폭

주식시장과 마찬가지로 급격한 가격변동을 막기 위하여 가격제한폭제도와 매매거래중단제도를 운영하고 있다. KOSPI 200 선물거래에서 일일 가격제한폭은 전일 종가대비 10%이다. 또한 전날 최대 거래량을 기록한 종목의 가격이 전일 종가대비 5% 이상 변동하고 이론가격과 3% 이상 차이가 1분 이상 지속되면 모든 선물거래가 중단되는 매매거래중단제도가 발동된다. 주식시장에서 매매거래중단제도가 발동되면 선물거래도 동시에 중단된다.

| 표 10-3 | KOSPI 200주가지수선물 주요 내용

구 분	내 용
거래대상	KOSPI 200(유가증권 시장본부 발표)
거래단위	KOSPI 200 × 50만 원
결제월	3, 6, 9, 12월
상장결제월	1년 이내의 4개 결제월
가격의 표시	KOSPI 200의 지수(소수점 둘째 자리까지 표시)
최소가격 변동폭	0.05포인트
최소가격 변동금액	2만 5,000원(50만 원 × 0.05)
거래시간	09 : 00~15 : 15(최종거래일 09 : 00~14 : 50)
최종거래일	각 결제월의 두 번째 목요일(공휴일인 경우 순차적으로 앞당김)
최종결제일	최종거래일의 다음 거래일
결제방법	현금결제
가격제한폭	기준가격+/-10%
단일가격경쟁거래	개장 시(08 : 00~09 : 00) 및 거래종료 시(15 : 05~15 : 15)
필요적 거래중단(circuit breaker)	선물가격, 현물가격 급변 시 선물거래 일시중단

출처: 한국거래소(http://www.krx.co.kr).

3. 옵 션

1) 옵션의 개념 및 특징

(1) 옵션의 개념

옵션(option)이란 현재 미리 정해진 가격으로 미래의 일정시점에서 특정한 자산을 사거나 팔 수 있는 권리이다. 옵션거래는 이러한 권리를 매매하는 것으로, 매도자는 매수자에게 옵션을 제공하고, 매수자는 매도자에게 그 대가(프리미엄)를 지급하는 거래이다.

옵션의 매수자는 해당 자산의 가격이 자신에게 유리하게 움직일 때 권리를 행사하여 이윤을 취하고, 자신에게 불리한 경우에는 권리를 행사하지 않고 포기한다. 옵션의 매도자는 매수자가 권리를 포기할 경우 권리취득 시 지불한 대금을 이윤으로 얻을 수 있고, 반면 권리를 행사할 경우에는 손실을 입게 된다.

간단한 예를 살펴보자. 김 씨는 농부로부터 한 달 이내에 밀가루를 1Kg당 1만 원에 살 수 있는 권리를 50만 원(프리미엄)을 주고 계약하였다고 가정하자. 계약기간인 한 달 내에 밀가루 가격이 1Kg당 2만 원으로 상승되었다면, 김 씨는 권리를 행사하여 밀가루를 구입할 것이고 결국 50만 원을 투자하여 밀가루 1Kg당 1만 원의 시세차익을 올린 결과가 된다. 반대로 밀가루 가격이 1Kg당 5,000원으로 하락할 경우, 김 씨는 현물시장에서 밀가루를 구입하는 것이 더 싸기 때문에 농부에게서 매입한 권리를 포기하면 된다. 결국 김 씨는 농부에게 지불한 50만 원의 손실로 그치게 된다.

옵션거래는 선물거래와 마찬가지로 일종의 파생상품거래로 유사한 점이 많지만 큰 차이점이 있다. 선물거래에서는 자신에게 불리하든 유리하든 최종결제일에 반드시 결재해야 하므로 매수자와 매도자에게 권리와 의무가 동시에 주어진다. 반면에 옵션거래에서 매수자는 권리만 있고 의무가 없기 때문에 자신에게 불리하면 언제든지 권리를 포기할 수 있고, 매도자는 의무만이 주어진다.

(2) 옵션의 기능

① 헤지 기능

옵션은 기초자산 가격이 불리한 방향으로 움직일 때 위험에 대한 헤지의 기능을 수행한다. 예를 들어 주식을 보유하고 있을 경우에 가격이 하락하면 큰 손실을 보게 된다.

하지만 주식 대신에 콜옵션을 보유하고 있으면 주가가 하락할 때 옵션을 포기하면 되기 때문에 손실이 옵션의 매수가격으로 한정된다. 그리고 대주를 하였을 경우에는 주식의 가격이 상승할 경우 손실을 보게 되는데, 이때 풋옵션을 보유하면 주가가 상승하더라도 옵션을 포기하면 되므로 손실이 풋옵션의 매수가격으로 제한된다. 따라서 주식처럼 기초자산을 보유한 경우에는 콜옵션과 풋옵션을 활용하여 가격변동으로 인한 위험을 감소시키거나 제거할 수 있다.

② 레버리지 기능

옵션을 이용하여 투자를 하는 경우 수익률을 크게 높일 수 있는 레버리지 기능이 있다. 선물거래에서는 증거금 제도를 통해 투자성과를 확대시킬 수 있지만, 옵션거래에서는 상대적으로 적은 투자비용인 프리미엄으로 레버리지 효과를 기대할 수 있다. 예를 들어, A주식의 현재가격이 3만 원이고, 이에 대한 콜옵션의 행사가격은 4만 원, 프리미엄이 3,000원이라고 가정하자. 만약에 만기일에 주식의 가격이 5만 원이 되었다면, 주식에 투자할 경우의 투자수익률[2)]은 66.7%이지만 옵션에 투자할 경우 투자수익률[3)]은 233.3%로 훨씬 높다.

(3) 옵션의 특징

① 손익구조의 비대칭성

현물이나 선물거래의 경우 시장가격의 변동에 따라 한쪽은 이익을, 다른 쪽은 손실을 보게 되지만, 옵션거래는 손실이나 이익 어느 한쪽이 제한되어 있다. 옵션을 매입할 경우, 이익은 무한대인 반면에 손실은 프리미엄으로 제한되어 있다. 옵션을 매도하는 경우, 손실은 무한대인 반면에 이익은 제한되어 있다. 따라서 현물과 선물거래에서는 손익이 대칭적인 구조이지만 옵션거래에서는 손익이 비대칭적인 구조를 가진다.

② 거래기법의 다양성

옵션은 손익구조의 비대칭성과 콜옵션과 풋옵션 간 손익의 상반성 등으로 인하여 다양한 형태의 손익구조 및 투자수단을 제공한다. 따라서 옵션거래에서는 변동의 방향뿐

---

2) $\frac{50,000-30,000}{30,000} \times 100 = 66.7\%$

3) $\frac{(50,000-40,000)-3,000}{3,000} \times 100 = 233.3\%$

만 아니라 기초자산의 변동성에 대한 예측까지 이용할 수 있다.

2) 옵션거래의 구성요소

(1) 기초자산

기초자산(underlying asset)은 옵션거래에서 거래대상이 되는 자산으로 옵션의 가치를 산정하는 데 기초가 된다. 기초자산이 금, 은, 곡물 등과 같은 일반상품인 옵션을 상품옵션(commodity option)이라 하고 주식, 채권, 주가지수, 통화 등의 금융상품인 옵션을 금융옵션(financial option)이라 한다.

기초자산에 따라 옵션은 여러 종류로 구분되는데, 기초자산이 개별주식인 경우는 주식옵션, 주가지수인 경우는 주가지수옵션, 각종 외환인 경우는 통화옵션, 금리인 경우는 금리옵션, 선물계약인 경우는 선물옵션 등이 있다.

소비자 투자코너 10-2

스톡옵션

스톡옵션(stock option)은 기업이 임직원에게 일정수량의 회사 주식을 일정한 가격으로 매수할 수 있는 권리를 부여하는 제도로, 주식매입선택권 및 주식매수선택권이라고 한다. 벤처비즈니스 등 새로 창업한 기업에서 자금 부족에도 불구하고 유능한 인재를 확보하기 위한 수단으로 이 제도를 도입함으로써 널리 알려졌다. 이 제도는 자사의 주식을 일정 한도 내에서 액면가 또는 시세보다 훨씬 낮은 가격으로 매입할 수 있는 권리를 부여한 뒤 일정기간이 지나면 임의대로 처분할 수 있는 권한을 부여하는 것이다. 해당 기업의 경영상태가 양호해져 주가가 상승하면 자사 주식을 소유한 임직원은 자신의 주식을 매각함으로써 상당한 차익금을 남길 수 있기 때문에 사업 전망이 밝은 기업일수록 스톡옵션의 매력은 높아지게 마련이다. 그러므로 벤처기업이나 새로 창업하는 기업들뿐 아니라 기존 기업들도 임직원의 근로의욕을 진작시킬 수 있는 수단으로 활용하기도 한다. 한국에서는 1997년 4월부터 개정 증권거래법이 시행되면서 이 제도가 도입된 뒤 미래산업, 두인전자, 웹인터내셔날 등 벤처기업을 중심으로 급속히 확산되었다. 그리하여 1999년 3월에 개최된 12월 결산 상장사들의 주주총회에서는 대기업을 비롯한 193개 기업이 이를 정관에 반영시킬 정도에 이르렀다. 미국의 경우 스톡옵션이 거의 일반화되어 있고 전문경영인들은 스톡옵션을 통해 본봉보다 더 많은 소득을 올리는 경우도 많다.

스톡옵션은 그 대상이 되는 임직원에게 함께 열심히 일하도록 유도할 수 있는 효과적인 능률급제도로 여겨짐으로써 현재 새로운 경영전략의 하나로 자리잡고 있다. 이 제도는 철저하게 능력 중심으로 제공되기 때문에 직급 또는 근속연수를 바탕으로 하는 우리사주조합 제도와는 차이가 있다. 그리고 자사의 주식을 매입하는 임직원에게 그 비율에 따라 일정 주식을 무상으로 지급하는 스톡퍼처스(stock purchase) 제도와도 다르다.

출처: 네이버 백과사전.

(2) 콜옵션과 풋옵션

콜옵션(call option)은 옵션의 매입자가 매도자로부터 기초자산을 약정된 가격에 살 수 있는 권리를 말한다. 콜옵션은 기초자산의 가격이 상승하면 콜옵션 가격은 상승하고, 반대로 하락하면 콜옵션 가격도 하락한다. 따라서 투자자들은 기초자산 가격이 상승할 것으로 예상하면 콜옵션을 매입하여 콜옵션 가격상승에 따른 시세차익을 얻을 수 있다. 반대로 상승할 가능성이 매우 낮다고 생각하면 콜옵션을 매도하여 프리미엄만큼의 이익을 얻을 수 있다.

풋옵션(put option)은 옵션의 매입자가 매도자에게 기초자산을 약정된 가격에 팔 수 있는 권리를 말한다. 풋옵션은 기초자산의 가격이 하락하면 풋옵션 가격은 상승하고, 반대로 상승하면 풋옵션 가격은 하락한다. 따라서 투자자들은 기초자산 가격이 하락할 것으로 예상하면 풋옵션을 매입하여 풋옵션 가격상승에 따른 시세차익을 얻을 수 있다. 반대로 하락할 가능성이 매우 낮다고 생각하면 풋옵션을 매도하여 프리미엄만큼의 이익을 얻을 수 있다.

(3) 만 기

만기(maturity)는 옵션거래에서 기초자산을 교환할 수 있도록 정해진 일정시점을 말하며, 만기일이 지나면 계약이 소멸된다. 만기와 관련하여 미국식 옵션(American option)과 유럽식 옵션(European option)으로 구분할 수 있다. 미국식 옵션은 옵션 매입자가

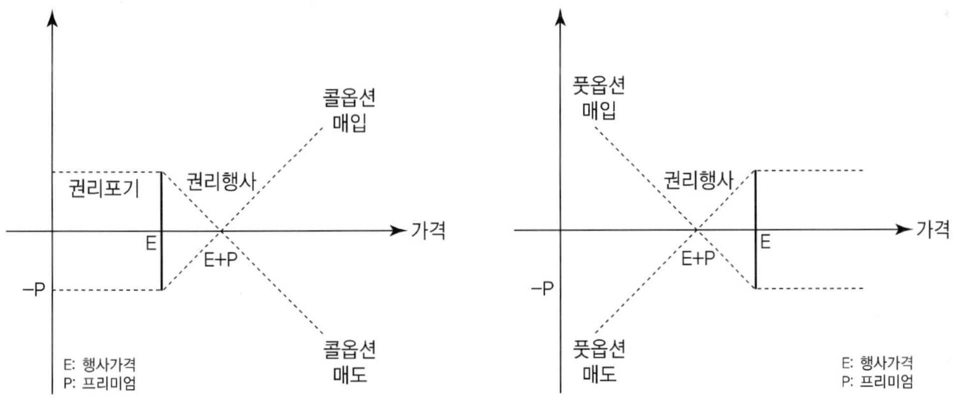

| 그림 10-1 | 콜옵션과 풋옵션의 손익구조

출처: 한국거래소(2009). 증권과 투자 따라잡기, p.89.

만기일 이전이라도 권리를 행사할 수 있는 옵션이고, 유럽식 옵션은 만기일에만 권리를 행사할 수 있는 옵션이다. 우리나라의 경우 모든 옵션들이 유럽식 옵션에 해당한다.

(4) 행사가격

옵션 매입자가 옵션을 매입할 때 미래의 기초자산을 사거나 팔 수 있는 가격을 현재 계약 당시에 정하게 되며, 권리행사 시에 이 가격을 적용하게 되는데 이를 행사가격(exercise price)이라 한다.

기초자산의 가격과 옵션의 행사가격에 따라 옵션은 세 가지로 구분된다.

① 내가격옵션

내가격옵션(in-the-money option)은 옵션을 행사할 경우 이득을 얻을 수 있는 상태를 말한다. 콜옵션의 경우 기초자산 가격이 행사가격보다 높은 상태의 옵션이며, 풋옵션은 기초자산의 가격이 행사가격보다 낮은 상태의 옵션이다.

② 등가격옵션

등가격옵션(at-the money option)은 옵션의 행사가격과 해당 자산의 가격이 일치할 경우의 옵션이다. 이 경우에는 권리를 행사하면 이익은 '0' 이다.

③ 외가격옵션

외가격옵션(out-of-money option)은 옵션을 행사하면 손실이 발생하는 상태를 말한다. 콜옵션의 경우는 행사가격이 기초자산의 가격보다 높은 상태가 되며, 풋옵션의 경우는 행사가격이 기초자산 가격보다 낮은 상태에 있는 경우이다. 이런 경우에는 옵션의 보유에 따른 아무런 이점이 없기 때문에 권리행사를 포기한다.

(5) 프리미엄

옵션을 매입하는 것은 기초자산을 사거나 팔수 있는 권리를 사는 것이므로 권리제공에 대한 대가를 지불해야 한다. 이 대가를 옵션 프리미엄(premium) 또는 옵션의 가격이라고 한다. 따라서 옵션의 매수자는 이론적으로 이익의 가능성은 무한대임에 반해 손실은 옵션 프리미엄으로 끝난다.

3) 옵션가격의 결정요인

옵션은 옵션소유자가 유리할 때 행사하는 권리이다. 따라서 그 권리에 적절한 가격을 지불해야 한다. 옵션가격에 영향을 주는 요인들이 아주 많지만 여기서는 기초자산가격, 행사가격, 만기까지 남은 기간, 이자율을 중심으로 정리해 보기로 한다.

첫째, 콜옵션은 일정한 행사가격에 기초자산을 살 수 있는 권리이므로 기초자산의 가격이 증가할수록 이익을 낼 가능성이 커지므로 콜옵션의 가격은 올라간다. 반대로 풋옵션은 행사가격에 기초자산을 팔 수 있는 권리이므로 기초자산의 가격이 하락할수록 그 가격은 올라간다.

둘째, 행사가격이 낮을수록 콜옵션의 가격은 올라가고, 풋옵션은 행사가격이 높을수록 그 가격이 올라간다.

셋째, 만기까지 남은 기간이 길수록 콜옵션과 풋옵션은 모두 권리를 행사할 기회폭이 넓기 때문에 가격이 올라간다.

넷째, 이자율이 상승할수록 행사가격의 현재가치가 감소하게 되어 실제적인 행사가격의 인하효과를 가져온다. 따라서 이자율이 상승할 경우 콜옵션의 가격은 올라가고, 반대로 풋옵션의 가격은 떨어진다. 이자율과 콜옵션은 비례적으로 움직이고, 풋옵션은 반대로 움직인다.

| 표 10-4 | 옵션가격의 결정요인

구 분	콜옵션 가격	풋옵션 가격
기초자산 가격	상승	하락
	하락	상승
행사가격	낮다	높다
	높다	낮다
만기까지 남은 기간	길다	길다
	짧다	짧다
이자율	상승	하락
	하락	상승

출처: 안승철 외(2003). 신 투자와 보험, p.325.

4) 옵션거래의 유형

현물이나 선물투자와 달리 옵션을 이용하여 다양한 투자전략을 세울 수 있다. 옵션의 특성을 이용하여 주식 등의 기초자산과 옵션, 그리고 옵션과 옵션을 결합하면 새로운 금융상품을 창출할 수 있을 뿐만 아니라 다양한 형태의 투자수익을 얻을 수 있다. 옵션을 이용한 네 가지 거래유형을 살펴보자.

(1) 단순거래

단순거래는 현물투자와 연계하지 않고 단지 옵션만 매입·매도하는 유형으로, 옵션 자체만의 가격변화를 이용하여 시세차익을 얻는 것이다. 이는 위험을 감수하고 상대적으로 큰 수익을 획득하는 것을 목적으로 한 것으로, 우리나라 대부분의 일반투자자들은 단순거래에 참여하고 있다.

(2) 헤지거래

헤지거래는 기초자산과 해당옵션을 결합하는 유형으로, 현물가격의 급격한 변화가 예상될 때 현물가격 변동의 위험을 피하기 위한 것이다. 현물을 보유한 투자자는 풋옵션 매입 또는 콜옵션 매도를 하고, 현물을 공매도한 투자자는 콜옵션 매입 또는 풋옵션 매도를 하게 되면 현물포지션에서 발생하는 손실을 옵션포지션에서 발생하는 이익으로 상쇄시킬 수 있다.

(3) 스프레드 거래

스프레드 거래는 동일한 기초자산을 대상으로 하는 동일한 종류의 옵션을 결합하는 것이다. 결합방식은 행사가격 또는 만기일이 서로 다른 옵션을 하나는 매입하고 다른 하나는 매도한 것이다.

(4) 콤비네이션 거래

콤비네이션 거래는 동일한 자산에 대하여 콜옵션과 풋옵션을 동시에 결합하는 것이다. 결합방식은 콜옵션을 매입하면서 풋옵션을 동시에 매입하거나 반대로 콜옵션을 매도하면서 풋옵션을 동시에 매도하는 것이다. 이것은 시세의 방향이 아니라 시장가격의 변동성에 기초하여 투자하는 전략이다.

소비자 투자코너 10-3

트리플위칭데이

트리플위칭데이(triple witching day)를 한마디로 설명하면 주가지수선물, 주가지수옵션, 개별주식옵션의 만기가 동시에 겹치는 날이다. 직역하면 세 마녀의 날이다. 각각의 파생상품을 마녀로 표현한 셈이다. '위칭데이(witching day)'라는 용어가 주식시장 파생상품의 만기가 겹치는 날로 일반화되어 사용된 것이다. 이 말이 처음 등장한 것은 미국 월 스트리트에서다. 미국 트레이더들은 파생상품들, 즉 주가지수선물, 주가지수옵션, 개별주식옵션의 만기가 겹치는 날에는 특히 주식시장의 변동 폭이 넓어지고 예측도 힘들다는 사실을 경험적으로 발견했다. 그리고는 이날에 별도의 명칭을 붙인 것이다. 파생상품 결제일이 다가오면 주식시장과 연결된 파생상품 거래에서 이익을 실현하기 위해 주식을 팔거나 사는 물량이 급격하게 늘거나 줄어든다. 이 때문에 주가가 이상 폭등하거나 폭락할 가능성이 커진다. 특히 결제 당일 거래 종료시점이 가까워지면 그 변동성은 절정에 달하는데, 이를 전문용어로는 '위칭 미니트(witching minute)'라고 표현하기도 한다. 보통 파생금융상품에 투자할 때 기관투자가들은 주식과 연계해서 거래하는 경우가 많다. 파생금융상품과 주식 중 비싼 것은 팔고 싼 것을 사서 위험부담을 줄이고, 차익을 노리는 것이다.

위칭데이가 되면 파생금융상품과 연계해 사놓은 주식을 처분해야 하기 때문에 시장에 매물이 급격히 늘거나, 줄어드는 경우가 많다. 그런데 2011년 현재 시점에서 보면 우리나라 주식시장에선 '세 마녀의 날'보다 '네 마녀의 날'이 정확한 표현이다. 우리나라는 1996년에 처음 주가지수선물 시장이 열렸다. 이전까지는 개인들이 투자할 수 있는 파생상품 시장 자체가 없었다. 이어 1997년 주가지수옵션시장이 개설됐다. 두 개의 파생상품이 생겼으니 이 시점부터 '더블위칭데이'가 생기게 되었다. 그리고 2002년 개별주식옵션거래가 개시됨에 따라 트리플위칭데이 시대가 열린 것이다. 우리나라 주식시장을 기준으로 3, 6, 9, 12월의 두 번째 목요일이 트리플위칭데이에 해당한다. 그 후 2008년 5월에 우리나라에 개별주식선물 제도를 도입하면서부터 파생상품 만기가 네 개가 되었고, 이때부터 트리플(triple)위칭데이에서 쿼드러플(quadruple)로 바뀌었다. 미국시장은 옵션 만기일이 세 번째 금요일이어서 매 분기별 3·6·9·12월 셋째 주 금요일이 쿼드러플 위칭데이이다. 트리플위칭데이에는 시장에 매물이 많이 나오기 때문에 주가지수가 하락하는 경우가 많다. 그래서 주식 투자자들은 이를 저점매수의 기회로 삼거나, 등락이 적은 중소형주에 투자해 손실을 줄이는 등 별도의 투자전략을 마련하기도 한다.

출처: 네이버 백과사전.

참고문헌

김대호·오세경(2004). **투자론**. 경문사.

금융투자교육원(2010). **시험대비교재 파생상품투자상담사** I. 한국금융투자협회.

안승철·정영숙·배미경(2003). **신 투자와 보험**. 도서출판 신정.

이도윤·강철준(2007). **자산운용** I. 한국금융연수원.

최운열·박영석(2008). **투자론**. 박영사.

한국거래소(2009). **초보투자자를 위한 증권과 투자 따라잡기**. 한국거래소.

허경옥·여윤경·유현정·고선강·차경욱(2006). **소비자 투자와 보험**. 교문사.

한국증권선물거래소(www.krx.co.kr)

네이버(www.naver.com)

4부

금융상품 투자

11장 금융상품의 분류

금융위기 이후 우리나라 금융시장에서는 더욱 다양한 금융상품들이 도입되거나 진화하고 있다. 특히 「자본시장법」의 시행 이후 투자금융상품의 투자대상자산은 복합적으로 혼합될 수 있게 된 이후 금융상품들은 더욱 복잡하게 되었다. 또 CMA(어음관리계좌)가 계좌이체, 결제, 신용카드 연계 등 수시입출금예금과 유사한 기능을 확보함에 따라 단기 금융상품에도 변화가 있었다. 현대의 금융투자는 직접투자 이외에도 다양한 금융상품을 통해 다각화되는 추세이고 각 금융상품의 위험도에 따라 자산관리 포트폴리오에의 활용도가 점차 증가하고 있다. 본 장에서는 단기 금융상품과 장기 금융상품의 분류에 따라 다양한 금융상품의 종류를 살펴보고 이의 재무설계에의 활용을 알아본다.

1. 금융업권별 금융상품의 분류

1) 은행의 금융상품

(1) 예 금

은행의 금융상품은 수익성보다는 유동성과 안전성이 확보되는 특징이 있다. 대표적인 상품인 은행예금은 전통적으로 수시입출금이 가능하고 결제 및 계좌이체의 편리성이 결부되어 개인의 현금관리에서 중요한 역할을 하고 있다. 은행예금은 보통예금, 저축예금, 자유저축예금과 같은 요구불예금과 저축성이 첨가된 정기예금이 있다. 저축예금은 예금거래방식에서 보통예금과 같이 입출금이 자유로우면서 예입금에 대해서 평균잔액을 기준으로 이자를 지급한다. 자유저축예금은 입출금이 자유로우면서 예입금에 대해서 예치기간에 따라 금리를 차등 적용하는 예금이다.

정기예금은 예금주가 미리 일정한 기간을 정하여 그 기간 내에는 원칙으로 환급받지 않을 것을 약정하고 금전을 은행에 예입하며 은행은 일정한 이율의 이자를 지급할 것을 약정한 대표적인 저축성 예금이다. 양도성 예금증서(CD)는 양도가 가능한 무기명 할인식 정기예금증서로 앞 절에서 설명한 대로 만기 이전에 환급이 원칙적으로는 금지되어 있으나 양도가 가능한 예금 특징 때문에 유통이 가능하다.

적립식 예금은 정기예금이 한번에 목돈을 예치하는 것과 달리 일정한 기간을 정해 고객이 매월 일정한 날짜에 일정한 금액을 내면 은행은 만기에 일정한 금액을 지급할 것을 약정한 예금이다. 적립식 예금은 매월 납입할 금액을 일정하게 정하는 경우와 자유롭게 금액을 정할 수 있는 자유적립식 상품이 있다.

은행의 외화예금도 주목할 만한 상품이다. 외국한은행이 외국환 관리규정에서 정한 바에 따라 거주자 또는 비거주자가 영수 취득한 외국통화 또는 외화로 표시된 외화수표, 어음 또는 채권 등으로 외화예금계정에 예치하여 운용하는 상품이다. 외화예금은 환율변동에 따라 이익 또는 손실이 발생할 수 있기 때문에 환율변동에 대한 지식이 필요하며 가족의 해외거주, 무역거래와 관련되는 경우 자금관리에 유용하다.

(2) 신탁상품

「신탁업법」에 따르면 신탁은 신탁설정자(위탁자)와 신탁인수자와의 특별한 신임관계에 기하여 위탁자가 특정의 재산권을 수탁자에게 이전시키거나 기타의 처분을 하고 수탁자로 하여금 일정한 자, 즉 수익자의 이익을 위하여 또는 특정의 목적을 위하여 그 재산권을 관리·처분하게 하는 법률관계이다. 은행의 신탁은 신탁재산의 형태, 신탁재산의 이익 취득자 지정 등 고객의 의사를 반영할 수 있는 여지가 많아 자산관리에서 활용범위가 넓다. 은행의 금전신탁은 특정금전신탁과 불특정금전신탁으로 구분된다. 특정금전신탁이란 신탁계약 시 위탁자의 운용지시에 따라 신탁재산의 운용방법을 특별히 정하는 신탁이다. 불특정금전신탁은 위탁자가 신탁재산의 운용방법을 특정하지 않고 수탁자에게 운용을 위임하는 신탁이다. 불특정금전신탁의 수탁자는 「신탁업법」에서 규정하고 있는 범위 내로 한정되어 있으며 은행에서 제공하는 신탁상품은 대부분 불특정금전신탁이다.

단위형 금전신탁은 미리 펀드규모를 정해놓고 일정한 판매기간 중에 예치된 고객의 돈을 주식과 채권 등으로 투자운용한 후에 만기에 실적배당하는 신탁상품이다. 단위형 금전신탁상품의 만기는 보통 1년이며 단위형 금전신탁에는 안정형, 안정성장형, 성장형의 세 종류가 있다. 안정형(채권형)은 주식에 투자하지 않고 채권이나 CP(기업어음) 대출로만 운용하며, 안정성장형은 주식에 10~20%를 투자한다. 또 성장형(주식형)은 주식에 최대 30%까지 투자하고 있다. 만기까지 중도해지할 수 없는 상품이지만 중도에 돈이 필요할 경우에는 단위형 금전신탁을 담보로 대출받을 수 있으며, 이때 대출한도는 투자원금의 70% 이상이다.

2) 투자금융회사의 금융상품

투자금융회사의 금융상품에는 주식과 채권, 파생상품과 같은 직접투자상품과 수익증권이나 뮤추얼펀드와 같은 집합투자상품, 투자자문상품으로 자산종합관리계좌(랩어카운트) 등이 포함된다. 주식과 채권은 각각 앞의 장에서 살펴보았으므로 본 절에서는 집합투자증권, 파생상품, 랩어카운트에 대하여 살펴본다.

(1) 집합투자증권(펀드)

「자본시장과 금융투자업에 관한법률」(「자본시장법」)에 따르면 집합투자란 2인 이상에게 투자권유를 하여 모은 금전 또는 「국가재정법」 제81조에 따른 여유자금을 투자자 또는 각 기금주체로부터 일상적인 운용지시를 받지 아니하면서 재산적 가치가 있는 투자대상자산을 취득·처분, 그 밖의 방법으로 운용하고 그 결과를 투자자 또는 각 기금관리주체에게 배분하여 귀속시키는 것으로 정의된다(제6조 5항). 또 집합투자증권은 집합투자기구에 대한 출자지분(투자신탁의 경우 수익원)이 표시된 것으로 정의하고 있다(제9조 21항). 「자본시장법」에서는 네 가지 종류로 집합투자기구를 구분하고 있는데 증권집합투자기구, 부동산집합투자기구, 특별자산집합투자기구, 혼합자산집합투자기구가 그것이다. 이 네 가지 집합투자기구들은 운용자산의 제한이 없어 증권, 부동산, 실물자산, 특별자산 모두가 포함될 수 있으며 해당 파상상품도 포함된다. 또 집합투자증권(펀드)은 공모펀드와 사모펀드로 구분된다. 공모펀드는 불특정다수를 대상으로 모집하는 펀드인 반면 사모펀드는 적격투자자 또는 소수투자자만을 대상으로 하는 펀드로 공모펀드에 대해 적용되는 각종 규제는 완화되는 대신 공모펀드의 투자자에게 적용되는 투자자보호제도는 적용되지 않는다.

(2) 파생상품

파생상품(derivatives)은 통화, 채권, 주식 등 기초자산의 가치변동에 의해 그 가치가 결정되는 계약을 말한다. 기초자산의 미래가격을 현시점에서 결정하고 미래의 계약만기일(결제일)에 미리 결정된 가격 및 방법으로 해당상품에 대해 매매, 교환 또는 권리의무의 이행 등을 행하는 형태의 계약을 말한다. 파생상품의 종류는 주식, 금리, 통화, 신용 등 기초자산의 유형에 따라, 그리고 거래장소가 장내거래 및 장외거래에 따라, 거래계약형태가 선도계약, 선물, 옵션, 스와프에 따라 다양하다.

주식 관련 주요 파생상품은 주가지수선물, 주가지수옵션, 주식옵션, 주가지수선물옵션, 주식스와프이 있으며 금리 관련 주요 파생상품은 금리선물, 금리선물옵션, 선도금리계약, 금리스와프, 금리옵션, 스와프옵션이 있다. 통화 관련 주요 파생상품은 통화선물, 통화선물옵션, 선물환, 통화스와프, 통화옵션이 있으며 신용 관련 주요 파생상품은 신용파산스와프, 합성부채담보부증권, 총수익스와프, 신용연계증권 등이 있다.

파생상품거래는 거래상대방의 채무불이행의 위험이 높고 거래구조가 복잡하며 투기적 거래에 대한 내부통제가 이루어지지 않기 때문에 재무적 위험이 높은 편이다. 또한 최근에는 금융시장 간 연관성이 매우 높아 개별 금융기관에 문제가 발생될 경우 다른 금융기관에 심각한 위험이 될 가능성이 높아지고 있어 파생금융거래의 잠재적 위험관리의 필요성이 급증하고 있다.

(3) 자산종합관리계좌(랩 어카운트)

랩 어카운트는 고객으로부터 예탁받은 자금으로 여러 종류의 자산운용 관련 서비스를 하나의 계좌로 묶어 종합적으로 자산을 관리하는 금융상품이다. 금융투자회사는 고객에게 자산전반에 걸친 금융컨설팅을 제공하고 투자자산의 배분, 운영 및 주문집행, 결제 등의 업무를 일괄적으로 처리해주므로 고객은 관련 업무 수행에 따른 제 비용을 합해서 수수료를 지급해야 한다. 랩 어카운트는 자산운용방식에 따라 컨설턴트 랩과 펀드 랩으로 구분되고, 투자일임 여부에 따라 일임형과 자문형으로 구분된다.

금융투자회사의 입장에서 랩 어카운트는 자산규모에 따라 운용수수료를 부과함으로써 금융투자회사의 전략과 일치하고 안정적인 수익기반이 되는 장점이 있는 반면, 영업직원 제 교육 등 랩 어카운트 계정에 대응하기 위한 체계 구축이 필요하다. 고객의 입장에서 랩 어카운트는 여러 금융상품 간의 이해상충가능성이 적으며 비교적 소액으로 전문가의 서비스를 받을 수 있어 영업직원에 대한 의존을 탈피할 수 있는 반면 주가하락 시 상대적으로 수수료 부담이 증가하는 단점이 있다.

3) 보험회사의 금융상품

(1) 저축성 보험

보험회사의 고유의 상품인 보장성 보험과는 달리 저축성 기능이 부가된 상품을 뜻한다. 저축성 보험은 납입한 보험료의 합계보다 만기 시 수령하는 급부금의 액수가 더 많은 상품이다. 저축성 보험의 보험료에서 위험보장과 사업비에 충당하는 부분을 제외한 나머지를 높은 이율로 적립하여 만기 시에 이자를 지급하는 구조이다. 저축성 보험의 장점은 10년 이상 보유 시 비과세 혜택을 받을 수 있다는 점이다. 일반 금융상품의 이자수익에 대해서는 이자소득세(14%)와 주민세(1.4%)가 부과되기 때문에 저축성보험의 장기 보유는 이득이 된다. 반면 이처럼 장기 보유의 혜택을 주기 위해서 중도 해지 시 상당한 손해를 감수해야 하기 때문에 저축성 보험 가입을 통해 목돈을 마련하는 경우, 중도 해지의 가능성을 사전에 고려할 필요가 있다.

(2) 변액보험

변액보험은 최저보장 이외에 납입한 보험료에서 위험보장 및 사업비를 제외한 부분을 주식과 채권과 같은 유가증권에 투자하여 수익을 얻을 수 있는 금융상품으로 보장성 보험과 투자성 보험을 동시에 추구하는 금융상품이다. 투자의 실적에 따라 원금의 손실이 발생할 수도 있고 원금 이상의 수익을 얻을 수 있다. 보험계약자의 투자성향에 따라 자산운용형태를 설정할 수 있으며, 공시이율의 수익만을 얻을 수 있는 저축성보험보다 투자실적에 따라 더 높은 수익을 얻을 수 있는 장점을 가진다. 반면 기존의 종신

보험보다 보험료가 비싸며 예금자보호를 받을 수 없고 목표수익률을 예측할 수 없다는 장점을 가진다. 기존의 종신보험과 양로보험을 변용시킨 변액종신보험과 변액양로보험이 있으며 변액연금보험은 최근 고령화로 인한 관심이 급증하고 있다.

4) 기 타

(1) 상호금융회사(신용협동조합, 농수축협, 새마을금고 등 제2금융권)의 세금우대저축

정부는 서민금융의 촉진을 위해 「신용협동조합법」에 의거해 설립된 금융기관인 농·수·축·임협회원조합, 인삼업협동조합, 신협, 새마을금고 등이 판매하는 금융상품에 대해서는 비과세혜택을 제공하고 있다. 「조세특례제한법」에 의거하여 농·수·축·임협회원조합, 인삼업협동조합, 신협, 새마을금고의 예탁금은 1인당 3,000만 원까지 15.4%의 이자소득세(주민세포함)를 부과하지 않고 1.5%의 농특세만 부과하고 있다. 따라서 동일한 금액의 이자소득에 대해서 상호금융회사와 은행권을 비교해보면 만기 시 실수령액 및 실효이자는 과세여부에 따라 차이가 발생한다. 이 상품은 신협출자금, 장기주택마련저축, 생계형 저축과 같이 비과세저축과 별도로 추가 가입이 가능하다.

상호금융회사의 경우 비과세혜택으로 인해 일반 서민의 자산관리에서 활용가치가 높은 만큼 주의가 필요하다. 단위조합이 1,000개 이상이고 대부분 영세한 규모이므로 금융기관으로서의 안전성이 부족하다는 평가를 받는다. 2011년 부산저축은행 계열 5개사, 보해저축은행, 도민저축은행, 울산경은저축은행과 같이 대주주 비리 등으로 인한 영업정지처분이 발생하는 등 특히 저축은행의 건정성에 대해서 신중하게 고려하고 선택해야 할 것이다. 상호금융회사의 경우 신협과 새마을금고, 상호저축은행은 각각 민간기구를 결성하고 원금과 이자 포함 1인당 5,000만 원까지 예금자보호를 해주고 있기 때문에 거래조합 및 금고가 퇴출되더라도 원금과 이자를 5,000만 원 한도에서 보장받을 수 있다.

(2) 비과세 및 세금우대 금융상품

비과세 및 세금우대 금융상품의 종류 및 주요 상품명은 표 11-1과 같다.

| 표 11-1 | 비과세 및 세금우대 금융상품

구 분	저축 종목	주요 상품명
비과세	장기주택마련저축	장기주택마련저축, 장기주택마련신탁(펀드, 보험)
	개인연금저축 (2000년 12월 31일까지 판매)	개인연금신탁, 개인연금보험, 개인연금투자신탁
	농어가 목돈마련저축	농어가 목돈마련저축
	신용협동기구 출자금	출자금
	신용협동기구 예탁금	예탁금
	장기 저축성 보험	슈퍼재테크보험, 밀레니엄 저축성 보험 등 만기 10년 이상의 보험
	생계형 저축	저축예금, 정기예적금, 신탁, 보험, 공제, 증권저축, 채권저축 등
	근로자 주식저축 (2001년 12월 31일까지 판매)	근로자주식저축, 투자신탁, 뮤추얼펀드, 은행신탁에서 판매하는 주식형 상품
	고수익 고위험 신탁저축 (2002년 12월 31일까지 판매)	고수익 고위험 신탁, 투자신탁, 뮤추얼펀드
세금우대	세금우대 종합저축	정기 예적금, 노후생활연금신탁, 은행 금전신탁, 수익증권, 하이일드펀드, 후순위 담보채(CBO) 펀드, 채권저축, 보험저축 등(10.5%) * 금융기관이 취급하는 적립식 또는 거치식 저축으로서 계약기간이 1년 이상, 가입 당시 계약자가 세금우대 적용을 신청한 경우
	연금저축(2001년 2월 1일 이후 가입한 연금저축)	연금신탁, 연금보험(공제), 연금투자신탁, 뮤추얼펀드(5.5%)

출처: 최선미(2010). 금융과 재테크. 형설출판사.

2. 기간별 금융상품의 분류

금융상품은 만기에 따라 단기 금융상품과 장기 금융상품으로 분류된다. 단기 금융상품은 만기가 1년 미만인 증권을 의미하며, 주로 단기 금융시장 내에서 대량으로 거래되어 유동성이 매우 높고 부도위험이 상대적으로 낮은 특징을 가진다. 장기 금융상품은 만기가 1년 이상인 증권을 의미하며, 단기 금융상품에 비해 상대적으로 시장위험과 부도위험이 높다는 특징을 가진다. 일반적으로 1년 이상인 증권을 거래하는 시장은 자본시장이라고 한다.

1) 단기 금융상품의 종류

단기 금융상품을 이해하기 위해서는 단기 금융시장의 구조를 이해하는 것이 필요하다. 단기 금융시장은 본래 기업, 가계, 정부, 금융기관 간에 단기 자금의 과부족을 조절하기 위해 만기 1년 이하의 단기 금융상품이 거래되는 시장을 의미한다. 단기 금융상품이 거래되는 단기 금융시장을 이해하기 위해서는 콜시장(call market)을 이해할 필요가 있다. 콜시장은 주로 금융기관 간에 일시적인 자금과부족을 조절하기 위해 초단기 자금을 차입하거나 대여하는 시장을 말한다. 금융기관이 예금(수신)을 받아 대출(여신) 또는 투자를 하는 과정에서 일시적인 자금 과부족현상이 나타날 수 있는데, 이때 자금이 부족한 금융기관은 차입을 하고 자금이 풍족한 금융기관은 대여하게 되며, 주로 1일 내지 수일 이내에 자금거래가 이루어진다.

콜시장이 단기 금융시장에서 중요한 이유는 콜시장에서 형성되는 콜금리 때문이다. 콜금리는 금융기관 간의 초단기 자금거래의 금리이므로 금융시장의 자금 금리의 가장 기본 금리 역할을 한다. 따라서 콜금리의 변동은 양도성예금증서, 기업어음 등 단기 금리변동뿐만 아니라 회사채수익률이나 은행대출금리 등 시중금리에 영향을 미쳐 실물경제에 지대한 영향을 준다.

일반 개인의 투자에 관련되는 단기 금융상품으로는 양도성 예금증서(certificate of deposit, CD), 환매조건부채권(Repurchase agreement, RP), 기업어음(commercial paper, CP), MMF(money market fund), CMA(cash management account), MMDA(money market deposit account) 등이 있다.

(1) 양도성 예금증서(CD)

은행 정기예금증서에 양도성을 부여한 단기 금융상품으로, 무기명으로 발행되는 것이 특징이다. 양도와 양수가 자유롭고 시장실세 금리를 반영하기 때문에 단기에 비교적 높은 이자를 얻을 수 있는 상품이다. CD의 발행기관은 한국수출입은행을 제외한 모든 은행, 즉 한국은행에 예금지급준비금을 예치할 수 있는 시중은행, 지방은행, 특수은행, 외국은행 국내지점이다. 대고객 CD는 은행창구에서 직접 또는 금융투자회사 등 중개기관을 통해 주로 개인, 일반법인, 연기금, 지방자치단체 및 비은행금융기관이 매입한다.

CD는 할인식으로 발행되므로 고객은 CD를 살 때 예치기간 동안의 이자를 뺀 금액만을 지급하고 만기에 액면금액을 받는다. CD의 최장만기는 제한이 없고 최단만기만 30일 이상으로 제한되고 있으며, 주로 대고객 CD는 1년 물이 주종을 이루고 있다. 만기 이전의 중도환매는 엄격히 금지되고 있으나 양도가 가능하므로 보유 CD를 만기 이전에 현금화하고자 할 경우에는 증권사나 종합금융회사 등 중개기관을 통하여 매각할 수 있다.

(2) 환매조건부 채권(RP)

환매조건부 채권이란 금융기관이 발행기관으로부터 매입 인수한 국공채 등을 근거로 발행한 채권을 일정 기간이 경과된 후에 일정한 가격으로 환매수할 것을 조건으로 고객에게 판매하는 것을 말한다. 일반 개인의 투자 및 자산관리 측면에서 볼 때 대고객 RP 상품이 관련된다. 대고객 RP거래는 투자회사(증권회사), 투자매매업인가를 받은 은행, 증권금융회사 및 종합금융회사, 우체국 등에서 취급하고 있다. 가입대상은 제한이 없으며 거래 금액에 대한 제한은 없지만 통상 500만 원 이상이다. 거래 기간에서 최단만기에 대한 제한이 없지만 금융기관마다 다르며 통상 30일 이상 2년 이내가 많다.

환매조건부채권은 투자금액과 기간을 자유롭게 선택할 수 있으며, 시장금리연동형 확정금리상품으로 비교적 수익률이 높아 단기 여유자금 운용하는 경우에 유리하다. 안정성 측면에서 「예금자보호법」 대상이 아니므로 주의가 필요하지만 투자대상이 주로 국채, 지방채 등 우량 채권을 대상으로 하므로 비교적 안정성이 높은 편으로 평가받고 있다. 유동성 면에서 환매조건부채권은 만기 이전에 중도환매가 가능하여 유동성도 높은 편이다.

(3) 기업어음(CP)

기업어음이란 신용상태가 양호한 기업이 단기 자금을 조달하기 위해 발행한 만기 1년 이내의 어음을 말한다. CP도 법률적으로는 상업어음(commercial bill)과 같은 약속어음이라고 할 수 있지만 상거래 없이 발행되는 면에서 상거래에 수반되어 발행되는 상업어음과 다르다. 우리나라의 경우 일정한 수준 이상의 신용등급을 받은 기업이 담보 없이 신용을 근간으로 발행되는 것이 대부분이므로 기업어음 구매 시에는 CP 발행기업의 신용도를 확인하는 것이 필요하다.

취급기관은 종합금융회사와 증권회사이며 투자금액은 제한이 없지만 보통 100만 원 이상으로 예치기간은 1년 이내의 제한이 있으며 주로 91일이 일반적이다. 수익률은 실세금리연동형 확정금리로 이자계산은 할인매출이나 만기에 이자를 원금에 가산하는 방식을 채택하는데, 투자금액이 클수록 금리가 높은 편이다. 원칙적으로 중도환매가 불가능하지만 배서양도의 방식으로 제3자에게 중개회사를 통해 양도할 수 있다. 안전성 측면에서 볼 때 담보부 어음이 무담보부 어음보다 안전하며 예금자보호대상이 아니다.

(4) 표지어음

표지어음이란 은행 등 금융기관이 일반금융부문 거래과정에서 고객으로부터 수취하여 보유하고 있는 상업어음, 무역어음, 팩터링어음 등을 분할 또는 통합하여 이를 원어음으로 하고 여기서 파생되는 새로운 어음으로 발행한 약속어음을 말한다. 원어음의 부도여부와 관계없이 발행은행이 지급의무를 부담하며 일반적으로 당초 만기 1년 이내인 원어음의 잔여 만기를 기초로 하여 새로운 기일로 발행한다. 표지어음을 취급하는 기관은 은행, 종금사, 상호저축은행이다.

(5) MMF

MMF란 투자운용회사가 단기성 자산(CP, 콜, CD, 우량채권 등)에 투자하여 안정적인 단기 고수익을 추구하는 펀드를 말한다. MMF는 투자상품이면서 안정성과 환금성, 투자기간 대비 수익성을 갖추고 있어 단기 유동자금이나 투자 대기자금 운용에 적합한 것으로 평가된다. MMF는 수시입출금이 가능한 장점을 가지고 있고 하루만 자금을 예치해 놓아도 펀드운용실적에 따라 수익금을 받을 수 있다. 또 가입금액과 가입자격에 제한이 없어 소액투자자가 이용하기 용이하다. 안정성 측면에서 예금자 보호대상이 아니나 MMF 펀드 내 편입자산의 신용등급이 우량한 자산으로만 구성되어야 하므로 어느 정도 안전성이 있다고 평가된다.

(6) CMA

단기 금융상품에 결제기능을 결합한 것으로 금융기관이 다수의 고객으로부터 자금을 조달하여 이를 주로 CP, RP, MMF 등의 단기 금융상품에 운용하고 이에 발생한 수익을 예탁기간에 따라 투자자에게 차등지급하는 금융상품을 말한다. 우리나라에서는 「자본시장법」 시행을 통해 금융투자회사가 소액결제업무를 취급할 수 있게 됨에 따라 금융투자회사는 CMA계좌를 통해 직접투자, 결제, 계좌이체, 수시입출금 등의 복합금융서비스를 제공할 수 있게 되었다. CMA 가입대상은 개인 및 법인으로 제한이 없으며 이자계산은 원금과 배당금을 지급받는다. 종금사 CMA는 예금자 보호까지 받을 수 있는 반면 증권사 CMA는 예금자 보호대상이 아니다.

(7) MMDA

MMDA는 시장금리부 수시입출식예금이라고 하며 은행, 농업협동조합, 수산업협동조합 등이 취급한다. 보통예금처럼 입출금이 자유롭고 계좌이체, 결제가 가능하며 예금자보호대상이다. MMDA는 수익률 측면에서 은행의 지급준비 부과에 따라 다른 단기금융상품보다 다소 낮다는 단점을 가지지만 안전성은 높다고 할 수 있으므로 미래 투자를 위한 대기자금을 초단기(30일 이내)로 운용하고자 할 때 유리하다. 예치한도와 예치기간은 원칙상 제한이 없지만 개인 MMDA는 최초 입금액을 500만 원 이상으로 제한하는 경우가 보통이다. 예금금리는 은행별로 자유롭게 결정하며, 통상 예금 잔액에 따라 금리를 차등 적용하고 있다.

(8) 생계형 저축

생계형 저축이란 저축증대와 노후 및 저소득층의 생활 지원을 위해 경로자, 장애인, 상이자, 기초생활수급자, 고엽제후유의증환자, 5·18 민주화운동 부상자 등에게 금융기

| 표 11-2 | MMF, CMA, MMDA 비교

구 분	MMF	CMA	MMDA
발행기관	은행, 증권사	종금사, 증권사	은 행
자격제한	제한 없음	제한 없음	보통 최저예치한도 500만 원
수익성	펀드운용실적	예탁기간에 따라 차등지급	예탁잔액에 따라 차등지급
안전성	예금자보호대상아님	종금사CMA는 원금보장되고 증권사CMA는 원금보장 안 됨	5,000만 원까지 예금자보호 대상
유동성	수시입출금 가능	수시입출금 가능	수시입출금가능
	결제, 자동이체 불가능	결제, 자동이체 가능	결제, 자동이체 가능
	대출 불가능	대출 가능	대출 불가능

관이 취급하는 전 상품(일부 상품은 가입대상에서 제외)에 대하여 1인당 3,000만 원의 비과세 한도를 부여하는 상품이다. 생계형 저축은 최저 1일이더라도 비과세혜택을 받을 수 있으며 만기 후나 만기 전에 중도해지를 하더라도 비과세혜택을 받을 수 있다. 계약기간에 제한이 없는 입출금이 자유로운 예금도 생계형 저축으로 가입할 수 있다.

생계형 저축으로 가입할 수 있는 예금은 은행, 종금사, 농수협, 새마을금고, 증권사, 우체국 등에서 취급하는 저축으로 하며 제외되는 저축상품은 증서로 발행되고 유통이 가능한 상품으로 CD, 표지어음, 그리고 어음이나 수표 등에 의해 지급이 가능한 저축으로 당좌예금, 장기 주택마련저축, 외화예금 등이나 특정금전신탁, 타익신탁, 연금신탁 등이 있다.

2) 장기 금융상품의 종류

장기 금융상품은 만기가 1년 이상인 증권을 의미하고 자본시장에서 거래되는 대부분의 금융상품을 포함한다. 먼저 우리나라의 자본시장은 주식시장, 채권시장, 자산유동화시장, 파생상품시장, 펀드시장으로 구분할 수 있다. 장기 금융상품은 시간경과에 따른 시장평균적인 금리 수준의 수익률을 기대하는 저축성 금융상품과 그 이상의 투자 수익을 기대하는 투자성 금융상품으로 구분할 수 있다. 또 장기적인 재무관리의 목표, 즉 부채상환, 주택 마련, 결혼자금 및 학자금 등의 목돈 마련, 노후준비, 일반적인 재산증식 등에 적합한 다양한 금융상품이 있다. 투자성 금융상품이며 간접투자상품인 집합투자기구(펀드)에 대해서는 다음 장에 보다 자세하게 다루고 있다.

(1) 정기적금과 상호부금

정기적금은 매월 일정금액을 정기적으로 납입하고 만기일에 원리금을 지급받는 예금이다. 취급기관은 은행, 상호저축은행, 농수협단위조합, 신용협동조합, 새마을금고, 우체국이며 가입대상의 제한이 없고 계약액도 은행별로 상이하다. 계약기간은 6개월 이상 60개월 이하로 다양하며 1년 이상 가입 시 세금우대종합저축으로 가입이 가능하다. 상호부금은 은행과 부금가입자가 일정기간을 정한 후 은행이 그 계약기간 만료 시 일정한 금액을 급하여 줄 것을 약정하고 불입하는 상품이며 일정기간 적립한 경우 대출을 받을 수 있다.

(2) 세금우대종합저축

「조세특례제한법」 제89조에 근거하여 저축에서 발생하는 이자소득 및 배당소득에 대한 원천징수세율을 9.0%(농특세포함 9.5%)로 적용하는 저축을 말한다. 「주민세법」에 의한 주민세는 부과하지 않으며 종합소득에 대한 과세표준 계산에서도 제외된다. 대상 저축상품은 전체 금융기관이 취급하는 적립식 및 거치식 저축으로서 계약기간이 1년 이상이어야 하며 저축가입 당시 저축자가 세금우대적용을 신청한 저축상품이 해당된다. 가입한도는 2008년 12월 31일 전에 가입한 경우 전체 금융기관에서 가입한 세금우대종합저축의 총계약금액이 만 20세 이상인 자는 1인당 2,000만 원 이하, 「조세특례제한법」 제88조 2항에 해당하는 노인 및 장애자 등과 같은 경우(생계형 저축 가입대상) 1인당 6,000만 원 이하이다. 2009년 1월 1일부터 가입한도는 1인당 1,000만 원, 생계형 저축 가입대상 1인당 3,000만으로 축소되었다.

(3) 농어가 목돈마련저축과 장기주택마련저축

농어민의 생활안정과 재산형성을 지원하기 위해 도입된 특별우대 비과세저축이며 예치기간이 3년 또는 5년인 장기저축이다. 가입대상은 1-2ha 이하의 농경지 보유농민, 20톤 이하 동력선 소유어민, 일정규모 이하 가축소유 양축농가이며 가입한도는 연 144만 원이다. 취급기관은 지역농협과 지구별 수협이다.

장기주택마련저축은 서민의 주택마련을 돕기 위한 7년 이상 가입이 요구되는 장기저축이다. 가입대상은 가입 당시 만 18세 이상의 세대의 세대주로서 무주택자 또는 국민주택규모 이하이면서 가입 당시 주택의 기준시가 3억 원 이하인 1주택 소유자이다. 이자소득의 비과세와 소득공제 혜택이 있으며, 저축가입 당시의 조건 충족 여부를 판단하며 추후 초과하여도 적용이 가능하다. 7년 이내 해지할 경우 이자소득세가 과세되므로 주의하여야 한다. 장기주택마련저축의 취급기관은 은행, 상호저축은행, 보험사, 증권사의 중복가입이 가능하며 분기별 저축한도는 최저 1만 원에서 300만 원까지이다. 장기주택마련저축의 소득공제 혜택은 2009년 12월 31일까지 가입한 가입자 가운데 해당과세연도의 총급여가 8,800만 원 이하인 사람에 한하여 2012년 12월 31일까지 가능하다.

(4) 주택종합청약저축

2009년 5월 이전에 전용면적 85㎡ 이하의 공공주택(청약저축), 모든 민영주택과 전용면적 $85m^2$를 초과하는 공공주택(청약예금), 전용면적 $85m^2$ 이하의 민영주택(청약부금) 등을 통합하였다. 국민주택과 민영주택을 가리지 않고 모든 신규 분양주택에 사용할 수 있다. 주택 소유나 세대주 여부, 연령 등에 관계없이 누구나 가입할 수 있는데 만 20세 이상이어야 하며 20세 미만인 세대주는 가능하다. 1인 1통장 제도가 적용되어 기존의 청약통장에 가입한 경우에는 이를 해지하고 신규로 가입하여야 하고, 2개 이상의 은행에 중복 가입도 허용되지 않는다.

납입방식은 일정액 적립식과 예치식이 있으며 매월 2만 원 이상 50만 원 이내에서 5천 원 단위로 자유롭게 불입할 수 있으며, 납부 총액이 1,500만 원에 이를 때까지 50만 원을 초과하여 자유롭게 적립할 수 있다. 가입일로부터 1년 미만은 2.5%, 1년 이상 2년 미만은 3.5%, 2년 이상은 4.5%의 금리를 적용한다. 가입 후 2년이 지나면 청약 1순위가 되며 「예금자보호법」에 의하여 보호되지는 않는다.

(5) 연금신탁 · 연금보험 · 연금펀드

노후자금 마련을 위한 대표적인 금융상품이 연금저축, 연금신탁 그리고 연금보험이다. 연금저축은 저축불입기간이 만료된 이후 연금의 형태로 불입액을 지급받는 다양한 금융저축상품을 의미한다. 세제적격연금저축과 세제비적격연금저축으로 구분할 수 있는데, 세제적격연금저축은 소득공제혜택(납입액의 100%, 한도 400만 원)을 받는 반면

| 표 11-3 | 연금저축상품의 비교

구 분	연금신탁	연금보험	연금펀드
운용기관	은 행	보험회사	자산운용사
판매기관	은 행	보험회사, 은행	투자신탁회사, 은행
소득공제혜택	세제적격 연금신탁	세제적격 연금보험	연금펀드
비과세혜택	세제비적격 개인연금신탁	장기저축성보험/변액보험	–
중도해지과세	5년 이내 중도해지 시 (원금+이자)의 22%	5년 이내 중도해지 시 (원금+이자)의 22%	5년 이내 중도해지 시 (원금+이자)의 22%
연금수령방법	일시금, 연금, 혼합형	확정, 종신, 상속형	일시금, 정액형, 체증형
연금수령연령	55세부터 선택가능	45세부터 선택가능	55세부터 선택가능

연금 수령 시 5.5%의 소득세를 납부해야 한다. 반면 세제비적격연금저축은 소득공제혜택이 제한적인 반면 연금수령 시 소득세가 비과세된다.

현재 신규로 가입할 수 있는 연금저축상품으로는 은행이 취급하는 연금신탁, 보험회사가 취급하는 연금보험, 자산운용사가 취급하는 연금펀드가 있으며 소득공제가 가능하다. 연금신탁은 일정금액을 5년 이상 거치 또는 적립하고 만기 후에 일시금, 연금 또는 일시금과 연금 혼합 형태로 지급받을 수 있는 저축상품이다. 연금보험은 경제 활동기에 매월 급여의 일정액을 납입하고 퇴직 후 노년기에 연금을 받을 수 있도록 하는 저축성 보험이다. 연금보험의 금리는 실세금리를 반영하여 공시이율을 적용하되 최저보증이율이 적용되며 세제적격연금저축상품에 해당된다. 변액연금보험은 납입보험료의 일정부분을 투자성 자산으로 운용하면서 기존의 연금보험의 확정적인 이율의 낮은 수익성 문제를 개선하려는 상품이지만 소득공제혜택을 받을 수 없으며 10년 이상 보유 시 수령액에 대해 비과세혜택을 받는다. 연금펀드는 자산운용사가 취급하는 금융상품으로 주로 주식이나 채권과 같은 투자성 자산으로 운용되지만 10년 이상 장기로 적립하는 상품이다. 연금펀드는 운용대상 자산의 구성에 따라 주식형·채권형·혼합형이 있으므로 본인의 위험성향에 따라 선택할 수 있다.

(6) 자산유동화 증권

자산유동화 증권(asset backed securities, ABS)은 기본적으로 자산을 유동화하여 발행한 증권을 말한다. 자산을 유동화한다는 것은 유동성이 낮은 자산을 유동성이 있는 증권으로 전환하여 이를 매각함으로써 현금화하는 것을 의미한다. 따라서 자산유동화 증권은 각종 채권 및 부동산, 유가증권과 같은 자산을 유동성이 있는 증권으로 전환하여 매각을 통해 현금화하는 것을 말한다. 자산유동화 증권의 종류는 자산유동화 증권의 법적 성격이 회사채인 경우는 ABS사채, CP인 것은 ABCP, 수익증권형태인 것은 ABS수익증권이라고 한다. 또 자산유동화 증권의 기초자산이 주택저당채권인 경우는 MBS(morgage-backed securities), 부채인 경우는 CDO(collaterized debt obligation), 채권인 경우는 CBO(collaterized bond obligation), 대출채권인 경우는 CLO(collaterized loan obligation)라고 한다.

자산유동화 증권은 신용평가회사의 정밀한 평가와 신용보강을 거쳐 발행되므로 상대적으로 안전하고 회사채보다 수익률이 높은 것으로 평가된다. 하지만 자산유동화 증권은 기초자산으로부터 발생하는 현금흐름의 불확실성에 따라 그 리스크의 영향을 받기 때문에 투자 시 주의해야 한다. 또 자산유동화 증권 발행과정에서 내부신용보강을 위해 일반적으로 선·후순위 구조화를 채택하는데 이는 원리금지급 우선순위가 다른 두 종류 이상의 증권을 발행하는 것을 의미한다. 만약 기초자산에서 나오는 현금화가 부족할 경우 선순위채부터 원리금이 지급되며 후순위채는 정크본드시장에 매각하거나 자산보유자가 구입하도록 되어 있다. 따라서 후순위채의 구입을 통한 투자를 고려하는 경우 기초자산의 리스크를 더욱 정확히 탐색해야 한다.

(7) 주가지수연계금융상품(ELD, ELS, ELF, ELW)

주가지수의 급락에 맞추어 수익률이 연동하는 상품으로 주가연계예금(ELD), 주가연계증권(ELS), 주가연계펀드(ELF), 주식워런트증권(ELW)이 있다. 주가지수연동예금(equity linked deposit, ELD)이란, 수익이 주가지수의 변동에 연계해서 결정되는 은행판매예금으로 투자대상은 제한 없이 다양하며 원금보장이 된다. 주가연계증권(equity linked securities, ELS)이란 국공채 등 채권과 주식 투자로 운용하여 채권수익률과 주가지수(KOSPI) 움직임에 따라 수익률이 결정되는 증권이다. 이 투자대상 가운데 채권에 편입되는 금액에 대해서만 과세하고 주식 등 옵션투자로 운용되는 수익에 대해서는 비과세되며 예금자보호대상은 아니다. 주가연계펀드(equity linked fund, ELF)는 투자신탁회사들이 ELS 상품을 펀드에 편입하거나 자체적으로 '원금보존 추구형' 펀드를 구성해 판매하는 펀드이다. 대부분의 펀드자산은 국공채나 우량 회사채 등 안전자산에 투자, 나머지 잔여재산은 증권회사에서 발행한 ELS Warrant(권리증서)에 편입해 펀드 수익률이 주가에 연동되도록 설계되어 있다. 원금보장형 ELF는 원금은 보장하되 주가가 상승 혹은 하락 시 상승 혹은 하락율의 일정비율을 이자로 지급하고 원금비보장형 ELF는 원금은 보장되지 않으며, 주가가 일정수준 이상일 경우 9~15%의 금리를 지급한다. 주식워런트증권(equity-linked warrant, ELW)은 특정 대상물(기초자산)을 사전에 정한 미래의 시기(만기일 혹은 행사기간)에 미리 정한 가격(행사가격)으로 살 수 있거나(콜) 팔 수 있는(풋) 권리를 갖는 유가증권이다. 그런데 이 기초자산은 거래소 상장규정에 따라 KOSPI 100을 구성하는 100개의 기업 주식과 KOSPI 200이 되므로 주가지수에 연동되는 수익률을 얻게 된다.

소비자 투자코너 11-1

재무목적별 금융 투자상품

금전을 관리하는 목적은 단기적으로 지출수요에 맞게 적기에 충분한 자금을 확보하기 위한 현금관리 이외에도 단기 여유자금의 운용, 결혼자금이나 학자금 마련을 위한 목돈 마련, 주택 마련, 장기자금운용 등 다양하다. 이러한 재무목적을 달성하기 위해 앞에서 다루었던 다양한 금융 투자상품들을 활용한다면 더욱 효과적인 재무관리가 이루어질 수 있다.

다음 표는 재무목적별 및 금융기관별 금융 투자상품을 제시한 것이다.

구 분	은 행	증 권	종 금	보 험
현금관리	보통예금, 저축예금, MMDA, MMF	MMF	CMA	
단기 자금운용	CD, RP, 표지어음	CD, RP, CP, 단기형 수익증권	CMA, CP, 발행어음, 표지어음	
장기 자금운용 (1년 이상)	정기예금, 주가지수연동정기예금(ELD), 외화 정기예금, 주택청약종합예금, 후순위채/금융채, 수익증권, 신탁상품	수익증권, 뮤추얼펀드, 지수연계증권(ELS), 랩어카운트		저축성 보험, 변액유니버셜보험
목돈 마련	정기적금(부금), 장기주택마련저축, 적립식 수익증권	적립식 수익증권		변액유니버셜보험
은퇴 준비	연금신탁	연금펀드		변액연금보험

참 고 문 헌

김범석·유한수(2010), **부동산금융론**. 청목출판사.

박광수·양재영·주소현(2010), **개인재무설계**. 경문사.

송지영(2010), **금융시장과 금융상품의 이해**. 청목출판사.

이경균·최창규·김영국(2004), **금융상품의 이해와 운용**. 도서출판 두남.

이요섭(2007), **금융시장과 금융상품**. 연암사.

이창구·김효상·김민규(2008), **자산운용 I-금융상품**. 한국금융연수원.

최선미(2010), **금융과 재테크**. 형설출판사.

12장

집합투자기구(펀드)에 대한 이해

집합투자기구라는 용어는 일반인에게 다소 생소한 용어이고 일반적으로 '펀드'로 알려져 있다. 간접투자상품으로서 대표적인 펀드는 「자본시장법」의 시행에 따라 집합투자기구라는 법률적 용어로 불리어진다. 우리나라에 최초의 펀드는 1970년 5월 한국투자개발공사가 발행한 '안정자산 증권투자신탁 1월호'라고 한다. 1980년대 주식형 펀드의 도입, 1990년대의 보장형 펀드, 바이코리아펀드의 열풍, 2004년 처음 도입된 적립식 펀드, 해외펀드, 인사이트펀드의 호황 등 우리나라 펀드의 역사는 다사다난했다. 펀드는 소액투자자에게는 투자를 할 수 있는 적절한 투자대상이며, 전문투자자에 의해 운용되기 때문에 합리적인 분산투자가 가능하다는 장점을 가진다. 하지만 너무나 많은 펀드가 범람하는 상황으로 인해 투자자들은 오히려 선택에 어려움을 느끼고 있다. 본 장에서는 펀드에 대한 명확한 이해를 위해 펀드의 장단점, 종류, 운용구조 등을 알아본다.

1. 집합투자기구(펀드)의 정의

투자행위는 종래에 「간접투자자산운용법」에 따라 자기의 명의와 자기의 계산으로 주식이나 채권 등 유가증권을 직접 매입하고 관리 및 처분하는 행위인 직접투자와 투자자의 소유인 유가증권에 대한 매입, 관리 및 처분 등의 일정한 행위를 전문투자자에게 의뢰하고 그 결과에 대한 책임은 투자자에게 귀속하게 되는 행위인 간접투자로 구분하였다. 그런데 2009년 2월 4일부터 시행된 「자본시장과 금융투자업에 관한 법률」에서는 간접투자 대신에 집합투자라는 개념이 도입되었다. 이 법에서 '집합투자'란 2인 이상에게 투자권유를 하여 모은 금전 또는 「국가재정법」 제81조에 따른 여유자금을 투자자 또는 각 기금주체로부터 일상적인 운용지시를 받지 아니하면서 재산적 가치가 있는 투자대상자산을 취득, 처분, 그 밖의 방법으로 운용하고 그 결과를 투자자 또는 각 기금관리주체에게 배분하여 귀속시키는 것을 말한다.

이러한 집합투자를 하기 위한 기구를 집합투자기구라고 정의한다. 집합투자증권은 집합투자기구에 대한 출자지분 또는 수익권을 말하며 투자자는 집합투자기구의 출자지분 또는 수익권에 대하여 투자를 하게 된다. 집합투자업자가 집합투자기구(펀드)를 이용하여 집합투자를 할 경우 집합투자기구(펀드)를 금융위원회에 사전에 등록하여야 한다. 집합투자기구(펀드)의 등록주체는 집합투자업자인 투자신탁과 투자익명조합, 그리고 집합투자기구(펀드) 자체인 투자회사, 투자유한회사, 투자합자회사, 투자조합이다. 집합투자기구(펀드)는 기준에 따라 다양하게 분류될 수 있다.

2. 집합투자기구(펀드)의 종류

1) 법적 운영 형태에 따른 분류

집합투자기구(펀드)는 어떻게 설정, 운용되느냐에 따라 계약형 펀드(수익증권)와 회사형 펀드(투자회사)로 구분된다. 계약형 펀드는 신탁형 펀드라고도 하는데 집합투자업자(위탁자)가 투자신탁재산을 설정·운용하고 그 재산을 보관, 관리하는 수탁자(자산보관회사 혹은 신탁업자) 사이에 신탁계약을 체결하여 집합투자재산을 설정하고 이에 대한 수익권을 균등하게 분할하여 나타내는 지분증서인 수익증권을 수익자(투자자)가 취득하는 형태로 이루어진다. 따라서 집합투자업자는 자금조성과 투자·운용을, 신탁업자는 재산관리사무를 담당한다. 계약형 펀드의 경우 감독기관의 인·허가를 받아야 한다. 계약형 펀드는 투자자에게 수익증권을 발행하며 투자자는 수익증권을 직접 받는 것이 아니고 실제로는 수익증권의 수량과 가격이 표시된 통장이나 카드를 발급받는다.

회사펀드는 투자대행만을 목적으로 설립된 회사형태의 펀드이다. 대표적으로 뮤추얼펀드를 들 수 있는데 「자본시장법」상의 투자회사, 투자유한회사, 투자합자회사를 말한다. 투자회사는 일반대중에게 주식을 발행하고 그 운용수익을 배당하는 형태로 이루어지는 펀드라고 할 수 있는데, 집한투자재산을 운영하는 법률적인 주체이지만 명목상의 회사(paper company)이며 투자회사의 실질적인 운영주체는 집합투자회사이다. 회사형 펀드는 계약형 펀드보다 설립절차가 용이하고 회사채를 발행하는 등 자금조달이 보다 신축적이라는 장점을 가지고 있다. 투자자는 뮤추얼펀드에 가입하기 위해 증권투자회사의 주식을 매입하는 것을 의미하며 뮤추얼펀드 주식의 양도를 용이하게 하기 위해 증권시장에 이를 상장시켜 거래가 가능하도록 하고 있다. 뮤추얼펀드에 투자한 투자자는 펀드 운용의 수익금을 배당금 형태로 받는다.

2) 투자대상자산의 종류에 따른 분류

「자본시장법」에서는 집합투자기구(펀드)의 종류를 운용대상 자산의 비중에 따라 증권집합투자기구, 부동산집합투자기구, 특별자산집합투자기구, 혼합자산집합투자기구의 네 가지 종류로 구분하고 있다. 이들 네 종류의 집합투자기구(펀드)는 모두 증권, 파생상품, 부동산, 실물자산, 특별자산에 투자할 수 있도록 운용대상 자산의 제한은 없다. 다만 집합투자기구의 투자대상자산 가운데 자산의 50%를 초과하는 투자자산의 주요 투자대상 자산으로 간주하여 구분한다.

우선 증권집합투자기구(펀드)는 투자대상자산을 증권에 50%를 초과하여 투자하는 펀드를 의미하는데, 주요 투자증권의 유형에 따라 주식형·채권형·혼합형으로 세분하고 있다. 주식형 펀드는 신탁재산총액의 60% 이상을 주식에 투자하는 펀드이며, 채권형 펀드는 60% 이상을 채권과 현금성자산에 투자하는 펀드이고, 혼합형 펀드는 주식이나 채권에 60% 미만을 투자하는 펀드이다.

부동산집합투자기구(펀드)는 투자대상자산의 50%를 초과하여 부동산 및 부동산을 기초로 하는 파생상품, 부동산개발과 관련된 법인에 대한 대출 등에 투자하는 펀드이다. 특별자산집합투자기구(펀드)는 투자대상자산의 50%를 초과하여 특별자산, 즉 증권 및 부동산을 제외한 투자대상자산에 투자하는 펀드이다. 특별자산펀드란 일반상품(농수산물, 입산물, 광산물, 에너지 등의 물품과 이의 제조품 등), 선박이나 항공기, 건설기계, 자동차와 같은 동산, 미술품이나 악기, 문화콘텐츠에 투자하는 특별자산펀드와 위의 특별자산펀드에 투자하는 증권에 투자하는 특별자산펀드, 통화나 일반상품, 신용위험, 자연/경제현상의 위험을 기초자산으로 하는 파생상품에 투자하는 특별자산펀드, 영업권이나 탄소배출권과 지적재산권 등 권리에 투자하는 특별자산펀드, 기타 펀드에 투자할 만한 경제적 가치가 있는 모든 투자대상에 투자하는 특별자산펀드를 포함한다.

혼합자산집합투자기구(펀드)란 투자대상을 운용함에 있어서 증권, 부동산, 특별자산의 최저투자비율의 적용을 받지 않는 펀드로서 어떤 자산이든 제한없이 자유롭게 투자할 수 있다는 장점이 있는 반면에 환매금지형펀드로 설정, 설립되어야 한다.

3) 투자자금모집 형태에 따른 분류

투자자금을 공개적으로 모집하느냐의 여부에 따라 공모펀드와 사모펀드로 구분된다. 공모펀드는 불특정다수를 상대로 공개모집하는 방식으로 자금을 모집하며 공모펀드는 투자자의 자격이나 투자금액에 제한이 없다. 반면 사모펀드는 적격투자자 또는 소수투자자만을 대상으로 하는 펀드이다. 여기서 적격투자자란 일반적으로 기관투자자와 일정금액 이상을 투자하는 개인과 법인이 해당된다. 또 소수투자자란 투자자의 수를 일정수로 제한한다는 의미이다. 대부분의 금융규제나 제한은 불특정다수를 대상으로 하는 공모펀드에 적용되며 사모펀드는 규제가 완화 또는 면제되고 있다. 「자본시장법」에서는 사모펀드에 대해서 사모투자자 수를 49인 이하로 규정하고 있으며 공모펀드에 적용하는 각종 규제의 적용을 하고 있지 않다.

4) 펀드규모의 변동가능성에 따른 분류

펀드규모의 증대가능여부에 따라 단위형 펀드와 추가형 펀드로 구분된다. 또 펀드투자자가 환매청구가능 여부에 따라서 펀드규모는 변동이 발생하는데 환매청구가능 여부에 따라 개방형 펀드와 폐쇄형 펀드로 구분된다.

- 단위형 펀드와 추가형 펀드: 단위형 펀드란 이미 설정, 설립된 펀드에 추가로 설정이나 증자, 추가출자를 할 수 없거나 할 수 있더라도 일정기간만 가능한 펀드이다. 따라서 펀드규모가 증대될 수 없거나 제한적으로 추가될 수 있다. 추가형 펀드란

소비자 투자코너 12-1

사모투자펀드 알아보기

PEF(private equity fund)로 일반 대중에게 친숙한 사모투자펀드(이하 PEF)는 사모펀드의 일종으로 수익성보다는 경영권 참여, 사업구조 또는 지배구조의 개선 등의 방법으로 투자한 기업의 가치를 높이고 그 수익을 투자자에게 배분하는 것을 목적으로 하는 펀드이다. 법률상 투자합자회사로서 지분증권을 사모로만 발행하는 집합투자지구로 정의되어 있다. 예를 들면, 2011년 8월 정부의 우리금융지주의 민영화추진에 대응하여 하나금융지주가 우리금융지주 인수를 위한 PEF를 구성하면서 금융권뿐만 아니라 정치권에서도 큰 관심사가 되었다. 또 2007년 의료기기회사인 메디슨을 사들인 칸서스PEF는 지난해 말 삼성전자에 이 회사를 되팔았는데 매각 금액 3,000억 원은 인수비용(1,200억 원)의 2.5배 수준이었다. 이처럼 PEF(사모펀드)는 투자자들의 자금을 모아 기업을 인수하고 나서 잘 키워내 다시 파는 것으로 이익을 낸다.

출처: 조선비즈(2011년 5월 24일자).

이미 설정, 설립된 펀드에 추가로 설정, 증가, 추가출자가 가능한 펀드이므로 펀드규모가 증대될 수 있다. 일반적으로 사모펀드는 단위형 펀드가 많으며 공모펀드는 추가형 펀드가 많다.

■ 개방형 펀드와 폐쇄형 펀드: 개방형 펀드(open-end fund)란 펀드투자자가 언제든지 환매청구를 할 수 있는 펀드이며 일반적으로 공모펀드가 이에 해당된다. 폐쇄형 펀드(close-end fund)는 펀드투자자의 환매청구를 투자일로부터 일정기간 동안 금지하거나 제한된 사유발생에 대해서만 예외를 인정하는 펀드이며 주로 사모펀드가 이에 해당한다.

5) 투자방식에 따른 분류

투자자들의 투자방식에 따른 펀드가입형태는 거치식과 적립식으로 구분할 수 있다. 일반적으로 펀드는 거치식을 기본으로 하고 있는데 이는 투자금액을 목돈으로 일시금을 펀드에 투입하는 것을 말한다. 반면 적립식 펀드는 투자금액을 일정액으로 분할하여 정기적으로 투자하는 펀드를 의미하며 납입방식은 정기적금과 유사하나 투자대상이 펀드인 것이 다르다. 거치식 펀드가 일반적이므로 적립식 펀드의 장단점을 파악하면 투자선택에 도움이 된다. 적립식 펀드는 목돈이 없는 소액투자자도 증권과 부동산, 특별자산과 같은 자본이 많이 투여되는 투자대상에 대하여 투자할 수 있게 하는 장점을 가졌다. 또 정기적금처럼 정기적으로 적립금이 축적되므로 목돈 마련에 적합한 금융상품이라고 할 수 있다. 그리고 펀드의 매입시점이 특정화되지 않고 분산됨에 따라 위험을 분산할 수 있는 장점을 가졌다. 반면 적립식 펀드는 투자기간이 분산되므로 주가가 높은 투자시점에 투자를 시작하는 경우 수익률이 거치식 투자보다 낮을 가능성이 높다. 거치식의 경우 목돈이 투입되기 때문에 주가가 떨어진 시점에 집중 투자될 수 있어서 수익률 확보에 더 유리하다. 그리고 적립식투자는 펀드투자기간이 장기간 분산되어 있어 환매시점이 매우 중요한데 정작 목돈이 필요한 시점에 주가가 낮다면 기대수익률을 확보하기 어렵다. 적립식 투자의 경우 매년 수수료를 납부하여야 하므로 만기까지 유지할 경우 투자비용 지출이 상대적으로 높다.

3. 펀드 판매 절차

펀드의 불완전판매 등을 방지하고 투자자를 보호하기 위해 「자본시장법」에서는 투자권유 시에는 반드시 투자자성향을 파악하고 투자자유형에 적합한 펀드를 선정하여 권유하도록 하고 있다.

1단계에서는 투자자정보를 파악하고 전문투자자와 일반투자자를 구분한다. 또 투자자의 투자목적, 재산상황, 투자경험을 파악한다. 2단계는 투자자정보확인서(부록 참조)를 작성하고 이를 토대로 투자자 유형을 다섯 가지 유형, 즉 안정형·안정추구형·위험중립형·적극투자형·공격투자형으로 구분하고 이에 대한 설명을 한다.

3단계는 투자자의 투자성향에 가장 적합하다고 판단되는 펀드를 권유한다. 다만 투자자가 투자자 유형 분류에 따른 판매사 권유 펀드를 거부하고 더 높은 위험 수준의 펀드 매수를 요구하는 경우 해당 펀드의 투자위험 정도 등에 대해 투자자에게 충분히 설명하고, 회사가 정하는 절차에 따라 투자자에게 적합한 위험 수준의 펀드를 권유(추천)했음에도 불구하고 투자자가 더 높은 위험 수준의 펀드를 요구했다는 점, 해당 펀드의 투자위험 정도가 투자자의 투자목적, 재산상황 및 투자경험 등에 비해 높아 투자자에게 부적합하므로 판매사가 이에 대한 투자권유를 할 수 없다는 점, 그럼에도 투자자 자신의 판단과 책임으로 투자한다는 점을 주지시킨 후 그러한 취지가 기재된 확인서에 투자자의 서명 확인을 받고, 투자자가 요구하는 펀드를 판매할 수 있다.

1단계: 투자자정보 파악

전문투자자와 일반투자자를 구분하고, 일반투자자에 대해 면담·질문 등을 통하여 투자자의 투자목적, 재산상황, 투자경험 등을 파악

→

2단계: 투자자 유형 분류

투자자정보 확인서, 상담결과 등을 점수화(scoring system) 하는 등의 기법을 활용하여 일정 유형으로 분류 (예) 안정형·위험중립형·공격형 투자 등

→

3단계: 적합한 펀드 선정

투자자의 투자성향에 가장 적합하다고 판단되는 펀드 선정, 투자권유

↓

4단계: 펀드에 대한 설명

투자자에게 투자권유 펀드의 운용대상자산 등 운용전략, 원본손실위험 등 투자에 따른 위험, 보수·수수료 및 펀드 운용에 소요되는 비용, 환매방법 등을 설명

←

5단계: 투자자 의사 확인

- 설명을 들은 투자자가 펀드 매수를 원치 않는 경우 권유 중단
- 투자자가 펀드 매수를 원할 경우, 투자설명서 등 교부확인서 징수, 투자금 수령, 통장 교부 등 펀드 매수 절차 진행

←

6단계: 사후 관리

투자자의 펀드 매수 이후 수익률 현황, 투자규모 등에 대하여 유지·관리, 주기적 잔고 통보, 자산운용보고서 등 제공

| 그림 12-1 | 펀드 판매 절차

출처: 한국금융투자협회·표준투자권유준칙.

소비자 투자코너 12-2

펀드판매자가 투자자에게 설명해야 할 사항

소비자들은 펀드에 대해 잘 모를 경우 다음과 같은 사항에 대해 펀드판매자에게 충분히 설명을 요청할 수 있다. 「자본시장법」에서는 펀드판매자가 반드시 투자자에게 다음과 같은 사항을 설명하도록 규정하고 있다.

- 펀드의 명칭 및 종류
- 펀드의 운용개념 및 방법
- 투자원금이 보장되지 않는다는 사실 등 투자위험에 관한 사항
- 당해 펀드의 투자성에 관한 구조와 성격
- 당해 펀드의 구조와 성격에 따른 투자위험에 관한 사항
- 조기상환조건이 있는 경우 그 내용
- 계약의 해제·해지에 관한 사항
- 펀드재산의 운용방법, 운용제한 및 운용전략에 관한 사항
- 펀드의 환매방법, 환매제한, 환매수수료 및 환매연기에 관한 사항
- 투자자 또는 펀드가 부담하는 각종 보수, 수수료, 비용 및 투자소득의 과세에 관한 사항
- 신탁약관 또는 투자회사 정관의 주요 내용 변경에 따른 공시에 관한 사항
- 수익자 총회 또는 주주총회에 관한 사항
- 투자자의 자기책임원칙–해당 펀드에 대한 투자가 투자자 자신의 판단과 책임으로 이루어짐
- 기타 법령 및 규정 또는 회사가 정한 사항

※ 해외자산, 파생상품, 부동산, 특별자산에 투자하는 경우 해당 펀드의 특성에 맞는 추가적인 설명 필요

4단계는 권유하는 펀드에 대한 투자운용전략, 투자 관련 비용, 환매방법 등을 투자설명서, 예비투자설명서, 간이투자설명서만을 이용하여 설명한다. 5단계는 투자자의 펀드 투자의사를 확인하는 단계로 설명을 들은 투자자가 투자를 원하지 않을 경우 투자권유를 중단하고 그렇지 않을 경우 펀드매수절차를 진행할 수 있다. 6단계는 사후서비스로 수동적 서비스와 적극적 서비스, 그리고 펀드위험등급 변경에 관한 공지 등이 포함된다. 수동적 서비스란 투자자 전화 문의 등에 대한 응대, 투자자 보고서 발송(자산운용보고서, 자산보관·관리보고서) 등을 말하며, 적극적 서비스란 펀드 잔고 통보, 자산관리 보고서 발송, 우수(인기)상품 추천, 투자자 세미나 개최 등이 해당된다. 판매사는 자신이 부여한 펀드 위험등급에 대해 회사가 정한 주기마다 1회 이상 점검하여 최초의 부여 등급과 달라졌다고 판단되는 경우 인터넷 홈페이지 공시, 영업점 게시 등을 통해 투자자에게 이를 공지하여야 한다.

4. 특수한 형태의 펀드

1) 종류형 펀드

종류형 펀드(multi-class fund)란, 한 펀드 내에서 투자자그룹별로 기준가격이 다르거나 판매수수료가 다른 여러 종류의 집합투자증권을 발행하는 펀드를 말한다. 통상 '멀티클래스펀드'라고 하는데 이는 투자기간과 투자금액에 따라 수수료를 달리하는 펀드이기 때문에 한 가지 종류의 펀드 안에 투자자의 투자금액이나 개인·기관·법인 등 투자자 성격에 따라 '○○펀드 Class A', '○○펀드 Class B'와 같은 형태의 여러 펀드로 나뉜다. 즉, 각종 펀드 뒤에 붙은 영문자의 의미는 각기 다른 수수료체계와 판매보수체계를 나타낸다. 기본적으로 자산운용방법이나 투자한도 등은 같다. 보통 투자금액이 많을수록, 투자기간이 길수록 수수료가 낮아지기 때문에 연금 등을 목적으로 장기간 투자하는 고객들에게는 상당한 수수료 절감효과를 거둘 수 있고, 운용사는 고액투자자나 장기투자자를 다른 일반투자자보다 우대해줄 수 있는 이점이 있다.

- A형: 선취 수수료를 부과하는 클래스 펀드
- B형: 일정 기간 내 환매 시 후취 수수료를 부과하는 클래스 펀드
- C형: 선취, 후취 수수료가 없는 클래스 펀드

- D형: 선취, 후취 수수료가 모두 있는 클래스 펀드
- E형: 인터넷 전용 상품으로, 총보수율이 다른 상품에 비해 낮은 편임
- I형: 법인(기관) 전용 상품으로, 개인에게는 해당사항 없음
- W형: 펀드 랩 어카운트에 편입된 상품

2) 전환형 펀드

전환형 펀드(umbrella fund)는 집합투자업자가 투자자로 하여금 복수의 펀드 간에 전환이 가능한 권리를 투자자에게 부여하는 구조를 가진 펀드를 말한다. 엄블레라펀드라고도 하는데 펀드구조는 마치 우산처럼 큰 하나의 펀드 아래 운용성격이 다른 하위펀드를 구성하여 투자자의 판단아래 자유롭게 수수료 없이 전환할 수 있다. 전환횟수에 제한은 없으며, 가입할 때 판매수수료는 선취한다. 전환형 펀드마다 하위구성이 상이하기 때문에 자신의 투자성향에 맞는지 확인해야 하며 전환회수 제한이나 수수료 방식이 상이할 수 있기 때문에 투자조건을 사전에 검토해야 한다.

3) 재간접펀드

재간접펀드(fund of funds)란 펀드투자의 위험을 줄이기 위해 펀드 운용재산의 50% 이상을 다른 우수 펀드에 투자하는 펀드를 말하는데, 법률상으로는 '재간접투자기구' 라고 한다. 실적이 뛰어난 펀드 위주로 투자되기 때문에 안정성과 수익률을 함께 기대할 수 있다. 해외의 특정 지역이나 섹터펀드와 헤지펀드 등 일반 투자자가 접근하기 힘든 펀드에도 분산 투자가 가능하기 때문에 헤지펀드에 대한 일반 투자자들의 투자수단으로 등장했다. 국내의 많은 재간접펀드는 주로 해외의 우량한 증권펀드, 해외부동산펀드를 대상으로 한다.

4) 인덱스펀드 · 상장지수펀드 · 지수연계펀드

인덱스펀드(exchange trade fund, ETF)란 주가지수에 영향력이 큰 종목을 위주로 펀드에 편입해 펀드 수익률이 주가지수를 따라가도록 운용하는 펀드를 말한다. 이론적으로는 모든 상장종목을 시가총액 비중에 따라 편입하면 주가지수와 똑같은 수익을 낼

수 있다. 하지만 모든 상장종목을 편입하는 것은 막대한 비용과 관리가 필요하므로 각 업종의 주가 흐름을 대표할 수 있는 일부 종목으로 포트폴리오를 구성하여 주가지수의 수익률이 나타나도록 한다. 대개 한국 증시를 잘 반영하는 종목으로 구성된 'KOSPI 200'의 주요 종목을 지수비율에 맞게 편입하는 경우가 많다. KOSPI 200은 주식시장의 상황(종합주가지수)에 가장 큰 영향을 미치는 200개 우량종목을 시가총액에 따라 가중평균해 만든 주가지수의 일종이다. 인덱스펀드는 일반적으로 주가지수 변동율에 수익률이 연동하므로 주가지수가 상승해야 이익을 얻을 수 있다. 반대로 리버스인덱스펀드는 주가지수가 상승하면 오히려 상승분 정도의 손실을 얻게 되고 지수가 하락해야 수익이 발생하는 펀드이다.

상장지수펀드란 시장수익률을 추구하는 펀드라는 면에서 인덱스펀드와 같지만 실시간으로 시장거래가 용이한 펀드이다. 인덱스펀드와 동일하게 KOSPI 200 지수와 동일하게 수익률이 나도록 설계하였다. 상장지수펀드는 소액의 자금으로도 지수상승률을 얻을 수 있어 개인투자자에게 유용한 투자수단이 되었다. 또 가입한도에 제한이 없고 자유롭게 매매가 가능하며 중도환매절차 없이 시장에서 수익을 즉시 실현할 수 있다.

상장지수펀드는 주가가 상승할 때 수익을 얻을 수 있지만 양방향지수연계펀드(equity linked fund, ELF)는 주가지수에 연동된 수익률을 얻을 수 있을 뿐만 아니라 주가가 오를 때도 주가가 내릴 때도 수익을 얻을 수 있는 구조를 가진 펀드이다. 이 펀드는 지수의 등락폭이 일정한 구간 내에 있으면 그 정해진 수익이 발생하는 구조이다. 양방양 지수연계펀드는 90% 이상을 채권에 투자하여 원금보존을 추구하고 있기

| 표 12-1 | 인덱스펀드와 ETF 비교

구 분	상장지수펀드(ETF)	인덱스펀드
장중매매	장중상황을 보고 시장가격에 매매 및 이익실현 가능	자신의 매매가격을 모르는 상태에서 의사결정을 함
환 매	현재 시장가격으로 매매되므로 자신의 환매가격 즉시 결정됨	환매신청 익일종가가 계산된 다음날의 기준가격으로 결정됨
공 매	공매도 또는 대주에 의한 매도가 가능	공매도 또는 대주에 의한 매도가 불가능
보 수	ETF는 운용보만 부담, 매매 시 매매수수료 부담	일반적은 뮤추얼펀드 보수는 높음
시장 충격비용	시장에서 형성되는 매매호가 간 시장충격 비용 있음	의사결정과 실행 간의 불일치로 기회비용의 손실이 있음

출처: 최선미(2010). 금융과 재테크. 형설출판사.

때문에 비교적 안정적이라는 평가를 받으며 주가지수가 급등 또는 급락하는 추세가 아닌 일정한 박스권에서 등락을 하는 추세인 경우 수익을 얻을 수 있다.

5) 실물자산펀드

증권 이외에 부동산, 금, 선박, 영화, 원유, 광금속, 농축산물 등에 투자하는 실물자산펀드(commodity fund)가 인기를 끌고 있다. 실물자산펀드는 투자대상의 일부 비중을 실물자산 또는 실물자산에 투자한 파생상품에 할당하는 것이지 전적으로 실물자산에만 투자하지 않는다. 실물자산펀드는 대부분 1~3년 만기가 있는 '폐쇄형' 펀드이다. 실물자산에 대한 투자는 경제의 위기 또는 불확실성이 커질수록 높아지는데 실물자산 가운데 금과 같은 안전자산이 특히 선호된다. 한 예로 그림 12-2에도 나타나 있듯이 금값은 유럽 국가들의 재정위기, 미국정부의 재정위기 등과 같은 경제위기 때 폭등하는 경향이 나타났으며, 금펀드에의 자금유입은 급증하였다.

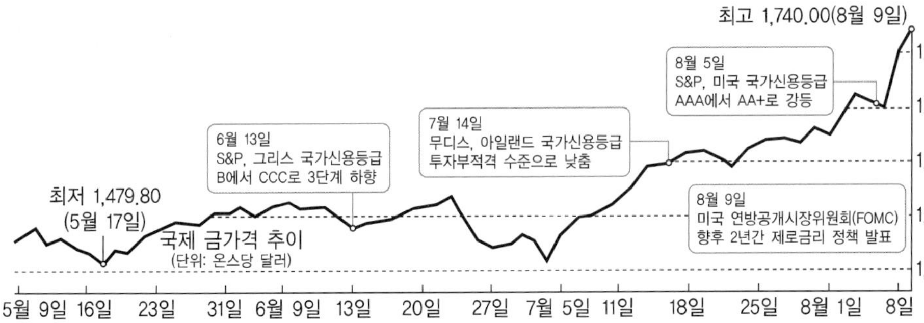

| 그림 12-2 | 금값의 추이

출처: 동아닷컴(2011년 8월 11일자).

소비자 투자코너 12-3

물펀드

물펀드는 물과 관련된 모든 기업이 투자대상이 된다. 물을 공급하고 하수 처리하는 기업, 물처리설비를 공급하는 기업, 물을 정화시키는 기업, 수질관리를 담당하는 기업, 환경기업 등 물의 공급과 유통, 그리고 처분 등에 관련된 모든 기업이 투자대상이 될 수 있다. 우리나라에도 '삼성글로벌 워터(water) 주식펀드'를 시작으로 다수의 물펀드가 나타났다. 하지만 우리나라 물펀드의 수익률은 금펀드의 수익률과는 비교할 수 없을 정도로 저조한 수익률을 나타냈다. 실물자산펀드 사이에서도 희비가 엇갈리는 상황이다.

6) 부동산펀드와 부동산 투자회사

부동산펀드와 부동산 투자회사(real estate investment trust, Reits)를 혼돈하는 사례가 많지만 부동산펀드는 실물자산펀드에 속하는 것인 반면 부동산투자회사(이하 리츠)는 불특정 다수인으로부터 금전을 수탁 또는 납입받아 자금을 모집한 후 그 자금으로 부동산을 매입·개발·관리·처분하거나 부동산 관련 증권에 투자하고 얻은 수익을 수익자 또는 투자자에게 배분하는 것을 말한다. 부동산펀드는 대체로 설정기간이 2~3년 정도인 반면 리츠는 5년 이상의 장기투자대상에 투자한다.

리츠는 「부동산투자회사법」을 적용받아 「자본시장법」의 적용을 받지 않는 집합투자기구인 일반리츠와 집합투자업자가 설정, 운영하는 CR리츠가 있다. 일반리츠는 부동산 투자를 전문적으로 하는 부동산 투자회사가 운영하므로 모든 부동산 투자가 가능하다. CR리츠는 기업의 구조조정을 위해 설정된 한시적인 명목회사로서 투자대상이 채무상환이나 회사정리절차, 재무구조개선약청이행에 의해 매각하는 부동산으로 제한되어 있다.

5. 집합투자기구(펀드) 투자의 현황

1) 펀드산업 동향

2010년 말 전체 펀드 설정액은 309.1조 원이며 순자산 가치는 312.8조 원 규모이다. 2006~2010년까지 설정액 규모는 2007년에 356.1조 원으로 가장 높은 수준을 나타낸 후 감소하였다. 국내 및 해외 펀드 비중은 설정액을 기준으로 각각 79.4%, 20.6%를 차지하였고 순자산가치 기준으로 각각 81.7%, 18.3%를 차지하는 것으로 나타났다.

2010년 말 현재 운영 중인 펀드 수는 9,095개이며, 2006년 이후 지속적으로 증가하고 있다. 펀드 유형별 투자비중을 살펴보면, 유형별 펀드 순자산 규모는 주식형이 가장 높아 2010년 말 현재 98조 5,718억 원이며 그 외 혼합형은 33조 2,564억 원, 채권형은 52조 417억 원, MMF는 67조 6,687억 원, 기타가 61조 2,162억 원으로 그 비중은 각각 31.5%, 10.65, 16.6%, 21.6%, 19.6%로 주식형펀드 → MMF → 기타 펀드 → 채권형 펀드 → 혼합형 펀드 순으로 나타났다. 순자산가치 기준으로 볼 때 주식형 펀드는 2007년과 2009년에 폭증하였다가 2010년에 급감하였고 혼합형은 2006년 이후 계속 감소하

| 표 12-2 | 전체 펀드 설정액 및 순자산 현황* (단위: 조 원)

연월 말	설정액			순자산		
	국 내	해 외	전 체	국 내	해 외	전 체
2006년	214.2	19.7	233.9	219.0	21.9	240.9
2007년	222.4	72.8	295.2	231.5	84.5	316.0
2008년	279.3	76.8	356.1	242.1	43.0	285.1
2009년	255.1	72.9	328.0	254.1	60.6	314.7
2010년	245.5	63.6	309.1	255.6	57.1	312.8
비중(%)	79.4	20.6	100.0	81.7	18.3	100.0

* ETF 제외(ETF 설정액 및 순자산은 2010년말 6.1조)
출처: 금융투자협회(2011년 1월 6일 보도자료). 2010년 국내 펀드산업 동향 분석.

| 표 12-3 | 유형별 펀드 순자산 및 펀드수 추이* (단위: 억 원)

연월 말	주식형	혼합형**	채권형	MMF	기 타	합 계	펀드 수(개)
2006년	485,835	491,090	511,222	583,943	336,633	2,408,723	8,125
2007년	1,331,629	460,272	411,558	478,590	477,886	3,159,935	8,886
2008년	805,433	342,550	312,603	906,152	484,339	2,851,077	9,641
2009년	1,122,345	308,874	460,143	724,249	531,643	3,147,254	8,953
2010년	985,716	332,564	520,417	676,687	612,162	3,127,545	9,095
비중(%)	31.5	10.6	16.6	21.6	19.6	100.0	n/a

* ETF 제외
** 혼합형=혼합주식+혼합채권/기타=파생상품+부동산+실물+재간접+특별자산
출처: 금융투자협회(2011년 1월 6일 보도자료). 2010년 국내 펀드산업 동향 분석.

다가 2010년에 반등하였으며, 채권형은 2009년 이후 증가추세에 있다. MMF는 2006년부터 2008년까지 급증하다가 그 후 급감추세이다.

공모 및 사모펀드의 순자산가치 추이를 살펴보면, 국내 공모펀드의 비중이 46.6%이고 국내 사모펀드가 35.1%, 해외 공모펀드가 15.0%, 해외 사모펀드가 3.3%로 나타나 국내펀드나 해외펀드 모두 공모펀드의 비중이 높았다.

| 표 12-4 | 공모펀드 순자산 추이*

(단위: 조 원)

연월 말	국 내			해 외			합 계
	공 모	사 모	전 체	공 모	사 모	전 체	
06년	128.3	90.6	219.0	19.0	2.9	21.9	240.9
07년	142.3	89.2	231.5	78.1	6.4	84.5	316.0
08년	126.9	115.2	242.1	36.4	6.6	43.0	285.1
09년	154.9	99.2	254.1	51.6	9.0	60.6	314.7
10년	145.8	109.9	255.6	46.8	10.3	57.1	312.8
비중(%)	46.6	35.1	81.7	15.0	3.3	18.3	100.0

* ETF 제외

2) 펀드 투자자의 투자실태

한국금융투자협회는 매년 금융투자자의 투자실태에 대한 설문조사를 실시하고 있다. 2010년도 보고서와 미국과 일본의 투자자들의 펀드투자 실태 보고서를 통해 한·미·일 투자자의 펀드 투자행위를 비교해 볼 수 있다. 펀드보유 개수에 있어서 한국 투자자들은 평균 2.05개의 펀드를 보유하는 데 비해 미국 투자자들은 평균 6.0개의 펀드를 보유하고 있다. 그림 12-3에서 한국 투자자들은 1개의 펀드를 보유한 비중이 높은 반면 미국 투자자들은 5개 이상의 펀드를 보유한 비중이 높다.

그리고 펀드 투자 시 고려사항에 있어서 한국 투자자들은 안정성보다는 수익률을 더 고려하는 경향인 반면 일본 투자자들은 수익률보다는 안정성을 고려하는 것으로 나타났다. 펀드구입채널을 볼 때 한국 투자자들은 은행(67.6%) → 증권회사(34.0%) → 보험회사(17.4%) 순으로 은행을 통한 펀드구매가 압도적으로 많다. 미국 투자자들은 펀드를 주로 퇴직연금채널을 통해 구입하고 있으며 그 외 증권회사, 독립FP, 운용사직판, 은행, 할인브로커, 보험회사를 이용하고 있다. 일본 투자자들은 펀드를 주로 증권회사 지점과 은행을 통해 구입하고 있으며, 그 외 증권회사 HTS, 우체국, 은행 인터넷뱅킹, 퇴직연금채널을 이용하고 있다.

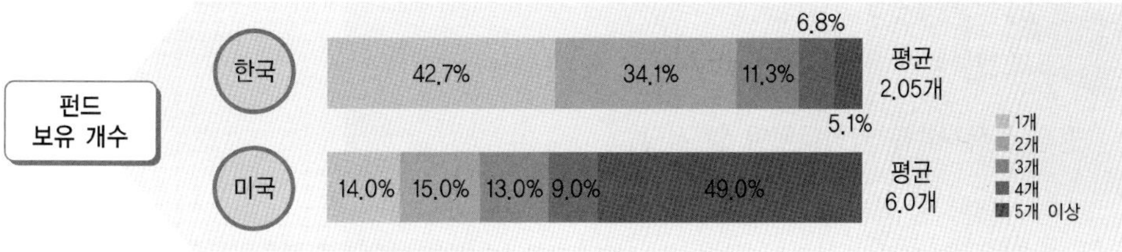

출처: 한국금융투자협회, 미국 ICI.

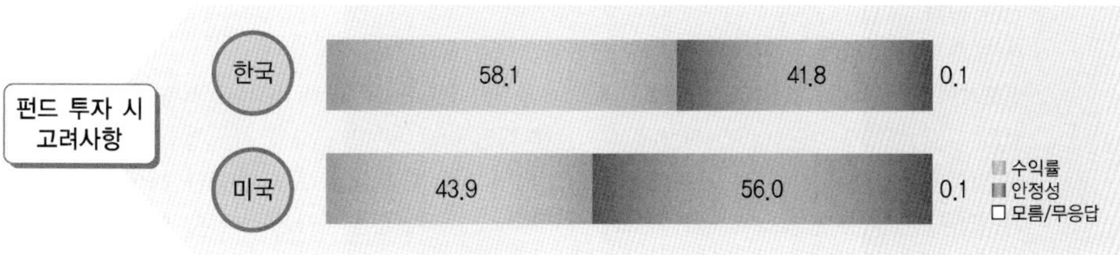

출처: 한국금융투자협회, 일본증권업협회.

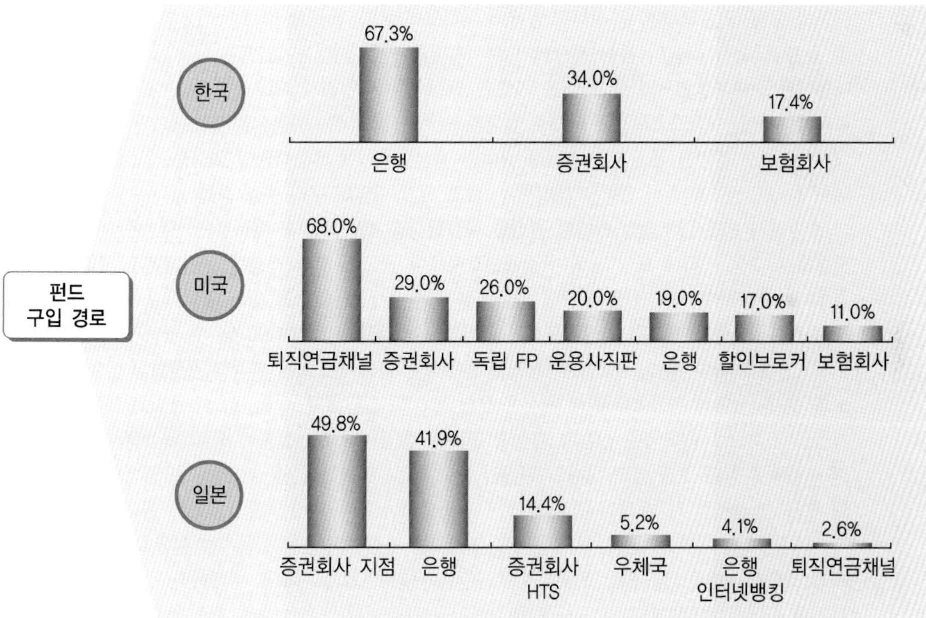

주: 중복응답 허용
출처: 한국금융투자협회, 미국 ICI, 일본증권업협회.

| 그림 12-3 | 펀드보유 개수와 투자 시 고려사항 및 펀드구입 경로
출처: 금융투자협회(2010). 한미일 금융투자자의 투자실태 비교.

소비자 투자코너 12-4

펀드 투자 시 꼭 알아두어야 할 사항

1. 투자설명서를 꼼꼼히 체크할 것

1) 포함내용: 모집 및 매출에 관한 사항, 집합투자기구에 관한 사항, 집합투자기구의 재무 및 운용실적에 관한 사항, 운용회사, 수탁회사 등 집합투자기구의 관련회사에 관한 사항, 기타 투자자보호에 관한 사항

2) 관련 판례

- 펀드 투자설명서 안 준 은행원 형사처벌(한국경제, 2010년 2월 7일자)

  법조계에 따르면 서울북부지법은 고객에게 간접투자상품을 판매하면서 투자설명서를 주지 않은 혐의(「간접투자자산운용업법」 위반)로 우리은행 직원 이모 씨(49)에 대해 최근 벌금 100만 원의 약식명령을 내렸다. 이 씨는 우리은행 의정부중앙지점 부지점장으로 근무하던 2007년 5월 자신의 사무실에서 은행 고객 이모 씨에게 '우리파워오일 파생상품 투자신탁 제5호' 투자를 권유하면서 투자설명서 대신 요약본만을 준 혐의로 지난해 검찰에 기소됐다. 2009년 2월 「자본시장과 금융투자업에 관한 법률」(자통법)로 통합된 「간접투자자산운용업법」 184조 7항에서는 간접투자증권 판매사가 투자자에게 증권 취득을 권유하면서 투자설명서를 제공하지 않을 경우 1년 이하의 징역 또는 500만 원 이하의 벌금에 처하도록 했다. 법원에 따르면 지금까지 184조 7항과 관련, 금융사 직원이 정식 재판에서 형사처벌을 받은 사례는 없었다.

- 대법 "펀드 투자설명서와 광고 내용 다르면 배상책임"(매일경제, 2011년 8월 4일자)

  투자설명서에는 펀드의 특성이 제대로 설명돼 있지만 광고에는 위험성을 과소평가한 내용이 있어 이를 보고 투자한 투자자가 손해를 봤다면 자산운용사에 배상책임이 있다는 대법원 판결이 나왔다. 대법원 2부(주심 양창수 대법관)는 심모 씨 등 9명이 우리 은행 등을 상대로 낸 손해배상 소송에서 원고 일부승소 판결한 원심을 확정했다고 4일 밝혔다. 재판부는 "자산운용사가 투자설명서 내용 숙지에 도움이 되는 판매보조자료나 광고를 직접 작성해 투자자에게 제공하는 경우 그 광고가 수익과 위험에 관해 균형성을 상실한 정보를 담고 있어 결과적으로 투자자의 투자판단에 영향을 줬다면 자산운용사가 투자자보호의무를 다하였다고 볼 수 없다."며 "펀드가 투자하는 장외파생상품이 A3의 신용등급을 받았다는 점을 과도하게 부각해 균형성을 상실한 정보를 투자자들에게 제공했다고 본 원심은 정당하다."고 판단했다. 이어 "심 씨 등이 실제 환매한 시점을 기준으로 손해액을 산정한 원심의 판단은 정당하고 자산운용사 등의 배상책임 비율을 30~40%로 정한 것도 법리 오해의 위법이 없다."라고 덧붙였다. 심 씨 등은 2005년께 우리은행 혹은 경남은행에서 '우리파워인컴펀드'에 가입했으나 2009년 6월까지 90%의 손실을 기록하자 "원금손실의 위험성이 높은 상품을 정기예금처럼 안전성이 높은 상품처럼 설명했다."며 손해배상 소송을 냈다. 1심·2심 재판부는 우리은행 등이 연대해 펀드를 환매하지 않은 투자자를 제외한 나머지 8명에게 일부 손해를 배상하라고 판결했다.

2. 좋은 펀드를 고르기 위해서는 '펀드공시' 를 찾아볼 것

펀드에 관한 공시자료는 금융투자협회(www.kofia.or.kr)를 방문하면 된다. 수익률, 펀드보수 및 비용, 운용실적, 설정현황 등을 검색해 볼 수 있다. 그 외 금융투자회사 공시, 펀드매니저와 애널리스트에 대한 공시 자료도 얻을 수 있다.

(계속)

3. 고객에게 제공되는 '자산운용보고서' 를 꼼꼼히 체크할 것

자산운용보고서는 펀드 전체의 운영 형태와 결과상태를 설명하는 보고서이다. 투자신탁(투자회사)의 개요, 자산·부채 등에 관한 사항, 포트폴리오 현황, 운용 전문인력에 관한 사항 등을 담고 있다. 매 분기 결산이 끝나면 판매회사를 통해 펀드 가입 고객에게 전달된다.

구체적으로 1) '집합투자기구의 개요'는 펀드의 기본정보와 재산현황, 2) 운용경과 및 수익률 현황, 3) '자산현황': 주식, 채권, 어음, 펀드, 파생상품, 부동산 등 투자자산의 상위 5종목의 현황, 4) '투자운용전문인력 현황', 5) '투자자산 매매내역'은 주식매매 규모, 6) 회전율(펀드 규모 대비 주식을 매매하는 비율), 7) 회사별 거래내용 8) 이해관계인과의 거래 및 발행증권 거래현황, 9) 의결권 공시대상 법인에 대한 의결권 행사 여부 및 그 내용, 공지사항 등이 포함되어 있다.

한국투자자보호재단은 '제1회 투자자가 이해하기 쉬운 자산운용보고서 평가' 결과 삼성자산운용, 한국투자신탁운용, 미래에셋자산운용·에셋플러스자산운용·한국투자밸류자산운용 등 5개사가 선정됐다고 발표했다. 일반인 평가와 전문가 평가를 거쳐 진행된 이번 평가결과는 금융감독원의 경영실태평가에 반영된다. 제1회 투자자가 이해하기 쉬운 자산운용보고서 평가에서 대상은 삼성자산운용, 최우수상은 한국투자신탁운용으로 정해졌다. 우수상으로는 미래에셋자산운용, 에셋플러스자산운용, 한국투자밸류자산운용 3개사가 선정되었다(2011년 7월 7일).

참고문헌

금융투자협회(2011년 1월 6일자 보도자료). 2010년 국내 펀드산업 동향 분석.
일본증권업협회(2009). 개인투자자의 증권투자에 관한 의식조사보고서.
한국금융투자협회(2010). 한미일 금융투자자의 투자 실태 비교.
한국금융투자협회(2011). 2010년 금융투자자의 투자실태에 관한 조사 보고서.
한국금융투자협회. 표준투자권유준칙.

Bank of Japan(2009). Flow of funds-Japan and US Overview.
FRB(2009). Flow of funds.

투자자정보 확인서

본 투자자정보 확인서는 고객님의 투자자정보를 파악하여, 그에 적합한 펀드를 권유해 드리기 위한 기초 자료로 활용됩니다. 고객님에게 가장 적합한 펀드를 제공하기 위해서는 고객님의 정확한 답변이 필요합니다. 최대한 고객님의 상황에 부합하거나 가장 가까운 항목을 선택하여 주시기 바랍니다. 고객님의 잘못된 답변 또는 불성실한 답변은 금융회사로 하여금 고객님에게 적합하지 않은 펀드를 추천하게 되는 결과를 가져올 수 있습니다.

기존정보 변경 여부

□ 기존정보와 동일	□ 정보 변경

기초정보

PART 1		Score
1. 고객님의 연령대는 어떻게 되십니까?	□ 19세 이하 □ 20~40세 □ 41~50세 □ 51~60세 □ 61세 이상	
2. 고객님께서 투자하고자 하는 자금의 투자 가능 기간은 얼마나 되십니까?	□ 6개월 이내 □ 6개월 이상~1년 이내 □ 1년 이상~2년 이내 □ 2년 이상~3년 이내 □ 3년 이상	
3. 다음 중 고객님의 투자경험과 가장 가까운 것은 어느 것입니까? (중복응답 가능)	□ 은행 예·적금, 국채, 지방채, 보증채, MMF, CMA 등 □ 금융채, 신용도가 높은 회사채, 채권형 펀드, 원금보장형 ELS 등 □ 신용도 중간 등급의 회사채, 원금의 일부만 보장되는 ELS, 혼합형 펀드 등 □ 신용도가 낮은 회사채, 주식, 원금이 보장되지 않는 ELS, 시장수익률 수준의 수익을 추구하는 주식형펀드 등 □ ELW, 선물옵션, 시장수익률 이상의 수익을 추구하는 주식형 펀드, 파생상품에 투자하는 펀드, 주식 신용거래 등	
4. 고객님께서는 금융상품 투자에 대한 본인의 지식수준이 어느 정도라고 생각하십니까?	□ 매우 낮은 수준 투자의사결정을 스스로 내려본 경험이 없는 정도 □ 낮은 수준 주식과 채권의 차이를 구별할 수 있는 정도 □ 높은 수준 투자할 수 있는 대부분의 금융상품의 차이를 구별할 수 있는 정도 □ 매우 높은 수준 금융상품을 비롯하여 모든 투자대상 상품의 차이를 이해할 수 있는 정도	

(계속)

PART 1		Score
5. 고객님께서 투자하고자 하는 자금은 고객님의 전체 금융자산(부동산 등을 제외) 중 어느 정도의 비중을 차지합니까?	□ 10% 이내 □ 10% 이상~20% 이내 □ 20% 이상~30% 이내 □ 30% 이상~40% 이내 □ 40% 이상	
6. 다음 중 고객님의 수입원을 가장 잘 나타내는 것은 어느 것입니까?	□ 현재 일정한 수입이 발생하고 있으며, 향후 현재 수준을 유지하거나 증가할 것으로 예상 □ 현재 일정한 수입이 발생하고 있으나, 향후 감소하거나 불안정할 것으로 예상 □ 현재 일정한 수입이 없으며, 연금이 주 수입원임	
7. 고객님의 투자원금에 손실이 발생할 경우 다음 중 고객님이 감수할 수 있는 손실 수준은 어느 것입니까?	□ 무슨 일이 있어도 투자 원금은 보전되어야 한다. □ 10% 미만까지는 손실을 감수할 수 있을 것 같다. □ 20% 미만까지는 손실을 감수할 수 있을 것 같다. □ 기대수익이 높다면 위험이 높아도 상관하지 않겠다.	

위험선호도

PART 2		Score
8. 다음 중에서 고객님의 투자목표와 투자성향을 가장 잘 설명한 것은 어느 것입니까? (필요시 판매 직원에게 설명을 요구하시기 바랍니다)	□ **안정형** 예금 또는 적금 수준의 수익률을 기대하며, 투자원금에 손실이 발생하는 것을 원하지 않음 □ **안정추구형** 투자원금의 손실위험은 최소화하고, 이자소득이나 배당소득 수준의 안정적인 투자를 목표로 함. 다만, 수익을 위해 단기적인 손실을 수용할 수 있으며, 예·적금보다 높은 수익을 위해 자산 중 일부를 변동성 높은 상품에 투자할 의향이 있음 □ **위험중립형** 투자에는 그에 상응하는 투자위험이 있음을 충분히 인식하고 있으며, 예·적금보다 높은 수익을 기대할 수 있다면 일정수준의 손실위험을 감수할 수 있음 □ **적극투자형** 투자원금의 보전보다는 위험을 감내하더라도 높은 수준의 투자수익 실현을 추구함. 투자자금의 상당 부분을 주식, 주식형펀드 또는 파생상품 등의 위험자산에 투자할 의향이 있음 □ **공격투자형** 시장평균 수익률을 훨씬 넘어서는 높은 수준의 투자수익을 추구하며, 이를 위해 자산가치의 변동에 따른 손실 위험을 적극 수용. 투자자금 대부분을 주식, 주식형 펀드 또는 파생상품 등의 위험자산에 투자할 의향이 있음	

기 타

PART 3	
고객님께서 파생상품, 파생결합증권 또는 파생상품투자펀드에 투자한 경험이 있으신 경우 투자기간은 얼마나 되십니까?	□ 투자기간(년월)

주의사항

본 투자자 질문지는 OOOOO 회사에서 제공되었으며, 동 투자적합성 평가의 결과는 고객님께서 제공하신 정보에 근거하여 산출되었음을 알려드립니다.

본 설문지에서 수집된 개인정보는 고객님에게 적합한 펀드를 제공하기 위한 기초자료만으로 활용할 예정이며 저희 금융회사에 의하여 기밀로 보호될 것을 약속드립니다.

PART Ⅰ 결과	SCORE 합계
□ 1단계 –안정형	20점 이하
□ 2단계 –안정추구형	20점 초과~40점 이하
□ 3단계 –위험중립형	40점 초과~60점 이하
□ 4단계 –적극투자형	60점 초과~80점 이하
□ 5단계 –공격투자형	80점 초과
PART Ⅱ 결과	
최종 투자자 리스크(위험) 등급	

본인은 투자위험에 대한 본인의 성향이 올바르게 명시되어 있으며, 본인이 제공한 정보가 정확함을 확인합니다.

작성자 성명	서명/인	날 짜	년 월 일

※ "투자자정보 확인서"의 작성 내용을 다시 한 번 확인하시고, 그 내용에 오류가 있는 경우 변경 또는 신규작성을 하실 수 있습니다.

투자권유 희망여부

□ 투자권유 희망	○ 고객정보 제공 ○ 고객정보 미제공
□ 투자권유 불원	

투자자정보 확인서 Scoring 방법

■ 문항별 배점

- 1번: ① 또는 ②로 응답한 경우 4점, ③으로 응답한 경우 3점, ④로 응답한 경우 2점, ⑤로 응답한 경우 1점
- 2번: ①로 응답한 경우 1점, ②로 응답한 경우 2점, ③으로 응답한 경우 3점, ④로 응답한 경우 4점, ⑤로 응답한 경우 5점
- 3번: ①로 응답한 경우 1점, ②로 응답한 경우 2점, ③으로 응답한 경우 3점, ④로 응답한 경우 4점, ⑤로 응답한 경우 5점(중복응답한 경우 가장 높은 점수로 배점)
- 4번: ①로 응답한 경우 1점, ②로 응답한 경우 2점, ③으로 응답한 경우 3점, ④로 응답한 경우 4점
- 5번: ①로 응답한 경우 5점, ②로 응답한 경우 4점, ③으로 응답한 경우 3점, ④로 응답한 경우 2점, ⑤로 응답한 경우 1점
- 6번: ①로 응답한 경우 3점, ②로 응답한 경우 2점, ③으로 응답한 경우 1점
- 7번: ①로 응답한 경우 −2점, ②로 응답한 경우 2점, ③으로 응답한 경우 4점, ④로 응답한 경우 6점
- 8번: 배점은 없으며, 투자자의 선택 결과를 적용

■ 점수 계산 방법

- PART 1: 1번부터 7번까지 응답결과에 따른 점수를 합산(총점 32점)하고, 이를 100점으로 환산

(예) 1번부터 7번까지의 합이 26점인 경우, 26점/32점×100=81.3점

- PART 2: 선택 결과를 적용

(예) 안정형, 적극투자형 등

• PART 1과 PART 2 결과 중 하위 값 적용

> (예) PART 1 4단계, PART 2 3단계인 경우 → 3단계 등급 적용
> PART 1 2단계, PART 2 3단계인 경우 → 2단계 등급 적용
> PART 1 3단계, PART 2 3단계인 경우 → 3단계 등급 적용

■ 등급 부여

• 점수 계산 결과에 따라 1단계~5단계 등급 중 부여

> • 20점 이하 : 1단계
> • 20점 초과~40점 이하 : 2단계
> • 40점 초과~60점 이하 : 3단계
> • 60점 초과~80점 이하 : 4단계
> • 80점 초과 : 5단계

5부

부동산 투자

13장

부동산 투자전략

투자란 미래의 수익을 얻기 위하여 현재의 소비를 억제하는 것을 의미한다. 그러나 미래는 항상 불확실하여 위험을 내포하고 있다. 따라서, 투자수익은 미래 위험에 대한 보상이라고 할 수 있다. 투자대상의 종류는 크게 유형자산(실물자산)과 무형자산(금융자산)으로 나눈다. 유형자산은 부동산과 동산(상품: 금·은·석유, 곡물: 기호, 수집품: 그림· 골동품·우표) 등이 있다. 투자에 있어 전 세계적으로 통용될 수 있고 환금성이 큰 자산이라면 동산투자도 필요하다. 우리나라에서는 예술품 등의 동산 투자가 아직까지 보편화되지 못했으나 외국의 경우 이미 확고한 자리 매김을 하고 있다. 예술작품이나 골동품 등 동산에 투자하는 이유는 매매차익의 이유뿐만 아니라 등기 등록을 하지 않아도 되는 점, 즉 세금의 부담을 다소 줄일 수 있는 점으로 인해 투자 대상으로서의 가치가 상승하는 추세이다. 한편, 동산 투자 중 금 투자는 우리나라뿐만 아닌 여러 나라에서도 나타나고 있고, 앞으로도 금 투자는 증가될 것이다. 달러가치가 하락할 경우 대체 결제수단인 금에 대한 수요가 증가하는 경향이 있어 이런 경우, 금 투자에 투자 대상으로서 더 많은 관심을 갖는 것이 보통이다. 본 장에서는 부동산 투자의 기초전략, 투자 의사 결정, 투자전략 등에 대해 살펴보고자 한다.

1. 부동산 투자의 개요

1) 부동산 투자의 의의

부동산 투자란 부동산을 대상으로 장래 이익을 얻기 위해 현재의 노력을 쏟는 것을 말한다. 보통 부동산 투자에 따른 위험은 기대수익률에 비례한다. 이는 위험과 불확실성이 증가할수록 부동산 투자에 대한 요구수익률이 증가한다는 것을 의미한다. 결국 부동산 투자의 개념은 현재의 소비를 희생된 대가로 미래의 경제적 보상을 받으려고 하는 행위를 말한다(김영곤 외, 2002).

부동산 투자의 종류는 크게 실물 투자와 재무 투자로 구분한다. 실물 투자란 자원의 희소성이나 인플레이션 등에 의하여 상품가치가 증가하는 것에 대하여 투자하는 것으로 예를 들면 금, 은, 보석, 골동품, 부동산 등의 실물에 투자하는 것이다. 재무 투자란 공채, 사채, 외환 등의 금융유가증권에 대한 투자로 통화가 안정되고 경제성장이나 생산성향상 등이 유리하게 되면 재무 투자의 기회가 많아진다.

부동산 투자와 달리 투기는 표 13-1에 제시한 바와 같이 장래 가격변동의 예측에 따라 현재가격과 장래가격의 차이에서 발생하는 양도이익을 얻기 위해 이루어지는 거래를 의미한다(국토개발연구원, 1981; 김영곤 외, 2002).

2) 부동산 투자의 주체와 목적

부동산 투자의 목적은 보통 부의 극대화에 있지만 현금소득의 극대화, 지분수익률의

| 표 13-1 | 투자와 투기의 비교

구 분	투 자	투 기
주 체	실수요	가수요
시 기	투자자의 필요 시 • 소유나 이용의 필요성 • 인플레로부터의 자신 보호 • 부동산의 영속성으로 인한 자산보존 욕구	주위의 개발 시 지역, 도시개발 • 교통체계의 신설 및 증설 • 금리하락과 주식시장 침체 시
목 적	• 소유, 이용의 가치 향유 • 자산으로부터의 가치 발생	• 권리 자체로부터의 이익발생 • 차익이나 프리미엄, 권리금

출처: 안효빈(2003). 부동산입문총론.

| 표 13-2 | 투자 주체 분류와 투자 목적

부동산 많이 보유 투자 주체	예	부동산 투자의 목적	투자 잔금
부동산 자체 수익 목적 아닌 투자주체	• 부동산산업 (분양, 임대, 유통)	• 부동산 장기보유(임대) • 부동산 개발/분양(분양) • 부동산의 전매(유통)	• 자산선택보다 사업으로 전개 • 차입금 의존 경우 많음
풍부 운용자금 보유 투자주체	• 생명보험회사 등 기관 투자자	• 자금 운용(안정수익확보, 분산투자 등) ⇒ 자산 선택	• 자금이 풍부
많은 부동산 보유 투자주체	• 중대형사업 등의 거대 기업	• 자산의 유효 활동 (계속 보유 전제 경우)	• 토지보유기업 자산 선택 • 사업의 다각화
부동산 자체 수익 목적 아닌 투자주체	• 본사빌딩 소유, 기업안전성 확보 추구 기업 등	• 자사빌딩 보유목적 • 기억의 담보가치 증대 • 절세목적	• 차입금 의존 경우 많음

출처: 이래영(2000). 부동산투자론.

증대, 자본이득과 소득이득 획득, 절세효과 등으로 부동산을 많이 보유한 투자주체에 따라 그 목적이 달라진다. 부동산에 투자할 경우 가장 먼저 해야 할 일은 자신에게 적합한 투자대상을 찾는 것으로 표 13-2에 제시한 바와 같이 투자자의 투자성향이나 투자 관련 정보 및 지식수준, 투자자금 등에 따라 투자주체와 목적이 달라야 한다.

3) 부동산 투자의 일반적 특성

부동산 투자의 일반적 특성으로는 개별성, 비대체성, 공급의 한정성, 위험성 등이 있는데 구체적으로 살펴보면 다음과 같다.

(1) 개별성·비동질성·비대체성

토지는 지리적 위치가 고정되어 있기 때문에 각 토지마다 매우 강한 개별성을 갖고 있다. 즉, 어느 한 평의 토지도 다른 토지와 동일한 속성을 갖고 있다고 볼 수 없으며, 비대체적인 성격을 띠고 있다. 또한 일반 상품은 표준화에 의하여 대량생산되고 견본거래를 할 수 있지만 토지는 개별성이 강하므로 대량생산이나 견본거래가 불가능하다.

(2) 공급의 한정성

토지는 자연 그대로의 피조물로서 그 물리적인 양을 인위적으로 증가시킬 수 없다.

지구상의 면적은 바다를 매립하여 육지를 만든다고 하여도 토지 용도의 전환에 불과하고 그 면적이 늘지 않으며 원래의 면적은 조금도 증가하지 않는다.

(3) 투자의 위험성

투자에는 안전성이 있어야 하는데, 이는 투자로 획득한 자산을 장래에 처분하여 원금을 합리적으로 회수할 수 있는 것을 말한다. 이러한 안전성은 모든 투자활동에서 언제나 보장되는 것은 아니고 때에 따라서는 원금회수가 불가능한 경우도 있다. 이를 원금의 위험성이라 하며, 투자활동에 대한 3대 위험성 중 하나이다.

(4) 투자소득의 발생

부동산의 투자소득에는 양도소득과 임대소득이 있는데 부동산의 소유, 임대 그리고 양도에 의한 자본이득을 목적으로 한다. 양도소득이란 부동산을 처분하여 자본이득이 발생하는 경우이고, 임대소득이란 부동산을 타인에게 임대하여 임대료를 수취하는 것을 말한다.

(5) 토지의 영속성

토지는 소모, 마멸되지 않는 영속성 또는 불변성을 가지고 있다. 화재나 홍수 등으로 소실·유실되더라도 불멸·불변이라고 볼 수 있다. 이 특성은 사용해도 줄어들거나 방치해 두어도 부패 또는 질적 변화가 거의 없는 영속적인 보존이 가능하다는 뜻이다.

| 표 13-3 | 투자의 순기능과 역기능 비교

순기능	역기능
• 인플레 등으로부터의 보호 • 자본이득과 소득이득 등 이윤확보 가능 • 상품에 따라 절세 • 지렛대효과에 따른 가격상승	• 환금성이 결여되어 사업위험의 부담 • 금리상승 등에 다른 금융손실의 부담 • 주가상승에 따른 단기이익 손실 부담 • 행정적 또는 정책적 위험

출처: 안효빈(2003). 부동산입문총론.

2. 부동산 투자의 기초 전략

1) 투자를 위한 세 가지 원칙

(1) 안정성

투자의 목적물에 대한 안정성이 있어야 한다. 부동산이라면 그 물건의 절대가치에 대한 신뢰 또는 안정성이 있어야 한다. 절대가치에 대한 신뢰는 떨어지는데 호재로 인한 기대가치만 반영된 경우라면 투자결정에서 심사숙고하여야 한다.

(2) 수익성

수익성은 동일한 안정성을 가진 다른 투자대상과의 비교수익을 말한다. 감수해야 되는 위험이 있는 투자대상이라면 그 위험만큼의 수익이 추가로 반영되어야 한다는 것이다. 수익이 창출되는 시기에 대한 문제도 반드시 고려해야 할 사항이다.

(3) 유동성

어떤 투자대상도 유동화할 수 없는 기간이 있는데 이 유동성이 제한되면 그 옛날 강남의 '억대 거지'라는 신조어를 떠올리게 된다. 다시 말해, 가지고 있는 부동산은 억대인데 매매가 이루어지지 않자 그 부대비용(각종 세금, 유지비용)을 감당하지 못해 결국 대출을 하게 되고 종국에는 그 부동산의 가치를 떨어뜨리게 되며 결국 어느 자본가의 손으로 돌아가게 된다는 것이다. 결국, 유동성은 부동산 투자에서 반드시 고려해야 할 사항이다.

2) 재산 3분법 전략

많은 달걀을 한 바구니에 담지 말라는 속담이 있다. 이런 이유로 현명한 투자행위를 영위하기 위해서는 재산 3분법이 널리 활용되고 있다. 재산 3분법이란 재산을 예금, 부동산, 주식에 각각 배분·투자하여, 투자에서 발생되는 위험을 분산시키고 수익성·환금성·안전성을 균형 있게 검토하여 재산을 관리하자는 것이다(이래영, 2000). 한편, 포트폴리오(portfolio)란 하나의 재산에만 투자하지 않고 둘 이상의 자산에 분산투자할 경우의 투자대상을 지칭하는 개념이다.[4] 부동산 포트폴리오의 효과는 부동산 투자 시 개별 부동산에 분산 투자함으로써 투자위험을 축소시킬 수 있다는 데 있다. 투자자가 그의 여유자금을 한 장소 한 종류에 집중적으로 투자하지 않고 분산 투자하는 것을 포트폴리오 효과라고 한다. 부동산 투자의 목적은 위험을 감수하고 더 많은 투자수익을 확실히 올리는 데 있다. 투자는 미래를 보고 행하는데 미래는 불확실하다. 따라서 기대수익의 크기와 이에 수반되는 위험의 크기를 적절히 조정하여 균형을 유지하여야 한다.

3) 수익형 부동산 투자전략

수익형 부동산 투자의 생명은 현금흐름을 제대로 하는 것이다. 현금이 창출되지 않는 부동산은 수익형으로서 가치가 없다. 따라서 현금흐름을 좋게 하려면 치밀한 계획을 세워야 하고 투자하려는 부동산 상품의 특성을 철저하게 파악해야 한다. 수익형 투자를 위한 일반적인 전략은 다음과 같다.

- 철저한 자금계획이 생명이다.
- 가격상승 가능 상품과 지역을 선택해야 한다.
- 부대비용과 세금계산을 철저히 해야 한다. 부동산 구입 시 붙는 세금은 보통 취득세, 등록세 등으로 이를 합치면 매매가격의 5.6% 정도 된다. 투자수익을 분석할 경우 세금과 부대비용도 잘 따져봐야 한다.
- 매입, 매수 시점의 타이밍도 중요하다.
- 만약의 경우를 대비한 대안을 마련해야 한다.
- 매매가 대비 전세가 비중이 높은 지역을 선택하라.

3. 부동산 투자 의사결정

모든 투자 사업은 경우에 따라 그 순서가 조금씩 바뀌거나 현실적으로 어느 단계가 생략되기도 하지만 대체로 사업의 착안으로부터 사업효과의 평가분석에 이르기까지 어떤 형태로든지 몇 가지의 단계를 거쳐서 계획·추진한다.

---

4) 넓은 의미에서 포트폴리오란 자산의 조합을 말하나, 좁은 의미에서 포트폴리오란 증권시장에서 거래되는 주식, 회사채 등 금융자산의 조합을 말한다(이래영, 2000).

1) 투자 의사결정

자산선택의 관점에서 투자의 의사결정은 매우 중요하다. 특히 부동산 투자는 장기적인 고려를 통해 투자를 결정하여야 한다. 의사결정과정에서 해당 부동산의 여러 가지 규제가 있기 때문에 투자자의 자금력과 양호한 투자대상을 선택하지 않으면 안 된다. 투자실행가능성 분석은 어떤 투자 안에 대하여 토지이용규제 등의 법칙 및 행정적 관점, 거시경제동향 및 시장동향 등의 관점으로부터 실시 가능성의 검토, 자금조달의 검토 및 그 투자 안이 경제효율에서 보았을 때 적당한가에 대한 검토를 거쳐 실행 가능한 투자 안을 가지고 분석을 행하게 된다(김영곤 외, 2002).

부동산 투자의 의사결정에 있어서 투자목적을 명확하게 하고 투자전략을 수립하여 입안하여야 한다. 그리고 입안한 투자 안에 대하여 용도지역 등의 법적 및 행정적 규제가 어떠한지, 규제가 없다면 투자가능성 범위를 명확하게 하여야 한다. 시장분석에 있어서 지역분석, 인근분석, 부지분석, 수요분석, 공급분석, 경제성 분석을 해야 한다. 투자분석 후 토지 및 건물의 투자계획이 확정되면 자금조달의 검토 및 사업계획서를 작성해야 한다.

2) 부동산 투자결정과정

투자결정이란 불확실한 미래를 위하여, 확실한 현재를 희생할 것인가를 선택하는 행위이다. 부동산 투자결정은 보유와 처분 시에 예상되는 수입과 지출을 비교함으로써 이루어진다. 부동산의 투자결정과정은 투자의 목적, 투자환경, 비용 및 편익분석, 투자 타당성 분석 등을 토대로 의사결정을 하게 된다(김영곤 외, 2002).

- ■ 투자자의 목적이 무엇인가를 파악한다.
- ■ 투자결정이 이루어지는 투자환경을 분석한다.
- ■ 부동산 투자로부터 기대되는 편익과 비용을 분석한다.
- ■ 분석된 현금수지에 투자 준거를 적용하여 투자의 타당성을 판단한다.
- ■ 이상의 분석결과를 토대로 투자를 최종적으로 결정한다.

3) 부동산 투자 절차

부동산 투자의 일반적인 절차는 정보수집, 현장조사, 전문가 분석, 2차 현장 답사, 종합검토, 최종결정의 순서로 진행된다. 부동산 절차를 구입과 처분 단계로 구분하여 살펴보면 다음과 같다.

(1) 부동산 구입 절차

- 투자계획 수립: 투자자금의 조달계획이나 투자 기간 등 투자 관련 전반적인 사항 결정
- 투자대상 결정: 투자 목적과 자신의 능력 등을 감안한 투자 대상물 결정
- 지역 결정: 투자 대상 지역 결정
- 대상물 찾기: 구입할 대상 부동산을 3개 정도로 결정하는 것이 바람직함
- 대상물 분석: 구입 대상 부동산에 대한 권리 분석과 입지 분석, 개별 분석 등을 시행
- 거래조건 협의: 가장 적정한 부동산부터 거래금액과 거래조건 등을 협의하여 구입 대상 부동산 확정함
- 매매계약: 매도자와 매매계약을 체결함
- 중도금 지급: 중도금 지급 날짜 이전에 각종 권리분석을 다시 한 번 시행
- 잔금 지급: 잔금 지급 시 명의 이전에 필요한 서면을 받아두어야 함
- 명의이전: 소유권이전등기 절차를 이행
- 건물명도: 매도자가 살고 있던 건물의 경우에는 매도자가 이사를 나가는 것을 반드시 확인해야 함
- 세금납부 및 관리: 취득세와 기타 세금 납부, 부동산에 대한 보수 및 관리

(2) 부동산 처분 절차

- 매각 계획 수립: 매도가격 결정, 매각 자금의 재투자 등 처리 문제와 기타 투자 전반에 걸친 계획 점검
- 수요계층 분석: 대상 부동산을 구입할 수 있는 수요계층과 수요계층을 대상으로 한 매각전략 수립
- 매각 시기 결정: 최적의 매각 시점 결정

소비자 투자코너 13-1

부동산 투자 기초상식

- 부동산이라고 아파트만 보지 마라.
- 토지는 5~10년 앞을 내다보고 투자해야 한다.
- 재정적 여건을 고려해야 한다.
- 부동산 거래는 중개업소를 통한 거래가 가장 좋다.
- 장래 어느 정도의 이익을 보장한다는 광고 또는 선전은 결코 믿으면 안 된다.
- 매도 매수 시기의 선택이 중요하다.
- 반드시 서류 확인절차를 거치는 게 좋다.
- 부동산 투자의 성패는 입지선정에 있다.

- 대상물 관리: 제값을 받고 빠른 시일 이내에 매각하기 위한 건물의 보수 등
- 매각 홍보: 대상 부동산을 구입할 수 있는 가장 적정한 매각 홍보방법 선택
- 거래조건 협의: 매수 대상자가 나타나면 매각 조건 협의
- 매매계약
- 중도금 수령
- 잔금 수령
- 명의이전
- 건물명도
- 양도소득세 처리: 양도소득세 사전신고제도를 이용 세금 납부액 최소화할 것

4. 투자주체에 따른 부동산 투자전략

1) 학생/독신

안정적인 직업이나 수입이 보장되어 있지 않은 학생이나 독신자의 경우 부동산에 투자한다는 것은 현실적으로 어렵다. 따라서, 목돈을 모을 수 있는 적립식 상품 비중이 높을 것이며, 수익률보다는 안전성에 비중을 두는 것이 좋을 것이다. 학생이나 독신자를 위한 재테크전략을 살펴보면 다음과 같다.

첫째, 저축하는 습관을 기르는 것이 좋다.

둘째, 한 살이라도 젊을 때부터 재무설계에 들어가는 것이 좋다.

셋째, 인생설계를 위한 사전 준비작업을 해야 한다. 장기적 재무설계를 하는 경우, 우선 세대주 독립 등을 통한 내 집 마련 저축에 가입하거나 각종 생애 행사(내 집 마련, 결혼, 대학교육, 유학 등)에 필요한 자금설계가 선행되어야 한다. 말하자면, 주택 청약 저축이나 예금을 들어 부동산 투자에 대비해야 한다. 한편, 학생이나 독신이라도 어느 정도 목돈을 가지고 있다면 소액투자자로서 부동산 투자전략을 수립할 필요가 있다. 새해가 되면 대부분의 건설회사들이 그 해의 분양계획을 발표하게 되므로, 연 초에 정보탐색에 주력하는 것이 좋다. 저렴한 가격의 미분양 아파트에 관심을 갖는 것도 좋다.

2) 자영업자

자영업자란 영리를 목적으로 한 각종의 독자적인 사업을 전개하는 사람을 뜻한다. 따라서 대기업으로부터 소규모 자영농에 이르기까지 그 규모와 성격이 다양할 것이다. 자영업종은 성공 가능성이 무한하지만, 대개 그에 따라 상당한 위험 부담을 안는 것이 특징이며, 정해진 보수가 안정되게 보장되는 봉급생활자와 대조적이다.

자영업자의 특징은 첫째, 소득이 일정하지 않다. 일정한 보수가 보장되는 것이 아니기 때문에, 경기에 따라 소득 편차가 매우 클 수 있다. 둘째, 지출이 일정하지 않다. 사업과 관련된 비용이 상황에 따라 크게 달라질 수 있기 때문이다. 셋째, 자영업자는 세금에 민감하다. 근로소득자는 각종 세금공제 제도가 명확하게 규정되어 있어서 비교적 쉽게 관리할 수 있으나, 자영업자는 장부 기장, 간이과세 등의 제도를 알아야 하고 신고의 방법에 따라 세금의 부담이 크게 달라진다. 넷째, 항상 준비되어 있어야 할 비상금의 규모가 근로자에 비해 크다. 이는 두 번째의 특성과 연관이 있는데, 보통 근로자는 월 생활비의 3개월분 정도의 비상금이면 충분한 반면, 자영업자는 최소 6개월에서 최장 2년 정도의 유동성을 보유하고 있어야 한다. 다섯째, 간접 혜택이 없다. 직장인은 회사에서 각종 부담금(국민연금, 고용보험, 교통비 지원 등)과 퇴직금을 지원받지만, 자영업자는 이런 혜택을 전혀 받을 수 없다. 그러므로 봉급자에 비해 훨씬 많은 소득을 얻어야 비슷한 생활을 할 수 있다고 볼 수 있다.

자영업자의 부동산 투자경향을 살펴 보면 자영업자들은 안정치 못하다는 직업의 특징상 약간의 모험 요소를 좋아하는 편이며, 이러한 직업의 특징이 부동산 투자 시에도 여실히 드러난다. 자영업자들은 공격적이고 고수익 지향적인 부동산, 예를 들면 토지나 사업 확장용 부동산을 선호하는 경향을 보이고 있다. 자영업자들이 선호하는 부동산은 위험요소가 높은 만큼 사전 정보나 지식이 필요하며, 이를 위해 자영업자들은 많은 정보를 수집할 수 있도록 노력해야만 할 것이다. 또한 자영업자들의 경우 노후 대책을 위한 연금 보장이나 퇴직금이 마땅히 존재하지 않으므로 자영업자는 부동산에 의지하는 경향이 짙다고 볼 수 있다. 따라서 자영업자의 부동산 투자전략을 제시하면 다음과 같다.

첫째, 위험을 좋아하지 않고 안정성을 추구한다면 아파트가 알맞을 것이다. 아파트의 경우 지역에 따라 적정 임대평수가 다르지만 대체로 15, 18, 23, 27평형이 월세 임대수요가 풍부하다. 또한 교통, 학교, 할인점 등의 조건을 갖춘 아파트가 더 유리하며, 전철역에서 마을버스로 10분 이내 거리의 연립주택이나 원룸, 단독주택에 투자하는 것도 좋다.

둘째, 위험을 꺼리지 않는 편이라면 상가나 공장부지 등도 투자해볼 만하다. 상가 투자는 아파트나 토지에 비해 규제가 덜한 편이지만 불황을 덜 타는 상권에 들어가는 것이 매우 중요하다. 테마 쇼핑몰과 주상복합, 오피스텔은 3대 위험상품으로 꼽히는 만큼 주의해야 하는데, 상가는 아파트와는 달리 분양보증이나 임대차보호가 되지 않아 시행사를 보고 잘 결정해야 한다. 되팔기도 쉽지 않으므로 '장사가 안 되면 되팔면 그만' 이라는 생각 역시 위험하다. 따라서 상가를 선택할 때는 지역보다 지역 내 요지를 잘 선택해야 하며, 신중하게 많은 정보를 수집하는 것이 좋다.

셋째, 임대수익을 노리고 산 부동산은 꾸준한 관리가 중요하므로, 리모델링으로 인해 부동산 가치를 높이는 것도 좋은 방법이 될 수 있다.

3) 주 부

최근 남성들뿐만 아니라 여성들 역시 부동산에 대한 관심이 급증하고 있다. 특히 주부들이 부동산에 많은 관심을 나타내며 활발한 활동을 하고 있는데, 여성 특유의 섬세함과 철저한 조사를 통한 탄탄한 사전정보로 강세를 보이고 있다. 주부의 부동산 투자 대상은 주로 아파트와 토지가 보편적이다.

4) 퇴직자

퇴직자들은 퇴직금이 목돈으로 생기면 어떻게 투자할지 많은 고민을 하게 된다. 이때, 보통 부동산으로 눈을 돌리는 경우가 많은데, 잘못된 투자로 인해 퇴직금을 잃을 수 있는 위험이 항상 존재하므로 무리한 부동산 투자는 피하는 것이 좋다. 특히 고정적인 수입이 한순간에 없어지는 만큼 무엇보다도 생계대책수립에 만전을 기해야 한다. 먼저 예금이자보다 대출이자가 높다는 것은 누구나 아는 사실이므로, 퇴직금을 받으면 일반적으로 대출금부터 상환하는 것이 좋다. 또, 퇴직금을 투자할 때는 안전을 중시해야 한다. 평범하고 누구나 아는 투자방법이 옳은 투자방법이다. 노후에 대비해야 할 목돈을 한순간에 잃어버리는 것은 퇴직자에게는 되돌릴 수 없는 큰 손실이 되고, 평생동안 일하며 쌓아온 것이 모두 없어졌다는 상실감은 퇴직자에게는 치명적일 것이다. 그러므로 수익성보다 안전성에 초점을 맞추어야만 한다.

퇴직자의 투자전략을 살펴보면 첫째, 안전성과 환금성 위주로 투자전략을 세우는 것이 중요하다. 퇴직자는 앞에서도 언급했듯이 이제 고정적인 수입이 없어진 만큼, 원금에 대한 위험성이 높은 주식 투자는 가급적 피하는 것이 좋다. 또한 투기적인 부동산 투자도 급히 돈이 필요할 때 손쉽게 처분할 수 없으므로 피하는 것이 좋으며, 매달 안정적 수입이 보장되는 부동산 임대사업이 유망하다.

둘째, 금융소득종합과세를 유의해야 한다. 목돈인 퇴직금을 운용하다보면, 금융소득이 금융소득종합과세 대상인 4,000만 원을 넘을 수 있다. 따라서 거래 금융기관과 이자 인출시기 등을 꼼꼼히 검토한 후 적절히 분산하여 4,000만 원 선을 넘지 않도록 조심해야 한다.

셋째, 생활자금이 확보되어야 한다. 이자를 매달 인출하여 생활비로 사용할 수 있는 상호신용금고의 정기예금과 투자신탁회사의 공사채형 저축, 은행의 월 복리신탁에 가입하는 것이 좋다. 자금이 1억 원 규모일 때는 아파트 월세가 가장 추천할 만하며, 2~3억 원 규모일 때는 관할 구청에서 부동산임대 사업자증을 발급받아 본격적인 부동산 임대사업에 나설 수도 있다.

5) 직장인

대한상공회의소가 2004년 8월 서울 등 전국 7대 도시 직장인 700명을 대상으로 전화 설문조사한 결과를 살펴보면, 직장인들이 1년간 투자할 경우 부동산 투자(조사대상의 65%)를 가장 선호하는 것을 알 수 있다. 또한 실제 부동산과 주식 투자를 모두 경험한 응답자들을 대상으로 그동안의 재테크에 대한 평가를 묻는 질문에 대해서는 80.1%가 부동산 투자 수익률이 주식보다 더 높았다고 응답했다. 그만큼 직장인들에게도 부동산 투자는 관심의 대상이 되고 있다.

5. 투자대상별 부동산 투자전략

부동산 투자대상에 따라 구별하여 투자전략을 살펴보면 다음과 같다.

1) 토 지

토지의 투자전략을 살펴보면 다음과 같다.

첫째, 용도변경이 가능한 땅을 사는 것이 좋다. 부동산은 동산처럼 움직이므로 집터를 고를 때는 큰 눈으로 도시 전체를 보고 사는 안목이 있어야 한다. 다시 말해서 눈여겨보고 있는 땅이 장차 신흥 중심지로 탈바꿈하거나 쇠퇴할 가능성이 내포되어 있는지 예측해 본 후 구입해야 이익을 얻을 수 있다. 용도 변경이 가능한 땅을 사라는 것도 이런 점 때문이다. 전용주거지역이 일반주거지역으로, 일반주거지역이 준주거지역으로, 준주거지역이 일반상업지역으로 바뀔 가능성이 있다면 돈을 더 주고라도 사야 한다. 용도 변경이 되면 일대의 땅값이 상상 이상으로 상승하기 때문이다.

둘째, 실수요자가 대다수인 땅을 산다. 대다수가 필요로 하는 땅은 수요층이 두터우므로 사고팔기가 어렵지 않고 상품화가 어렵지 않으며 필요로 하는 만큼 가격 상승이 예상되어 돈 되는 부동산으로 각광을 받는다. 대다수가 필요로 하는 땅은 주거용지, 상업용지, 공업용지, 농업용지, 관광용지이다. 이런 용지 중에서도 도시 내에 있는 용지나 도시근교에 있는 땅이 주로 실수요자가 찾고 있는 땅들이다.

셋째, 목적에 적합한 땅을 산다. 목적에 반하는 부동산 중개업자의 어떤 유혹도 단호히 뿌리친다. 일반적으로 투자자가 아닌 실수요자는 감언이설로 중개업자들이 유혹하면 본래 목적을 망각한 채 유혹에 넘어가기 쉽다. 그렇게 되면 본래 목적을 달성 할

소비자 투자코너 13-2

부동산 현황 파악에 필요한 서류

- 토지이용계획 확인서: 토지에 건축할 수 있는 건물의 용도 및 규모를 결정해 놓은 지역, 지구 구역 등 도시계획 사항이 표시되어 있어 토지에 대한 허용 및 제한사항을 알 수가 있다.
- 토지대장: 토지면적과 지목, 소유자, 토지의 분할, 합병의 역사, 토지등급 등을 알 수 있는 서류이다.
- 지적도: 토지의 형상과 도로 저촉 여부, 향후 도시계획으로 당해 토지의 일부가 도로로 편입되는지 여부를 지적선 등으로 확인할 수 있다.
- 건축물대장: 건물의 규모(면적·층수), 구조, 준공일자, 사용검사일, 건물의 용도 및 용도변경 내역 등을 확인할 수 있는 서류이다.
- 토지 및 건물 등기부등본: 토지(건물)의 면적, 주소, 소유자, 소유권 및 저당권을 확인할 수 있는 서류로 부동산 매입 시 반드시 확인해야 할 서류이다.
- 개별공시지가 확인서: 정부가 매년 1월 1일에 조사하여 발표하는 지가 기준이다. 부동산 세금을 부과하는 데 기준이 되는 것으로 개별적인 부동산에 따라 편차가 있지만 공시지가는 시세의 약 70% 정도라고 보고 있다. 어떤 부동산을 매입하고자 할 때 매입가격에 대한 참고적인 기준이 되는 것이다.

수 없으므로 조심해야 한다. 또한, 사전에 서류와 현장을 꼼꼼히 검토할 줄 알아야 한다. 부동산을 사기 전에는 무엇보다도 관련 서류를 준비하여 분석·검토해 보아야 한다. 제일 먼저 검토해야 할 서류는 등기부등본이다. 등기부등본으로 소유자와 채무 유무를 확인하고 토지 이용에 관한 모든 사항이 기재되어 있는 토지 이용계획 확인원을 필수적으로 보고, 그리하여 목적에 부합되면 지적도를 들고 직접 현장에 가서 경계선을 따라가며 확인한 후 마음에 들면 그때가 되어서야 값을 흥정하는 절차에 들어가야 한다.

끝으로, 집을 살 때나 택지를 살 때는 반드시 땅 모양을 보고 사야 한다. 구입하려는 집 모양을 잘 만들기 위해서는 대지 모양이 좋아야 하기 때문이다.

2) 상 가

상가 투자전략을 살펴보자.

첫째, 창업하려는 업종의 주요 고객을 파악하는 것이 우선적으로 필요하다. 대부분의 업종과 점포에 따라 주요 소비 고객층은 정해져 있다. 식료품점이나 생활용품점은 주부들을 주요 소비 대상으로 하고 있기 때문에 주택가 주변에 많고, 문구점은 학생들을 대상으로 하기 때문에 학교 주변에 많으며, 식당의 경우는 회사원이 많은 오피스 구역에 많다. 이처럼 자신이 창업하려는 점포의 주요 고객층은 어떠한 연령층에 직업은 어떠한 사람들인지, 그들의 소비형태와 소비심리는 어떠한지 등을 파악하여 주택가, 사무실 밀집지역 또는 상업지역 번화가 등 여러 구역 중 적당한 곳을 결정해야 한다.

둘째, 충분한 소비가 이루어질 수 있는 곳인지 파악한다. 이론적으로는 적합한 입지라고 하더라도 소비시장 자체가 작으면 창업자가 예상한 만큼의 매출은 올리기 힘들다. 점포가 들어설 입지는 어느 정도 주변상권이 활성화되어 고객을 흡수할 수 있는 업종들이 고루 분포된 곳이어야 하며, 판매상품의 객단가가 주위 소비자들의 소득수준과 맞는 곳이어야 하므로 유의하는 것이 좋다. 즉, 주변 지역의 소비수준과 창업자가 준비중인 아이템의 가격수준을 맞추어야 한다는 말이다.

셋째, 후보 지역을 상세히 분석한다. 적당한 후보 지역을 선택하였다면, 계약을 고려중인 예상점포를 중심으로 반경 500m 또는 1km 이내로 조사지역을 한정한 후 인구와 가구 수, 잠재구매력, 교통망, 업종의 분포, 취급 상품의 종류, 주변 점포주들의 성별과 연령 등 장사에 영향을 줄 수 있는 모든 요인을 조사한다. 긴 시간과 노력이 필요하지만 성공적인 창업을 위해서는 이 정도의 노력은 반드시 필요하다. 또한 가능하다면 계약을 고려 중인 예상 점포 앞에서 유동인구를 조사하되, 일주일간 아침 7시부터 저녁 12시까지 요일별·시간대별·연령별·성별로 지나가는 사람의 숫자를 파악하여 통행인의 특성을 파악한다. 특히 그 중 창업자가 주요 소비대상으로 생각하는 잠재 고객들의 시간대별 통행 수는 자세히 살펴볼 필요가 있다.

3) 주 택

주택을 고르는 경우 고려해야 할 사항들을 살펴보면 첫째, 교통여건을 살핀다. 대도시로 출퇴근할 때는 소요시간이 1시간~1시간 30분 이내이거나 전철노선 신설계획 유무를 확인해야 한다. 특히 투자는 시간, 거리에 따라 편차가 크다.

둘째, 현장을 확인한다. 홍보자료나 소개인의 설명만으로는 땅의 입지나 경계, 진입로 확보 여부 등을 확인하기 힘들다. '다리품' 을 들여 세밀하게 살펴야 한다. 비싸더라도 입지여건이 좋은 곳을 고른다. 배산임수형이면 최적지이고, 산과 강이 없다면 시야가 탁 트인 곳, 남향이나 동남향, 마을과 가깝고 읍내에서 5km 내외 권역이어야 한다.

셋째, 관청에서 확인하여 토지 이용 계획 확인원, 등기부등본, 지적도, 농지전용, 산림형질변경 허가증 등을 원본을 보고 조목조목 따져야 하며 계약서는 꼼꼼히 본다. 중요한 사항이나 불분명한 부분은 계약서에 단서조항으로 정확히 명시해야 한다. 특히 단지형 전원주택인 경우 진입로 확보를 위한 토지매입, 전용면적과 공용면적 구분 등을 정확히 기록해야 한다.

넷째, 투자목적일 경우에는 중·소규모 필지인 곳을 고른다. 대규모 필지는 환금성이 떨어지고 이미 개발된 필지는 가격상승이 쉽지 않다. 도로 신설계획만 있고 착수하지 않은 곳은 길이 나면 땅값이 오를 가능성이 크다.

다섯째, 법원경매물건을 주목한다. 원하는 물건이 있다면 시세의 60% 선에서 구입할 수 있다. 다만 권리분석과 농지 취득 자격증명 발급 여부 등을 잘 판단해야 한다.

여섯째, 강변을 조심한다. 강가의 땅은 조망이 좋기 때문에 비싼 값에 거래되고 있다. 그러나 강가 쪽의 땅, 특히 남한강변은 체육시설이나 도로 신설 등으로 수용될 수도 있다. 끝으로, 민원발생 여부를 살핀다. 전용허가를 받더라도 정작 건물을 신축할 때 주민이 반대하거나 영농에 피해가 발생할 경우 전용허가가 무효가 되고 피해방지계획을 별도 수립해야 한다.

4) 아파트

아파트의 종류는 주공아파트, 조합아파트, 일반아파트로 나눈다. 주공아파트는 대한주택공사에서 건설하고 시공한 아파트이며, 조합아파트는 직장이나 지역의 무주택조합원들이 땅을 사서 지은 것이다. 조합아파트가 일반아파트보다 보통 15~20% 값이 싸다.

조합아파트의 단점은 기간과 추가부담금이다. 일반아파트는 청약을 해서 입주 때까지 소요되는 기간이 2.5~3년이지만 조합아파트는 통상 5년이 넘는 경우가 허다하고, 심한 경우 7년 만에 입주했다는 곳도 있다. 대개 조합원 정원을 못 채우거나 땅 매입을 완료하지 못해 사업시행이 지지부진한 곳이다. 일부조합에서는 조합장에 의한 금전 사고가 발생해 이를 수습하는 데 상당한 시일이 소요되는 경우도 있다. 원칙적으로 조합아파트는 건축비가 확정되지 않았기 때문에 건축기간 중 물가가 상승하면 추가로 분양가를 올린다. 입주해서는 무자격 조합원(무주택자가 아닌 사람) 때문에 등기가 나오는 데 상당한 시일이 소요되어 융자 등을 받는 데 어려움을 겪게 된다.

아파트를 고르는 전략을 살펴보면 다음과 같다.

첫째, 단지 규모가 큰 아파트를 고른다. 아파트는 단지 규모가 큰 곳이 생활편의 시설도 잘 갖춰져 있다. 따라서 아무리 적어도 아파트단지 규모가 500~1,000세대 정도는 되어야 한다. 가까운 거리에 대형 쇼핑센터나 백화점이 있다면 더욱 좋다.

둘째, 동간 거리가 넓어야 한다. 동간 거리가 넓어야 일조량에 문제가 없고 자동차 매연 등 오염된 공기가 잘 빠진다. 또한 아파트 동 배열도 '교차형' 보다는 공기가 잘 통하는 '일렬형' 이 좋다.

셋째, 반드시 남향집을 선택하고, 최고층이나 최저층은 피한다. 베란다나 창문 방향이 남쪽을 향해야 따사로운 햇빛이 들고 공기가 잘 통한다. 최저층이나 최고층에는 온도와 습도 간 불균형이 심해진다. 즉, 여름에는 덥고 겨울에는 더 춥다는 말이다. 또한 대기오염이 심한 지역의 고층아파트 1층 주변에는 탁한 공기가 쉽게 가시지 않는다.

넷째, 녹지공간이 충분한 아파트를 고른다. 동마다 화단이 설치되어 있고, 나무들이 무성하면 주거환경이 쾌적한 것은 물론 집값도 비싸다.

다섯째, 지상주차면적이 넓은 아파트를 선택한다. 지하주차장을 설치하고 지상은 녹지공간으로 활용하는 단지가 많지만 역시 중요한 것은 지상주차면적이다. 차 대수는 아파트 가구 수의 1.3배 이상이면 무난하다.

소비자 투자코너 13-3

미분양아파트 구입 시 주의해야 할 점

- 현지시장조사를 통해 주변지역 신규아파트의 평형별·층별·향별 가격을 조사하여, 구입하고자 하는 미분양아파트를 보수적 가격으로 검토할 것
- 단지 및 주택 내부설계가 불편하지 않은지, 구입하고자 하는 아파트의 단지 내 배치가 열악하지는 않은지 비교 검토할 것
- 전체적으로 단지가 지역 내 어떠한 위치에 입지하여 있는지 교통과 교육, 주거환경이 대체적으로 쾌적한지 등을 파악할 것
- 아파트가 오랫동안 미분양 상태로 남아있는 데는 일반 소비자들이 기피해온 이유가 있으므로 기피 요인을 파악하여 미분양아파트로 재테크와 내 집 마련을 동시에 할 수 있는 노하우를 터득할 것
- 부동산 투자 정책을 파악할 것(예를 들어, 부동산시장이 침체기에 접어들 때는 아파트 분양이 대부분 계약금 10% 이내에 중도금 무이자 형태로 간다. 이때 투자시점이 아닌 이익창출 시점의 부동산 시장을 보고 투자한다)

여섯째, 아파트 부지를 살펴야 한다. 단지 내에 경사가 심하지 않고 부지가 평지로 돼 있으면 고지대에 위치한 아파트라도 전망이 좋아 가격이 높게 형성된다.

일곱째, 역세권 아파트는 투자 전망이 밝다. 지하철역에서 걸어 다닐만한 거리와 그렇지 않은 거리에 위치한 아파트 값은 꽤 차이가 난다. 가까운 곳에 지하철역이 없더라도 집 앞에서 지하철역까지 연결되는 버스 노선이 있는 것이 좋다.

여덟째, 외관상 부실 여부 점검은 필수이다. 당연한 이야기지만 부실 정도가 클 경우 아파트 값은 떨어질 수밖에 없다. 우선 아파트 외벽에 금이 간 곳은 없는지, 지하주차장이 있는 경우 벽과 기둥에 금이 가거나 누수현상은 없는지 철저히 점검해야 한다.

끝으로, 투자목적이 분명해야 한다. 가장 중요한 대목이다. 내 집 마련용인지 아니면 장기적인 시세차익을 겨냥한 것인지를 정확히 구분해야 시행착오를 줄일 수 있다.

5) 전원주택

전원주택 구입 시 고려해야 할 점은 다음과 같다.

- 시골집은 토지의 경계가 분명하지 않은 경우가 많으므로 지적도(또는 현황 측량도)를 통해 모양을 철저하게 살펴야 한다.
- 소유자와 현 거주자가 다른 경우가 많기 때문에 현 거주자가 자손 대대로 살아왔다면 등기되어 있지 않더라도 지상권을 인정받으므로(관습적 법적 지상권) 완전한 소유권을 행사하려면 낙찰 후 주택을(또는 건물을) 다시 사야 한다. 그러므로 소유자와 현 거주자가 동일인인지 확인해야 한다.
- 등기부등본, 토지대장, 건물관리대장, 지적도(또는 임야도), 토지이용계획 확인원을 열람해 공법상의 제한이나 공부상의 지목과 현재의 이용 상황이 같은지, 말소되지 않는 지상권이 있는지를 확인해야 한다.
- 진입로가 대지에 접해 있는지 아니면 이웃집을 통해서 들어가는지를 확인해야 한다.
- 구옥을 헐고 전원주택을 지을 계획이라면 진입로의 폭이 4m 이상 되어야 건축허가를 받을 수 있기 때문에 관할 시·군·구청(면) 건축과에 문의하여 건축허가 여부를 미리 파악해야 한다.
- 증·개축(리노베이션)을 할 계획이라면 기둥과 서까래, 지붕 등 기본골격이 튼튼한지 살펴보아야 한다.

- 도로상황, 교통상황, 방범상황, 교육여건 등 일반주택과 마찬가지로 중요한 요소라는 것을 인식해야 한다.
- 주변경관도 좋아야 하겠지만 주거에 필요한 상가, 학교, 은행, 병원, 교육시설 등 생활편익시설과 너무 멀지 않아야 한다.
- 한적한 곳에 홀로 떨어져 있는 곳보다는(방범 문제로) 주변에 농가나 전원주택들로 일정한 마을이 형성되어 있는 곳이 좋다는 것을 알아야 한다.
- 농지의 전원주택지인 곳은 시세가 일정하지 않기 때문에 감정평가액보다는 현장답사 시 정확한 시세를 파악하여야 한다.

6) 오피스텔

오피스텔 투자 시 주의할 사항은 다음과 같다.

- 소형평형을 선택하라: 오피스텔은 임대수익이 주목적이므로 소형을 선택하는 것이 좋다. 이는 임대금액에 대한 부담감이 적어 자금회전력이 빠르다는 것을 의미한다.
- 역세권을 선택하라: 오피스텔은 교통여건 확보가 필수적이다. 역세권은 월세전환 이자율이 높다는 것이 정설이다. 적어도 적용이율이 18% 이상인 지역을 선택해야 한다.
- 업무시설 밀집지역을 선택하라: 업무용 수요가 오피스텔의 열기를 끌고 가기 위해서는 업무시설 밀집지역에 공급하는 것이 좋다. 통상 업무용 오피스텔은 주거용보다 임대료가 비싸기 때문에 대형보다는 소형이 낫다.
- 부가가치세는 반드시 환급받아라: 분양가에 포함된 부가가치세는 임대사업자등록을 하면 환급받을 수 있다. 이는 분양가의 7.6% 수준이다.
- 공급물량이 적은 지역을 선택하라.
- 분양업체가 제시하는 임대료를 확인하라: 분양업체가 제시하는 임대료는 대부분이 인접지역의 최고시세를 기준으로 삼기 때문에 현장을 방문했을 때, 주변 중개업소에서 인근 시세를 직접 확인하는 것이 좋다.
- 가격이 낮은 층을 선택하라: 층별로 가격 차이가 나나 임대목적으로 분양되는 경우에는 층에 따라 임대가를 차등적용하지 않기 때문에 가격이 싼 저층형을 매입하는 것이 여러 면으로 좋다.

- 전용률에 너무 신경쓰지 마라: 업체들마다 오피스텔 전용률이 60%를 상회한다고 하나 속을 들여다보면 전용률이 높은 것이 꼭 좋은 것만은 아니다. 전용률이 높으면 부대시설은 빈약한데, 가령 주차장, 공용면적이 적어 주거면적은 확대되지만, 나머지 부분은 불편하다.
- 개방감이 높은 곳이 좋다: 업무용이든 주거용이든 건물의 개방감이 높아야 임대가 잘된다. 주거용에서는 더욱 차이가 난다. 밀집된 도심권에서 개방감이 크다는 것은 가격 상승력을 이끄는 요인으로 작용하기에 충분하다.
- 복층형 오피스텔이 희소가치가 크다: 2003년 10월 31일부터 서울 시내 신규 오피스텔 건축심의 규정이 적용되면서, 층고가복층형 설계 오피스텔의 설립이 어려워졌기 때문에, 이미 분양된 복층형 오피스텔은 그만큼 희소성이 크다.

6. 투자대상별 부동산 투자전략

부동산 투자의 대표적인 대상은 주택, 토지, 상가이다. 이중 가장 대표적인 투자대상인 주택과 토지에 대해 살펴보면 다음과 같다.

1) 주 택

(1) 다세대주택

다세대주택이란 연면적 660m^2(165평) 이하이면서 4층 이하인 건물에 2세대 이상이 살고 있는 주택이다. 다세대주택은 구분소유 및 분양이 가능한 공동주택으로, 다세대주택의 장점은 아파트보다 분양가가 저렴하고, 장·단기 융자가 끼어 있어 자금조달이 용이하다(경제적 부담이 적은 것이 가장 큰 장점). 반면, 다세대주택의 단점은 단지 규모가 작아 단지 내 부대시설이나 주변 생활편익시설이 미비하고, 통신선 등 통신시설이 상대적으로 부족하다는 것이다. 또한 부실 시공률이 높고, 시간이 지남에 따라 감가상각이 커 매매거래가 안 되어 환금성이 적다는 단점도 있다.

(2) 다가구주택

다가구주택이란 건물 연면적이 660m^2 이하이고 3층 이하(지상 1층을 주차공간으로 사용할 경우에는 4층 허용)의 주택 1개 동에 여러 가구가 함께 거주하는 형태로 각 가구마다 독립된 부엌과 화장실을 갖춘 주택을 말한다. 다가구주택의 장점은 「건축법」상 단독주택으로 취급하고 있어 실제로는 건축주가 여러 가구를 소유하고 있어도 법률로 한 가구로 인정받아 세제혜택을 받을 수 있다. 저렴한 가격으로 어느 정도 주택의 독립성과 편리함을 추구할 수 있다. 그러나, 다가구주택의 단점은 고밀화에 따른 소음과 단일면적에 인구가 증가하면서 발생하는 주차공간, 상하수도 등 생활기반설비가 부족한 점이 문제점으로 대두되고 있다. 표 13-4에 제시한 바와 같이, 다세대주택과 비교할 때, 다가구주택은 단독주택의 규정을 따르고 있으므로 비슷한 주거형태인 다세대주택에 비해 불리하다.

(3) 임대주택

임대 주택은 국가 또는 민간 건설업체가 건축하여 주민에게 임대하는 주택이다. 1972년 제정된 「주택건설촉진법」과 1984년에 제정된 「임대주택건설 촉진법」에 의해 생활보호 대상자를 위한 임대주택을 건설하기 시작하였으며, 1993년 「임대주택건설 촉진법」의 전면 개정 이후 임대주택 건설이 크게 확대되었다.

임대주택의 장점은 임대주택에 거주하다가 나중에 분양을 전화 받을 때 주변가격보다 싼 가격에 살 수 있다는 점과 최근들어 임대주택의 시설이 많이 좋아지는 실정이므로 당장의 여유자금이 없는 서민들이 살기에 좋다는 것이다. 반면 임대주택의 단점은

| 표 13-4 | 다세대주택과 다가구주택의 공통점 및 차이점

구 분	다가구주택	다세대주택
공통점	여러 세대가 한 건물에 모여 산다. 각 층 바닥면적의 합(건축연면적)이 200평(660m^2) 이하이다.	
차이점	단독주택	공동주택
	구분등기가 불가능	각 가구별 등기가 가능
	주인이 1세대이고 나머지는 세입자 세대	복수의 주인세대를 둘 수 있음
	3층(1층이 주차장이면 4층)까지 지을 수 있으며, 19세대까지 거주할 수 있다.	4층까지 건축할 수 있고, 거주 세대수에 제한이 없다.

매년 임대보증금과 임대료가 인상될 수 있어서 가계의 부담이 될 수 있고, 관리가 제대로 이루어지지 않을 경우에는 어디다 제대로 하소연할 수 있는 곳도 없다는 점, 그리고 임대주택을 주로 주공이나 지방자치단체 공사에서 공급하기 때문에 수량이 많지 않아 사용할 기회가 적다는 것이다.

(4) 전원주택

전원주택이란 대도시 외곽의 교통이 편리하고 자연경관이 수려한 곳에 자리 잡은 주택을 말한다. 전원주택은 자연 속에서 편안한 생활을 만끽할 수 있고, 자녀들의 정서순화교육에 좋다는 장점이 있다. 또한 소음공해에서 해방될 수 있으며, 여유롭고 평화로운 생활분위기, 쾌적한 주거환경이 삶을 더욱 여유롭게 한다. 하지만 도심과 거리가 다소 멀기 때문에 출퇴근 시간이 길다는 단점이 있다. 또한, 생활편익시설 및 문화레저시설이 부족하고, 팔기가 쉽지 않아 환금성에 문제가 있다. 하지만 현재 도시고속도로, 외곽 순환도로 등 서울과 직통으로 연결되는 도로망 확충, 철도의 복선화 추진 등으로 인해 교통여건이 대폭 개선되고 있고, 주차난과 교통체증을 해결하기 위해 대형유통센터도 점차 외곽으로 옮겨가는 추세이다. 그리고 지방자치제가 실시되면서 지역별로 관광레저단지 개발이 활성화되어 도시와 농촌 간의 문화적 차이가 좁혀져 전원주택의 전망이 밝은 편이다.

(5) 아파트

아파트란 한 채의 건물 안에 독립된 여러 세대가 살 수 있게 구조한 공동주택으로, 영국에서는 플랫(flat)이라고 한다. 「주택건설촉진법」에서는 5층 이상의 공동주택을 아파트라 규정하여 4층 이하의 연립주택과 구분하고 있다. 투자대상으로서 아파트의 장점은 은행융자가 쉽고, 매매가 잘 되며, 실용적이고 편리하다. 또한 재산증식 면에서도 유리하다. 특히 우리나라의 경우 국토가 협소하여 단독주택을 아파트로 대치함으로써 건축대지와 건축공사비를 절약할 수 있고, 도시의 평면적 확장을 방지할 수 있으므로 도로 기타 공공시설을 절약할 수 있다. 반면, 단점은 도시경관과 조화를 이루지 못하고, 내부환경이 폐쇄적이고 획일적이며, 녹지가 부족하다. 또한 독립성이 부족하다는 단점이 있다.

(6) 오피스텔

오피스텔은 사무실과 호텔을 겸한 복합빌딩으로, 이용자가 출퇴근의 필요 없이 하루의 일과나 생활이 한 빌딩 내에서 이루어지는 편리성 때문에 전문직업 종사자들의 이용률이 높고, 수출입상사를 비롯한 중소기업체들도 분양받거나 임차하고 있다. 오피스텔의 장점은 도심에 위치해서 지하철과 버스 등 교통편이 편리하고, 같은 평수의 아파트에 비해 전세·월세보증금이 저렴하며, 지하에 식당, 빨래방, 매점 등 기본적인 생활편의시설 마련되어 있다는 점이다. 오피스텔의 단점은 밤에 공동화현상으로 주변상가 이용 시 불편하고, 기존 오피스텔은 도시가스 사용을 못하며, 욕실면적이 0.45평 이하이기 때문에 세탁기, 욕조 설치 불가능하다. 보통, 오피스텔은 남향과 북향의 상반된 구조가 동시에 존재해 채광조건이 불리하다(표 13-5).

| 표 13-5 | 일반 아파트와 오피스텔의 차이점

구 분	일반 아파트	오피스텔
근거 법률	「주택건설촉진법」	「건축법」
승인대상	사업승인	건축허가
분양방법	공개청약	공개추첨(투기과열지구)
사후관리	공동주택관리령	일반건축물 적용
분양보증	보증대상	보증제외
관리비	표준화(지역별 약간 차등)	난방방식 및 관리방식에 따라 차등
용도분류	아파트	업무시설 및 주거용
발코니 설치	있음	없음
욕 조	설치 가능	설치 불가
주거용도	100%	50%(전용면적기준)
부가가치세	전용면적 25.7평 초과 시 부과	평형에 관계없이 부과
1가구 2주택	해당됨	해당됨
임차인 보호	보호됨	보호 안 됨
최초계약자지원	해당됨	해당 안 됨
주택임대사업자	해당됨	해당 안 됨

2) 토 지

토지는 경제적으로는 생산의 요소나 자본이 되는 땅으로서 중요한 재산이 되고 있다. 그런데, 토지 구입 시에는 등기이전 문제에 대해 생각해 보아야 한다. 수도권 일대에서 토지를 투자하는 데는 공법상의 제한, 등기이전이 걸림돌이 되어서 실제거래가 위축돼 있는 상황이다. 그러므로 이 문제에 대해서 정확한 정보를 갖고 있는 것은 투자의 기본이다. 막상 토지가 마음에 들어 계약했지만 등기이전이 안 되는 관계로 해약을 요구하더라도 이미 매도인이 계약금을 써버린 경우 환금에 문제가 발생하고 소송까지 가는

소비자 투자코너 13-4

토지 등기이전 관련 주의사항

1. 매입하려는 땅이 토지거래 허가 구역일 때 등기를 낼 수 있는 경우

- 허가를 받지 않아도 되는 면적
  - 주거지역: 54.45평, 상업지역: 60.5평, 공업지역: 199.6평, 녹지지역: 60.5평, 도시지역 외 지역: 151.5평(단, 농지는 302.5평, 임야는 605평 이하)
  - 서울 사람이 용인에 주말농장이나 투자목적으로 농지를 산다고 한다면 일단 302.5평 이하는 허가가 가능하다. 묘지부지로 지목이 임야인 토지를 사려면 605평 이하이어야 가능하다. 또한 상기평수의 농지는 따로 농지원부를 만들지 않아도 되면 농지취득자격증명을 받아야 하나 그 때에 농업경영계획서는 제출하지 않아도 된다(단, 주의할 것은 302.5평은 세대원 전원의 총 소유면적이므로 기존에 소유하고 있는 농지평수와 합산되어 허가여부가 결정된다).
- 매입하려는 토지가 토지거래허가 외 지역인 경우
  - 임야: 평수나 이용 목적, 취득 자격 등 일체의 제한이 없고, 누구나 취득이 가능하다.
  - 농지: 농지취득자격증명을 받거나 이용목적(주택, 공장, 창고 등등)에 대하여 농지전용 인·허가를 취득하면 농지 취득이 가능하다. 그러나 농지취득자격증명에는 실제로 농사를 지을 수 있는가에 대한 여러 여건들이 검토됨으로 실경작자의 요건을 갖추지 않으면(예: 매입 토지 인근 시·군 거주 등)농업목적으로는 불가능한 상황이다.

2. 기타 등기 관련 사항

- 상속에 의해서 농지를 취득한 경우에 농사를 짓지 않을 경우는 39,025평 이내에서 소유가 가능하며, 나머진 팔아야 한다.
- 농지전용허가를 받아도 모든 땅의 등기가 넘어 가는 것은 아니다.
- 토지를 이용목적을 가지고 허가를 신청해서 수리되면 등기는 가능하다. 단, 「건축법」상의 용도별 건축물의 종류에 따라서(주택, 창고, 공장, 연수원 등) 각종 공법상(수도권정비계획법으로 시작되는 각종 법률)의 법률 제한으로 인해 건축허가가 안 되는 경우에는 이용목적이 있더라도 등기 불가능하다.

경우도 허다하다. 등기이전의 가능 여부는 여러 가지 요소를 복합적으로 검토해야 한다. 예를 들어, 지역의 제한, 평수의 제한, 지목의 제한, 거리의 제한, 이용목적의 제한, 토지를 구입하려는 매수자의 자격 제한, 토지 거래 허가구역과 아닌 것과의 차이, 전용허가 후 남은 토지의 처리문제 등에 따라 허가가능 여부가 결정된다.

토지 투자의 일반적인 요령에 대해 살펴보면 다음과 같다.

(1) 택지개발지구 인근 토지가 유망

도시지역 내 토지는 구획정리가 되어 있지만 지방 토지는 현장과 지적 공부 간 차이가 많다. 지적부상에는 도로가 있는데 실제로는 도로가 없거나, 지적부상에는 맹지(도로가 없는 토지)이지만 실제로는 도로가 있는 경우도 있다. 따라서, 서류상으로만 확인하지 말고 반드시 현장에서 확인해야 한다.

(2) 매입 전 해당 토지에 대한 분석은 필수

토지는 한 번 선택하면 바꾸기가 쉽지 않다. 따라서 매입 전에 면밀한 조사가 필요하다. 농장을 만들려면 토질을 우선적으로 검토해야 한다. 전원주택을 지어 출·퇴근하려면 직장과의 거리를 체크해야 한다. 강변이나 계곡에 인접한 곳은 경관만 보고 서둘러 계약하기 쉽다. 그러나 집중호우 시 침수피해는 없는지, 상수도 보호구역이 아닌지 등을 검토해야 한다.

(3) 버려야 하는 지역편견

토지투자 하면 누구나 용인, 양평, 파주, 가평을 꼽는다. 하지만 이 같은 지역편견을 버려야 한다. 교통여건이나 입지여건이 더 좋은 곳은 얼마든지 있다. 지역편견만 버린다면 실제가치보다 저렴한 값으로 토지를 장만할 수 있다.

7. 주택의 재건축과 재개발

1) 재건축

재건축이란 노후·불량주택의 소유자가 주택을 철거하고, 그 철거한 대지 위에 새로운 주택을 건설하기 위해 조합을 설립하여 시공권이 있는 등록업자와 공동사업 주체가 되어 주택을 건설하는 사업이다. 재건축 사업추진 절차는 다음과 같다.

- 준비 단계: 추진위원회 구성 → 재건축 결의 → 안전진단 → 조합설립인가
- 시행 단계: 시공사 선정 → 사업계획승인 → 관리처분계획 → 이주 및 철거
- 완료 단계: 착공 및 분양 → 사용검사 및 회계감사/입주 → 청산 및 해산

재건축 투자에서 중요한 지침은 다음과 같다.

- 건물면적보다는 토지면적(대지지분)이 넓은 곳에 투자한다.
- 진입도로를 내는 데 장애가 없는지 확인한다.
- 큰 평형의 구성비율이 낮은 단지 내에서는 가급적 큰 평형을 구입한다.
- 조합이 얼마나 부채를 지고 있는지 확인한다.

소비자 투자코너 13-5

조합원지분 및 기타 고려사항

- 조합원지분의 경우에는 추가부담금 확정여부 및 그 금액과 납입시기를 고려하라.
- 입주시기가 많이 남아 있다면 시공사의 신뢰도를 살피고(대형건설사가 좋다), 입주시점이 가깝다면 기반시설 및 주변환경 여건이 잘 갖추어져 있는지를 따져보는 것이 좋다.
- 분양권이 싸다고 해서 좋은 것은 아니다. 분양가 이하로 거래되는 것은 처음부터 분양가가 높았음을 의미한다. 상당한 프리미엄을 주더라도 입지가 좋은 곳을 선택하라. 프리미엄이 높은 것은 다 이유가 있다. 그러나 과대광고 등으로 실제가치 이상으로 프리미엄이 형성된 곳도 있으므로 직접 현장을 방문하여 입지와 전망을 조사한 다음 투자의사를 결정하는 것이 현명하다.
- 다른 조건이 같다면 단지 규모가 큰 곳을 선택하는 것이 유리하다.
- 지가가 높은 지역에 위치한 아파트가 일반분양가를 높일 수 있어 유리하다.
- 조합 내부분쟁이 없는 곳을 선택하라.
- 이주비가 많은(초기 투자비가 낮은) 단지를 택하라.
- 대지면적에 비하여 가구 수가 많은 곳은 피하는 것이 좋다.
- 기존 건축물의 용적률(=건물연면적/대지면적)이 낮을수록 좋다.

■ 주변에 단독주택 단지가 형성되어 있는 곳은 피한다.
■ 기존 아파트(주택)의 로얄층 프리미엄은 생각하지 않는다.
■ 조합이 사유지나 공유지 등 토지를 매입해야 하는 것이 없는지 확인한다.
■ 시세가 급등하지 않았는지 확인한다.
■ 세입자의 자발적인 협조가 있는지를 확인한다.
■ 조합설립인가의 취소 가능성에 유의한다.
■ 시공사와의 분쟁발생 여부를 확인한다.

2) 재개발

주거지의 낡고 오래된 밀집주택으로 주거생활이 불편하고, 도로·상하수도 등 공공시설이 불량한 주거지역을 대상으로 도로·상하수도·공원 등 공공시설을 정비하고, 기존 주택은 헐고 새로 건축하는 등 주거환경을 개선하는 도시계획사업이다. 재개발사업 추진절차는 다음과 같다.

■ 사업준비 단계: 재개발기본계획수립 → 구역지정
■ 사업시행 단계: 조합설립인가 → 시업 시행 인가
■ 관리처분 단계: 관리처분계획인가 → 분양시설의 처분
■ 완료 단계: 준공 및 입주 → 청산 및 해산

한편, 재개발사업의 종류는 다음과 같다.

■ 도심재개발: 도심지 또는 부도심지와 간선도로변의 기능이 쇠퇴하여진 시가지를 대상으로 그 기능을 회복 또는 전환하기 위하여 시행하는 재개발사업
■ 주택재개발: 노후불량한 주택이 밀집되어 있거나 공공시설의 정비가 불량한 지역의 주거 환경을 개선하기 위하여 시행하는 재개발사업
■ 공장재개발: 노후불량한 공장 등이 있는 공업지역의 기능을 회복하기 위하여 시행하는 재개발사업

재개발구역의 투자에서 인식해야 할 것은 모든 것이 황금 알을 낳는 거위는 아니라는 것이다. 그러므로 옥석을 가려서 구역을 선정하고, 적정한 매입 시기를 선택한다면 성공적으로 투자할 수 있다.

(1) 재개발 투자의 매입 시점

재개발구역의 개발이익은 중요한 사업 단계의 고비를 넘기는 시점에서 주로 발생되므로 매입 시점도 이점을 고려하여야 한다. 구체적으로 보면 구역지정 단계, 시공사 선정단계, 조합설립 단계, 사업시행인가 단계, 관리처분 단계가 있으며, 각 추진 단계의 확정시점 직전이 가장 좋은 투자의 시기이다. 적정한 투자시기 선택을 위해서는 관심지역을 몇 개 선정하여 사업진행 추이를 면밀히 분석하는 것이 바람직하다.

(2) 초기 투자비용

일반적으로 이주비 지급시점을 투자의 적기라고들 한다. 그렇다고 할 수 있다. 왜냐하면, 투자와 동시에 이주비를 받기 때문에 초기자금이 소액이라도 투자가 가능하다. 그러나 이를 잘못 이해하면 안 된다. 사업시행인가를 받으면 바로 재산평가가 시행되고 평가가 완료되면 이주가 시작되어 이주비가 지급된다. 그러나 이 시점에서는 이미 가격이 올라버려 투자의 가치가 그 만큼 감소되는 경우도 허다하다. 그러므로 사업시행인가 시점을 전후하여 재산평가 완료 이전에 투자하는 것이 좋고, 이때 투자할 경우 이주비 지급 시까지 약 2~5개월 정도 소요되리라 예상되며 이 기간의 금리부담을 고려해도 투자효과 측면에서는 훨씬 더 많은 투자수익을 올릴 수 있다.

(3) 투자구역 선정방식

투자구역 선정 시 주요 지침은 다음과 같다.

첫째, 장래의 교통조건과 주위 환경을 고려해야 한다. 전철 역세권이 가장 좋은 것은 모두 아는 사실이지만, 재개발구역의 교통여건은 현재보다는 몇 년 후 입주할 때의 교통량 증가나 새롭게 개설되는 도로망 등을 감안하여 판단하는 것이 포인트이다. 또한 재개발구역 주변의 환경은 철거와 공사로 불량한 것이 보통이나 완공 후 입주시점에 이르면 환경이 몰라보게 달라진다.

둘째, 단지 규모가 큰 곳이 투자안전성이 높다. 단지 규모가 크면 주변의 생활편익시설이 좋아지고 거래도 활발하여 환기성이 높아지므로 투자의 안전성이 확보된다. 반면 재개발구역은 단지규모가 크면 너무 많이 알려져 시세가 예상보다 빨리 올라 거품이 있기 마련이고, 조합원들 간에 반대파 등으로 단결이 잘 되지 않아 추진기간이 생각했던 기간보다 늘어나는 경우도 있다.

셋째, 사업진행이 원활한 곳을 선택해야 한다. 재개발사업의 개발이익은 사업추진 기간에 반비례한다. 그러므로 추진과정에 문제가 많은 조합들, 비상대책위원회나 반대파가 있는 곳, 시공사와 분쟁이 있는 곳, 조합 집행부가 자주 바뀌는 곳 등은 가급적 피하는 것이 좋다. 과거에는 세입자 문제가 큰 장애요인이 되었으나, 요즘은 임대아파트 입주권을 부여하거나 주거대책비의 지급으로 대부분 이주가 잘 이루어지는 편이다.

(4) 구역분석

먼저 투자를 할 것인가, 입주를 목적으로 할 것인가를 분명히 하고서 투자목적이라면 투자수익을 최대로 올릴 수 있도록 분석하여 구역을 선정하고, 입주가 목적이라면 교통여건 등 주변 환경을 고려하여 골라야 한다. 보통 소형평형을 분양 받으려한다면, 우선적으로 편리한 대중교통여건이 되는지 조사하고, 대형평형을 분양받아서 입주하려고 할 경우에는 쾌적한 주거환경이 중요하다(표 13-6).

(5) 비례율

비례율이 높을수록 종전 재산의 대가로 배분받는 분양아파트의 무상 평수가 더 커지는 것이므로 비례율이 100% 이상이면 일단은 양호한 투자지역이다. 비례율이 낮아지는 요인은 여러 가지가 있으나 사업비용이 과다 지출된 경우, 사업기간이 너무 오래된 경우, 종전 재산의 평가액이 높은 경우 등이 있다. 특히 종전 재산 평가액이 높을 경우 비례율은 낮아지고 매도자의 매도 희망가격은 높아지는 단점이 있다.

$$\text{비례율} = \frac{\text{총 분양수입} - \text{총 사업비용}}{\text{종전 재산의 총액}} \times 100 \qquad \cdots\cdots \text{ 식 13-1}$$

| 표 13-6 | 주택지역 분석

교통 분석	쾌적성 분석
• 전철역 접근성 및 이용편리도 • 도심 접근성 • 주요 도로와의 연계성 및 접근성 • 진입도로의 체계	• 세대 수 • 대지 지분율 • 지역민의 생활수준 • 경관, 일조권, 조망 • 소음, 혐오시설, 프라이버시 침해 유무

(6) 전문가의 조언

투자하고자 하는 구역에 직접 거주하거나 특별한 연고가 있어 정확한 정보를 알 수 있는 경우에는 결코 투자를 망설일 필요가 없다. 그러나 재개발구역 투자자는 다른 지역에 거주하는 경우가 대부분으로, 투자를 결정하기 전에 모든 재개발지역 현장을 다니면서 정보 수집을 하기 위해서는 많은 시간이 필요하다. 또한 투자에 대한 공부가 필요하며, 정보 분석능력 등 어려움이 많다. 그러므로 신속하고 안전한 투자를 하기 위해서는 전문가의 조언을 구하여 결정하는 것이 최선의 방법일 수 있다.

(7) 지명도 있는 시공사를 선정한 지역의 선택

IMF 한파로 인하여 하루아침에 쓰러지는 기업이 속출하면서, 시공사 선정에 있어서 조합원에 유리하게 제시한 지명도가 다소 뒤떨어지는 건설회사의 부실한 추진으로 시공사가 변경되거나 중단되는 등 조합원의 부담이 추가로 늘었다. 그 결과 재개발 시공 건설사의 안정성은 어느 때보다 중요시되고 있으며, 높은 관심을 끌게 되었고, 유명 건설사의 브랜드 아파트는 가격이 높게 형성되고 있다.

3) 재건축과 재개발 비교

재건축·재개발사업은 모두 「도시 및 주거 환경 정비법」에 기반을 두고 있으나 표 13-7에 제시한 바와 같이 시행의 목적, 시행주체, 시행절차, 공급대상, 세입자 대책 등 여러 가지 면에서 차이를 가진다.

재개발·재건축 아파트 투자의 장점을 살펴보면, 먼저 청약통장(청약예금·부금·저축)이 필요하지 않은 점, 평형 배정과 동, 호수에 추첨 우선권이 있다(일반분양보다 로얄층에 우선배정). 또한 입지여건이 좋은 아파트를 선택하여 투자할 수 있고(추첨에서 낙첨되는 경우 없음), 철거 단계 시점에서 이주비를 무이자 또는 저리로 건축기간 동안 빌려주어 초기 투자비용을 절감할 수 있으며, 사업 단계별로 가격이 상승하는 경향이 있어 매매에 따른 시세차익과 환금성을 기대할 수 있다. 그러나 사업기간 장기화(사업기간이 불투명하여 일정을 예측하기 어려움), 금융비용 및 기회비용(예금이자) 등의 과잉 손실 발생이 우려되며, 추진절차 및 관련 법규가 복잡하고 변수가 많아 확실한 투자가 참여가 어렵고, 가격에 거품이 있는 경우가 있다.

| 표 13-7 | 재건축과 재개발 사업 비교

구 분	재개발 사업	재건축 사업
근 거	「도시 및 주거 환경 정비법」	
목 적	도시 기반시설이 열악하고 노후, 불량 건축물이 밀집한 지역을 정비하여 주거환경 개선	노후, 불량건축물을 재건축하여 주거환경 개선
시행 주체	• 토지나 건축물 소유자 또는 지상권자로 구성된 조합 단독 시행 • 조합과 시장, 군수, 또는 주택공사 등과 공동 시행	• 건축물 및 부속 토지 소유자로 구성된 조합 단독 시행 • 조합과 시장, 군수, 또는 주택공사 등과 공동 시행
시행 절차	기본계획 → 구역지정 → 추진위원회구성 → 안전진단(재건축만 해당) → 조합설립인가 → 사업시행인가 → 관리 처분 계획인가 → 착공 및 분양 → 청산	
공급대상	• 토지 또는 건축물의 소유자이거나 지상권을 소유한 자 • 세입자(임대주택) • 잔여분 주택: 일반분양	• 토지 및 건축물을 소유한 자 잔여분 주택: 일반분양
세입자 대책	주거 대책비 지급 또는 임대주택입주	없 음
주민동의	• 추진위원회 구성: 토지 등 소유자 1/2 이상 • 조합설립인가: 토지 등 소유자 4/5 이상의 동의 • 사업시행인가: 토지면적 2/3 이상의 소유자 동의와 토지 등 소유자 4/5 이상의 동의	• 추진위원회 구성: 건축물 및 부속 토지소유자 • 조합설립인가: 건축물 및 부속 토지 소유자의 4/5 이상의 동의와 동별 소유자의 2/3 이상의 동의

8. 부동산 임대사업

임대주택사업은 여러 주택을 임대목적으로 소유하고 「임대주택법」에 따라 시·군·구청과 세무서에 임대사업자로 등록한 후 등록필증을 교부받고 이를 토대로 임대사업을 영위하는 경우를 말한다.[5] 임대주택사업을 하는 경우 취득세, 등록세, 양도소득세, 재산세, 종합토지세 등의 면제 및 감면혜택이 제공되며 대상이 되는 주택은 아파트, 다가구, 다세대주택 등 특별한 구분은 없으며, 미분양이거나 기존주택, 신축주택에 상관없이 임대주택사업자로 등록할 수 있지만 건축법상 고급주택은 불가능하다.

5) 임대사업요건인 임대주택 소유 개수 및 크기 등에 대한 것은 부동산 폭등 또는 하락에 따라 정부에서 수시로 변경하고 있어 해당 시점에 정부의 정책에 대해 구독자가 직접 확인해야 한다.

1) 임대사업의 유의사항

임대사업을 시작할 때 우선은 여유자금이 있어야 하며, 임대사업의 목적은 임대수익과 양도차익에 있지만 두 가지를 모두 잡기 쉽지 않으므로 한 가지를 선택해야 한다. 임대사업의 목적이 임대수익인지 양도차익인지에 따라 유의사항은 다르다. 우선 공통적으로 먼저 확인한 사항은 다음과 같다.

- 여유자금이 있어야 한다.
- 가급적 월세로 임대하라.
- 임대수익과 양도차익 중 한 가지를 선택하라.

임대사업의 목적은 임대수익과 양도차익에 있지만, 이 두 마리 토끼를 모두 잡기 쉽지 않다. 임대수익이 목적인 경우 유의사항은 다음과 같다.

- 역세권 소형아파트 또는 대학교, 사무실, 공단 등이 밀집된 곳인지 확인한다.
- 전세가 비율이 매매가의 70~80% 이상 되는 곳인지 확인한다.
- 월세 수요가 많은 곳을 선택한다.
- 가급적 지은 지 오래되지 않은 곳을 선택한다.
- 투자액 대비 년 10~12% 이상의 월세 수익이 가능한 곳을 선택한다.

한편, 양도차익이 목적인 경우 다음과 같다.

- 중고주택보다는 외곽지역의 미분양주택이 유리하다. 취득 단계의 세제혜택은 미분양주택에만 해당되고 임대사업용 주택은 5~10년 후를 내다보아야 하기 때문에 현재 주변여건이 양호하고 가격이 충분히 올라 있는 곳보다는 향후 개발여지가 있는 곳이 유리하다.
- 소형보다는 중형이 유리하다. 우리나라 사람이 가장 선호하는 평형은 전용 25평이며, 양도 차익도 투자금액 대비 가장 양호하다.
- 완전히 자기 자본으로 시작하여야 한다(초기 투자비가 많이 들어감).
- 재건축 아파트도 고려해 볼 만하다. 지은 지 15년 전후의 저층 아파트 중 대지지분이 양호하고 교통여건 등 향후발전전망이 있는 곳 중 아직 재건축 논의가 시작되지 않은 곳(구매 후 5~10년 후 재건축이 추진되면 많은 양도차익기대)

한편, 주택임대사업을 할 때 반드시 검토해야 할 사항은 다음과 같다.

- 임대사업에는 소형아파트가 적합하다.
- 발전가능성과 수요가 많은 곳을 찾아라.
- 가급적 월세로 임대하라.
- 임인의 수요를 파악하라.
- 과도한 차입금을 피하라.

부동산 임대사업의 경우 표 13-8에 제시한 바와 같이 주택을 임대하는 경우, 상가나 기타 부동산을 임대하는 경우로 구분할 수 있는데 임대사업은 아파트가 유리하다. 부동산 임대사업 특성상 단기간이 아니라 5~10년 이상 해야 하기 때문에, 내구 연수가 짧은 연립주택, 다가구주택, 단독주택보다는 아파트가 유리하다. 임대사업을 하는 경우 소형주택이 유리하다.

취득세, 등록세, 양도소득세 등 세제혜택이 전용면적 18평 이하에만 국한되어 있고, 임차수요도 중소형에 많기 때문에 소형주택이 유리하다. 또한 소형평형 건축의무비율 해제로 소형아파트 공급이 줄어 이에 대한 가격 상승률이 높아진다. 임대대상이 주택인가 아니면 아파트인가에 상관없이 수요가 많은 곳이 좋다.

교통이 편리한 전철 역세권이나 공단, 학교 주변 등 전·월세 수요가 많은 곳이 임대도 잘 되고 임대료 역시 높다. 또한, 발전가능성이 높은 곳을 찾아야 한다.

| 표 13-8 | 주택임대사업과 일반 부동산 임대사업의 비교

구 분	주택임대사업	일반 부동산 임대 사업
대 상	2가구 이상의 공동주택(아파트, 연립, 다세대 등) 및 주택을 구입 또는 건축하여 임대주택사업자등록을 필한 자	상가, 오피스텔 이외의 동산을 가지고 있는 자
취득세, 등록세	건축주로부터 최초로 취득한 전용면적 18평 이하 공동주택은 100% 면제	과 세
종합토지세	분리과세	합산과세
재산세	50% 감면	과 세
양도소득세	25평 이하의 95년 1월 이후 신축분 5년 후 50%, 10년 후 100% 면제	과 세
임대소득세	전세보증금은 비과세, 월세는 과세	과 세
부가가치세	비과세(면세사업자)	과세(과세특례)

현재 임대료가 낮다하더라도 지하철이 생기거나 지역이 발전해 아파트 가격이 상승하게 되면 투자 수익이 높아지므로, 발전 전망을 잘 생각하고 선택하는 것이 중요하다. 그런데 오피스텔은 주거용일지라도 업무시설이므로 임대주택사업을 할 수 없으나 다가구 주택의 경우 임대사업이 가능하다.

2) 임대사업을 위한 행정 절차

임대사업을 시작하기 위한 절차를 살펴보면 다음과 같다(그림 13-1).

(1) 주택 매입

세금감면을 많이 받기 위해서는 18평 이하의 공동주택을 취득하는 것이 유리하다.

(2) 소유권 이전등기

소유권 이전에 대한 것을 등기소에서 등기한다.

(3) 임대사업자 등록임대사업자로 등록하고자 하는 경우

임대사업자 등록임대사업자로 등록하고자 하는 경우 다음의 서류를 구비하여 거주지 관할 시·군·구 주택과에 제출하여야 한다. 구비서류는 다음과 같다.

- 주민등록초본 또는 주민등록증 사본(법인은 법인등기부등본)
- 주택을 이미 소유하고 있는 경우는 임대주택의 등기부등본
- 주택의 매입계약을 체결하거나 분양계약을 체결한 경우는 매입계약서 또는 분양계약서

(4) 세무서에 사업자등록 신청

임대사업을 개시 후 20일 내에 사업자등록을 주소지관할 세무서에 신청해야 한다.

(5) 임대조건의 신고

임대사업자가 임대주택을 임대하고자 하는 경우(임대조건 변경신고 포함)에는 임대차 계약기간·임대보증금·임대료 등 임대조건에 관한 사항을 신고하여야 한다. 신고하고자

하는 임대사업자는 입주예정일 10일 전(변경신고의 경우에는 변경일 10일 전, 매입임대주택에 기존의 임차인이 있는 경우에는 전 소유자와 임차인 간에 체결된 계약의 임대기간 종료일 10일 전을 말한다)까지 임대조건신고서에 표준임대차계약서를 첨부하여 당해 임대주택의 소재지를 관할하는 시장·군수 또는 구청장에게 제출해야 한다.

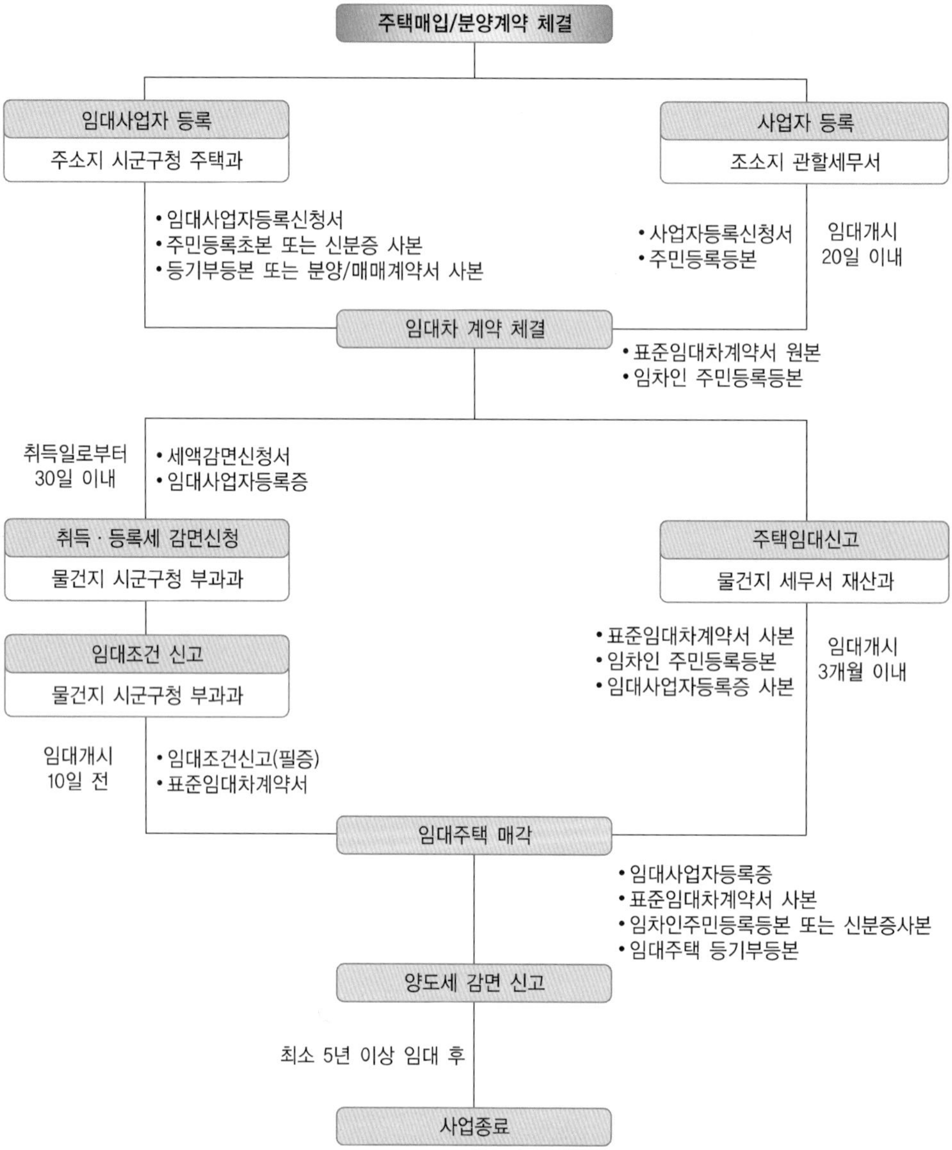

| 그림 13-1 | 임대사업 절차 도식

9. 주택 임차

주택이나 아파트를 전세, 월세 등으로 임차하는 경우 중요한 사항을 살펴보면 다음과 같다.

1) 「주택임대차보호법」

「주택임대차보호법」은 1981년 상대적으로 약자인 임차인을 보호하기 위한 특별법으로 제정되었다. 이 법은 전세 및 월세 계약 시의 위법행위 및 부당 계약을 방지하여 전(월)세입자들의 주거생활의 안정을 보장하기 위하여 1981년 제정한 법으로 그 이후 수차례 개정되어 왔다.

(1) 적용 대상

등기부상의 용도나 구조 등에 상관없이 사실상 주거용도로 사용되는 건물이 이 법의 적용대상이 되며, 주거용 건물의 전부 또는 일부의 임대차에 대해서도 적용받을 수 있다. 이때 임대차라 함은 등기하지 않은 전세 및 월세 계약을 포함하는 것이며, 건물의 일부(50% 미만)가 주거 외의 목적으로 사용되는 경우에도 주거용 부분의 면적이 전체의 절반을 초과하면 전체에 관하여 적용된다. 반면 사무실, 점포, 공장, 창고 등 비주거용 건물은 제외된다.

(2) 대항 요건

임대차 계약을 체결하고 임차한 주택에 실제로 입주, 주민등록을 이전하게 되면 그 다음 날로부터 임차 주택의 소유권을 취득하는 제3자에 대하여 대항할 수 있다. 이때 제3자에 대항할 수 있다는 것은 임차주택이 소유권이 다른 사람에게 넘어가더라도 새로운 소유주에게 자신의 임차권을 주장할 수 있다는 것을 의미한다.

(3) 임대차 계약의 승계

일정한 요건을 갖추게 되어 대항력을 갖게 되면 임대차 기간 중에 집이 매매 또는 상속에 의하여 소유자가 바뀐다 하더라도 임대인의 지위가 새로운 소유자에게 자동 승계되어 원래의 임대차기간 동안은 계속 거주할 수 있을 뿐만 아니라 임대차 계약이 끝나더라도 보증금을 반환받을 때까지 계속 거주할 수 있다.

(4) 임대차 계약기간

현행 「주택임대차보호법」은 임차인의 주거안정을 위해 2년간의 임대차 계약기간을 보장해주고 있으며 만약 기간의 정함이 없거나 기간을 2년 미만으로 정한 임대차의 경우에도 그 기간을 2년으로 보고 있다. 그리고 계약기간 만료일에 집주인은 보증금을 돌려줄 의무가 있으며, 세입자는 비워줄 의무가 있다. 임대차가 종료한 경우에도 세입자가 보증금을 돌려받을 때까지는 임대차 관계가 계속되는 것으로 본다.

(5) 임대료 인상 한도

임대료 인상은 약정보증금 또는 임대료의 1/20의 금액을 초과할 수 없으며, 약정 보증금 또는 임대료의 증액이 있는 후 1년 이내는 이를 다시 인상할 수 없다.

(6) 우선변제권

우선변제권이란 대항력을 갖춘 임차인이 확정일자를 받으면 전세권 설정등기와 마찬가지로 임차주택이 경매되더라도 경매대금에서 후순위권리자, 기타 채권자보다 우선하여 보증금을 변제받을 수 있는 제도를 말한다. 이러한 우선변제권 효력의 발생시점은 대항요건을 갖춘 날을 기준으로 하는데, 대항요건은 임대차 계약 후 실제로 입주하고 주민등록 전입신고와 계약서상 확정일자인 날인 등을 모두 갖추어야 발생하게 된다.

(7) 소액임차인 최우선변제

임대보증금이 법이 정한 소액임차인 요건에 해당되는 경우 다른 담보권자보다 최우선하여 변제를 받을 수 있는 권리를 말하는 것으로 표 13-9에 제시한 바와 같다. 최우선 변제금액은 주택가액의 1/2을 초과하지 못하며, 임차인은 실제 입주하여 있고, 적어도 경매신청 등기이전에 주민등록 전입신고를 마쳐야 한다.

| 표 13-9 | 최우선변제 요건 및 금액

적용 시점	대상 지역	소액임차인 범위(보증금)	최우선 변제금액
2001년 9월 15일~현재	광역시(인천 제외)	3,500만 원	1,400만 원
	기타지역	3,000만 원	1,200만 원

2) 확정일자

임차보증금을 안전하게 지켜주는 장치로서는 가장 기본적인 방법이 확정일자 제도이다. 이 외에도 표 13-10에서 제시한 전세권 설정 및 임차권등기명령 등을 통해서도 임차인의 권리를 보호할 수 있다. 임차보증금과 관련해 임대인과 임차인의 문제가 발생했을 경우에는 소액심판과 민사조정 등을 통해 해결할 수 있다.

(1) 확정일자의 정의

「주택임대차보호법」 제3조의 확정일자는 그 날짜에 임대차계약서가 존재한다는 사실을 증명하기 위하여 계약서에 공신력 있는 기관(법원, 공증인, 동사무소 등)에서 확인 인을 찍어주는 것을 의미한다.

(2) 확정일자 받는 방법

확정일자를 받는 방법은 크게 세 가지로 나누어지는데 임대차 계약서를 지참하고 가까운 법원·등기소에 가는 방법과 공증인 사무소, 법무법인 또는 공증인가 합동법률사

| 표 13-10 | 확정일자와 전세권 설정 비교

구 분	확정 일자 날인	전세권 설정
절 차	세입자 단독으로 동사무소나 등기소에서 임대 계약서에 날인	집주인의 동의 및 인감증명서 첨부해 관할 등기소에서 설정
비 용	전세금에 관계없이 600원	전세금에 비례한 등록세, 교육세 납부(등록세: 전세금의 0.2%, 교육세: 등록세의 20%)
대항 요건	• 입주와 전입신고 필요 • 주거용 용도에만 적용	• 입주와 전입신고 불필요 • 주거용 외 상가 등 기타 건물도 가능
배당 요구	별도의 배당 요구 필요	배당 요구 필요없이 순위에 의해 배당
기타 효력	제3자에 효력 승계 불가	제3자에 효력 승계 가능(전대가능)

무소 등의 공증기관에서 임대차 계약서를 공정증서로서 작성하는 방법 그리고 가장 손쉬운 방법으로 널리 사용되고 있는 동사무소에 주민등록 전입신고를 할 때 계약서를 지참하는 방법이 있다. 이때 주의할 점은 확정일자를 받을 계약서는 반드시 원본이어야 하고, 계약서를 분실하여 확정일자를 받은 사실을 증명하기 어렵게 되는 경우에는 우선변제권을 행사할 수 없게 될 수 있으므로 계약서를 잘 보관해야 한다는 것이다.

(3) 확정일자 받는 절차

임대차 계약서의 확정일자는 임대인의 동의 없이 임차인 또는 계약서 소지인이 언제든지 계약서 원본을 제시하고 구두로 청구하면 받을 수 있다.

(4) 확정일자의 효력

확정일자와 입주 그리고 전입신고를 마친 임차인은 해당 주택에 관한 경매절차의 환가 대금에서 자기 확정일자보다 늦은 후순위 권리자 및 기타 채권자보다 우선하여 보증금을 변제 받을 권리가 있다. 이때 발생하는 우선변제권은 주택의 입주, 주민등록의 전입, 확정일자라는 세 가지 요건을 모두 갖추어야 하고 세 가지 요건 중 가장 늦은 날을 기준으로 순위가 정해지게 된다.

한편 전세권 설정이 있는데, 전세권자가 전세금을 지급하고 다른 사람의 부동산을 점유하여 그 부동산의 용도에 따라 사용·수익하기 위하여 하는 등기로, 이 신청에서는 전세권자를 등기권리자, 전세권 설정자인 소유자를 등기의무자라고 한다. 전세권 설정은 표 13-7에 제시한 바처럼 집 주인의 동의를 받아야 하는데 보통 집 주인이 이에 동의하지 않는 경우가 많다.

3) 임차보증금 반환 절차

임차보증금을 반환받는 방법이나 절차는 다양하다. 이에 대해 살펴보면 다음과 같다.

(1) 내용증명

집주인이 전세금을 대폭 인상하여 세입자를 구하지 못하고 제때에 보증금을 받기 어려울 때가 많다. 계약기간이 만료하고 전세계약을 갱신하지 않기로 하였음에도 불구하고 전세금을 지급할 생각을 하지 않는 경우에는 일단 전세금을 지급하라는 독촉과 법적 조치의 의지를 표명하는 내용의 통고서(내용증명)를 주인 앞으로 보내는 것이 필요하다.

(2) 재산 가압류하기

임차반환 소송을 제기한 후 채무자(집주인)에게 재산이 있다고 하여 안심하고 판결만 기다리고 있어서는 위험하다. 채무자가 소송 진행 중에 자신의 재산을 제3자에게 양도한 경우에 채권자는 승소판결을 받더라도 그 재산에 대해서는 강제집행을 할 수 없게 되기 때문이다. 이러한 경우를 대비하여 확정판결을 받기 전에 훗날 강제집행을 용이하게 하기 위하여 미리 채무자의 재산을 압류하여 채무자의 처분권을 제한할 수 있도록 마련한 제도가 가압류로서 이는 재산 보전 절차이다.

(3) 지급명령

집주인이 전세보증금반환 의무가 있다는 사실을 인정하고 있으므로 임차인은 법원에 전세금반환청구 소송이나 소액사건심판보다 빠른 시간과 적은 경비로 전세금을 반환할 것을 명하는 신청을 통해 전세금을 반환받을 수 있다.

(4) 보증금 청구

지급명령 신청은 집주인이 지급명령에 순순히 응하지 않고 이의신청을 하게 되면 오히려 시간만 낭비하게 되므로 이때는 바로 최후의 수단인 보증금반환청구소송을 제기해야 한다. 집주인의 주소를 관할하는 법원에 소장을 제출하는데 접수 후 2~3주 사이에 재판일이 통보되고 한 번의 재판으로 종료되는 것이 원칙이다. 이때 집주인이 출석하지 않거나 답변서도 제출하지 않는 경우 즉석에서 승소판결이 나오며, 이 확정판결문을 기초로 강제집행도 할 수 있다.

(5) 확정판결 등 집행권원

강제집행을 신청하기 위해서는 반드시 집행권이 있어야 한다. 집행권원의 대표적인 예가 확정판결이고 확정판결을 받는 방법은 민사소송절차이다. 집행권원이란 사법상의 이행청구권의 존재와 범위를 증명하여 강제집행으로 그 내용을 실현할 수 있는 집행력

소비자 투자코너 13-6

전세분쟁 대처법: 집주인이 보증금을 안 빼주고 버틸 땐?

확정일자를 받아놨다고 해도 그냥 주민등록을 옮기면 기존 집이 경매에 넘어갔을 때 대항력이 없어져 보증금을 받지 못한다. 이 경우, 법원에 임차권 등기명령을 신청하면 대항력이 유지돼 보증금을 지킬 수 있다. 임차권 등기명령이란, 임대기간이 끝난 뒤에도 보증금을 받지 못한 세입자가 임차권 등기를 하고 자유롭게 집을 옮길 수 있도록 만든 제도이다. 이사하기 전에 관할 법원에 임차권 등기를 신청하면 2~3일 내에 등기명령이 나온다. 신청을 하려면 확정일자가 찍힌 임대차계약서, 주민등록등본 등이 필요하다.

◆ 등기부등본 확인, 확정일자는 필수

이사 전에 가장 먼저 해야 할 일이 등기부등본 확인이다. 등기부등본은 표제부, 갑구, 을구 등 세 부분으로 나뉜다. 가장 중요한 '을구'에 근저당권, 전세권 등 권리관계가 표시되어 있으며, 근저당이나 가압류 등이 없는 집이 가장 안전하다. 기본적으로 중개업소에서 확인 할 수 있지만, 대법원 사이트(www.sourt.go.kr)에서 직접 확인 할 수 있다. 계약이 끝나면 곧바로 구청이나 동사무소 등에 가서 전입신고를 하고 확정일자를 받아야 한다. 1순위 근저당권에 앞서 확정일자가 설정되면 집이 경매에 넘어가도 보증금을 모두 돌려받을 수 있다.

◆ 살던 집이 경매 넘어가면 배당 요구해야

세 들어 살고 있는 집이 경매에 넘어가면 배당요구를 해야 보증금을 받을 수 있다. 법원으로부터 세입자에게 권리 신고 및 배당요구 통지서가 날아오면 확정일자가 찍힌 임대차 계약서 사본을 우편으로 보내거나 직접 해당 법원 경매계에 제출해야 한다. 배당요구서는 반드시 첫 번째 경매 입찰일 이전까지 접수시켜야 한다.

출처: 조선일보(2005년 2월 24일자).

이 법률상 인정된 공정증서를 말한다. 집행권원의 종류는 확정 판결 외에도 확정된 지급명령, 청구인낙조서, 화해조서, 조정조서, 채무자가 강제집행을 승낙한 취지의 공정증서(집행조서) 등이 있고, 집행권원에 따라 채무명의를 얻는 절차 또한 다르다.

(6) 강제집행

집행권을 승낙받은 후 강제집행의 대상을 선택하여 강제집행 신청을 해야 하는데, 그 대상이 부동산이나 채권, 기타 재산권일 때에는 법원에, 유체동산인 경우에는 집행관에게 신청하여야 한다.

4) 거주 단계에서 유의사항

전세 임대차계약에서 임대인(집 주인)은 계약기간 중 임차인(세입자)이 임차부동산을 사용할 수 있도록 제공할 의무가 있고 임차인(세입자)은 전세금(보증금) 등 차임을 지급할 의무가 있다. 이러한 전세기간 동안 발생할 수 있는 문제들에는 여러 가지가 있다.

(1) 주택임대차의 대항력

임차인이 대항력이 있다는 것은 임차주택의 양수인이 임대인의 지위를 승계하므로 임대기간 동안 계속 거주할 수 있고 임대기간이 만료되면 양수인에게 보증금을 반환받을 때까지 임차주택을 비워주지 않아도 된다는 것을 의미한다. 양수인에는 매매, 증여, 상속 및 경매, 공매뿐 아니라 미등기인 무허가건물의 소유권을 사실상 양수한 경우도 포함되나 양도담보에 의한 권리취득은 해당되지 않는다. 대항력이 있으면 임차인은 양수인에 대해서만 임대보증금 반환청구를 할 수 있다. 만일 임대차계약 후 입주와 주민등록 전에 이미 저당권이 설정되어 있다면 경락인에게 대항력을 행사할 수 없게 된다. 그러나 계약서에 확정일자를 받아두면 앞으로 경매절차에서 배당요구를 하여 선순위 근저당권자의 채무변제에 충당하고 남은 배당금이 있는 경우 후순위 저당권자와 기타 일반채권자에 우선하여 보증금을 변제받을 수 있으므로 임차주택의 담보가치가 충분하다면 지금이라도 계약서에 확정일자를 받아두는 것이 좋다.

(2) 임대차 기간

주택임대차에서 계약기간을 2년 미만으로 정하였을 경우 임대인은 2년 미만의 약정기간의 만료를 이유로 임차주택의 명도를 청구할 수는 없지만, 임차인은 2년 미만의 약정기간의 만료를 이유로 보증금의 반환청구나 경매 시 우선변제청구를 할 수 있다. 즉, 「주택임대차보호법」에 의하면 임대인이 임대차기간만료 6개월 전부터 1개월 전까지 임차인에 대하여 갱신거절의 통지 또는 조건을 변경하지 아니하면 갱신하지 아니한다는 뜻의 통지를 하지 아니한 경우에는 그 기간이 만료된 때에 전임대차와 동일한 조건으로 다시 임대차한 것으로 본다. 이 경우 임대차의 존속기간은 정함이 없는 것으로 본다. 또한 기간의 정함이 없거나 기간을 2년 미만으로 정한 임대차는 그 기간을 2년으로 본다고 규정하므로 묵시적으로 갱신이 된 경우 임차인의 입장에서 임대차 계약기간은 2년 동안 보장받게 되는 것이다.

(3) 임대인의 수선의무

「민법」 第623조는 '임대인은 목적물을 임차인에게 인도하고 계약존속 중 그 사용, 수익에 필요한 상태를 유지하게 할 의무를 부담 한다.' 라고 규정하고 있다. 또한 대법원 판결에 의한 임대인의 수선의무의 한계에 관하여 살펴보면, 목적물에 파손 또는 장해가 생긴 경우 그것이 임차인이 별비용을 들이지 않고도 손쉽게 고칠 수 있을 정도의 사소한 것이어서 임차인의 사용 수익을 방해할 정도의 것이 아니라면 임대인은 수선의무를 부담하지 않지만, 그것을 수선하지 않으면 임차인이 계약에 의하여 정해진 목적에 따라 사용·수익할 수 없는 상태로 될 정도의 것이라면 임대인은 그 수선의무를 부담한다. 따라서 예컨대 천정에 비가 새거나 보일러 등이 고장 난 경우 임대인은 이를 수선해 주어야 한다.

5) 임차 종료 단계 시 주의사항

(1) 임차인의 갱신거절의사 통지의무

「주택임대차보호법」에 따르면 임차인의 경우에도 기간만료 1개월 전까지 집주인에게 나가겠다는 의사표시를 하지 않으면 묵시적 갱신이 되는 것으로 간주하므로 집주인에 대하여 기간만료와 동시에 보증금을 돌려달라고 할 수 없다. 다만, 임대차가 묵시적으로 갱신된 경우 임차인은 언제든지 임대차의 종료를 임대인에게 통지할 수 있고 그로부터 3개월이 지나면 임대차가 해지되므로 원래의 임대차기간이 만료됨과 동시에 임대인에게 임대차 종료의 통지를 하면 3개월 후에는 집주인에 대하여 보증금의 반환을 청구할 수 있다.

(2) 주택의 명도와 시설비(유익비) 청구

원래 임차인은 임차한 건물을 명도할 때 원상복구를 할 의무를 부담하게 되므로 원칙적으로는 원상복구를 해야 한다. 그러나 우리 「민법」에는 점유자가 점유물을 개량하기 위해 지출한 금액 기타 유익비에 관해서는 그 가액의 증가가 현존한 경우에 한해 회복자의 선택에 따라 그 지출금액이나 증가액의 상환을 청구할 수 있다고 규정하고 있고, 점유자가 점유물을 반환할 때에는 회복자에 대해 점유물을 보존하기 위해 지출한 금액 기타 필요비의 상환을 청구할 수 있다고 규정하고 있으므로 그에 해당하는 경우에는 원상복구의무를 부담하지 않고 오히려 비용을 받을 수 있다.

(3) 점포의 권리금

점포 운영자가 점포운영으로 가치를 상승시켜 새로 점포를 인수하려는 자에게 웃돈을 요구하는데, 이를 권리금이라 한다. 권리금은 대체로 건물(점포)주인이 묵시적으로 인정해 주지만 법적인 보장을 받지 못한다. 따라서 건물을 사용하고자 하거나 타인에게 점포매매 시 분쟁이 발생할 수 있다. 권리금이 붙은 점포를 얻을 때에는 이와 같은 사항에 대한 권리금 인정여부를 계약서에 기재하는 것이 좋으나 현실적으로 점포주의 동의를 얻는 것은 불가능하다.

상가의 임대료와 월세는 단순히 시세가 얼마에 형성되어 있거나 주인이 제시하는 금액에 임차인을 맞출 것이 아니라 점포의 입지지역과 형태 등을 확인하고 점포 주변의 전반적인 환경과 노후상태, 점포 앞 통행인구 등을 자세히 조사해 주인이 제시하는 임대료, 권리금 등의 임대차 계약조건과 영업을 통해 얻을 수 있는 수익 등이 적합한가의 여부를 판단해야 한다.

임대기간이 종료된 후 재계약을 하지 않는 경우 임대인은 만료 전 6개월에서 1개월 전까지 임차인은 내용증명우편을 통하여 통고해야 한다. 임대기간 중 점포가 타인에게 매매되었을 경우 임차권 등기를 하지 않았다면 새로운 주인이 점포의 명도를 유구하여도 대항력은 없으나 임대기간 중 매매가 되었다면 종전의 주인에게 건물 임차보증금과 통상의 이사비용 및 중개 수수료 정도는 받을 수 있다. 임대차기간은 보통 1~2년의 단기간이 대부분이며, 임대인이 점포계약을 갱신해 주지 않으면 인도해 주어야 한다. 이때 임차보증금은 되돌려 받지만 권리금은 회수할 수 없다. 아울러 경제여건의 변화로 임차료의 증감요인이 발생할 때 「민법」에서는 이에 대한 규정이 없어 임대차기간 만료 후 임대인이 상당한 액수의 보증금과 임대료를 증액요구해도 대항력이 없다.

(4) 임차권 등기 후 집 비워주기(이사가 급한 경우)

집 주인의 사정으로 임대보증금을 제때 주지 않는 경우에 무작정 이사도 못하고 기다릴 수만은 없는 것이므로 이때는 이사 전에 법원에 임차권등기명령신청을 하여 임차권 등기를 경료한 후에 주민등록이전을 하고 임차주택을 명도하여 주어야 우선변제권이나 대항력을 지속할 수 있게 된다. 즉, 임차권등기명령절차는 임대차 종료 후 보증금을 반환받지 못한 임차인에게 단독으로 임차권등기를 경료할 수 있도록 함으로써 자유롭게 주거를 이전할 수 있는 기회를 보장하기 위한 절차를 말한다.

10. 부동산 경매와 공매

1) 경 매

경매란 일반적인 매매의 일종으로서, 경쟁체결 방식에 의하는 것으로 구두로 하는 매매를 말한다. 채권의 만족을 위한 채권자의 신청에 따라 국가, 즉 법원이 담보물(부동산)을 강제적으로 매각하는 것을 의미한다. 경매의 종류는 표 13-8에 제시하였는데 다음과 같다.

(1) 강제경매

채무명의, 즉 확정된 이행판결, 가집행 선고부 판결, 확정된 지급명령, 화해조서, 조정조서, 공증된 금전채권문서 등의 채권명의를 가지고 있는 채권자가 그 채무명의에 표시된 이행청구권의 실현을 위해 채무자소유의 부동산을 압류한 후 환가하여 그 매각대금에서 금전채권의 만족을 얻는 강제집행이다.

(2) 임의경매

저당권, 전세권, 담보가등기 등 담보물권이 가지고 있는 경매권에 의해 실행되는 예견된 경매라고 할 수 있다.

(3) 강제경매와 임의경매의 차이

보권실행을 위한 경매는 담보권자에게 우선 변제를 얻게 하기 위하여 목적물을 경매하는 것이므로 특정재산에 의한 물적 책임의 실현을 구하는 것이고, 강제경매는 채무자의 일반 재산에 의한 일반책임, 즉 인적책임의 실현을 구하는 것이라는 점에 차이가

| 표 13-11 | 임의경매와 강제경매의 차이

구 분	임의경매	강제경매
경매신청자	전세권, 질권, 유치권, 담보가등기, 저당권 등의 담보권자	일반 채권자
신청절차	즉시 가능	채무자의 부동산에 압류 후 경매처리
신청 시 구비서류	담보권을 증명하는 등기부등본	채무명의, 채무명의 송달증명
경매 취하가능 시기	대금 납부 전까지 가능	낙찰 후에는 경락자의 동의를 받거나 채무 부존재 확인의 소송 필요
경매에 대한 이의 신청	담보권 부존재를 소명하면 가능경매절차상 사유로 신청 가능	경매절차상 사유로만 신청 가능
낙찰불허가 되는 경우	채무자가 경락자인 경우	채무자 또는 소유자가 경락자인 경우

있다(표 13-11). 그런데 양자 모두 금전 채권의 만족을 얻기 위하여 국가가 강제로 부동산을 경매하는 점에 공통점이 있다(「민사소송법」 제724~735조 참조).

경매의 장·단점은 표 13-12에 제시하였는데, 먼저 가장 큰 장점은 부동산 가격이 시장가격보다 월등히 저렴하여 자본이득과 운영이득을 함께 얻을 수 있다는 점이다. 또 다른 장점은 낙찰을 받은 부동산은 등기에 필요한 서류를 첨부하여 법원에 제출하면 법원이 소유권이전등기를 촉탁하여 주며 부동산에 존재하던 각종 가압류나 저당권을 순위나 담보액에 상관없이 원칙적으로 말소하여 준다. 그러나 경매는 최소한의 지식이 있어야 하므로, 초보자들은 각별한 주의를 해야 하고 경매에 대한 지식이 부족한 경우 부동산과 경매에 관한 자문과 정보를 반드시 얻어야 한다. 또한 경매는 낙찰 후 세금 등과 같은 각종 부대비용이 일반 매매에 비해 더 많이 든다.

경매절차는 경매신청 → 입찰 → 낙찰 → 확정 → 대금지급 → 배당 → 종결의 순서이다.

| 표 13-12 | 경매의 장점과 단점

장 점	단 점
• 좋은 물건을 시세보다 싸게 구입할 수 있음 • 법원의 실체 확인 및 등기절차가 간편 • 잘 된 낙찰은 몇 배의 이익을 남겨줌	• 경매대상물건을 검토할 수 있는 시간이 너무 짧음 • 부동산 취득의 가변성이 있음 • 물건선택이 용이하지 못함 • 경매물건 명도시기가 불확실함 • 잘못된 권리분석으로 많은 돈을 손해 볼 수 있음

한편, 경매에 참여할 경우 주의사항은 다음과 같다.

① 권리분리 시 경매물건 명세서 우선 검토

권리관계 분석 시 가장 우선 검토해야 할 것은 경매법원이 비치하는 경매물건명세서 사본이다. 경매물건명세서에서는 근저당 설정일과 부동산 점유관계, 물건의 면적, 최저 경매가 등 기초적인 내용이 담겨 있는데 주의해야 할 점은 우선순위 근저당 설정일과 임차인의 전입신고 일자를 비교해야 한다는 것이다. 최초 근저당 설정일(말소권리기준일)보다 먼저 전입신고된 임차인의 임대차 보증금은 전액 낙찰자가 물어 배상해 주어야 하기 때문이다. 또 말소권리 기준일보다 후순위에 등기돼 있더라도 예고등기, 유치권 등은 낙찰자가 무조건 인수해야 하기 때문에 이런 물건의 응찰은 피하는 것이 좋다.

② 현장답사를 통해 물건 가치 분석

반드시 현장 답사를 통해 실제 물건이 법원공고나 입찰정보지상의 정보와 일치하는지 여부와 물건의 하자 여부, 시세 등을 분석해야 한다. 현장방문 전 부동산등기부등본, 토지대장, 건축물대장, 토지이용 계획확인원, 지적도 등 필요서류를 발급받아 사실이 일치하는지 그리고 이용상의 제한이나 거래규제 등은 없는지 검토하고 중개업소 등을 통해 정확한 현재 시세를 알아본다. 법원감정가는 법원의 명령에 따라 공신력 있는 감정평가 회사에서 산정한 최초 경매가격이지만 가격평가 후 첫 입찰까지 2~3개월 이상이 소요되며 평균 2회 이상 유찰되기 때문에 현재 시세와의 가격차이가 상당히 크다. 따라서 감정가를 맹신해서는 안 되며, 단지 감정가보다 많이 싸다는 이유만으로 응찰가격을 결정해서도 안 된다.

③ 예상치 못한 추가비용도 감안

경매는 일반매매와 달리 명도비용, 세입자 합의금 등 예상치 못한 추가비용이 많이 들어갈 수 있다. 또 컨설팅수수료(감정가 또는 낙찰가의 1~2%), 세금(낙찰가의 6.5% 정도)등이 일반매매에 비해 더 많이 들기 때문에 사전에 이에 대한 충분한 검토가 있어야 한다. 보통 낙찰 후 1개월 내에 잔금전액을 납부해야 하므로 부대비용을 감안해 입찰가를 결정하고 본인의 자금사정 및 대출가능 여부 등을 충분히 검토한 후 입찰을 결정해야 한다.

④ 입찰장에서의 사소한 실수에 주의

입찰서류가 미비하거나 기재를 잘못한 경우, 입찰보증금이 부족한 경우, 대리인 응찰 시 본인의 인감증명서를 첨부하지 않은 경우 등에는 입찰자격이 취소된다. 초보자들이 가장 많이 하는 실수는 대부분 이런 사소한 것들이므로 당일 법정에서 집행관의 안내를 주의 깊게 듣고 응찰해야 한다. 또한, 경매장의 분위기에 휩쓸려 입찰가를 지나치게 높게 쓸 위험이 있으며 터무니없이 낮게 써 계속 떨어지는 일도 많으므로 입찰 참여 전에 최저·최고 입찰가를 정해 두는 것이 좋다.

⑤ 소유권이 완전히 넘어오기 전까지 방심하지 말 것

법원경매는 일반매매와 달리 대금을 납부하고 소유권을 넘겨 받았다고 해서 모든 것이 끝나는 것이 아니다. 물론 법적으로는 소유권을 취득한 것은 사실이지만 최종 명도까지 해야 완벽한 소유권을 행사할 수 있다는 것에 유의해야 한다. 특히 잔금을 치르기 전에 마치 주인이 된 것처럼 낙찰 부동산을 마음대로 처리하거나 이해관계인들에게 함부로 접근하게 되면 예기치 못한 낭패를 볼 수도 있으니 주의해야 한다.

⑥ 인터넷 관련 사이트의 추천 물건을 맹신하지 말 것

요즘 부동산 경매 관련 인터넷 사이트나 부동산 경매 정보지 등을 보면 경매 추천물건을 전면에 크게 부각시키는 경우가 종종 있다. 과연 이런 추천물건이 투자, 수익성면에서 우량한 물건인가는 생각해 볼 여지가 많다. 대부분 회원을 확보할 목적으로 추천물건을 제시하고 있다. 권리분석을 철저하게 하고 수익성을 확실하게 따져 보고 추천물건이라고 제시했다 하더라도 이런 물건은 광고가 많이 된 관계로 경쟁자가 많아져서 낙찰가격이 상당히 많이 올라갈 것이다. 정말로 수익성이 괜찮은 물건이라면 추천물건을 올린 회사에서 낙찰을 받으려고 할 것이다. 경매의 초보자이거나 마땅한 물건을 찾지 못한 경우에는 조사해 볼 가치는 있으나, 실제로 경매 전문가들은 이런 추천물건에 눈독을 들이지 않는다.

⑦ 채무금액이 적으면 취하될 가능성이 큰 것에 유의

부동산 경매사건에서 부동산 가격대비 채무금액이 적으면 경매진행 도중 경매가 취하되는 사례가 의외로 많다. 재개발·재건축지역 물건 중 감정평가액이 시세를 반영하지 못하는 경우도 취하될 가능성이 높다. 이렇듯 마음에 드는 물건에 많은 비용과 시간을 들여 조사하고 분석한 것이 도중에 취하되면 실망감은 더욱 크다. 더욱이 낙찰받은 다음에 취하신청이 들어오면 낙찰자는 별다른 도리 없이 취하신청에 응해야 한다. 공들여 낙찰받은 것이 한 순간에 물거품이 되어 버리는 것이다.

⑧ 감정평가금액을 맹신하지 말 것

경매목적의 감정가격은 대체로 시세의 90% 선에서 결정된다고 알려져 있지만 사실은 이보다 높은 경우도 꽤 있고, 반대로 시세보다 훨씬 낮게 감정되는 경우도 있어 응찰하고자 하는 물건은 반드시 사전에 직접 현지 부동산업소를 2~3곳 이상 방문한 후 현재 시세와 비교하여 얼마나 차이가 나는지, 향후 전망은 어떠한지 반드시 직접 확인해야 한다. 저당 목적의 감정이라면 보수적으로 감정하지만 감정 목적이 경매인 경우는 감정가격이 시세거나 그 이상인 경우가 일반적이다.

⑨ 임야나 전답 경매

임야, 전답 등 토지투자 바람이 거세게 불고 있지만 초보자가 투자하여 수익을 올리기는 쉽지 않다. 지방 땅의 경우 해당 지번을 찾는 것조차 쉽지 않다. 현장에 가서도 엉뚱한 곳을 보고 와서 낙찰을 받았다가 뒤늦게 보증금을 포기하는 경우도 자주 발생한다. 또한 농지취득자격증명원이 필요한 경우에는 법원이 정한 기일 내에 증명원을 확보할 수 있는 방안까지도 마련해 놓고 입찰하는 등 신중해야 한다. 현재는 농지취득자격증명원 발급이 쉬워졌다. 농지취득자격증명원을 제출하지 못하면 낙찰불허가가 나며, 입찰보증금을 몰수하는 법원도 있다. 그러나 농촌 물건을 경매로 낙찰받는 것은 주의해야 한다. 잘못하다가는 그 동네에서 못살고 쫓겨나는 수가 발생할 수도 있고(텃새 때문에), 주말농장이나 별장용으로 구입했다가 건물 자체가 온전하지 못한 일도 발생할 수 있다.

⑩ 공유지분 경매

건물이나 토지의 일부만이 경매로 나오는 수가 있다. 대개는 상속이나 증여로 인해서 부모, 형제끼리 지분을 확보하고 있는 경우로, 현재 시세보다 상당히 저평가되어 경매가 시작되는 것이 일반적이다. 가격이 싸다고 응찰했다가는 낭패 보기 십상이다. 여러 번 유찰된 경우 납득할 만한 이유가 있는지 알아봐야 하며, 또 입찰당일에 공유지분권자가 우선 매수청구권을 행사하는 경우에는 입찰이 무산될 수 있음도 염두에 두어야 한다. 「민사집행법」의 적용을 받는 물건인 경우에는 낙찰받았다 해도 공유자가 우선매수청구권을 행사하면 자동적으로 차순위자로 정하는 것이 아니라 낙찰자에게 차순위신고 여부를 물어 차순위매수 의사가 없다면 바로 입찰보증금을 돌려주기 때문에 부담은 없다.

⑪ 잔금을 납부해도 소멸되지 않는 권리주의

부동산 경매사건의 핵폭탄이라고 할 수 있는 선순위 지상권, 가처분, 가등기, 대항력 있는 임차인의 임차권등기는 낙찰받아도 권리가 없어지지 않는다. 대지지분 중 말소권리보다 선순위로 설정된 권리들이 있다면 폐쇄등기부등본을 발급받아 권리 분석을 다시 한 번 해야 한다. 예고등기도 소유권분쟁이나 저당권의 원인무효와 관련해 소송 중인 경우가 있어 재판결과에 따라 소유권이 바뀌거나 저당권이 소멸될 수 있다. 또한 전 소유자의 가압류의 경우에도 경매결과로 말소되지 않을 수도 있으니 가급적 입찰에 신중을 기하는 것이 좋다.

2) 공 매

공매란 법률의 규정에 의하여 공공기관이 강제적으로 행하는 매매로서 매매의 방법은 입찰이나 경매를 통한다. 국세, 지방세 등과 조세에 준하는 공과금 등의 징수를 목적으로 압류한 재산을 강제 환가하는 조세체납처분의 절차로서 공매, 즉 재산환가처분을 뜻한다. 금융기관이나 부동산을 자체적으로 또는 성업공사를 통해 자체적으로 공개경쟁 입찰 방식으로 매각하는 부동산을 말하며, 대부분 성업공사를 통해 판매된다. 법률에 의거해 공적기관(자산관리공사)이 국세 체납 압류재산, 금융기관 비업무용 부동산, 부실채권정리기금 인수 부동산 등 부실채권을 일반인에게 파는 것이다. 공매의 특성은 다음과 같다.

- 「국제징수법」상 과세관청이 우월한 공권력의 행사로서 행정 소송의 대상이 되는 공법상의 행정처분이다.
- 원칙적으로 수의계약이 없다. 단, 압류재산이 부패, 변질 또는 감량되기 쉬운 것으로서 신속한 매각을 요하는 것과 재산의 추정가격이 10만 원 미만인 경우 수의계약이 가능하다.
- 집행일의 10일 전에 공고해야 하고, 체납자 등에게 송달이 되어야 가능하다.

■ 세무서장은 그 공매에 전문지식이 필요하거나 특수한 사정이 있는 때에는 한국 자산관리공사에 공매를 대행시킬 수 있도록 한다.

한편, 공매의 종류는 「민사소송법상」의 공매와 「국세징수법상」의 공매로 나눌 수 있다.

■ 「민사소송법」상의 공매: 「사법」상의 강제집행에 의하여 그 목적물을 환가처분(換價處分)하는 방법. 그 전형적인 것은 경매
■ 「국세징수법」상의 공매: 국세체납처분 절차의 최종 단계, 압류재산을 강제적으로 환가처분하는 것

한국자산관리공사의 공매는 표 13-13에 제시한 바와 같이, 두 가지로 분류된다. 하나는 「국제징수법」상의 체납처분절차인 압류재산을 공매하는 것이며 다른 하나는 금융기관이나 기업체가 소유한 비업무용자산을 공매하는 것이다. 최근에는 「금융기관부실채권의 효율적 처리 및 한국자산관리공사의 설립에 의한 법률」에 의거, 한국자산관리공사가 직접 법원경매에서 취득한 재산도 포함된다.

인수자산과 비업무용부동산을 공매하여 현금화된 자금은 금융기관의 부실채권을 매입하는 자금으로 사용되기 때문에 취득에 따른 정부의 세제혜택, 즉 취득세, 등록세, 교육세 등 각종 세금이 면제되고 공매대금 납부가 자유로운 것이 특징이다. 공매에 참여할 경우 주의사항은 다음과 같다.

■ 원하는 물건을 발견했을 때는 감정평가서를 열람하고 직접 현지에 찾아가 정확한 위치와 주변상황 등을 확인하는 것이 좋다.
■ 일부 물건에 표시된 부대조건을 꼼꼼히 따져보아야 한다.
■ 비업무용 부동산 중에는 명도(소유권 이전)에 따른 비용과 절차를 낙찰자가 책임져야 하는 것도 있다.

| 표 13-13 | 한국자산관리공사의 공매 종류

구 분	용어사용	분류형태	방 법	특 징
압류재산	공 매	공경매	입 찰	수의계약불가
비업무용재산	공 매	사경매	입 찰	수의계약불가

3) 경매와 공매의 차이점

공매는 법원의 경매, 즉 즉석에서 입으로 가격을 부르고 최고가를 결정하는 방식과 엄연히 구분되는 서면입찰 경매방법이라는 의미에서 성업공사에서 사용하는 단어이다. 표 13-14에 제시한 바와 같이 공매와 경매는 입찰방법뿐 아니라 공매입찰에 붙여지는 부동산의 성격도 다르고 낙찰 후에 대금을 납부하는 방법도 다르다. 경매는 법원에서 주관하여 처리하기 때문에 보통 법원경매라고도 하는데, 이러한 법원경매는 채무자 소유의 부동산을 채권자의 신청에 의하여 법적 절차에 따라 강제로 처분하고 그 처분가액을 채권자에게 나누어 주는 집행방법을 말한다. 경매는 채권자인 은행이나 금전을 대여해 준 일반 채권자의 신청에 의해서 이루어진다는 것이 특징이다. 이와 달리 공매

| 표 13-14 | 공매와 경매의 차이점

구 분	경 매	공 매
주 체	법 원	한국자산관리공사
최저입찰가	감정평가액	감정평가액+취득비용
신문공고	입찰 14일 전	공매 약 10일 전
유찰 시 저감율	보통 20%(일부 30%)	보통 10%, 물건종류에 따라 다양
매각방법	입 찰	입찰, 수의계약
임야 매매 증명	면 제	면 제
농지취득자격 증명	자격증명 제출	자격증명 제출
수의 계약	불가능	가 능
계약자 변경	불가능	대금납부 중 가능
사전점유	불가능	대금의 1/3 선납 시 가능
대금납부	• 일시불(통상 1개월) • 물건 선택의 폭이 넓다. • 취득 허가 절차 편리하다.	• 일시불 및 할부금(최장 5년) • 비업무용 부동산이 많다. • 법원 경매보다 비싸다.
대금선납	불가능	가능(3개월 이상 선납 시 이자공제)
물 건	감정평가액	감정평가액+취득비용
소유권이전 절차이행	법원촉탁(대금의 전액납부 시)	매수자(대금의 50% 이상 납부 시)
소유권 이전비용	낙찰가액이 과세표준	매매 가액이 과세표준
단 점	• 권리분석 어렵다. • 대금납부 예측이 어렵다.	• 비업무용 물건은 규제가 많다. • 압류재산은 명도소송을 해야 한다.

는 대부분 금융기관 등이 채권을 확보하기 위해 경매 처분된 부동산을 다시 매입하여 성업공사에 공매의뢰를 하여 집행되는 경우가 대부분이다. 때로는 국세 등을 체납한 경우 세무서 등이 그 체납액을 확보하기 위하여 성업공사에 압류 물건을 매각해 줄 것을 의뢰해 집행되기도 하지만 이러한 경우는 별로 많지 않다. 따라서 공매 물건은 공매로 나오게 되는 과정에서 소요된 비용 등이 가산되기 때문에 일반적으로 경매물건에 비해 가격이 다소 비싸다.

11. 부동산 투자신탁(리츠)

리츠(Real Estate Investment Trusts, REITs)제도란 주식공모를 통하여 다수의 투자자로부터 모은 자금을 부동산에 직접 투자하거나 부동산소유지분 및 부동산 관련(상업용 건물, 주택, 개발사업 등) 주택저당권 등에 투자하여 얻은 수익을 투자자에게 되돌려 주는 폐쇄형 뮤추얼펀드(mutual fund)의 일종이다. 즉, 부동산 투자신탁제도인 리츠는 부동산 간접 투자방법으로, 부동산의 주식화를 통해 유동성을 제고하기 위한 제도이다. 리츠의 특성에 대해 살펴보면 다음과 같다.

- 운용부동산 또는 사업대상 부동산의 확보
- 적절한 사업규모를 운용할 수 있는 수준의 자본금(또는 펀드)의 모집
- 리츠를 운용하기 위한 전문적인 운용기법 및 인력의 확보
- 부동산운용의 투명성 확보
- 리츠운용에 적합한 고유의 회계처리시스템의 개발

한편, 일반투자자의 리츠 투자 시 유의사항은 다음과 같다.

- 금융기관이 보유한 부실채권과 기업의 과다보유 부동산의 대부분이 부동산 그 자체에서 수익을 창출하지 못하는 무수익 자산(non-performing asset)이거나 저수익자산(sub-performing asset)이기 때문에 증권화가 용이하지 않다.
- 지금까지 부동산 투자가 투기적으로 이루어져 부동산 경영에 대한 경험과 노하우가 너무 일천하다는 것도 부동산 증권화의 걸림돌이 되고 있다.

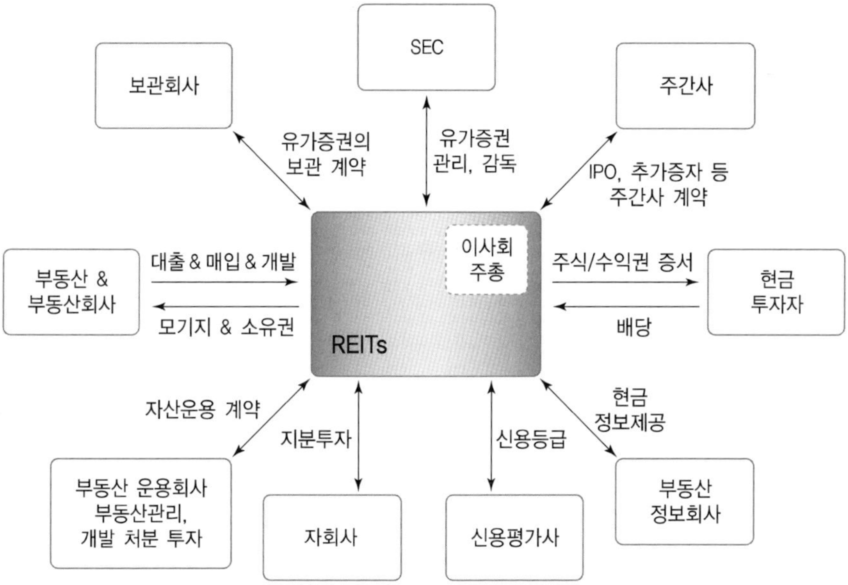

| 그림 13-2 | 리츠의 조직도

■ 주택저당채권 유동화 중개기구가 설립되면 부동산 수요자 금융은 활성화되겠지만, 단순한 부동산 증권화로는 부동산 개발단계의 금융을 활성화하는 데 한계가 있다.

1) 리츠의 종류

리츠는 자금 모집방법, 투자대상, 자산관리 형태에 따라 몇 가지로 나뉜다(표 13-15). 가장 대표적인 것은 자금 모집방법에 의한 구분으로 회사형(주식형)과 계약형(신탁형)이 있다.

(1) 회사형과 계약형

회사형은 투자자가 주식을 매입하여 주주가 돼서 회사의 경영권을 갖는 방식이고, 계약형은 투자자가 수익증권을 매입해 경영에 참여하지 않고 이익이 발생하면 투자한 만큼 이익을 받는 방식이다.

| 표 13-15 | 리츠와 유사 간접투자상품의 비교

구 분	리츠(REITs)	구조조정 부동산펀드	은행부동산신탁
근거법	「부동산투자회사법」	「기업구조조정 투자회사법」	「신탁법」, 「신탁업법」
투자자 투자방식	리츠회사 주식매입	부동산펀드 주식매입	수익증권 매입
자본금	500억 원 이상	5억 원 이상	없 음
자금조달	공 모	공 모	없 음
회사형태	공모영속적 회사	한시적 Paper company	한시적 금전신탁상품
자산관리	스스로 관리	위탁관리	은행이 관리 또는 위탁
장 점	다양한 부동산투자	세제혜택	안정된 수익률
증시 상장여부	상 장	상 장	비상장

(2) 지분형과 모기지형

투자대상을 기준으로 지분형(equity)과 모기지형(mortgage)으로 나눌 수 있다. 지분형은 투자대상이 대부분 토지나 건물 등 부동산이고, 수익은 이들로부터 나오는 임대료이다. 반면 모기지형은 투자대상이 MBS, ABS 등 부동산 금융상품이고, 수익은 이들로부터 나오는 이자나 배당 등이다. 이밖에 리츠회사에서 투자한 부동산을 누가 관리하느냐에 따라 리츠회사가 직접 챙기는 자가관리형과 전문관리회사에 위탁하는 외부관리형으로 나눌 수 있다(그림 13-3).

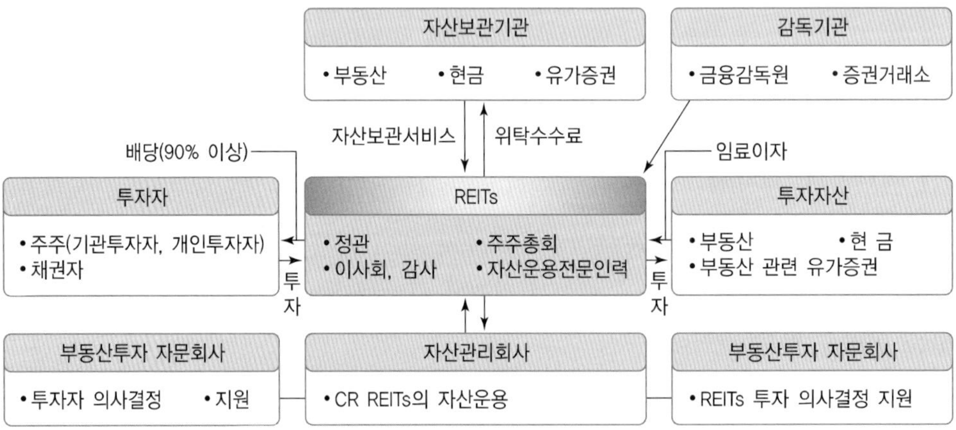

| 그림 13-3 | 리츠의 구조

2) 리츠의 기능

리츠의 사업구조는 부동산에서 발생하는 현금흐름을 운용하여 제고하는 방식으로 기존 부동산시장의 사업방식과는 근본적으로 차이가 있다. 즉, 리츠는 여러 기능 등을 수행하는 사업체계라는 특징을 가진다.

(1) 금융 기능

리츠는 자본시장에서 부채형태의 레버리지보다는 주로 주식 또는 수익증권을 발행하여 자금을 조달한다. 반면 기존 부동산시장에서는 선분양 및 기성고 수입, 용역수입 외에도 차입, 보증, 담보 등의 부채형태의 자금조달에 크게 의존한다. 리츠의 경우 출자, 유무상증자, 파트너십 등 자본시장에서 직접금융을 통하여 자금을 조달하는 반면, 기존 부동산시장에서는 발주자의 자금 또는 차입 위주의 간접금융을 통하여 자금을 조달한다.

(2) 사업성 위주의 자금운용

리츠는 부동산을 개발·취득·유지·임대 등의 운영에서 철저한 사업성 위주로 자금을 운용하는 반면, 기존의 부동산시장에서는 부채상환과 같은 전통적인 기업금융방식으로 자금을 운용한다. 특히 개발사업에서 리츠는 사업성 평가에 의한 프로젝트 금융으로 개발사업을 추진하므로 사업추진 일정단계별로 자금집행의 투명성 및 적합성에 주목하는 반면, 기존 부동산시장은 부채상환을 위한 자금집행의 일정조정에 주목한다. 이러한 시장행위의 결과는 실제로 개발사업의 성공여부를 판가름하는 중요한 요인이 된다.

(3) 부동산의 종합운용

리츠는 부동산의 라이프 사이클 전반을 통합운용하는 종합운용의 기능을 갖는 반면, 기존 부동산시장에서는 업체별로 부동산운용업무가 부문별로 한정되어 있어 제한된 부동산 서비스의 기능을 갖는다. 즉, 리츠의 경우 자체조직으로 또는 외부위탁으로의 여부에 관계없이 부동산의 취득, 임대차, 개량, 시설관리, 처분 등의 업무를 프로젝트 매니저로 또는 시행자로 수행하는 반면, 기존부동산시장에서는 부동산의 각 운용업무를 업체별로 부분적으로 수주를 받아 관련 서비스를 제공한다. 이러한 차이로 인해 리츠는 독자적으로 부동산운용기능을 수행할 수 있다.

(4) 원-스톱식 통합운용 서비스

리츠는 부동산을 원-스톱(one-stop)식으로 통합운용하는 반면, 기존 부동산시장에서는 컨설팅, 중개, 분양대행 등의 용역서비스를 개별적으로 운용한다. 즉, 리츠는 부동산에 관련된 운용업무를 하나의 프로젝트 내에서 모두 통합하여 운용하므로 관련 업무간의 연계성 및 프로젝트 본질의 지속성 및 일관성을 유지하여 부동산 운용업무를 기존 부동산 서비스업체보다 효율적으로 수행할 수 있다. 이러한 운용체계의 차이는 부동산운용의 전문성 및 사업성의 질적 차이를 유발할 수 있는 중요한 요인이 된다.

(5) 개발 프로젝트의 전 과정(주관·시행·통제) 관리

리츠는 기획형 개발 프로젝트 사업을 시행하는 프로젝트 관리자로서의 역할을 담당하는 반면, 기존 부동산시장에서는 건설업체의 자체사업을 제외하면 프로젝트 관리자로서 행동하는 데 한계를 지니고 있다. 즉, 개발사업에서 리츠는 프로젝트의 사업성을 평가하여 프로젝트 전 과정을 주관하고 통제하고 관리하는 반면, 기존 부동산시장에서는 자금 및 토지를 투입하고 시공을 담당하는 시장참여자의 이해관계에 따라 프로젝트 전 과정을 주관하는 프로젝트 매니지먼트의 완전한 수행 여부가 결정된다. 리츠는 시행자로서 시공자에게 발주를 통하여 개발사업을 추진하는 반면, 기존 부동산시장에서는 시행자로부터 시공권 수주를 통하여 개발사업에 참여한다.

(6) 정보의 통합·표준·인텍스화 및 공시

리츠는 부동산에 특화된 정보뿐만 아니라 부동산의 시장구조에 영향을 미치는 각종 거시지표 및 금융지표, 인구동태의 변화, 시장요구정보 등 부동산 관련 정보를 모두 통합하여 처리·분석하는 정보통합처리 기능을 담당하는 반면, 기존 부동산시장에서는 부동산 정보업체를 중심으로 부동산에 특화된 정보를 위주로 관련 정보를 통합하여 이를 개별적으로 처리·분석하고 있다. 리츠는 관련 정보를 표준화하고 인텍스화하여 정보의 유용성과 생산성을 제고하는 반면, 기존 부동산시장에서는 소수의 개별정보를 단순하게 지수화하는 데 국한함으로써 정보의 가치가 제한적이다.

3) 리츠의 장점과 단점

리츠제도의 장·단점을 계약형과 회사형 리츠로 구분하여 살펴보자.

■ 계약형 리츠제도의 장점

- 차별적인 개별펀드의 조정으로 투자자의 입장에서 투자선택의 폭이 넓고, 상품별로 특화된 투자대상을 사전에 확정할 수 있다.
- 펀드별로 조성된 자금으로 운영되므로 관리비용의 절감이 가능할 뿐만 아니라 금융감독기관의 관리 및 감시가 용이하여 거래의 투명성을 확보하기 쉽다.
- 개별신탁의 기간별로 청산할 수 있으므로 사업별 성과에 따른 명확한 배분이 가능하다.

■ 계약형 리츠제도의 단점

- 수익증권의 형태로 유통시장에 상장될 수 있으나, 주식발행의 방식에 비하여 유동성 및 환금성이 떨어지고, 투자자의 권한행사가 제한되어 추가적인 투자자보호 장치가 요구된다.
- 현행 법률상 자산관리 및 운영의 주체가 신탁경영 은행으로 한정되어 시장진입이 제한될 뿐만 아니라, 부동산 관련 전문지식 및 경험이 부족하다는 문제점이 있다.

■ 회사형 리츠제도의 장점

- 부동산 투자회사가 상법상의 실체형 회사로서 지속성을 갖기 때문에 장기투자를 요구하는 부동산 사업에 적합하고, 자기관리방식으로 추진되므로 자산관리 및 운용에 대한 책임의 주체가 명확하다.
- 주식의 형태로 상장되기 때문에 유동성 및 환금성의 확보가 용이하며, 주주총회 등을 통하여 투자자가 주주로서의 권한을 행사할 수 있다.

■ 회사형 리츠제도의 단점

- 최소 자본금 규모가 너무 적으면 리츠회사의 난립으로 인해 부동산시장이 교란될 가능성이 있고, 일정규모 이상으로 성장하기 이전에는 자기관리에 따른 비용부담이 매우 크다.
- 자기 관리방식의 자산운영 및 관리로 인해 내부 거래의 투명성 확보가 곤란할 뿐만 아니라 회사 전체의 운영으로 투자대상이 혼합되어 수익률이 혼재될 가능성이 있다.

4) 미국의 리츠제도

미국의 현행 리츠제도의 전신은 19세기 말 메사츄세츠 비즈니스 신탁이며, 1960년 「부동산 투자신탁법(Real Estate Investment Trust Act)」으로 리츠제도가 본격화되었다. 미국은 전후 복구사업을 활발히 진행하기 위해 투자자금의 대형화가 필요하였다. 이러한 문제를 해결하기 위해 1960년 미 의회가 일정한 요건을 갖춘 적격한 리츠에 대해서 법인세를 면제하는 법안을 통과시킴으로써 민간기업의 리츠사업 참여가 가능하였으며, 주식(증권)을 통한 자산분할이 가능해 소액 투자자도 부동산투자에 간접적으로 참여할 수 있는 기회가 마련된 것이다. 미국 부동산투자신탁회사 협회(The National Association of Real Estate Investment Trust, NAREIT)에 의하면 현재 미국에는 300개 이상의 리츠 회사들이 영업 중에 있으며, 그들의 자산은 1,600억 불에 이르고 이들 중 80% 이상이 뉴욕 증권시장(NYSE), 아메리카증권거래소(AMEX), 나스닥(NASDAQ)에서 거래되고 있다. 리츠는 투자의 대상에 따라 지분형(Equity) 리츠, 모기지형(Mortgage) 리츠, 혼합형(Hybrid) 리츠로 구분할 수 있다.

(1) **지분형 리츠**: 90.5%

지분형(wquity) 리츠는 운영자가 상장 거래되는 회사여야 하며, 주요 사업으로는 실물자산을 매수·경영·수리·유지관리하거나 때로는 매각하는 일을 한다. 특히 호경기일 때는 자산인수는 물론 활발하게 신규자산을 개발하기도 한다. 이는 총 투자 자산의 75% 이상이 직·간접적으로 부동산의 소유지분에 투자되며 부동산 자산의 지분과 가치에 대해 책임을 진다. 따라서 대부분의 수입이 임대료를 통해서 얻어진다.

(2) **모기지형 리츠**: 5.8%

모기지형(mortgage) 리츠는 다수의 투자자들로부터 자금을 위탁받아 수익용 부동산을 담보로 대출을 해주거나 기타 채권을 발행하고 관리하여 수익을 올리는 리츠이다. 이는 장부상 총 자산의 75% 이상이 직접 또는 간접적으로 부동산 관련 대출에 운영되고 있거나 주택저당증권에 투자된 리츠를 말한다. 따라서 모기지 관련 이자가 주 수입원이 된다.

(3) 혼합형 리츠: 3.7%

지분형 리츠와 모기지형 리츠의 투자전략을 사용하여 부동산(properties)과 대출(mortgage)에 적절한 비율로 투자하는 형태의 리츠를 혼합형(hybrid) 리츠라고 말한다.

미국의 리츠산업의 성공비결은 부동산간접투자 상품인 리츠는 일반 다른 주식에 비해 안정적이기 때문이다. 일반 주식처럼 등락이 심하지 않아 급하게 돈이 필요하여 중도에 매각해도 손실이 적다는 것이다. 또한 일반주식에 비해 위험성이 적다. 리츠의 경우는 부동산 자체에 투자한 것이므로 하락하더라도 휴짓조각으로 되는 위험은 적다. 게다가, 리츠는 증권에 비해 배당수익률이 높다는 점도 장점 중 하나이다.

참고문헌

김영준(1999). **경매 공매 부동산 투자입문**. 율계.
김용재(2000). **부동산 경매 공매 성공전략**. 새로운 제안.
김일수(2002). **부동산 재테크 리츠에 투자하라**. 청림출판사.
김영곤·오준석·이창석·정상철(2002). **부동산투자론**. 형설출판사.
김종봉(2004). **지금 이 땅에 돈을 묻어라**. 월형조선사.
김혜경(2004). **집 없어도 땅은 사라**. 국일 증권경제연구소.
김학동·김종수(2003). **부자따라잡기**. 한솜출판.
김종철 외(2002). **금융자산관리사 핵심요약집**. 형설.
고다 마사노리(2004). **新부동산 투자전략**. 부광.
국토개발연구원(1981). **주택투자에 관한 연구**.
매일경제 TV부동산팀, 생보부동산신탁금융팀(2001). **리츠시대 돈 버는 부동산**. 매일경제신문사.
문윤태·전상철·이규성(2001). **초보자를 위한 알기쉬운 리츠 투자가이드**. 굿인 포메이션.
박연수(2004) **부동산 고수들의 투자법**. 청림출판.
박준호(1996). **쉽게 배우는 부동산 경매 공매 이야기**. 한누리미디어.
백준(2000). **한번에 끝나는 실전 경매, 공매 가이드**. 무한.
오진모(2001). **리츠시대의 부동산산업 투자전략**. 사법행정문화원.
윤재호(2002). **3,000만 원으로 시작하는 부동산 투자 101가지**. 국일증권경제연구소.
안효빈(2003). **부동산 입문총론**. 새로운 제안.
이소한 외(2001). **리츠란 무엇인가. 부동산 투자금융의 혁명**. 박영률출판사.
이영철·고재훈 외(2003). **2004 최신개정판 공인중개사 1차 부동산학개론**. 한국법학교육원.
이래영(2000). **부동산투자론**. 삼영사.
이태교 외(1997). **부동산마케팅**. 법문사.
장성림·박철 외(2003). **2004 최신개정판 공인중개사 1차 민법 및 민사특별법**. 한국법학교육원.
전준경(2001). **성공하는 리츠투자 부동산투자신탁**. 화학사.
정용우(1995) **부동산 경매, 공매 소프트**. 서울비즈니스컨설팅.

14장

부동산 투자 분석 및 가치평가

부동산 투자를 위해서는 투자수익률, 투자분석기법, 위험과 부동산투자, 부동산의 가치평가 등에 대해 상당한 지식과 이해 그리고 경험이 요구된다. 예를 들면, 투자의 기본원칙은 투자의 안전성·수익성·환금성·위험부담 등을 감안하여 한 가지 자산에 집중 투자하지 않고 적당히 분산 투자하는 것이다. 예금, 주식, 부동산에 적당한 형태로 분산 투자하는 것을 자산 투자의 3분법이라 한다. 본 장에서는 부동산 투자에 있어 꼭 알아야 할 투자 분석, 부동산가치평가 등에 대해 살펴보며 가계의 투자전략 및 위험관리가 왜 중요하게 부각되고 있는지를 이해한다. 또한 투자를 위한 기초지표와 이 지표가 투자행동에 미치는 영향에 대해서 살펴본다.

1. 부동산 투자 수익률

1) 투자 수익률

투자수익률은 일정기간 동안 부동산에 대한 투자로부터 발생하는 수익을 부동산자산가격으로 나눈 값으로 소득수익률과 자본수익률로 구성되며 소득수익률과 자본수익률의 합을 종합수익률이라 한다. 소득 수익률은 일정기간 빌딩소유 및 운영에 따라 발생하는 임대료 등의 수입에서 동일기간 발생하는 영업경비를 차감한 순영업소득을 구한 후 이를 부동산자산가격으로 나누어 산출한 값을 의미하며, 자본수익률은 부동산의 보유기간 동안 부동산자산가격의 증감분을 해당 부동산의 (기초)자산가격으로 나누어 산출한 값을 의미한다.

$$\text{소득수익률} = \frac{\text{순영업소득}}{\text{기초 자산가격}} \qquad \cdots\cdots \text{ 식 14-1}$$

$$\text{자본수익률} = \frac{\text{기말 자산가격} - \text{기초 자산가격}}{\text{기초 자산가격}} \qquad \cdots\cdots \text{ 식 14-2}$$

$$\text{종합수익률(투자수익률)} = \text{소득수익률} + \text{자본수익률} \qquad \cdots\cdots \text{ 식 14-3}$$

투자수익률 추계를 위한 부동산자산가격은 시장의 정상적인 거래가격 수준으로 구한 감정평가결과를 사용한다. 거래조건에 따른 자산가격의 변동이 크고 거래빈도가 적어 거래가격을 구하는 것이 쉽지 않은 여건에 기인한 것으로, 선진 외국에서도 투자수익률 추계를 위한 부동산자산가격은 감정평가액을 기준으로 하는 것이 일반적이다. 부동산 투자에 의해서 발생하는 수익은 임료 등과 같이 매 기간 발생하는 소득이득(income gain)과 투자의 기간 말에 당해 부동산을 처분할 때 양도차익으로 발생하는 자본이득(capital gain)으로 나뉘어진다.

2) 투자가치와 시장가치

투자가치란 부동산을 소유함으로써 예상되는 미래의 편익이 부동산 투자자에게 주는 현재 가치로서, 대상 부동산이 특정한 투자자에게 부여하는 주관적 가치를 말한다. 한편, 시장가치는 부동산이 시장에서 매매되었을 때 형성될 수 있는 가치로서 대상 부동산이 시장에서 가지는 객관적 가치를 말한다. 투자자는 대상 부동산의 투자가치가 시장가치보다 크다면 투자를 하려고 할 것이고 투자가치가 시장가치보다 작다면 투자하지 않을 것이다.

3) 기대수익률과 요구수익률의 관계

투자 결정은 기대수익률과 요구수익률을 비교함으로써 이루어진다. 기대수익률이 요구수익률보다 클 경우 투자는 이루어진다.

(1) 기대수익률이 요구수익률보다 낮은 경우

어떤 특정부동산에 대한 기대수익률이 요구수익률보다 낮은 경우 어떤 투자자도 투자를 하려고 하지 않을 것이다. 따라서 그 부동산에 대한 수요는 줄어들게 되고 부동산 가치는 점차 하락하게 되며 그 결과 대상 부동산에 대한 기대수익률은 점차 증가하게 된다. 마침내 기대수익률이 요구수익률과 같아지는 수준에 이르면 투자자는 투자할 것이다.

(2) 기대수익률이 요구수익률보다 높은 경우

특정 부동산에 대한 기대수익률이 요구수익률보다 높은 경우 많은 투자자들이 투자할 것이다. 따라서 대상 부동산의 수요는 늘게 되고 부동산 가치는 점차 상승하게 되며 그 결과 대상 부동산에 대한 기대수익률은 점차 하락하게 된다. 마침내 기대수익률이 요구수익률과 같아지는 수준에서 균형을 이루게 된다.

기대수익률 > 요구수익률 ⇒ 투자 증가
기대수익률 = 요구수익률 ⇒ 균형 투자
기대수익률 < 요구수익률 ⇒ 투자 감소

2. 부동산 투자 분석기법

부동산 투자를 결정하는 방법은 투자대안의 가치를 분석·평가하여 경제적 타당성을 검토하는 것이다. 투자자는 부동산에 투자함으로써 투자자의 자산 가치를 증대시켜 줄 수 있는 경우 투자를 결정한다. 이는 그 투자대안에 대하여 예상되는 기대치의 현재가치가 지출액의 현재가치를 상회할 때이다. 부동산 투자 분석기법에 대해 살펴보면 다음과 같다.

1) 할인 현금수지 분석법

할인 현금수지 분석법(Discounted Cash Flow Analysis, DCF)은 화폐의 시간가치를 고려하여 분석하는 방법으로 장래 예상되는 현금유입과 현금유출을 현재가치로 할인하고 그 값을 비교하여 투자할 것인지의 여부를 결정하는 방법이다. 매 기간 기대되는 현금수지를 현재가치로 환원해서, 대상 부동산의 시장가치를 구하는 것으로서 장래 예상되는 현금수입과 지출을 현재가치로 할인하여 현금유입과 지출을 서로 비교하여 투자 결정하는 것이다. 다수의 대안적 투자사업 가운데 하나의 투자사업을 선택하거나, 고려 중인 여러 가지 투자사업의 우선순위를 결정하고자 할 때 판단기준을 제공한다. 또한 오직 하나의 투자사업에 대하여 투자를 할 것인지를 선택하는 데 유용한 판단기준이 된다. 할인현금 분석수지분석법의 분석절차는 다음과 같다.

- 투자로부터 예상되는 수입과 지출을 추계한다.
- 추계되는 현금수지에 대한 위험의 크기를 평가한다.
- 평가된 위험을 근거로 위험 조정할인율을 결정한다.
- 이상에서 분석된 자료를 토대로 투자여부를 결정한다.

할인현금수지분석법에는 순현가법, 내부수익률법이 있는데 자세히 살펴보면 다음과 같다.

(1) 순현가법

순현가법(NPV법)이란 투자로부터 발생하는 미래의 모든 현금유입액을 적절한 자본비용으로 할인한 현재가치에서 현금유출의 현재가치를 공제한 금액으로, 현금흐름의 시간적 가치를 현재가치로 셈하여 투자 분석을 행하는 방법이다. 투자자의 모든 의사결정은 현재시점에서 이루어지지만 투자수익은 미래에 실현되므로 투자 분석은 화폐의 시간가치를 고려해 보아야 한다. 투자로 인하여 발생할 미래의 모든 현금흐름을 적절한 할인율로 할인하여 얻은 순현가를 투자의 준거로 투자결정을 하는 방법으로, 투자의 결과로 발생하는 현금유입을 요구수익률로 할인하여 얻은 현금유입의 현가와 투자비용을 요구수익률로 할인하여 얻은 현금유출의 현가를 비교하는 투자 분석방법이다.

순현가(NPS)=(보유기간 동안 예상되는 매년 세후 현금수지의 현재 가치 합계액)
+(부동산 처분 시에 예상되는 지분복귀액의 현재가치)
-지분투자액 ······ 식 14-4

순현가법을 이용한 투자안의 의사결정은 독립적인 투자안(순현가가 0보다 큰 투자안을 채택하고 순현가 0보다 작은 투자안을 기각한다) 또는 단일 투자안인 경우 순현가가 가장 큰 투자안을 채택하면 된다.

순현가 > 0=투자채택
순현가 < 0=투자기각

순현가법의 장점은 첫째, 측정된 모든 현금흐름을 고려하고 화폐의 시간적 가치를 고려하는 점, 둘째, 가치의 가산원칙을 준수하고 기업의 부를 극대화할 수 있는 투자안을 선택한다는 것이다. 순현가법은 다른 투자성과 측정지표와 결합하여 사용하면 최적의 유용성을 지닌다.

(2) 내부수익률법

내부수익률법(internal rate of return, IRR)이란 투자를 하여 미래에 예상되는 장래 현금유입의 현가와 현금유출의 현가를 같도록 만드는 할인율로서 투자대안의 순현재가치를 0으로 하는 할인율을 구하여, 이를 요구수익률과 비교하여 투자여부를 결정하는 방법이다.

내부수익률을 이용한 투자안의 의사결정은 독립적인 투자안(내부수익률이 요구수익률보다 큰 투자안을 채택하고 내부수익률이 요구수익률보다 작은 투자안을 기각한다) 또는 단일 투자안의 경우 내부수익률이 자본의 기회비용보다 크면 투자안을 채택하고 작으면 기각하면 된다.

내부수익률=요구수익률 ⇒ 투자채택
내부수익률 < 요구수익률 ⇒ 투자기각
(미래예상수익/1+내부수익률)=투자비용 지출

내부수익률의 장점은 측정된 모든 현금흐름을 고려하고 화폐의 시간적 가치를 고려하는 점, 위험을 직접 고려할 수 있는 점, 투자자의 투자형태에 부합된다는 점이다.

한편, 단점은 내부수익률로 재투자 수익률을 가정하는 것은 비현실적인 점, 가치의 가산원칙을 따르지 않는 점, 할인율이 변동하는 경우 투자비교 기준선정에 어려움이 있다는 점이다.

(3) 수익성 지수법

수익성 지수법은 장래 현금유입의 현가합과 현금유출의 현가의 현재가치합을 나눈 것이다.

수익성 지수>1 ⇒ 투자채택
수익성 지수<1 ⇒ 투자기각
수익성의 지수=현금유입의 현가/현금유출의 현가

2) 어림셈법

(1) 승수법

승수법(multiplier method)이란 여러 종류의 현금수지를 승수의 형태로 표시하는 방법이다. 일반적으로 승수에는 총소득승수, 순소득승수, 세전현금흐름승수, 세후현금흐름승수가 쓰인다. 총소득승수는 총소득에 대한 총투자액의 배수이며, 순소득승수는 순영업소득에 대한 총투자액의 배수이다. 순소득승수를 자본회수기간이라고도 한다. 세전현금흐름승수는 세전현금흐름에 대한 지분투자액의 배수이며, 세후현금흐름승수는 세후현금에 대한 지분투자액의 배수이다.

조 소득승수=총투자액/조 소득
순소득승수=총투자액/순영업소득
세전 현금수지승수=총투자액/순 영업소득
세후 현금수지승수=지분투자액/세후 현금수지 …… 식 14-5

(2) 수익률법

수익률이란 여러 종류의 현금수지를 수익률의 형태로 표시하는 방법이다. 경험셈법에 의한 수익률로는 종합자본환원율, 지분배당율, 세후수익률의 세 가지가 있다. 종합자본환원율은 총투자액에 대한 순영업소득의 비율이다. 종합자본환원율의 역수는 순소득승수가 된다. 지분배당률은 지분 투자액에 대한 세후현금수지의 비율을 의미한다. 경험셈법의 가장 큰 한계는 한 가지 방법에 의하여 계산된 비율은 다른 방법에 의해서 계산된 비율과 직접 비교하기 곤란하다는 점이다.

종합 환원율=순영업소득/총투자액
지분 배당율=세전 현금수지/지분투자액
세후 수익율=세전 현금수지/지분투자액 …… 식 14-6

3) 비율분석법

(1) 대부비율

부동산 가치에 대한 융자액의 비율을 말한다. 대부비율(loan to value ratio)이 높아지면 채무불이행 시 원금 회수가 곤란해진다. 높은 대부비율은 대출자의 입장에서 큰 위험이 된다. 따라서 은행과 같은 저당대출기관 등은 부동산의 가치에 대한 일정비율을 대부비율의 한도로 정하는 수가 많다. 대부비율이 높아짐에 따라 부채비율도 급격히 증가하므로 작을수록 좋다.

대부비율=부채잔금/부동산의 가치, 부채비율=부채/지분 …… 식 14-7

(2) 부채감당률

부채감당률(debt coverage ratio)은 순영업소득이 부채서비스액의 몇 배가 되는가를 나타내는 비율이다. 부채서비스액은 매월 또는 매년 지불하여야만 되는 원금 상환액과 이자지급액을 가리킨다. 대부비율과 부채비율은 밀접한 관계가 있다. 대부비율이 높아지면 부채비율도 급격하게 증가하게 된다. 부채감당률이 1에 가까울수록 대출자나 차입자는 모두 위험한 입장에 처하게 된다(증가 → 양호, 부채감당률 < 1 → 소득으로 부채감당 불가).

부채감당률=순영업소득/부채 서비스액 …… 식 14-8

(3) 부채 불이행률

비율분석에서의 부채 불이행률(default ratio)은 차입자가 채무불이행할 가능성을 나타내는 비율을 나타내는 것으로 사용되고 있다. 부채 불이행률이란 유효 조소득이 영업경비와 부채서비스액을 감당할 수 있는 능력이 있는가를 측정하여 구하는 데 있다. 영업경비와 부채 서비스액의 유효 조 소득에서 차지하는 비율이 크면 클수록, 그만큼 채무불이행의 가능성은 커진다.

(4) 총자산회전율

총자산회전율(total asset turnover ratio)이란, 투자된 총자산, 즉 부동산 가치에 대한 조소득의 비율을 말하며, 조소득승수의 역수이다. 조 소득으로는 가능조소득과 유효조 소득 둘 다 사용할 수 있다. 총자산매상률은 경험셈법에서 살펴본 조소득승수의 역수가 된다.

총자산 회전율=조 소득/부동산의 가치 …… 식 14-9

(5) 영업경비비율

영업경비비율(operating expense ratio)이란, 영업비용이 소득에서 차지하는 비율이다. 영업비율은 투자 대상 부동산의 재무관리상태를 파악하는 하나의 지표로 사용된다. 이것이 비교부동산의 평균보다 높다고 한다면 영업비용에 대한 통제가 적절하지 못한 상태에 있다고 판단할 수 있다.

영업경비비율=영업경비/조 소득 …… 식 14-10

(6) 편익·비용비율

투자사업으로 발생된 편익흐름에 대한 현재가치의 총체를 비용흐름의 현재가치의 총체로 나눈 비율을 말한다. 계산된 비율이 높을수록 사업효과가 크며 투자순위가 높은 것으로 판정된다. 편익·비용비율(benefit cost ratio)을 투자효과의 판정기준으로 적용하는 데에는 문제점이 있는데, 첫째는 적정할인율의 결정에 관한 것이고, 둘째는 편익·비용비율 자체의 현실적 타당성에 관한 것이다.

(7) 레버리지비율

비교적 저렴한 비용의 부채를 이용함으로써 투자자의 이익을 증대시키는 능력을 레버리지(reverage)비율이라고 한다.

① 부채비율

타인자본을 자기자본으로 나눈 비율이다. 일반적으로 부동산 투자자는 단기적 채무 변제를 받지 않는 한 호경기라면 높은 부채비율(debt ratio)을 선호한다. 그 이유는 타인자본을 조달, 운영해서 얻을 수 있는 수익률이 이자율을 상회하면 타인자본을 사용함으로써 자기 자본이익률을 상회할 수 있기 때문이다.

② 자기자본비율

자기자본비율(net worth to total ratio)은 총자본 중에서 자기자본이 차지하고 있는 비중을 표시하는 비율로서 부채비율과 함께 기업의 안전성을 측정, 판단하는 비율로 이용된다.

③ 이자보상비율

이자 및 납세 전 이익이 타인자본의 사용으로부터 발생하는 이자비용의 몇 배에 해당하는가를 나타내는 비율이다. 이자보상비율(times interest earned)은 부동산 투자의 부채사용에 따른 이자비용을 지급할 능력이 있느냐를 파악하는 데 이용된다.

이자 및 납세 전 이익/이자비용=납세 전 이익+이자비용/이자비용

…… 식 14-11

④ 고정재산보상비율

고정재산보상비율(fixed charge coverage)은 고정적으로 지출하는 고정재무비, 즉 임차료 등을 이자 및 납세 전 이익에 더하여 이를 이자비용 및 고정재무비의 합으로 나눈 것이다. 고정재산의 확보정도를 파악하는 주요 비율이다.

3. 부동산 투자 위험 관리

위험이란 투자손실의 가능성을 말하는 것으로 미래의 불확실성 때문에 발생한다. 위험과 수익률의 상관관계란 높은 기대수익을 위해서는 높은 위험을 부담해야 하며 낮은 기대수익에 만족하는 경우에는 높은 위험을 택하지 않아도 됨을 의미한다. 대체로 위험성이 높을수록 수익률이 높다.

1) 위험과 수익의 관계

부동산 투자의 의사결정은 예상되는 결과를 기대하고 행하게 된다. 실현된 결과가 예상한 결과로부터 벗어날 가능성을 불확실성 또는 위험이라고 한다. 일반적으로 투자자들은 미리 위험을 계산하고 행동을 한다. 기대수익률이 동일한 두 개의 투자대안이 있을 경우 어느 대상 물건이 다른 대상 물건보다 더 위험하다면 사람들은 대부분 덜 위험한 쪽을 선택하려고 할 것이다. 투자자들의 이러한 행동을 위험 혐오적이라고 하는데, 사람들이 전혀 위험을 감수하려고 하지 않는다는 것을 의미하는 것은 아니다. 위험을 전혀 수반하지 않는 투자는 진정한 의미의 투자라고는 볼 수 없다. 투자자들이 위험 혐오적인 행동을 한다고 하는 것은 수익률이 동일할 경우 덜 위험한 쪽을 택한다는 뜻이다. 위험 혐오적인 투자자라 할지라도 감수할 만한 유인책이 있는 위험이거나 회피할 수 있는 위험일 경우 투자자는 기꺼이 위험을 감수한다.

2) 투자 사업의 타당성 분석과 위험 분석법

(1) 부동산 사업의 타당성 분석

투자사업의 타당성 분석 단계는 투자사업 추진상의 여러 단계 중에서 가장 중요한 단계의 하나로서, 사업의 구체적 계획이 수립되고, 이의 추진을 위한 타당성이 조사·분석되는 단계이다. 타당성 조사는 사업 규모와 성격에 따라 예비타당성 조사와 본 조사로 구분되기도 하는데, 예비조사는 보통 현존자료를 중심으로 하며 본 조사는 현지조사에 의해 수집된 자료를 중심으로 사업의 타당성을 조사하게 된다.

(2) 위험 측정의 기초가 되는 지표

부동산 투자분석의 대상이 되는 리스크의 본질은 불확실성에 있고, 이 불확실성은 장래수익의 분산으로 나타내어진다. 따라서 일반적으로 위험의 측정은 수익률에 착안해서 얻어질 부동산사업의 수익률이 확률분포를 검토해서, 이 분산을 측정하는 방법으로 행해진다. 즉, 측정의 기초가 되는 지표는 수익률이 된다.

(3) 위험 분석방법

① 수익요소 분석법

수익의 요소를 초년도 기간의 수익, 그 성장 부분으로 인한 수익, 투자기간 말의 부동산매각에 따른 소득 세 부분으로 분석한다. 소득 불확실성은 다르며 이에 따른 구성요소도 다르다. 초년도 기간의 수익예측은 사업개시 시점의 예측으로 비교적 가까운 시점에 있어 불확실성은 낮고, 다른 요소에 비해 위험도 낮다. 캐시플로(cash flow)의 성장부분의 예측은 투자기간 중의 모든 예측을 포함하는 것으로 불확실성은 높다. 그러나 임대사업의 경우 임대차계약에서 임대료 상승조항을 넘는 등 불확실성을 저하시킬 수 있다. 투자기간 말의 부동산 매각에 의한 캐시플로의 경우 투자기간 말의 예측이 된다. 이상의 세 가지 요소를 분류해서, 각 요소의 불확실성으로부터 수익의 분산을 검토해서 요소의 위험을 합해서 부동산 투자 전체의 위험도를 파악한다.

② 감응도 분석법

감도분석법은 임대료의 신장률, 차입금리 등 수지에 영향을 미치는 요인이 변화하는 경우에 내부수익률 등의 투자분석지표가 어떻게 변화하는가를 분석하는 수법이다. 확률분석법과 같이 엄격한 분석은 아니므로 위험의 파악은 대략적인 것으로 되나, 확률분석법의 적용이 곤란한 경우 위험을 검토하는 데 유효한 수법이다.

③ 확률분석법

확률 분석법은 수지에 영향을 미치는 모든 요인을 경험적 또는 주관적인 확률변수를 부여해서 각 요인의 무수한 조합으로부터 내부수익률 등을 구해 그 결과로부터 생기는 확률을 곱하여 내부 수익률 등의 지표의 확률분포를 구하는 수법이다. 이 기법은 위험분석수법으로서 매우 전진된 것이지만 각 요인의 주관적 확률분표를 부여하여야 한다.

이 수법에서는 몬테카를로(monte carlo) 시뮬레이션이 사용된다. 이 기법은 위험분석 기법으로서는 극히 발전된 기법이지만, 각 요인에 주관적인 확률분포를 부여하지 않으면 안 되므로 실무에 적용하기가 어렵다.

3) 부동산 투자의 위험 및 종류

위험이란 미래의 불확실성 때문에 기대수익과 실현수익이 달라질 변동 가능성을 말한다. 부동산 투자의 위험은 다양하다.

표 14-1에 제시한 바와 같이 체계적 위험과 비체계적 위험으로 구분할 수 있다. 또한 부동산 투자 위험은 표 14-2에 제시한 것처럼 사업상 위험, 금융적 위험, 법적 위험, 인플레이션 위험으로 구분하기도 한다.

| 표 14-1 | 부동산 투자 위험 종류

체계적 위험	비체계적 위험
• 피할 수 있는 위험 • 개별적 부동산의 특성으로부터 야기되는 것(투자 대상을 다양화하여 분산투자함으로써 피할 수 있는 위험은 제거 가능함)	• 피할 수 없는 위험 • 시장의 힘에 의하여 야기되는 것으로 모든 부동산에 영향을 주는 위험(예: 경기변동, 이자율, 인플레)

* 총위험=체계적 위험+비체계적 위험

| 표 14-2 | 부동산 투자위험의 유형

구 분		내 용
사업상 위험	시장위험	부동산에 대한 수요 위축(미분양) (예: 수요 예측 실패)
	운영위험	관리곤란, 근로자의 파업, 영업비 변동
	위치적 위험	(예) 입지선정의 실패
금융상 위험		부채비율⇧ → 지분수익률⇧, 원금과 이자 상환부담⇧
법률상 위험		부동산 정책의 변화 → 공법상 규제변화 정도
인플레이션위험		원금가치⇩ → 대출자 손해 → 고정에서 변동이 자율로 변경 → 채무자들은 원금상환 부담⇧

(1) **사업상의 위험**(business risk)

부동산사업 자체로부터 연유하는 수익성에 관한 위험을 말한다.

- 시장의 위험(market risk): 시장의 위험은 부동산 수요와 공급의 변화는 부동산 산업의 수익성에 대한 위험을 증대시키는 중요한 요인으로서 시장상황의 변동에 따른 위험을 말한다(경제위축→사무실 등의 공실율 증가→부동산 수요 감소→임대료 감소 등).
- 운영위험(operating risk): 운영위험은 사무실의 관리, 근로자의 파업, 영업경비의 변동 등으로 인하여 야기될 수 있는 수익성의 불확실성(uncertainty)을 폭 넓게 지칭하는 개념이다.
- 위치적 위험(location risk): 부동산의 위치고정 때문에 사업상 안게 되는 위험을 위치적 위험이라고 한다. 부동산과 부동산을 에워싼 환경은 끊임없이 변화한다. 따라서 현재의 위치가 최고라고 하더라도 장래에도 계속해서 최고일 것이라는 보장이 없다.

(2) **금융위험**(financial risk)

부동산 투자에 있어서 투자재원의 일부를 부채로 하였을 경우 채무불이행으로 인한 위험을 말한다. 부채의 비율이 크면 원금과 이자에 대한 채무불이행(default)의 가능성이 높고 파산할 위험도 높다.

(3) **법적위험**(legal risk)

부동산에 대한 공법상의 제한의 변경, 세제의 변화 등의 법적인 환경의 변화로 인한 위험을 말한다.

(4) **인플레이션위험**(inflation risk)

인플레이션이란 물가의 전반적인 상승을 의미한다. 인플레이션에 의해 투자자금이나 소득의 실제적인 구매력이 감소되는 위험을 말한다. 인플레가 심하게 되면, 대출자는 원금의 실질적 가치가 하락하는 위험을 안게 된다. 따라서 대출자는 고정이자율(fixed rate) 대신 변동이자율(variable rate)을 선호하게 된다. 그러므로 부동산의 장기 계약에는 장래의 인플레 위험에 대한 세심한 배려가 필요하다.

4) 부동산 투자위험과 위험관리

(1) 순수위험과 투기적 위험

순수위험은 투기적 위험이 양한 위험에 대해 정리하면 다음과 같다.

① 순수위험(정태적 위험)

- 재산의 물리적 영향에 의한 위험: 지진, 수해, 화재
- 순수입의 위험: 임차인의 경영부진 등에 의한 손실
- 손해배상의 위험: 관리불충분
- 사회적 일탈행위에 의한 위험: 사기 등
- 기술적 위험: 설비의 사고
- 인사적 위험: 종업원의 사망 등

② 투기적 위험

- 경영적 위험: 경영상의 의사결정에 관한 불확실성에 기인
  - 시장위험(마케팅위험): 시장의 수요공급의 예측에 관한 불확실성에 기인
  - 재무위험: 장래수익 등의 불확실성에 의한 자금조달 등에 관한 의사결정에 관련된 위험
  - 생산위험: 생산 및 인사문제의 의사결정에 관련된 위험
- 정치적 위험: 토지이용 규제의 변경, 세제의 변경 등 정치적 변화에 수반하는 위험
- 기술혁신 위험: 기술혁신에의 대응과 관련된 위험

(2) 위험 관리

투자계획에 포함된 위험은 다양한 근원으로부터 발생한다. 그러나 주어진 형태의 위험이 모든 투자형태에 적용되는 것은 아니다. 부동산 투자의 위험관리는 순수 위험과 투기적 위험 두 가지로 구분하여 설명할 수 있다.

① 순수위험의 관리

- 위험 컨트롤: 제어 가능한 위험
  - 위험 회피: 어느 특정의 위험에 관계하지 않는 것
  - 손실의 제어: 위험을 보유하면서 손실이 발생될 기회를 감소시키는 것
  - 위험의 이전(보험 이외의 방법에 의한 이전): 위험을 다른 사람에게 이전하는 것
- 리스크 파이낸싱(risk financing) : 회피 불가능한 위험으로 화재보험 등

② 투기적 위험의 관리

- 마케팅 매니지먼트
  - 리스크 헷징(risk hedging): 가격변동의 위험을 중립화하기 위한 것(선물거래)
  - 판매촉진: 고객이 가지는 불안을 제거하여 수요변동에 의한 위험을 경감시키는 것
  - 브랜드화

위험을 관리하는 방법은 크게 두 가지로서 포트폴리오 분석과 재무분석을 활용하는 것이다. 포트폴리오 분석은 장래수익의 불확실성(리스크)을 분산과 표준편차를 표시하고 각 자산의 기대수익률과 위험에 착안해서 보유하는 자산의 조합을 결정하는 것이다. 재무 분석은 각 기업의 재무상태를 분석해서 위험을 감소시킬 수 있는 재무상황을 검토하는 것이다.

5) 부동산 투자의 위험 측정

(1) 위험의 측정

위험을 측정하는 방법은 기대되는 수익이 실현 수익과 달라지는 정도를 통계기법으로 측정하는 것이다. 측정방법으로는 분산·표준편차를 이용하는데, 표 14-3과 같이 수익은 높고 위험은 작을수록 좋은 투자대상이 된다.

(2) 위험의 관리방법

부동산 투자의 위험을 줄이거나 관리하는 방법은 다음과 같다.

| 표 14-3 | 평균, 분산원리(모형)

수익기대치(기대수익률)	분산(위험)	투자대안 선호
A>B	A<B	A
A=B	A<B	A
A≥B	A=B	A
A>B	A>B	평균-분산원리의 오류

① 위험한 투자를 제외시키는 방법

위험성이 있는 투자대상은 제외하고 안전한 투자대상(예: 국채, 정기예금)에만 투자를 하는 것이다. 이때 투자자는 무위험률밖에 얻지 못한다.

② 보수적 처리방법

투자수익을 최대, 중간, 최소를 추계하여 그중에 최소 추계치를 판단기준으로 삼는다. 투자대상으로부터 예측되는 투자수익을 가능한 한 낮게 추계하는 방법이다. 이는 투자대상으로부터의 예측되는 수익을 낮게 조정하여도 그 투자대상이 양호하다고 판단되면 그 투자는 좋은 투자대안으로 보아 투자를 결정한다는 것이다. 그러나 이는 위험은 회피할 수는 있어도 투자자들의 투자 목적이 투자자의 부의 극대화라고 했을 때 이를 달성하기는 어렵다.

③ 위험조정 할인율의 사용

장래 기대되는 소득을 현재 가치로 환원할 때, 위험한 투자일수록 높은 할인율을 적용하는 것이다. 투자에 대한 요구수익률을 결정하는 데에 있어서, 감수해야 하는 위험의 정도에 따라 위험 할증률을 더하는 방법을 사용한다. 앞의 두 가지보다 개념적으로 우수하나 위험 할증률을 결정하는데 주관성이 많이 개입되는 단점이 있다. 투자자를 결정할 때 위험이 높은 투자대상일수록 투자자들은 높은 위험에 대한 대가를 요구하게 되므로 요구수익률이 높아지게 된다. 따라서 기대되는 미래수익을 현재가치로 환원할 때 높은 위험이 존재하는 투자안일수록 높은 위험조정할인율을 적용하여 할 일을 하게 된다.

4. 포트폴리오 이론과 투자위험

포트폴리오(portfolio)는 좁은 의미에서는 주식 투자에서 위험을 줄이고 투자수익을 극대화하기 위해 여러 종목에 분산투자하는 방법을 말하는데, 이는 부동산 투자에도 적용할 수 있다. 부동산 폴리오는 여러 개의 자산에 분산 투자함으로써 하나에 집중되어 있을 때에 발생할 수 있는 위험을 제거하는 것이다. 위험은 체계적 위험과 비체계적 위험이 있는데 비체계적 위험을 대상으로 한다. 그림 14-1에 제시한 바와 같이, 평균-분산 지배원리에 의해 선택된 포트폴리오를 효율적 프론티어라 하며, 효율적 포트폴리오의 집합을 효율적 프론티어라 한다.

1) 포트폴리오의 위험과 수익

- 무작위적으로 자산을 배합한다면 포트폴리오를 구성하는 자산의 수가 많으면 많을수록 불필요한 위험은 통계학적으로 제거된다.
- 재산 3분법도 포트폴리오의 일종이다(표 14-4). 그러나 단순히 재산 3분법을 한다고 하여 좋은 결과를 얻는 것은 아니다. 왜냐하면 재산 3분법은 단지 포트폴리오의 일종이지 최선의 배합은 아니기 때문이다.
- 포트폴리오 관리: 부동산 투자에 있어서 투자에 따른 위험, 수익률, 환금성 등이 고려되어야 하며, 단순히 분산 투자를 하는 것만 의미하는 것이 아니라 투자대안이 갖고 있는 위험과 수익을 분석하여 불필요한 위험을 제거하고 안정된 투자수익을 얻을 수 있는 포트폴리오를 선택하는 것이 필요하다.

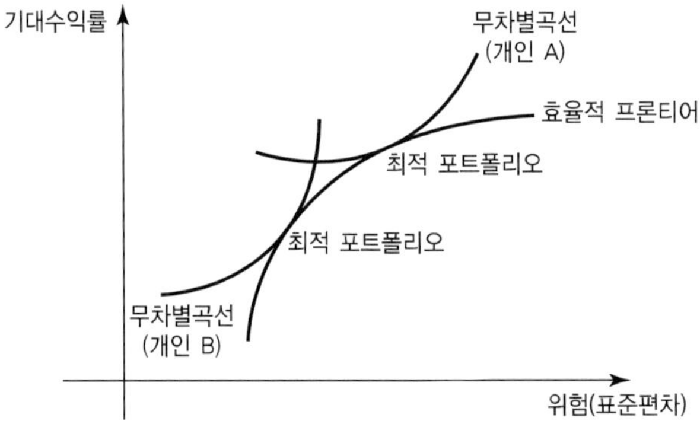

| 그림 14-1 | 최적 포트폴리오의 선택

| 표 14-4 | 재산 3분법의 예

구 분	예 금	주 식	부동산
수익성	X	O	O
안전성	O	X	O
환금성	O	O	X

2) 최적 포트폴리오의 선택

- 최적 포트폴리오의 선택: 투자자들은 여러 가지 자산들 중에 포트폴리오를 구성하는 가장 중요한 목적은 분산투자를 함으로써 투자위험을 감소시키는 데 있다. 투자자는 포트폴리오 분석을 통해 원하는 수준의 기대수익률에 대하여 위험을 최소화시키거나, 혹은 부담하고자 하는 위험수준에서 가장 높은 기대수익률을 실현해 주는 효율적 포트폴리오를 선택하고자 할 것이다.
- 최적 포트폴리오 선택이란 수많은 효율적 포트폴리오 중에서 개별투자자의 위험수준에 적합한 최적의 포트폴리오를 선택하는 과학적 방법론을 제시해 주는 것이다.

결론적으로 포트폴리오의 선택은 분산법으로 판단하기 어려운 투자안의 위험과 수익과의 관계를 쉽게 분석하는 것이며, 비체계적 위험과 체계적 위험을 제거하는 데 있다.

통계학적으로 자산의 구성 수가 많으면 위험제거확률이 높다. 그러나 자산 포트폴리오의 대안에 자산을 균등분배 하는 것은 아니다. 자산 포트폴리오를 구성하는 개별자산은 그 구체적 내용을 어떻게 하느냐의 문제이며, 부동산시장은 국지화된 시장으로 분류되기 때문에 그리고 부동산 종류가 다양하기 때문에 포트폴리오가 가능하다.

3) 포트폴리오의 한계

부동산 포트폴리오의 구성 및 수익은 객관화된 논리적이고 계량적인 접근을 필요로 하고 있으나 다음과 같은 제약이 있다.

- 부동산시장은 불완전 시장이므로 정기적으로 시장 포트폴리오 수익률을 계량 곤란
- 투자자의 능력에 따라 수익률이 다르게 산출되므로 평균적 수익률 산정 곤란

| 표 14-5 | 부동산의 '가치' 와 '가격' 의 개념 비교

부동산 가격	부동산 가치
시장에서 실제로 거래되는 부동산 가격으로 검증 가능하며 객관성을 가진다.	개념에 대한 정의가 다양하고, 다분히 주관적·전략적이며, 완벽한 검증이 어렵다.

- 포트폴리오 모형은 단기간의 모형이나 부동산 투자는 다기간의 모형
- 부동산 투자는 분할이 어려운 한계

5. 부동산의 가치평가

이론적으로라면 부동산은 그 가치와 동일한 가격으로 시장에서 매매되어야 하지만 현실은 그렇지 못하다. 그 이유는 부동산시장은 불완전 경쟁시장의 대표적인 사례이기 때문이다. 부동산시장에서는 정보의 유통이 원활하지 못하고 부동산의 가치라는 것 자체가 객관성이 낮고 활용방법에 따라 가치가 달라질 수 있으며 부동산은 표현화된 상품이 아니기 때문에 표 14-5에 제시한 바와 같이 '가치' 와 '가격' 간의 차이가 있다.

부동산 가치평가의 3면성은 첫째, 비용성으로서 어느 정도의 비용이 투입되어 만들어진 재화인가?, 둘째, 시장성으로서 어느 정도의 가격으로 시장에서 거래되고 있는가?, 셋째, 수익성으로서 어느 정도의 수익과 편익을 얻을 수 있는가이다.

1) 부동산 가치평가 기법

부동산 가치평가는 성립근거에 따라 표 14-6에 제시한 바와 같이 원가방식(cost approach), 비교방식(market approach), 수익방식(income approach)으로 한다.

(1) 원가방식에 의한 산정

① 복성식 평가방법

이 방법은 기회원가 개념을 중시한 방법으로서, 가격시점에 있어서 대상물건의 재조달 원가에 감가수정을 하여 대상물건이 가지는 현재의 가격을 산정한다.

복성가격=재조달원가−감가누계액 …… 식 14-12

|표 14-6| 부동산 가치평가 기법

접근방식	성립근거	주요 구성요소	평가방식 및 결과		성 격
			방법(가격)	방법(임료)	
원가방식	비용성	역사적 원가, 신축비용, 감가수정	복성식평가법 (복성가격)	적산법 (적산임료)	자산가치 공급가격
비교방식	시장성	매매(임대)사례, 시장가격(임료)	거래사례비교법 (비준가격)	임대사례비교법 (비준임료)	상대가치 균형가격
수익방식	수익성	장래수익, 현금흐름, 자본환원, 수익률	수익환원법 (수익가격)	수익분석법 (수익임료)	수익가치 수요가격

예를 들어, 신축 후 3년이 지난 어떤 건물의 경우, 유사한 입지특성을 가진 토지를 구입하는 데 30억 원이 예상되고 유사한 규모·질의 건물을 짓는 건축비가 50억 원 예상되며, 15억 원의 제반경비·공과금·세금 등이 예상된다면 그 건물의 재조달원가는 95억 원이 되며 3년간 8억 원 정도가 감가(감가상각 및 기타 감가)되었다면 해당건물의 가치를 87억 원 정도로 평가할 수 있다는 논리이다.

복성식 평가방법의 장점은 다음과 같다.

- 건물, 구축물, 기계 장치 등 재생산이 가능한 상각자산에 널리 적용
- 비교적 논리적인 작업이므로 감정평가사의 주관이 혼입될 여지가 적기 때문에 감정가격의 편차가 적다.
- 고정자산의 재평가, 기업회계처리 또는 매매사례의 포착이 어려운 공공·공익용 부동산의 감정평가에 효과적

복성식 평가방법의 단점은 다음과 같다.

- 토지와 같이 재생산이 불가능한 자산에 대해서는 적용이 어렵다.
- 재조달원가와 감가상각액을 파악하는 데 기술적인 애로가 있다.
- 재조달원가를 기준으로 하기 때문에 수익성·시장성이 고려되지 않는 경우가 많다.

② 적산법

가격시점에 있어서 대상물건의 기초자격에 기준이율로 곱하여 산정된 금액에 대상물건을 계속하여 임대차하는 데 필요한 경비를 가산하여 임료를 산정하는 방법이다.

$$적산임료 = (기초가격 \times 기준이율) + 필요제경비 \quad \cdots\cdots \text{ 식 } 14\text{-}13$$

적산법의 장점은 다음과 같다.

- 기초가격과 기대이율에 착안하므로 비교적 이론적이다.
- 임대사례가 없는 물건에 효과적으로 적용할 수 있다.

적산법의 단점은 다음과 같다.

- 복성식평가법에서와 같이 기성시가에 적용하기 곤란하다.
- 수익을 목적으로 하는 물건에는 활용하지 못한다.

(2) 비교방식에 의한 산정

비교방식에 의한 부동산 가치 평가는 판매된 매물의 비교분석에 의해 산정하는 방법이다. 즉, 해당 부동산의 평가는 그것과 유사한 부동산의 판매 선 가격에 의해 결정된다. 해당 부동산은 비교 대상 부동산과 판매일자, 지역, 토지 사이드, 건물에 사용된 자재, 건물의 외형상태를 비교할 수 있도록 유사해야 한다. 일반적으로 일반 주택과 같이 최근의 유사한 저택의 판매가 발생한 부동산에 매우 유용하다. 반대로 수익을 발생하는 임대아파트, 쇼핑센터, 오피스빌딩에는 적용에 어려움이 있다. 유사한 건물, 주택에 대한 판매자료를 많이 얻는 점이 가장 중요하며 가능한 한 많은 유사한 건물을 찾아보는 것도 중요하다.

① 거래 사례비교법

이 방법은 시장수급동향을 중시한 개념으로서 대상부동산과 유사한 물건의 거래 사례를 기준으로 하되, 대상 부동산의 현황에 알맞게 사정보정과 시점수정 등을 가하여 추정하는 방법이다. 부동산의 원격을 구하는 기법은 식 14-14와 같다.

$$비준가격 = 거래사례 \times 시점수정 \times 지역요인비교 \times 개별요인비교 \times 면적비교 \quad \cdots\cdots \text{ 식 } 14\text{-}14$$

거래 사례비교법의 장점은 현실적인 시장성을 반영하기 때문에 실질적이며, 설득력이 있다는 것이다. 그러므로 감정평가의 방식 중에서 가장 중추적인 역할을 하며 적용범위가 넓다.

반면, 거래 사례비교법 단점은 다음과 같다.

- 통상적으로 거래가 없는 부동산에는 적용이 곤란하다.
- 주로 감정평가사의 경험에 의존하므로 과학적 근거가 희박하다.
- 시점수정, 사정보정, 개별적 요인 및 지역요인의 비교가 부정확 할 가능성이 있으며 감정 평가의 편차가 크다.
- 매매사례의 비밀 취급과 자료의 신뢰성의 문제가 있다.

② 거래사례가격의 선택 기준

- 위치의 유사성: 위치에 있어서 평가대상물건과 동일성 또는 유사성이 있는 지역내에 소재하는 거래사례를 선택
- 물적 유사성: 사례물건의 규모, 상태, 구조, 재질, 용도 등의 물적인 성격이 동일하거나 유사한 사례를 선택
- 시점수정의 가능성: 거래사례는 거래시점이 분명해야 하며, 대상물건의 가격시점과 유사한 시점의 거래사례일수록 효과적
- 사정보정의 가능성

③ 임대사례비교법

임료를 구하는 기법은 식 14-15와 같다.

$$\text{비준가격} = \text{임대사례} \times \text{시점수정} \times \text{지역요인비교} \times \text{개별요인비교} \times \text{면적비교} \quad \cdots\cdots \text{ 식 14-15}$$

이 방법은 주변에 유사특성 물건이 다수 존재하며 거래 또한 활발한 경우에는 매우 현실적이고 실용적인 방법이 될 수 있으나 그렇지 않은 경우 왜곡된 평가결과를 초래할 수 있다. 그리고 과거 사례를 기준으로 하기 때문에 시장여건이나 입지특성의 변화가 예상되는 경우에는 사용하기 어렵다.

(3) 수익방식에 의한 산정

부동산의 수익을 발생시키는 능력을 평가하는 방법으로, 수익에 착안하여 부동산의 가격 또는 임료를 구하는 방법이다. 종류로는 직접환원법, 현금흐름할인분석(DCF법)법이 있다.

① 수익환원법

수익환원법은 가장 이상적인 방법이나 한편으로는 가장 전문적인 지식과 분석을 요하는 방법이다. 또한 매우 전략적인 방법이며, 상업성 개념을 중시한 방법이기도 하다. 수익환원법은 부동산이 발생시키는 1년 동안의 소득기대치를 통해 부동산 전체의 가치를 평가하는 방법이다.

수익환원법=부동산의 가치=순영업 소득[6]/환원이율[7] ······ 식 14-16

수익환원법의 특징은 다음과 같다.

■ 시장 지향적
■ 시장에서 일반적으로 쓰이는 자료로서의 역할
■ 자본에 대한 수익 및 회수기간이 없음
■ 환원이율은 일반 투자자를 만족시킬 수 있도록 충분하여야 함
■ 부동산시장의 상황을 잘 반영하고 있어 비교자료로서 가치가 있음

활용절차는 해당부동산의 최유효 활용 방안 구상, 최유효 활용 시의 예상이익 및 비용추정, 부동산가치 평가 순서이다.

② 수익분석법(현금흐름할인분석=DCF법)

수익분석법은 적정한 수익률로 미래의 현금흐름을 할인하거나 대상 부동산의 현금흐름의 형태, 미래의 부동산 가치의 등락, 그리고 투자자의 요구 수익률을 명확하게 반영하는 종합이율을 개발하여 미래의 현금흐름을 현재가치로 전환시키는 방법이다.

수익분석법의 특징은 다음과 같다.

■ 수익지향성
■ 특정 투자자에 국한하여 요구수익률을 명확히 반영해야 함
■ 자본에 대한 수익 및 회수 기간에 대한 분석 필요
■ 부동산시장의 상황을 잘 반영해야 함

---

6) 평가연도 다음 해의 안정화 된 소득
7) 시장에서 매매된 부동산의 소득과 매매가의 관계

| 표 14-7 | DCF법에 있어 세전 모형과 세후 모형의 논쟁

세전 모형 옹호론자	세후 모형 옹호론자
• 소득세(법인세) 적용으로 인해 소득창출능력과 한계소득세율에 따라 틀려지기 때문 • 간편하다는 이점 • 다른 투자대상과의 비교에 유리	• 세금과 절세효과를 반영하지 않은 모형은 불완전함 • 다른 투자대상을 세후 수익률로 전환하는 것은 어렵지 않음

수익분석법의 종류는 다음과 같다.

■ 세전 현금흐름모형: 세전 현금흐름을 현재가치로 환원하여 부동산 가치를 평가

세전 현금흐름=순영업소득-원리금 상환액 …… 식 14-17

■ 세후 현금흐름모형: 세후 현금흐름을 현재가치로 환원해서 부동산 가치를 평가

세후 현금흐름=순영업소득-원리금 상환액-소득세(법인세) …… 식 14-18

수익방식에 의한 산정 적용 시 문제점은 크게 두 가지로 다음과 같다.

■ 신뢰성 있는 자료수집의 문제

- 평가 대상 부동산과 유사한 사례의 매매가격, 수익, 비용자료 수집이 어려움
- 의뢰자가 제공하는 자료에 대한 신뢰성 부족
- 수익용 부동산의 일반적인 수익, 경비구조도 잘 알려져 있지 않음
- 환원이율 결정시 문제점 극대화

■ 임대방식의 문제

- 보증금의 처리문제
  - 지분잔여법: 초기에 보증금을 받고 보증금에 대한 상승분만 수입으로 가산
  - 보증금운용이익법: 보증금에 대한 운용이익만 수입으로 가산하는 방법
- 보증금과 월세의 비율문제
  - 보증금과 월세의 환산문제
  - 월세의 비중이 커질수록 부동산의 수익률은 커짐
  - 월세의 비중을 대상부동산과 비교부동산을 맞추어 환산해야 함

2) 부동산 가치평가를 위한 필수 확인 서류

(1) 토지이용계획확인서

그 토지에 건축할 수 있는 건물의 용도 및 규모를 결정해 놓은 지역·지구·구역 등 도시계획사항이 표시되어 있어 토지에 대한 허용 및 제한사항을 알 수 있다. 비슷한 위치에 비슷한 면적의 토지라도 주거지역인지 상업지역인지에 따라 건축할 수 있는 용도와 규모가 이미 도시계획사항으로 결정되어 있는 것이다. 일반적으로 「도시계획법」상 주거지역에는 건폐율 60%, 용적률 200~300%로 주로 주거용도에 적합한 건물을 지을 수가 있고, 상업지역은 건폐율 80%, 용적률 800~1,300%까지 다양한 상업시설을 지을 수가 있다. 상업지역은 주거지역에 비해 상업시설 용도의 건물을 더 높게, 더 많이 지을 수 있기 때문에 상업지역의 토지가격이 주거지역에 비해 높은 편이다.

도시계획구역 내의 토지이용은 지역·지구·구역으로 구분되어 있으며, 토지에 대한 허용 및 제한사항이 명시되어 있다. 이는 도시계획 구역 내에서 토지의 경제적·효율적 이용을 위하여 지정된 것이다. 용도지역은 주거지역, 상업지역, 공업지역, 녹지지역 네 종류로 구분되어 있다. 주거지역은 전용주거, 일반주거, 준주거로 구분되고 상업지역은 중심상업, 일반상업, 근린상업, 유통상업으로 구분된다. 마지막으로 공업지역은 전용공업, 일반공업, 준공업으로 구분되고 녹지지역은 보전녹지, 생산녹지, 자연녹지로 구분된다. 지역·지구별 건축가능 용도에 대하여는 「도시계획법」에 명시되어 있다.

- 건폐율: 부지면적에 대한 건축면적 비율, 건폐율이 높을수록 건물을 넓게 지을 수 있다.
- 용적률: 부지면적에 대한 건물 지상연면적 비율, 용적률이 높을수록 건물을 높게, 많이 지을 수 있다.

(2) 토지대장

토지면적과 지목, 소유자, 토지의 분할 합병의 역사, 토지등급 등을 알 수 있다. 토지대장을 통해서 정확한 토지의 면적과 소유자의 인적사항을 확인할 수 있는데, 지목이란 24개의 종류로, 지역·지구와는 별개로 그 토지의 사용용도를 표시한 것이다. 대지는 '대', 논은 '답', 밭은 '전' 등으로 표시되는데 도시계획상 지역이 주거지역이라 하더라도 그 사용용도가 농지인 경우 '전'으로 표시가 될 수 있다. 토지가 임야인 경우에는 임야대장을 확인해야 한다.

(3) 지적도

토지의 형상과 도로 저촉여부, 향후 도시계획으로 당해 토지의 일부가 도로로 편입되는지 여부를 지적선 등으로 확인할 수 있다. 도로 편입 여부는 대부분 건축허가 시 기부체납의 형태로 이루어지기 때문에 편입면적이 많다면 대상 토지의 가격이 주변 시세보다 저렴하다 하더라도 편입면적을 제외한 면적을 가지고 그 가격을 산정해야 하므로 오히려 고가에 매입되는 경우가 있어 잘 고려하여 판단해야 한다. 또한 대지에 접한 도로의 폭은 건축법상 도로사선제한으로 건물의 높이를 결정하기 때문에 같은 용적률을 적용받더라도 넓은 도로에 면해 있어야 건물을 높이 지을 수 있기 때문에 도로의 저촉상태는 매우 중요하다.

(4) 건축물대장

건물의 규모(면적·층수), 구조, 준공일자, 사용검사일, 건물의 용도 및 용도변경 내역 등을 확인할 수 있는 서류이다. 건물의 용도는 「건축법」이 정하는 용도 구분에 따라 주차장 확보기준과 정화조 용량, 부과되는 세금, 교통유발부담금 등 부담금이 정해지기 때문에 일반 음식점으로 사용하던 건물을 학원 등으로 변경하여 사용하려고 한다면 설계변경도면을 작성하여 관청의 허가를 득한 후 공사를 하여야 한다. 예를 들어 기존 건물에 확보된 정화조나 주차장의 면적이 용도변경 시에도 법적요건을 맞출 수 있도록 되어 있지 않으면 용도변경이 불가능하여 매입목적의 용도로 사용을 못하는 경우도 있다.

(5) 토지 및 건물 등기부등본

토지(건물)의 면적, 주소, 소유자, 소유권 및 저당권을 확인할 수 있는 서류이다. 등기부등본은 토지 건물의 소재지·지번·지목 등을 표기한 표제부, 소유권의 이전 및 보존, 취득자의 주소 및 성명, 압류·가압류·가등기·경매로 인한 기입등기 등에 대한 표기를 한 갑구, 소유권 이외의 저당·근저당·전세권 지상권 등을 표기한 을구의 세 부분으로 구성되어 있다. 특히 경매로 부동산을 구입할 경우 순위 번호란을 잘 확인하여 등기부등본의 권리분석을 제대로 하지 않으면 큰 낭패를 볼 수도 있으므로 주의해야 한다. 이에 대하여는 「등기법」, 「민법」 등을 통해 지식을 얻을 수 있다.

(6) 개별공시지가확인서

정부가 매년 1월 1일에 조사형 발표하는 지가 기준으로 부동산 세금을 부과하는 데 기준이 되는 것으로 개별적인 부동산에 따라 편차가 있지만 공시지가는 시세의 약 70% 정도라고 보고 있다. 어떤 부동산을 매입하고자 할 때 매입가격에 대한 참고적인 기준이 되는 것이다.

6. 부동산 가격결정과 영향요인

1) 부동산 가격결정의 원칙

부동산의 가격원칙이란 부동산의 가격이 어떻게 형성되고 유지되는가에 관한 법칙성을 추출하여 부동산 평가활동의 지침으로 삼으려는 것이다. 가격결정의 원칙은 대부분 일반 경제원칙에 기초를 두고 있으나 사회적, 자연적 요인들도 상당 부분 포함되어 있으며, 각각 고립되어 작용하는 것이 아니라 서로 직접·간접의 관련하에 하나의 체계를 형성하고 있다.

(1) 수요공급의 원칙

부동산의 가격도 기본적으로는 그 수요와 공급과의 상호관계에 의하여 결정되는 것이지만 토지에 있어서는 부동산의 특성 때문에 이 원칙이 제한을 받기도 한다. 그러나 용도적 관점(택지개발, 주택의 신축 등)이나 효용 면에서 대체가 가능하므로 수요 공급의 원칙이 적용되는 것이다.

(2) 변동의 원칙

모든 현상은 자연법칙에 의해 항상 변화한다. 부동산에 대한 유용성도 그 내외적 요인의 변화에 따라 부단히 변동하므로 부동산 가격도 가격 형성 요인의 상호 인과관계의 변동과정에서 형성된다는 것이 변동의 원칙이다.

(3) 대체의 원칙

대체의 원칙은 경제 합리성을 추구하는 인간의 경제행위는 동등의 효용을 가진 두 개 이상의 물건을 선택할 때는 값이 싼 쪽이 선택되고 값이 같을 때에는 효용성이 높은 것이 선택된다는 이론을 바탕으로 한 것이다. 일반적으로 대체 가능한 두 개 이상의 재화 간에는 상호영향을 미쳐 가격이 형성된다. 부동산도 동일하다. 부동산은 자연적 특성 중 개별성이 있어서 비대체적이지만 이용적인 면에서 보면 대체적이다.

(4) 최유효사용의 원칙

최유효사용의 원칙이란 부동산 가격은 최유효사용의 방법을 전제로 하여 파악되는 가격을 표준으로 하여 형성된다는 원칙이다. 최유효사용이란 객관적으로 보아 양식과 통상의 사용능력을 가진 사람에 의한 합리적 합법적인 최고 최선의 사용 방법을 말한다. 최고최선의 이용방법은 합리적 이용, 합법적 이용, 물리적으로 채택 가능한 이용을 의미한다. 그러나 이 세 가지는 필요조건일 뿐 충분조건은 아니다.

(5) 균형의 원칙

부동산의 유용성이 최고도로 발휘되기 위해서는 구성 요소 간의 내부결합에 균형이 있어야 한다는 원칙이며 부분과 전체에 관계되는 원칙이다. 균형의 원칙은 기능적 감가의 이론적 근거가 된다. 특히 부동산의 최유효이용 여부의 판정에 있어서는 이 균형이 잘 이루어지고 있는가를 분석할 필요가 있다.

- 토지는 접면너비, 회지의 깊이, 형태 등의 균형
- 건물은 건물의 면적, 높이, 방의 배치, 복도, 설비, 계단 등의 균형
- 토지와 건물 등 복합 부동산은 건물과 부지의 배치 상태의 균형
- 기업용 부동산은 토지 자본 노동 및 경영 결합의 최고 균형
- 관련 원칙 최유효사용과 관련이 있다.
- 균형의 원칙은 기능적 감가의 이론적 근거가 된다.

(6) 수익체증체감의 원칙

부동산에 대한 단위투자액을 계속적으로 증가시키면 그에 대응하는 수익이 어느 점(최대수익점)까지는 체증하지만 그 이후는 수익증가율이 체감하게 되는 바 이를 수익체증체감의 법칙이라 한다.

(7) 수익배분의 원칙

토지, 자본, 노동 및 경영의 각 생산 요소에 의하여 발생하는 총수익은 이들 제요소에 배분되는 바 자본 노동 및 경영에 배분된 몫 이외의 잔여액(잉여생산성)은 그 배분이 정당하게 행하여지는 한 토지에 귀속된다는 원칙을 말한다.

(8) 기여의 원칙

기여의 원칙은 부동산의 어느 부분이 당해 부동산 전체 수익획득에 어느 정도 기여하는가 그 부분은 부동산 전체의 가격에 어느 정도 영향을 미치는가로서 부분과 전체에 관계되는 원칙이다.

(9) 적합의 원칙

부동산이 그 유용성(수익성 또는 쾌적성)을 최고도로 발휘하기 위해서는 부근 환경에 적합해야 한다는 원칙이다.

(10) 경쟁의 원칙

초과이윤은 경쟁을 야기하고, 경쟁은 초과이윤을 감소 또는 소멸시킨다는 원칙을 말한다.

(11) 예측의 원칙

예측의 원칙이란 부동산의 가격 형성 요인과 지역 특성, 가격 수준은 부단히 변화하고 이에 따라 부동산 가격도 변동되기 때문에 평가활동에 있어서는 그 요인의 추이나 동향에 대한 예측을 해야 한다는 원칙이다.

(12) 기회비용의 원리

기회비용의 원칙이란 어떤 투자대상의 가치평가를 그 투자대상의 기회비용에 대하여 평가하는 원리이다. 기회비용이란 어떤 대안을 선택함으로 인해서 선택되지 않은 다른 기회를 희생한 대가를 의미한다. 기회비용은 실제 지불된 비용이 아니고 계산된 비용, 인식된 비용이다. 따라서 기회비용은 지불에 대한 요구수익률을 측정하는 중요한 기준이 된다.

(13) 외부성의 원리

외부성의 원칙이란 대상 부동산의 가치는 외부적인 요인에 의하여 영향을 받는다고 보고 평가하는 원리이다. 외부적 요인이 대상 부동산의 가치에 긍정적인 영향을 미칠 때 이를 외부경제라 하고, 부정적인 영향을 미칠 때 이를 외부불경제라 한다. 따라서 평가사는 외부경제가 있을 때에는 대상 부동산을 그만큼 높게 평가해 주고 외부불경제가 있을 대에는 그만큼 낮게 평가해야 한다.

2) 부동산 가격 형성 요인

부동산 가격은 그 발생요인인 부동산의 유용성, 상대적 희소성, 유효구매력, 욕망 등 네 가지 요인의 상관결합에 의하여 발생하는 경제 가치이므로 이들 네 가지에 영향을 주며, 또 이들을 움직이고 규정하는 요인을 부동산 가격 형성 요인이라고 한다.

(1) 유용성

유용성(utility)이란 부동산의 용도적 이용가치를 말하는 것으로 주거용 부동산은 쾌적성, 상업용 부동산은 수익성, 농업용 부동산은 생산성을 각각 의미하는 것이다. 부동산은 개인의 주관적인 만족이나 수요와는 상관없이 고유한 부증성[8]·개별성·적재성 등의 특성을 갖기 때문에 효용과는 달리 유용성 또는 사용가치가 중시된다.

(2) 상대적 희소성

본래 부동산은 일반 경제재보다 상대적 희소성(scarcity)의 가치가 더 발휘된다. 이러한 가장 큰 원인은 부동산의 부증성·부동성·개별성이라는 특성과 인간의 기복욕구 충족의 대상이기 때문이다. 희소성은 토지의 물리적 절대량의 부족 때문에 나타나는데, 이와는 달리 용도적 부족이라는 현상이 희소성을 가중시키는 요인이 된다. 또 어떤 특정 용도가 필요한 부동산은 특정 위치와 특정한 개별적 상태를 요구하는 경우도 있어, 이러한 것도 희소성으로 작용한다.

---

8) 부증성: 토지는 생산비를 투입하여 그 물리적인 양을 임의적으로 증가시킬 수 없다. 다만, 택지의 조성 및 수면의 매립 등을 통하여 다소는 증가시킬 수 있으나 이것 또한 용도의 전환이나 적용의 증가로 파악될 수 있는 것이며, 수면도 광의의 토지자원이라고 볼 때 역시 물리적 양의 증가라고는 볼 수 없다.

(3) 유효구매력

부동산의 가격이 발생하기 위해서는 부동산의 구매력(effective purchasing power)이 존재해야 한다. 구매력은 경제 개념이며 때와 장소에 따라 변하는 것이 통례이다. 이를 유효수요라 하기도 한다.

(4) 욕 망

어떤 욕구를 충족시키기 위한 부동산을 행한 욕망(wish)은 부동산 가격의 창조에 기여한다. 욕망(desire)은 유용성, 희소성과 더불어 구매력과 관련을 가지고 있다. 부동산의 가격형성 요인은 일반적 요인, 지역적 요인, 개별적 요인으로 나눈다. 일반적 요인에는 사회적 요인, 경제적 요인, 행정적 요인, 자연적 요인으로 구분되며, 지역적 요인에는 주거, 상업, 공업, 농업 등의 용도별 요인으로 구분되고, 개별적 요인에는 토지에 관한 개별적 요인, 건물에 관한 개별적 요인 등으로 구분된다.

3) 부동산 가격결정의 영향요인

부동산 가격결정 영향요인은 크게 거시적 측면과 미시적 측면으로 구분할 수 있다.

(1) 거시적 요인

① 부동산 정부정책

부동산 가격에 영향을 미치는 요소 중 가장 크게 작용하는 것이 부동산의 정부정책이다. 정부의 부동산 정책은 대체로 투기 세력 억제를 통한 가격안정과 실수요자 중심으로 시장개편으로 나누어 볼 수 있다. 투기 세력 억제 및 부동산 가격 안정을 위한 최근의 정부정책, 예를 들면, 다주택자 보유세 및 양도소득세 강화, 분양권 전매금지, 재건축 개발이익환수제, 주택거래신고제 등은 부동산 가격에 막대한 영향을 미치고 있다. 또한 실수요자 중심의 부동산시장 개편, 즉 모기지론 도입, 무주택 세대주 공급물량 확대, 그린벨트 해제지역에 임대주택건설 등도 부동산 가격에 영향을 미친다.

② 부동산 공급물량

우리나라 부동산시장은 아파트 가격을 중심으로 부동산 가격이 움직이는 경향이 있다. 2000년 이후 아파트 가격상승 요인 중 하나가 IMF시절 아파트 분양물량 저조 때문이다. 결국, 부동산의 공급량, 특히 아파트 공급량은 아파트 가격은 물론 부동산의 가격 하락에 영향을 미친다.

③ 부동산 개발재료

부동산 개발 재료는 부동산 가격에 영향을 미친다. 예를 들면, 고속철 개통에 따른 천안, 아산 지역의 토지 및 아파트 가격 상승, 미군부대 이전에 따른 용산, 평택, 오산 지역의 부동산 가격 상승, 행정수도 이전에 따른 충청도 지역 토지 가격 상승 등의 부동산 개발 재료가 부동산 가격에 영향을 미친다.

④ 경기 동향

경기 동향은 부동산에 대한 사람들의 관심에 영향을 미치고 결국 부동산 가격에 영향을 미친다. 경기의 활황, 가계소득 증가, 소비심리 상승은 부동산에 대한 매도, 매수 심리가 살아나 부동산 가격에 영향을 줄 것이며, 이러한 소비심리 회복과 실물경기의 상승은 부동산 가격의 상승요인으로 작용하고 그 반대라면 부동산 가격의 하락요인으로 작용한다.

⑤ 은행금리 및 주식동향

은행금리 및 주식 가격은 부동산 가격은 밀접한 관계가 있다. 재테크 중에서도 금리, 주식, 부동산은 우리가 생각하는 일반적인 재테크 중에 하나라 생각된다. 누구나 세 가지 재테크방법 중 수익률이 높으면서 안정적인 투자처를 선택하여 투자하게 될 것이다.

한편, 미시적인 측면의 영향요인은 크게 지역, 부동산 종류, 계절·시기인데 구체적으로 살펴보면 다음과 같다.

(2) 미시적 요인

① 지 역

- 교통: 같은 지역에 속한다 하더라도 대중교통의 접근성에 따라 부동 가격에 차이가 있다. 특히, 수도권에서는 교통요소 중 지하철이 대표적이라 할 수 있는데, 지하철의 연계노선, 환승역 유무, 역에서 아파트까지 도보로 걸리는 시간 등에 따라 아파트 가격 차이가 있으며, 버스는 연계노선과 승강장과의 거리에 따라 가격 차이가 있다.

- 편의시설: 요즘 맞벌이를 하는 부부가 늘어나다 보니 대형할인점, 관공서, 대형병원, 휘트니스센터 등 편의시설에 따라 가격차가 벌어지며, 여러 편의 시설 중 대형할인점의 위치가 아파트 가격에 큰 영향을 준다.
- 교육환경: 우리 사회에서 교육환경은 부동산 가격에 가장 큰 영향을 준다고 할 수 있다. 명문학원과 학군이 위치한 지역에 따라 아파트 가격차이가 심한 것이 우리의 부동산시장 환경이다.
- 환경가치: 환경가치는 조망권(강·호수·공원·산·녹지율 등)을 말한다. 같은 동의 아파트라 하더라도 한강·공원을 바라볼 수 있는지의 여부, 녹지율에 따라 부동산 가격의 차이가 더 크게 벌어지고 있다.

② 부동산 종류

과거 부동산 가격 변동 경향을 살펴보면 대부분 부동산의 종류에 따라 가격이 변동되었다. 1977년을 전후한 부동산 가격 상승은 대부분 대도시 주택용지를 중심으로 가격 상승이 이루어졌으며, 1987년과 1988년에는 개발지역 토지와 아파트, 1989년에는 단독주택 등이 가격 상승을 주도했다. IMF로 인한 부동산 가격 폭락 후 가격이 가장 먼저 회복된 것은 대도시 지역의 아파트 가격과 수익성 부동산(상가주택이나 빌딩 등)이었으며, 토지의 경우에는 경기도 일원의 전원주택용지와 그린벨트지역 내 토지다. 기타 단독주택이나 연립주택, 기타 토지의 경우에는 그 가격 회복이 더딘 것으로 나타났다.

③ 계절·시기

우리나라의 경우 주거용 부동산 가격은 봄과 가을의 이사철에 가장 많이 상승하고 가격 상승 폭은 봄철이 크며, 가을철의 가격 상승은 이사 물량에 따라 그 크기가 달라진다. 또한, 봄철의 주거용 부동산의 가격 상승은 여름까지 이어지지 못하는 경우가 대부분이나, 가을철의 가격 상승은 겨울을 지나 다음해 봄까지 이어지는 경우도 있다. 우리나라의 이사철은 대부분 봄의 경우 3·4월이며, 가을의 경우에는 9월 혹은 10월이나, 부동산 가격은 계약을 기준으로 이루어지고, 부동산의 계약부터 입주까지는 통상 1개월의 기간이 소요됨에 따라, 대부분의 가격 상승은 이사철보다 1개월 내지 2개월 정도 앞서서 이루어지고 있습니다. 최근에는 여름철이나 겨울철에 주택을 구입하려는 수요자들이 늘어남에 따라, 아파트의 경우에는 1월에 가격상승이 집중되고, 가을에는 8월 말부터 가격 상승이 집중되는 현상을 보이고 있다. 주거용 부동산은 계절에 따라 변동하나 기타 부동산의 경우에는 계절 등에 따른 변동 시기가 정해지지는 않고 있다. 다만, 여름 휴가철이나 설날과 추석을 전후한 시점에서는 부동산 거래량이 줄어들고 가격 변동 폭도 적게 되며, 전원주택용지의 경우에는 초여름이나 가을에 가격 상승 폭이 크고, 이사철에는 거래량이나 가격 상승 폭이 줄어드는 경우도 있다.

참고문헌

강이주·김영신·허경옥(2000). **가계경제학의 이해**. 학지사.

김규진·김영곤·박원석·신창득(2004). **부동산금융과 투자**. 부연사.

김용창·양승철(2000). **부동산시장정보분석모형 구축방안**. 삼성애버랜드 감정평가연구원.

김용창·양승철(2000). **외국의 감정평가제도**. 감정평가연구원.

김재덕(1990). **부동산경영원론**. 박영사.

백봉기(2004). **부동산투자운용론**. 부연사.

서후석(1999). **아파트 투자지표와 부동산 포트폴리오 효과에 관한 연구**. 중앙대학교 경영학과 박사학위 논문.

서후석·변재현(1999b). **아파트 투자지표 개발에 관한 연구**. 한국건설산업연구원.

송영렬(2002). **재무관리의 이해**. 학문사.

송재용 외(2003). **부동산학개론**. 한겨레플러스.

안승철·정영숙·배미경(2002). **신투자와 보험**. 신정출판사.

안정근(2000). **현대부동산학**. 법문사.

이래영(2000). **부동산투자론**. 삼영사.

이용만(2001). 부동산투자의 포트폴리오와 위험관리에 관한 연구–VaR의 측정을 중심으로. 부동산학연구 제7권.

이재웅(2004). **부동산 개발 기획의 이론과 실무**. 부연사.

이태교(2001). **토지정책론**. 법문사.

임재만(1999). **부동산포트폴리오 분산투자방법에 관한 고찰**. 부동산학연구 제5권.

임재만·이상영(1999). 오피스빌딩 인덱스 개발에 관한 연구. 감정평가연구원.

주인숙·양세정·이연숙(2000). **가계재무관리의 이해**. 신정.

채천석(2004). **부동산과 사회**. 부연사.

최덕희 외(2002). **새로운 통계학**. 청문각.

동아일보(http://chungang.kapanet.co.kr)

부동산교육센터(http://www.kpcre.co.kr)

부동산투데이(http://www.rtoday.com)

한국부동산정보센터(http://www.kreic.com)

15장

부동산거래 관련 법정책과 소비자피해

부동산 투자 또는 부동산거래에서는 부동산 관련 법이나 정책에 관심을 가져야 한다. 특히 본 장에서는 정부가 부동산 투기 억제를 위해 시행하고 있는 부동산실명제에 대해 살펴보고 그에 따른 법적인 절차와 방법에 대해 알아보고자 한다. 부동산을 거래할 때에는 세심한 주의와 꼼꼼한 준비가 필요하다. 이렇게 하기 위해서는 여러 준비가 필요한데 이에 따른 법적인 절차와 방법에 대해 살펴보고, 관련 분야의 소비자피해에 대해서도 살펴보고자 한다.

1. 부동산 소유권 이전 및 등기

1) 부동산실명제

부동산실명제도란 차명을 통해 탈세와 탈법으로 부동산투기 하는 것을 막기 위한 제도로서, 부동산에 관한 물권(소유권·전세권·지상권 등)은 반드시 실제 권리자의 이름으로만 등기하도록 하는 제도를 말한다. 부동산실명제는 1995년 7월부터 시행되었다. 차명거래의 가장 대표적인 유형인 명의신탁은 부동산을 남의 이름을 빌어 등기함으로써 부동산투기와 세금을 회피할 수 있는 수단이었다. 부동산실명제 도입 이전에 명의신탁은 부동산투기, 세금탈루 또는 재산을 감추는 수단으로 이용되어 각종 부정과 부조리의 원인이 되어 왔으며, 실소유자와 명의대여자는 이러한 거래사실을 공증이나 내부계약을 통해 약정하여 형식상 소유자가 자신의 이익을 위해 임의로 사용하거나 처분할 수 없었다. 부동산실명제는 부동산에 관한 권리는 반드시 자신의 이름으로 등기하도록 하여, 명의신탁을 이용한 부동산투기를 없애 부동산 거래질서를 바로잡고, 각종 부정·부조리를 제거하고 부동산 가격 안정을 기하기 위해 도입된 제도이다.

(1) 실권리자의 명의 등기의무

「부동산실명법」이 시행된 1995년 7월 이후 모든 부동산에 관한 물권은 명의신탁을 이용하여 다른 사람의 이름으로 등기할 수 없고, 반드시 실권리자의 명의로만 등기하도록 의무화되었다. 다만 다음의 경우에는 명의신탁에 해당되지 않는다(제2조 1호 및 제8조).

- 재무의 변제를 담보하기 위하여 채무자의 부동산에 가등기를 설정하거나 부동산에 관한 물권을 채권자가 이전받는 양도담보의 경우
- 부동산의 위치와 면적을 특정하여 2인 이상이 구분소유하기로 하는 약정을 하고 그 구분소유자의 공유로 등기하는 경우
- 신탁법과 신탁업법에 의해 신탁재산인 사실을 등기하는 경우
- 종중 부동산의 명의신탁 또는 부부간의 명의신탁에 의하여 등기를 한 경우에는 조세를 포탈하거나 강제집행 또는 법령상 제한을 회피하기 위한 목적이 아닌 경우

(2) 실명등기의무 위반 시 처벌

다른 사람의 이름을 빌어 등기한 실권리자인 명의신탁자에게는 과징금(부동산 가액의 30%)이 부과된다. 과징금 부과 후에도 실명으로 등기하지 않은 경우에는 과징금부과 후 1년경과시 10%, 2년 경과 시 20%의 이행 강제금이 부과된다. 명의신탁자에게는 5년 이하의 또는 2억 원 이하의 벌금이 부과되고, 이름을 빌려준 명의수탁자에게는 3년 이하의 징역 또는 1억 원 이하의 벌금이 부과된다. 명의신탁행위를 교사하거나 방조한 자에 대하여도 형사처벌이 부과된다.

(3) 장기 미등기자에 대한 처벌

현재 부동산을 취득하고 매도인으로부터 등기를 이전하지 않은 경우 부동산등기특별조치법에 따르면 60일이 지나면 등록세액의 5배까지 과태료를 부과하고 있다. 부동산실명법은 이에 추가하여 취득일로부터 3년 내에 등기이전하지 않은 장기미등기는 명의신탁의 경우와 같이 과징금·이행 강제금 형사처벌을 부과하고 있다.

(4) 명의신탁 관련 상담사례

① 사례 1: 친구 사이의 명의 분쟁 상담

Q 저는 친구와 합의하에 친구 명의로 아파트를 매입한 후 등기이전도 친구 명으로 하게 되었습니다. 돈은 모두 제가 지불하였는데, 아파트 값이 오르자 친구는 자신의 것이라며 등기이전을 거부하고 있습니다. 아파트를 반환받을 수 있을까요?

A 「부동산실명법」은 명의신탁을 엄격히 금지하고 있는데 위반할 경우 명의신탁자(명의를 빌린 사람)에게 해당부동산 가액의 30%까지 과징금을 부과합니다. 「부동산실명법」상 이러한 명의신탁 약정과 물권 변동은 원칙적으로 무효입니다.

명의신탁자는 소유권에 기초해 명의수탁자에게 소유권 이전 등기 말소와 반환을 청구할 수 있으나 제3자에게는 대항하지 못합니다. 즉, 명의수탁자가 부동산을 팔아 제3자에게 등기를 넘기면 제3자가 이 사실을 알더라도 이 사람에게 반환을 청구할 수 없다는 것입니다. 하지만 명의수탁자는 남의 물건을 동의 없이 처분했으므로 「형법」상 횡령죄의 처벌을 받고 이에 적극 가담해 명의신탁 재산을 매수한 제3자는 공범으로 처벌된다는 게 판례입니다.

다만 명의신탁 유형 가운데 질문과 같은 계약명의신탁은 좀 다릅니다. 계약명의신탁이란 명의신탁자는 매매비용만 대고 명의수탁자가 자신의 명의로 산 뒤 등기도 자신 앞으로 이전하는 방식입니다. 이 경우 명의수탁자(친구)는 「사법」상으로도 유효하게 소유권을 취득한 것이므로 부동산을 마음대로 처분해도 횡령죄가 성립되지 않습니다. 명의신탁자는 명의수탁자에 대해 부당이득으로 매매비용을 청구할 수는 있지만 부동산 자체의 반환은 청구할 수 없는 것이 원칙입니다.

② 사례 2: 소유권이전에 관한 상담

Q 저는 몇 년 전에 밭을 매수하여 소유권이전등기를 갑이라는 사람 앞으로 해두고,

갑으로 하여금 경작하게 했습니다. 그런데 얼마 전에 등기부를 열람하여 본 결과 갑이 위 부동산에 대해 다른 사람에게 근저당권을 설정하여 주고 돈을 융자받았으며, 또 그 일부를 분할하여 매각까지 했습니다. 갑에게 원상회복을 요구했지만 이에 응하지 않고 있어 형사고소를 하려고 하는데 무슨 죄가 되는지요?

A 갑을 상대로 횡령죄로 고소하고 합의가 되지 않으면 민사소송을 제기해야 합니다. 귀하가 매수한 토지에 대하여 그 등기명의만을 다른 사람 앞으로 해주었다면 이는 소위명의신탁이라고 하는데 명의신탁은 대외적으로는 소유권의 수탁자, 즉 본 사안의 경우 갑에게 있으나 내부적으로는 여전히 위탁자인 귀하에게 소유권이 있으며 갑은 남의 토지를 관리하고 있을 뿐입니다. 그러나 위 토지에 대한 대외적인 소유자는 갑이기 때문에 갑으로부터 위 토지를 매수하거나 근저당권을 설정 받은 제3자는 정당하게 그 권리를 취득한 것이 되어 제3자를 상대로 등기말소청구는 할 수가 없습니다.

③ 사례 3: 친지 명의로 등기한 아파트 상담

Q 개인적인 사정으로 말미암아 친지의 명의로 아파트 등기를 하였습니다. 이분이 그럴 거라고 생각지는 않지만 만약의 경우 자의적으로 아파트를 처분하는 경우와 사망 시 명의자 자식에게 상속되는 경우 두 가지를 막을 수 있는 방법이 없을까요? 필요한 절차, 서류, 내용, 준비 사항 등을 알려주시기 바랍니다.

A 「부동산실명에 관한 법률」에 의거 명의 시탁은 불법으로서 법의 보호를 받을 수 없으며, 형사처벌까지 받을 수 있습니다. 따라서 귀하 앞으로 소유권 이전하는 것이 좋을 듯 합니다. 그래도 명의신탁 해소가 어려우면, 친지 명의 아파트에 근저당권이나 가등기 설정을 해두는 방법이 있을 것입니다. 절차 등은 가까운 법무사에 상의하심이 좋을 듯 합니다.

④ 사례 4: 선·후배 사이의 명의 문제 상담

Q A가 1월경에 아파트를 매입해 후배인 B에게 전세로 들어와 살 것을 제의 했습니다. B는 전세금 1억을 주기로 구두로 약속을 했는데, 갑자기 사정이 생겼다며 A가 B의 명의로 아파트를 사자고 해, B는 구입자금의 담보대출도 자신의 명의로 받고 이사를 하였으나 문제가 생겨버렸습니다. 현재 A의 대출금도 B가 계속 내고 있는 상태이고 현재 B 명의로 되어 있는 아파트는 A가 근저당 설정도 하지 않은

상태입니다.

A 현재 A는 대상 아파트에 대한 어떠한 권리도 없습니다. 아파트 구입자금대출과 그 이자납부도 B가 하고 있고 소유권 또한 B의 명의로 되어 있으므로 A는 근저당을 설정할 법적 근거가 없습니다(대출기관의 근저당은 B의 명의로 되어있을 것입니다). 따라서 이 건의 경우 실질적으로 B의 물건이므로 B는 부동산을 마음대로 임대 혹은 매매할 수 있습니다.

⑤ 사례 5: 채무로 인한 명의변경

Q 저는 현재 재산은 없고, 채무가 있는 상태입니다. 저의 아버지에게 땅이 있는데 채권자는 돈을 갚을 때까지 채권자의 이름으로 명의변경을 원하고 있는 상태입니다. 돈을 갚을 때까지 담보로 가지고 있겠다고 하면서 갚을 수 있는 날짜를 정하면 그때까지 아무런 법적 조치 취하지 않는다고 하면서 명의 변경을 요구하고 있습니다. 명의변경의 절차와 채무자인 제가 명의변경하면서 받아 두어야 할 서류는 무엇인지 알고 싶습니다.

A 「부동산실명법」이라는 것이 있습니다. 금융실명제와 비슷하다고 보아도 되겠는데요. 님께서 아버지의 부동산을 명의이전을 해준 후 나중에 빚을 갚고도 채권자가 협조해 주지 않으면 그 부동산을 되찾지 못하는 경우가 발생할 수 있습니다. '서류상으로 확실하게 받아 두면 되겠지.'하고 생각하실 수도 있으시겠지만, 「부동산실명법」은 부동산 명의자가 소유자입니다. 그 사항은 소송으로 다투지도 못하는 것입니다.

⑥ 사례 6: 친척 명의로 산 땅의 소유권은?

Q 저희 부모님이 1995년쯤에 친척분의 명의로(개인적인 이유로 인해) 땅을 사셨는데 경제적인 이유로 땅을 팔아보려 서류를 조회하니, 그 땅이 근저당 설정이 되어 있다면 그 친척분이 그 땅을 담보로 돈을 대출하셨다는 건가요? 가압류는 자신도 모르게 잡히는 것으로 알고 있지만 근저당 설정은 본인이 직접 계약을 해야 하는 걸로 알고 있습니다. 차용증이라도 받아 놓는 게 어떠냐는 주위 분들의 말씀도 있는데, 그게 최선의 방법입니까?

A 「부동산실명에 관한 법률」에 의해 귀하의 경우에는 비록 부동산이 명의 신탁되었다 하더라도 명의신탁자체는 동 법률에 의거 무효이며 보호받지 못합니다. 동 법

접촉 시 오히려 귀하가 형벌을 받을 수도 있습니다. 따라서 현재 등기부상의 소유권자가 실소유자로 된다는 것입니다. 만약 간접적인 방법을 동원하여 차용증 등을 받을 수 있다면, 분명히 도움이 될 수 있을 것입니다. 따라서 이때는 당시 부동산의 취득과정에서 증인확보 및 자금 출처 등 소명자료 등을 갖춘 상태에서 상대방의 부당행위 및 부당이득취득, 그리고 불법 행위 등에 대한 민·형사상의 법적 조치를 강구하여야 할 것 입니다. 자칫 잘못하면 동 법에 의해 명의 신탁인이 형벌을 받을 수도 있기 때문에 조심스러운 부분도 있습니다.

2) 부동산 소유권 이전등기

부동산 소유권 이전등기란 부동산 물권을 승계 취득한 경우 권리자의 명의이전을 하는 등기를 말한다. 소유권 이전 등기는 매매, 증여, 상속 등을 원인으로 하는 경우가 대부분이지만, 이 밖에 지상권, 전세권 등의 용익물권, 저당권 등 담보물권에 관한 것도 있다. 이전등기의 절차는 원칙적으로는 등기권리자(이전받는 자)와 등기의무자(이전한 자) 양자가 공동으로 등기신청하여야 하지만, 등기의무자의 위임장을 받아 등기권리자가 단독으로 등기신청을 할 수도 있다. 소유권 이전등기 신청절차에 대해 살펴보면 다음과 같다.

- 매매계약체결과 매매계약서 작성
- 토지, 건축물대장등본, 개별공시지가확인원 발급
- 매매계약서 검인 및 정부수입인지 첨부
- 소유권 이전등기 신청서 작성
- 등록세 고지서 발급 및 납부
- 제3자의 동의·허가 또는 승낙
- 국민주택채권매입(의무적인 경우), 대법원수입증지 매입, 관할 등기소에 등기신청서 제출

3) 근저당

근저당은 당좌대월계약이나 계속적 어음할인계약 또는 상품공급계약 등과 같은 기본

계약 관계로부터 발생하여 증감 또는 변동하는 채권은 일반 저당권으로는 그 담보의 목적을 달성할 수 없는 경우 사용한다. 다시 말해, 일시적으로 피담보채권이 소멸하여도 저당권은 그대로 존속하도록 저당권의 부종성을 완화할 필요에서 강구된 제도를 말한다. 근저당권은 채권의 최고액만을 정하고 채권의 확정을 장래에 보류하는 점과 그 채권이 확정될 때까지의 채무의 소멸 또는 이전은 저당권에 영향이 없으므로 저당권의 소멸에서 부종성의 예외가 된다는 점이 일반 저당권과 다르다(「민법」 제357조).

근저당권은 그 설정계약과 등기로서 성립한다. 등기에는 근저당이라는 뜻과 채권의 최고액이 명기되어야 하지만(「부동산등기법」 제140조), 결산기는 등기되지 않아도 된다. 최고액은 원본뿐만 아니라 이자도 포함하므로 이자는 등기할 수 없다. 근저당권은 등기된 최고액의 한도 내에서 채권을 담보하며 그 최고액을 초과한 부분은 담보되지 않는다. 피담보채권의 범위는 일반 저당권의 규정에 따라 원본, 이자, 위약금, 채무불이행으로 인한 손해배상 등으로 하지만 일반 저당권과 달리 지연배상은 이행기일 후 1년

소비자 투자코너 15-1

근저당권 설정 시 유의사항

- 반드시 토지와 건물을 공동담보로 설정해야 한다. 둘 중 어느 하나만 근저당 설정 후 채무불이행을 이유로 경매가 된다면 토지 소유는 건물소유자에 대해서 법정지상권을 설정해준 결과가 되므로 함께 경매가 되는 경우에 비해 경매가가 현저하게 하락될 것이다.
- 대지인 경우 반드시 지상권을 동시 설정토록 한다. 지상권을 설정하지 않은 경우에는 토지소유자가 건물을 짓지 못하게 할 수 없으나, 지상권을 설정해 놓은 경우에는 지상권자의 동의 없이는 건물을 짓지 못하게 할 수 있고 동의 없이 지어진 건물은 철거할 수도 있다.
- 담보 제공자가 미성년자인 경우에는 법정대리인과 계약을 체결하고 설정행위를 하여야 한다.
- 감정 평가 시 지정감정기관을 이용토록 하며 담보감정인을 명시하여야 한다.
- 근저당설정계약서, 연대보증서, 담보제공승낙서, 임대차확인각서 서류에는 본인의 자필서명, 무인을 받도록 한다. 왜냐하면 경매 처분 시 사실을 부인할 수 있기 때문이다.
- 담보 제공자는 반드시 부동산 등기부등본상의 소유자여야 한다.
- 담보물의 가치 중 건물의 비중이 큰 경우 화재보험에 등록해야 한다.
- 주거용 또는 주거용 복합건물을 근저당 설정코자 할 때에는 반드시 임대차 현황을 파악하고 이를 선순위로 간주해야 한다.
- 단일 목적물이 고가인 경우 평가의 편차가 크고 환가성이 약하므로 담보액 산출 시 참작해야 한다.
- 채무자 및 담보제공자의 주소가 주민등록등본, 근저당설정계약서, 설정 후 등기부등본, 인감증명, 사업자등록증, 담보제공승낙서상의 주소와 모두 일치해야 한다.

분에 한정되지 않으며, 근저당권의 실행비용은 포함되지 않는다. 또한 근저당권은 결산기에 채권액이 확정되면 일반 저당권으로 된다. 근저당권의 처분은 근저당권자, 그 양수인과 채무자의 3면 계약으로 한다.

4) 가등기

가등기는 본등기의 순위보전을 위한 예비등기이다. 가등기는 부동산물권 또는 임차권의 설정, 이전, 변경, 소멸의 청구권을 보전하려 할 때 또는 그 청구권이 시기부, 조건부이거나 장래에 있어서 확정될 것일 때 그 본등기의 순위보전을 위하여 하는 것이다. 매매 등의 이유로 부동산의 소유가 바뀌는 경우 부동산의 소유를 법적으로 인정받으려면 등기를 해야 하는데, 서류의 미비, 가등기 담보 등 기타의 이유로 등기를 하지 못하는 경우에 관계자는 가등기를 해 둠으로써 자신의 권리를 지킬 수 있다. 가등기는 가등기 의무자의 승낙이 있을 때에는 신청서에 그 승낙서를 첨부하여 가등기 권리자가 이를 등기소에 신청할 수 있다. 또한, 가등기 의무자의 승낙이 없을 때에는 가등기 권리자의 신청에 의하여 가등기 원인의 소명이 있는 경우 그 목적인 부동산의 소재지를 관할하는 지방법원의 가처분명령의 정본을 첨부하여 이를 신청할 수 있다. 가등기는 그것만으로는 등기로서의 효력이 없으나, 후에 본등기를 하면 그 본등기의 순위는 가등기의 순위에 의한다. 가등기의 효력은 다음과 같다.

- 본등기 순위보전의 효력: 본등기의 순위는 가등기의 순위에 의한다.
- 실체법상의 효력: 가등기 자체만으로는 실체법상 어떤 효력도 인정되지 아니한다. 따라서 가등기의무자는 부동산의 처분권한을 제한받지 아니한다.
- 추정력: 예비등기의 일종인 가등기에는 가등기에 따른 어떤 법률관계가 있다는 추정력이 생기지는 않는다.
- 가등기 자체의 효력: 가등기 자체로는 실체법적인 어떤 효력도 없지만 가등기 자체의 이전등기, 가등기의 압류등기, 처분금지가처분등기, 상속등기 등을 인정 하는 것이 대법원의 견해이다(대판 1998. 11. 19. 선고98다2105).
- 청구권보전의 효력: 가등기 후에 그 부동산에 대하여 경료된 등기는 본등기 후에는 직권말소 되므로 가등기된 청구권을 침해하는 한도에서 상대적으로 무효 시킬 수 있는 효력을 청구권보전의 효력이라고 보는 견해가 있다.

소비자 투자코너 15-2

예고등기란?

등기원인이 전혀 없는데도 인감증명 등을 위조하여 소유권을 이전했거나 저당권을 설정·말소한 경우, 그 등기를 말소 또는 회복해 줄 것을 소송으로 청구하는 때에 그러한 소송이 제기되었음을 제3자에게 알려서 불의의 피해를 입지 않도록 법원이 촉탁하여 등기가 된 경고적 의미의 등기이다. 구체적으로 경매절차의 진행상황이나, 가압류 채권자의 청구채권금액이 얼마인지 또는 가처분권자가 확보하고자 청구하는 권리관계는 무엇인지, 그리고 누가 어떤 원인을 들어 예고 등 예고등기를 하였는지 등을 알고 싶으면 등기부에 기재된 사건 번호를 당해 법원에 가서 제시하고 기록을 열람하면 이를 자세히 알 수 있다.

- 담보가등기의 효력: 담보가등기에는 본등기하기 전이라도 그 자체에 의하여 우선변제효과와 경매권 등이 인정되고 있으므로 저당권과 유사한 실체법상의 효력이 인정되고 있다.

2. 부동산 취득, 처분, 보유 시 세금

부동산과 관련한 세금은 크게 부동산 취득, 보유, 처분(양도) 시 부과되는 세금으로 구분할 수 있다.

1) 부동산 취득 시 세금

부동산을 취득한 경우 무상취득 또는 유상취득과 관계없이 지방세인 취득세와 등록세가 부과되고, 상속과 증여에 의해 무상 취득한 경우에는 국세인 상속세와 증여세가 추가로 부과되게 된다. 그리고 취득세 과세 시에는 농어촌특별세가 부수적으로 부과되고, 등록세 과세 시에는 교육세가 부수적으로 부과된다.

(1) 취득세

부동산 취득 시 내는 세금으로 매매·교환·낙찰로 인한 취득(유상승계 취득)뿐만 아니라 상속·증여에 의한 취득(무상승계취득)도 취득으로 간주되어 취득세가 부과된다.

① 과세대상

실질적인 취득뿐만 아니라 건축물을 증·개축한다거나 토지의 지목을 변경하는 경우도 취득으로 간주되어 과세대상이 되며, 증·개축이나 지목변경으로 인한 부동산의 가치의 증가분이 과세표준이 된다.

② 납세 의무자

사실상 부동산을 취득한 사람이 납세의무자가 된다. 등기 유무, 무상 또는 유상 취득을 불문하고 사실상 취득이면 취득세가 과세되게 된다. 취득세는 사실상 취득이 과세요건이므로, 미등기 건물의 취득이나 이전등기를 하지 않고 제3자에게 전매를 하는 경우도 그 대상이 되며, 또 건축허가를 받지 않고 건물을 신축하는 경우에도 특별한 규정이 없는 한 과세대상이 된다.

③ 과세표준

취득세의 과세표준은 취득가액이다. 그러나 연부로 취득하는 경우에는 연부금액으로 한다. 취득가액에는 매매대금이나 분양대금 등 직접적인 소요비용 외에도 중개수수료, 보수비 등 제반적인 비용도 포함이 된다. 과세표준이 되는 취득가액은 신고 가격을 원칙으로 하지만 신고 가격이 시가표준액에 미달하는 경우에는 시가표준액을 과세표준으로 하게 된다. 일반적으로 부동산을 분양받았을 때는 분양가격이 과세표준이 되며, 매매에 있어서는 검인계약서의 취득가액이 과세표준이 된다. 부동산경매나 공매의 경우에는 낙찰가격이 과세표준이 된다.

④ 일반세율

취득세의 표준세율은 취득물건의 가액 또는 연부금액의 2%이다. 도지사는 조례가 정하는 바에 따라 표준세율을 기준하여 50% 범위 내에서 가감 조정할 수 있도록 규정하고 있으나 현재 가감조정하고 있는 지방자치단체는 없다.

⑤ 비과세 및 감면

토지수용 등 특별한 경우에만 비과세 대상이 되며, 감면은 신축공동주택과 임대주택에 한해 적용된다.

소비자 투자코너 15-3

취득세·등록세에서 비과세 또는 감면에 해당하는 경우

1. 비과세

- 「토지수용법」 등에 의해 소유 부동산이 매수 또는 수용되거나 철거되어 받은 보상금으로 다른 부동산을 취득한 경우
- 재개발사업 등의 시행으로 「토지구획정리사업법」의 규정에 따라 종전의 토지 대신 다른 토지로 환지 받는 경우
- 상속으로 받은 부동산, 단 1세대 1주택과 농어촌 후계자가 상속받은 농지에 대해서만 취득세 감면, 등록세는 과세

2. 감 면

- 건축주가 5세대 이상의 공동주택을 신축하는 경우 전용면적 18평 이하 주택에 대해 취득세·등록세 100% 감면
- 공동주택을 분양받아 잔금 지급일 현재 무주택 세대주인 경우
- 임대주택사업자가 임대할 목적으로 신축 공동주택을 취득한 경우
- 재개발·재건축 최초 조합원이 1999년 6월 30일 전에 사용 승인이나 가사용 승인을 받은 경우(잔금 지급일 현재 무주택 세대주여야 함)

(2) 등록세

부동산 취득 시 취득자가 그 권리자임을 나타내기 위하여 등기부에 그 권리를 등기하는 데 필요한 세금을 등록세라 한다. 소유권 등기뿐만 아니라 전세권등기, 임차권등기, 근저당권등기, 가압류·가처분, 말소등기 등 등기부에 등기할 수 있는 모든 권리들은 등기부에 등기하기 위해서는 등록세를 내야한다.

① 과세대상

과세대상은 유형재산과 무형재산으로 나뉜다. 유형재산에는 부동산등기, 차량·건설기계·항공기·선박의 등록이 속하며 무형재산에는 광업권 어업권의 등록, 저작권 출판권의 등록, 특허권 실용신안권, 의장권 상표 등록, 법인 상호 등기, 공장 및 광업재단 등기, 영업허가 등록이 포함된다. 그러나 국가가 권리자가 되는 등기·등록, 비영리사업자가 공익사업을 위하여 토지를 취득한 경우, 토지수용 등에 의한 대체취득, 천재 등으로 인한 대체취득의 경우는 비과세 대상이다.

② 납세 의무자

부동산에 대한 이전, 변경, 설정, 말소 등기에 대한 권리자(이익을 얻는 자)가 원칙적인 납세의무자가 된다. 즉, 부동산을 취득하여 소유권이전등기를 하는 경우, 부동산등기부등본상의 소유자로 등재되는 소유권이전 등기권리자가 등록세 납세의무자가 되는 것이고, 근저당권말소등기 시에는 근저당권 설정자(소유자)가 납세의무자가 된다. 결국, 등록세는 등기로 인하여 이익을 보는 자가 납세의무자이다.

③ 과세표준

과세 표준은 등기·등록 당시의 신고가액을 원칙으로 한다. 그러나 신고가액이 시가표준액보다 적은 경우에는 시가표준액을 과세표준으로 한다. 사실상의 취득가액을 과세표준으로 하는 경우는 다음과 같다.

- 국가 지방자치단체로부터 취득한 경우
- 판결문이나 법인장부 등으로 인하여 취득가액이 입증되는 경우
- 경매, 공매에 의하여 취득하는 경우

한편, 시가표준액을 과세표준으로 하는 경우는 다음과 같다.

- 취득가액을 신고하지 않는 경우
- 무상 취득으로 취득가액이 없는 경우
- 신고가액이 과세시가표준액에 미달하는 경우
- 신고가액의 신빙성이 없다고 판단되는 경우

④ 일반 세율

등록세 세율은 등기권리와 원인에 따라 차이가 있다. 부동산을 취득할 경우 세율은 과세표준의 3% 세율이, 건물을 신축해 소유권 보전등기를 할 때는 0.8%의 세율이 적용된다.

(3) 상속세

상속세는 자연인의 사망으로 인하여 상속인에게 무상으로 이전되는 재산을 과세대상으로 부과하는 조세이다. 상속세의 존재는 소득배분의 필요성 및 공평한 조세부담 등으로 인하여 정당화된다. 상속세제도는 크게 유산세방식과 유산취득세방식이 있다. 유산

| 표 15-1 | 재산상속의 순위

상속순위	상속인
1순위	직계비속, 배우자
2순위	직계존속, 배우자
3순위	형제, 자매
4순위	4촌 이내의 방계가족
최종순위	국 가

세방식은 피상속인의 유산 전체를 과세대상으로 하여 상속세를 계산하는 방식이다. 피상속인이 남긴 전체 재산을 계산단위로 하여 과세하는 것이므로 상속세의 부과·징수에 따른 행정이 편리하며, 누진적 세율 체계하에서 조세액도 상대적으로 많이 과세된다. 반면, 유산취득세방식은 각 상속인별로 그 상속받은 재산에 대하여 상속세를 계산하는 방식이다. 상속인별로 과세하므로 상속인이 증가하면 전체적으로 부담하는 세액도 유산세방식보다 적게 된다.

| 표 15-2 | 법정상속분

<table>
<tr><th rowspan="2">구 분</th><th rowspan="2">상속인</th><th colspan="2">법적 상속인</th></tr>
<tr><th>상속분</th><th>배분율</th></tr>
<tr><td rowspan="10">피상속인의 자녀 및 배우자가 있는 경우</td><td rowspan="2">장남, 배우자</td><td>장남 1</td><td>2/5</td></tr>
<tr><td>배우자 1.5</td><td>3/5</td></tr>
<tr><td rowspan="3">장남, 장녀(미혼),
배우자</td><td>장남 1</td><td>2/7</td></tr>
<tr><td>장녀 1</td><td>2/7</td></tr>
<tr><td>배우자 1.5</td><td>3/7</td></tr>
<tr><td rowspan="5">장남, 장녀(출가),
2남 2녀,
배우자</td><td>장남 1</td><td>2/11</td></tr>
<tr><td>장녀 1</td><td>2/11</td></tr>
<tr><td>2남 1</td><td>2/11</td></tr>
<tr><td>2녀 1</td><td>2/11</td></tr>
<tr><td>배우자 1.5</td><td>3/11</td></tr>
<tr><td colspan="2" rowspan="3">피상속인의 자녀가 없고 배우자 및 직계존속(부모)이 있는 경우</td><td>부 1</td><td>2/7</td></tr>
<tr><td>모 1</td><td>2/7</td></tr>
<tr><td>배우자 1.5</td><td>3/7</td></tr>
</table>

우리나라의 경우는 미국·영국 등과 같이 유산세방식으로 상속세를 부과하여 피상속인의 유산액을 통합하여 상속세를 과세하고 있다. 또한, 상속세와 증여세를 단일법으로 '상속세와 증여세'에 규정하고 있다. 사망한 사람 또는 실종된 사람을 피상속인이라고 하며, 재산을 상속받을 사람은 상속인이라고 한다. 상속개시일은 증여와 달리 사망일·실종신고일이 된다. 재산상속의 순위와 법정상속분은 표 15-1과 표 15-2에 제시한 바와 같은데 「민법」에 규정되어 있다.

| 표 15-3 | 상속과 증여의 비교

구 분	공통점	차이점
상 속	자신의 재산을 상대방(타인, 친인척관계에 있는 사람)에게 무상으로 수여함	피상속인이 사망한 후에 이루어짐
증 여		피증여인이 살아있는 시점에서 이루어짐

소비자 투자코너 15-4

재산상속 순위

배우자 상속에서 앞 순위에 해당하는 사람이 있을 때에는 뒷 순위에 해당되는 사람은 상속을 받을 수 없지만 사망자가 별도의 유언을 남긴 경우에는 법정 상속인의 순위나 분배 비율에 상관없이 재산을 분배받게 된다. 사망자의 배우자(법률상의 배우자)는 사망자의 자녀가 있는 경우에는 자녀와 공동으로 상속인이 된다. 그러나 자녀가 없고 2순위인 사망자의 부모나 조부모가 있는 경우에는 사망자의 부모나 조부모와 공동으로 상속인이 된다. 직계비속에서는 1순위로 상속을 받을 수 있는 자는 사망자의 직계 비속인 자녀이다. 자녀가 여러 명인 경우는 자녀 모두 공동 상속인이 되며 유복자도 상속인이 된다. 직계존속의 경우에는 사망자의 자녀가 없는 경우 사망자의 부모가 생존해 있으면 조부모는 상속권이 상실되고 부모 모두 생존해 있을 때에는 두 명 모두 공동 상속인이 된다.

또한, 형제, 자매의 경우에는 사망자의 자녀, 부모와 조부모, 배우자가 없는 경우는 사망자의 형제·자매가 성별, 결혼유무, 자연혈족과 법적혈족, 동복과 이복의 구별 없이 모두 공동상속인이 된다. 4촌 이내의 방계혈족에서는 사망자의 자녀, 부모와 조부모, 배우자 그리고 형제·자매가 없는 경우에는 3촌이 되는 방계혈족으로 백숙부, 고모, 외숙부, 이모, 조카 등과 종형제·자매, 외종형제·자매, 이종형제·자매 등이 공동상속인이 된다. 물론 3촌의 방계혈족이 있으면 4촌에 우선하여 상속인이 된다. 상속인이 모두 없을 경우 상속인의 부존재 상태가 생겨서 그 재산은 국고에 귀속된다. 상속지분은 원칙적으로 같은 순위의 상속인에게 똑같이 배분된다. 다만 배우자에게는 다른 공동 상속인의 지분에 5할을 더해 주고 있다. 자녀가 공동 상속인이라면 성별, 결혼의 유무, 장남·차남의 구별 없이 똑같은 지분을 적용한다.

① 납세의무자

상속세의 납세자는 상속인 또는 수유자이다. 재산을 상속받은 사람은 상속개시일(사망일)로부터 6개월(외국에 주소를 둔 경우 9개월) 안에 사망자의 주소지 관할 세무서에 상속세를 신고·납부해야 하며, 법정기한 내에 신고하면 신고세액공제로 세액의 10%를 공제받을 수 있다. 영리법인은 취득원인에 관계없이 순자산증가액은 모두 법인세의 과세대상이 된다. 이 결과 영리법인이 상속받거나 증여를 받으면 그에 대하여 법인세가 부과되므로 동일한 상속재산에 대하여 법인세와 상속세·증여세가 이중으로 부과되는 것을 방지하고자 영리법인에 대하여는 상속세·증여세를 면제하고 있다. 다음과 같은 재산에 대하여는 상속세를 과세하지 않는다.

- 전사 및 이에 준하는 사망 또는 전쟁 및 이와 유사한 공무로 사망한 경우 피상속인의 모든 재산
- 국가, 지방자치단체, 기타 공공단체에 유증(유언에 의한 증여)한 재산
- 문화재보호구역 안의 토지
- 분묘에 속한 3,000평(9,900m^2) 이내의 금양임야와 600평(1,980m^2) 이내의 묘토인 농지(한도액: 2억 원)

② 과세대상

거주자의 모든 상속재산과 국내에 있는 비거주자의 모든 상속재산에 대하여 상속세를 부과한다. 상속재산은 피상속인에게 귀속되는 재산으로서 금전으로 환가할 수 있는 경제적 가치가 있는 모든 물건과 재산적 가치가 있는 법률상 또는 사실상의 모든 권리를 포함하며 일정한 보험금, 신탁재산, 퇴직금 등은 상속재산으로 본다. 재산의 가액은 상속개시일 현재의 시가에 의함을 원칙으로 하며, 재산의 종류에 따라 평가규정이 있다.

③ 과세가액

상속재산의 가액에서 공과금·장례비용·채무 등을 공제하고 상속개시일 전에 증여된 일정한 재산가액을 가산한 금액으로 하며, 공익 목적의 출연재산은 산입하지 않는다.

④ 상속세의 계산

과세표준은 과세가액에서 기초공제, 배우자상속공제, 기타 인적 공제, 금융재산공제, 재해손실공제 등을 차감한 금액으로 하되, 과세표준이 20만 원 미만인 때에는 상속세

| 표 15-4 | 상속세 세율

과세표준	세 율
1억 원 이하	과세표준의 100분의 10
1억 원 초과 5억 원 이하	1,000만 원+1억 원을 초과하는 금액의 100분의 20
5억 원 초과 10억 원 이하	9,000만 원+5억 원을 초과하는 금액의 100분의 30
10억 원 초과 30억 원 이하	2억 4,000만원+10억 원을 초과하는 금액의 100분의 40
30억 원 초과	10억 4,000만 원+30억 원을 초과하는 금액의 100분의 50

를 부과하지 않는다. 상속세 세율은 표 15-4에 제시한 바와 같이 5단계의 누진세율로 하며, 세대를 건너 뛴 상속에 대하여는 할증세율로 한다. 산출세액에서 증여 세액공제, 외국납부세액공제, 단기 재산상속세액공제를 한다.

(4) 증여세

증여세란 증여에 의한 재산의 이전을 과세물건으로 하여 부과하는 조세이다. 즉, 증여세란 무상으로 재산을 양도받은 사람이 아무런 대가 없이 얻은 불로소득에 대하여 부담하는 세금이다. 상속세와 증여세는 표 15-5에서 제시한 바와 같이 재산의 무상이전이라는 점에서는 동일하며 단지재산의 이전 시점이 기증자의 사후 시점이냐 아니면 생존 시점이냐가 다를 뿐이다. 증여자가 재산을 무상(無償)으로 수증자에게 주겠다는 의사표시를 하고 수증자(受贈者)가 이를 승낙(承諾)하므로 성립하는 계약이다. 쌍방의 의사로 성립되는 계약이므로 수증자가 거절하면 성립하지 않는다.

증여세는 원칙적으로 증여받은 사람이 내야 한다. 하지만 증여한 사람이 대신 납부해야 될 경우도 있다. 증여를 받은 사람이 비거주자이거나 주소 또는 거소가 분명하지 않아 조세채권의 확보가 곤란한 경우, 증여를 받은 사람이 세금을 납부할 능력이 없어 체납처분을 하여도 조세채권의 확보가 곤란한 경우 등은 증여한 사람이 증여세를 대신 납부할 의무를 지게 된다. 특히, 증여세는 완전포괄주의 과세제도 도입으로 재산을 「민법」상 증여 및 「세법」상 예시된 경우뿐만 아니라 사실상 재산의 무상이전에 해당하는 경우에는 그 행위 또는 거래의 명칭 형식 목적 등에도 불구하고 증여세를 내야 하는 경우가 있으므로 부동산 등을 거래할 때에는 주의하여야 한다.

① 납세의무자

증여세의 납세의무자는 타인의 증여에 의하여 재산을 취득하는 자이다. 영리법인 이외의 수증자는 증여세를 납부할 의무가 있으나, 일정한 사유에 해당하는 경우에는 증여자가 수증자와 연대하여 증여세를 납부할 의무를 진다.

② 과세대상

증여세는 수증자가 거주자인 경우에는 모든 증여재산, 수증자가 비거주자인 경우에는 증여받은 재산 중 국내에 있는 재산에 대하여 부과하되, 수증자에게 소득세가 부과되는 때에는 증여세를 부과하지 않는다.

③ 증여의제

자유로운 계약으로 인하여 결과적으로 일방의 당사자가 타방의 계약자에게 재산적 가치 또는 경제적 이익을 무상으로 이전한 결과가 발생할 수가 있다. 이러한 경우 법적인 관계없이 사실상의 증여로 보는 것이 증여의제이다.

④ 증여세 계산방법

증여받은 재산의 가액은 증여 당시의 시가로 평가하되, 그 시가를 산정하기 어려울 경우는 다음과 같은 방법에 의한다.

- 토지: 개별 공시지가
- 건물: 국세청 기준시가(공동주택, 상업용 건물, 일반건물 등에 대하여 국세청장이 매년 산정·고시하는 가액)

$$\text{증여재산} - \text{증여재산공제액} = \text{과세표준} \rightarrow \text{과세표준} \times \text{세율} = \text{산출세액}$$

…… 식 15-1

| 표 15-5 | 증여세율

과세표준	세 율	누진공제액
1억 이하	10%	–
1억 초과~5억 이하	20%	1,000만 원
5억 초과~10억 이하	30%	6,000만 원
10억 초과~30억 이하	40%	1억 6,000만 원
30억 초과	50%	4억 6,000만 원

소비자 투자코너 15-5

증여세가 면제 또는 비과세되는 경우

- 증여재산을 반환하거나 재증여하는 경우
- 농지 등에 대한 증여세
- 공익법인 등이 출연받은 재산
- 장애인이 증여받은 재산

| 표 15-6 | 증여재산 공제액

관 계	증여 재산 공제 금액
배우자	3억 원
직계존비속	3,000만 원(수증자가 미성년자인 경우에는 1,500만 원)
기타 친족	500만 원

증여가 친족 간에 이루어진 경우에는 증여받은 재산의 가액에서 표 15-6에서 제시한 증여재산공제액을 공제한다.

2) 부동산 처분 시 세금

부동산을 처분(양도)해야 할 때 내는 세금에는 양도소득세, 특별부과세, 부가가치세, 주민세가 있다. 부동산을 처분하게 되면 그 양도차익에 대하여 개인의 경우에는 양도소득세를, 법인의 경우에는 특별부가세가 부과된다. 그리고 양도소득세와 특별부가세가 감면되는 경우에는 농어촌특별세가 부과되게 된다.

(1) 양도소득세

양도소득세는 양도차익에 대하여 부과하는 세금이다. 이때 양도란 매매·교환 등 소유권이 유상으로서 다른 사람에게 이전되는 것을 말하며, 양도차익이란 양도가액에서 취득가액, 필요경비(등기비용·수리비용), 공제금액을 뺀 나머지 금액을 말한다. 양도소득세는 양도차익에 부과되는 세금이므로, 양도차익이 발생하지 않은 경우에는 부과되지 않는다.

① 과세대상

양도 소득세의 과세대상은 토지와 건물, 부동산에 관한 권리(지상권, 전세권, 임차권 등)이다.

- 토지: 「지적법」에 의하여 지적공부에 등록된 지목
- 건물: 건물에 부속된 시설물과 구축물(무허가 건물도 과세대상임)
- 지상권, 전세권(등기 여부를 불문하고 사실상의 이전인 경우는 그 대상이 됨)
- 등기된 부동산 임차권(등기된 임차권만 과세대상이 됨)
- 부동산을 취득할 수 있는 권리(아파트 당첨권·청약예금증서)

② 납세의무자

양도소득세의 납세의무자는 과세대상 자산을 양도함으로써 발생된 소득을 얻는 개인이며, 법인이 양도차익을 얻는 경우에는 부가가치세가 부과된다.

③ 양도소득의 선정방식

기준시가방식은 양도소득이 실제로 얼마가 발생하였는지를 따지지 않고, 과세관청이 사전에 일정하게 설정한 기준시가로서 계산하는 방식이다. 실질거래가액방식은 양도소득의 계산을 양도자와 이수자 간에 실제로 거래한 가액을 기준으로 계산하는 방식이다.

④ 기본 세율

양도소득세의 세율은 표 15-7에 제시한 바와 같다.

⑤ 비과세 및 감면

양도소득세의 비과세 및 감면은 다음과 같은 사유가 있을 때에 가능하다. 그러나 양도소득세가 면세되는데 적용규정이 다소 복잡하므로 자세한 내용은 세무서에서 반드시 확인해야 한다. 양도소득세 감면 사유는 다음과 같다.

- 파산선고에 의한 처분으로 인하여 발생하는 소득
- 농지의 교환 또는 분합으로 인하여 발생하는 소득
- 1세대 1주택과 이에 부수되는 일정면적의 토지
- 농지의 대토로 인하여 발생하는 소득
- 조세특례제한법상의 감면

| 표 15-7 | 양도소득세율

구 분	세 율
2년 이상 보유한 토지, 건물, 부동산에 관한 권리 기타재산	30~50%
2년 미만 보유한 토지, 건물, 부동산에 관한 권리	50%
미등기 양도자산	75%
비상장주식(대기업)	20%
비상장주식(중소기업)	10%

(2) 특별부과세(법인세)

법인이 부동산을 양도하여 소득을 얻으면 특별부과세, 즉 법인세를 부담하여야 한다. 특별 부가세는 법인의 양도소득세라고 할 수 있다. 「법인세법」은 기본적으로 순자산증가설을 채택하여 법인의 순자산을 증가시키는 것을 과세소득으로 삼는다.

① 과세대상

법인세의 과세대상은 법인의 소득인데 「법인세법」상의 소득은 각 사업연도에 속하게 될 익금의 총액에서 그 사업연도에 속하거나 속하게 될 손금의 총액을 공제한 금액으로 한다.

② 비과세 및 감면

특별부가세는, 양도일까지 2년 이상 계속하여 당해 법인의 업무용(목장용, 매매사업용 및 임대사업용은 제외)으로 직접 사용한 토지를 다른 고정자산을 취득키 위해 양도한 경우 등에는 면제된다. 세금을 면제받은 법인이 다른 고정자산을 취득하지 않으면 세금을 다시 추징당하게 된다. 특히 업무용 토지 등을 팔아서 매매사업용이나 임대사업용 토지 혹은 휴양소·연수원 등을 살 때는 면제되지 않는다.

③ 부가가치세

제품이나 그 부품이 팔릴 때마다 과세되는 소비세로 '생산자·도매업자·소매업자·소비자'의 각 유통단계마다 증가된 가치(부가가치)의 부분이 과세 대상이 된다. 즉, 영업세나 물품세처럼 기업이 판매한 금액 전액에 대해 과세하는 것이 아니라 판매금액에서 매입금액을 공제한 나머지 금액인 '부가가치'에다 세율을 곱한 것이다. 우리나라는 지난 1977년부터 부가가치세를 실시했다.

④ 주민세

지방자치단체의 주민에게 과하는 지방세. 주민이 거주하는 지방자치단체의 자치행정에 참여함과 함께 이에 소요되는 경비를 부담분임의 원칙에 따라 분담하는 지방세의 성격이 가장 강한 세금이다.

3) 부동산 보유 시 세금

부동산을 보유하는 동안 소유자는 지방세인 재산세와 종합토지세에 대한 납세의무가 주어지며, 특정지역의 부동산에 대하여는 도시계획세와 공동시설세가 함께 부과된다. 또 도시계획세와 공동 시설세에 부수적으로 교육세가 부과되고, 종합토지세 과세 시에는 도시계획세와 공동시설세 외에 교육세와 농어촌특별세가 추가로 부과된다.

(1) 종합토지세

종합토지세는 그 명칭이 시사하듯 전국에 있는 토지를 소유자별로 합산한 후 여기에 누진세율을 적용하여 과세하는 지방세이다. 종합토지세는 1980년대 후반 토지가격의 발생한 상승으로 인하여 많은 사회·경제적 문제가 발생하자 이에 대응하는 구조로 되어 있다. 투기를 목적으로 하는 토지의 과다소유를 억제하고 토지를 생산적·정상적인 용도로 사용하는 세제를 통하여 유도하고 있다.

① 과세대상

전국의 모든 토지는 종합토지세의 과세대상이 된다. 단, 비영리사업자의 공익사업용 토지, 자연보존지역 안의 임야와 전통사찰의 토지, 군사용 토지, 수익사업으로 보지 않는 토지는 과세대상에서 제외된다.

② 납세의무자

사실상의 토지 소유자가 납세의무자가 된다. 그러나 공부상의 소유자 및 그 사용자, 매수 계약인, 위탁자, 상속인의 경우에는 예외를 두고 있다.

③ 과세표준 및 세율

종합토지세의 과세표준은 종합합산 과세표준, 별도합산 과세표준, 분리과세 과세표준으로 구분하여 산정된다.

- 종합합산 과세표준: 과세기준일 현재 납세의무자가 소유하고 있는 토지 중 별도합산과세표준과 분리 과세표준을 제외한 토지의 가액을 합한 금액으로 한다.
- 별도합산과세표준: 전국의 별도 합산대상을 소유자별로 별도로 합산하여 과세표준을 계산하게 된다.
- 분리과세표준: 해당되는 토지를 다른 토지와 구분하여 독립적으로 과세하는 방식이다.

(2) 재산세

과세대상 재산을 소유하고 있는 동안 매년 부과되는 조세로 해당 재산의 보유사실과 이로 인한 수익창출에 착안하여 과세하는 수익세적인 재산세이며 보유세에 속하는 지방세이다.

① 과세대상

재산세의 과세대상은 재산인데 여기서 재산이란 건축물, 선박, 항공기를 말한다. 비과세 대상에는 국가소유의 부동산, 비영리사업자의 공익사업에 사용되는 부동산이 포함된다.

② 납세의무자

재산세 과세기준일 현재의 부동산 소유자가 납세의무자가 된다. 즉, 갑이라는 사람이 4월 30일까지 부동산을 소유하고 5월 1일 부동산을 을에게 양도 및 소유권이전등기를 경료하였다면 을이 당해 연도 재산세 납세의무자가 되는 것이다. 단, 공부상의 소유자와 사실상의 소유자가 일치하지 않는 경우 예외가 존재한다.

③ 과세표준 및 세율

- 과세표준: 재산가액은 소유자의 유형에 관계없이 일률적으로 지방세법상의 시가표준액으로 한다. 과세표준은 각 1구의 건축물을 단위로 하여 각각 계산된다.
- 세율: 주택의 경우에는 누진 제도를 채택하여 면적이 큰 주택에 대하여는 최고 7%

까지 과세하고 있다. 반면 일반 건축물은 일률적으로 0.3%를 부과하며, 골프장·별장·고급오락장용 건축물은 5%, 대도시 내의 공장의 신·증설에 대하여는 5배를 중과한다. 동일한 재산에 대하여 2 이상의 세율이 해당되는 경우에는 그 중 높은 세율을 부과한다.

(3) 도시계획세

도시계획 사업에 필요한 비용에 충당하기 위하여 「구토의 계획 및 이용에 관한 법률」에 의하여 고시한 도시지역 안에 있는 일정한 토지 및 건축물을 과세대상으로 하여 부과하는 지방세이다. 과세대상은 도시지역 안에 있는 토지 및 건축물이며, 납세 의무자는 토지의 경우 과세기준일 현재 종합토지세의 납세의무가 있는 자가 되며 건축물의 경우에는 과세기준일 현재 재산세의 납세의무가 있는 자이다. 종합토지세 또는 재산세의 납세의무가 없으면 도시계획세의 납세의무도 없다. 과세표준은 토지의 경우 과세기준일 현재 종합토지세의 과세표준액으로 하고, 건축물의 가액은 시가표준액으로 한다. 도시계획세의 표준세율은 0.2%이다. 시장·군수는 조례가 정하는 바에 의하여 방해 연도분의 세율을 0.3%의 안에서 표준세율과 다르게 정할 수 있다.

(4) 공동시설세

소방시설·오물처리시설·수리시설 기타 공공시설에 필요한 비용에 충당하기 위하여 그 시설로 인하여 이익을 받는 자에게 부과하는 지방세이다. 과세대상은 소방시설로 인하여 이익을 얻는 건축물 또는 선박으로 한다. 납세의무자는 그 이익에 대하여 이익을 받는 자인데, 이것은 실질적으로 소유자를 의미한다. 과세표준은 건축물 또는 선박의 가액을 과세표준으로 하는데, 가액은 시가표준액으로 의미한다. 세율은 일반세율과 중과율로 나뉘는데 이는 화재의 발생 및 피해예상액의 경중에 따른 것이다.

3. 부동산 투기 및 억제정책

부동산 투기란 장기적인 건설이나 개발을 목적으로 하여 매매하는 것이 아니고 단기의 차익을 목적으로 하여 매매하는 행위이다. 투기를 위한 매매가 실수거래와 다른 점은 그 동기가 가격의 등락 차의 취득에만 있는 점이다. 따라서 투기의 거래대상이 되는 것은 가격 변동이 심함과 동시에 전망을 예측하기 어려운 주식이나 상품, 부동산 등이 있다. 이 중 부동산 투기로 인한 해악은 특히 심각하다. 이는 단지 땅값만을 상승시킬 뿐 엄청난 자원의 낭비를 초래하게 되며, 서민의 수탈을 강화함으로써 소득의 불평등을 심화시키고 서민의 세금부담을 증가시킨다. 정부는 이를 저지하기 위하여 부동산정책에 강도 높은 규제정책을 펴는 경향이 있다. 그 결과 부동산시장은 정부의 정책에 가장 크게 영향을 받는다고 할 수 있겠다. 부동산 투기로 인한 불로소득을 줄여 빈부 격차를 줄이고 부의 재분배를 이룬다는 것이 부동산투기 억제정책의 취지이다. 최근 정부의 주요 정책 내용을 대략 살펴보면 개발이익환수제, 부동산종합과세 적용, 주택거래신고제, 투기지역/투기과열지역 지정 등이 있다.

부동산투기가 발생하는 요인은 크게 두 가지이다. 첫째, 사회 가치관의 문제로써 우리의 부동산투기 과열은 자본주의의 폐단인 재화 중시주의의 산물이라고 하겠다. 둘째, 투기 자금의 문제로써 유동성이 풍부한 경우 부동산투기가 심화된다. 그러데 정부의 투기 근절 의지가 약한 경우, 투기 자금을 적절하게 유인해서 생산 자금으로 돌리려는 능력이 부족한 경우, 장기적인 해결책 제시가 없는 경우 부동산 투기는 근절되지 않는다.

부동산투기의 사회적 문제는 불로 소득의 누증으로 인한 빈부격차로 사회불안문제, 불로 소득으로 인한 사치·낭비·범죄적 소비 등이 만연하여 사회의 건전한 기풍이 흔들리는 문제, 저소득층 근로자들의 주거문제를 악화시켜 근로 의욕이 저하되는 문제,

| 표 15-8 | 주택거래신고지역과 투기지역의 차이점

구 분	투기지역	주택거래신고지역
지정 기준	• 전월의 주택가격 상승률이 전국 주택가격 상승률보다 30% 이상 높은 지역 • 전월의 주택가격 상승률이 전국소비자물가 상승률보다 30% 이상 높은 지역 • 1년간의 주택가격 상승률이 3년간 전국주택가격 상승률보다 높은 지역	• 전월의 아파트·연립주택가격 상승률이 1.5% 이상인 지역 • 3월간 아파트·연립주택가격 상승률이 3% 이상인 지역 • 1년간 아파트·연립주택가격 상승률이 전국의 2배 이상인 지역
지정 및 해제절차	건교부장관의 요청에 의해 재경부장관이 부동산 가격안정심의 위원회의 심의를 거쳐 지정 및 해체	건교부장관이 해당 지자체와 협의 후 주택정책 심의위원회의 심의를 거쳐 지정 및 해체
지정효과	기준시가 대신 실거래 가액으로 양도소득세 부과	과세표준액 대신 실거래가액으로 취득세·등록세 부과

사회 간접 시설 축조 비용의 천문학적 부담으로 국가 재정이 막대한 손해를 입는 문제 등이 있다.

주거비 부담 가중과 내 집 마련에 대한 불안감·위화감 조성은 국민통합에 장애요인이 된다. 또한, 주택가격 상승은 임금인상 요구로 이어져 경제의 경쟁력 저하 요인이며 근로의욕 저하·물가불안심리 등으로 이어지는 부작용을 초래하며 부동자금이 생산적인 부문으로 흘러가지 못하고 주택부문으로 계속 유입될 경우 자금흐름과 경제구조를 왜곡시킨다.

이처럼, 부동산 투기의 문제가 심각하므로 정부에서는 2003년 '주택시장 안정 종합대책', 2004년 '토지시장 안정대책' 등 부동산 투기를 억제하고자 노력하고 있다. 최근 정부에서 시행하고 있는 부동산 투기 억제정책은 주택거래신고제 본격 도입, 주상복합 청약제도 변경, 공공택지 원가연동제 및 채권입찰제 추진, 재건축 개발이익환수제 도입 추진, 주택가격공시제 도입 추진, 리모델링 증축제한 및 안전 기분 강화, 중개업소 실거래가 신고의무화, 재산세, 종토세 합산과세, 보유세 강화, 종합부동산세 부과 등이다.

1) 주택투기지역 지정

정부에서는 부동산 투기를 억제하기 위해 주택투기 지역을 지정하는 제도를 도입하였다. 주택투기지역으로 선정되면 우선 소유권 등기 이전 시점까지의 아파트 분양권의 전매가 금지되며, 투기지역 내의 부동산을 양도할 때 양도소득세가 기준시가 대신에 실거래가를 기준으로 과세표준을 정한다. 같은 양도소득세 세율을 적용한다고 하더라도 실거래가로 양도차익을 계산하면 세금이 증가한다. 또한 필요 시 탄력세율까지 적용되면 세금 부담은 더욱 커지게 된다. 단, 1가구 1주택 양도의 경우는 해당되지 않는다.

2) 분양권 전매

서울, 수도권, 부산, 대구, 광주 등 6대 광역시와 도청 소재지로 대폭 확대하여 분양권 전매를 금지하였다. 분양권 전매란 아파트를 청약하고 그 청약이 당첨되어서 아파트 입주권을 받게 되는 사람이 입주하지 않고 그 권리를 다른 사람에게 파는 것을 분양권 전매라고 한다. '떳다방'은 전매를 중계하는데, 보통 분양권 전매의 대가로 엄청난 시세차익과 수수료를 얻는데 이에 대해서는 세금을 내지 않기 때문에 세무서의 단속대상이 되고 있다.

3) 주택거래신고제

주택거래신고제는 분양회사에서 분양계약 체결 후 즉시 계약내용을 시·군·구청에 신고하고, 분양받은 사람이 양도계약을 하면 즉시 계약서를 시·군·구청에 신고하도록 규정하여 실제 거래에 의혹이 있는 경우 두 계약서를 비교하는 자료로 사용한다. 또 투기혐의자로 주목되면 계좌를 추적할 수 있도록 하여 실제 거래 시 오고 간 금액을

소비자 투자코너 15-6

주택거래 신고제란?

1. 시행지역

투기지역 중 주택에 대한 투기가 성행하거나 성행할 우려가 있는 지역으로서 주택거래 신고지역으로 지정된 지역에 한한다. 투기지역이란 전국 부동산가격이 급등하거나 급등할 우려가 있어 「소득세법」 제96조의 규정에 의거하여 재경부장관이 부동산가격안정심의위원회의 심의를 거쳐 지정하는 지역을 말한다. 투기지역에서는 주택·토지에 대한 양도소득세를 실거래가로 부과하고 필요 시 탄력세율(기본세율±15%범위 내)을 적용할 수 있다.

2. 신고의무자

거래당사자인 매도인 및 매수인이 주택거래계약신고서를 공동으로 작성·기명 날인하여 당해 주택 소재지의 관할 시장·군수·구청장에게 제출하여야 하며, 거래 당사자가 부득이한 사유로 신고할 수 없는 경우에는 대리인으로 하여금 신고하도록 할 수 있다. 또 거래당사자 일방이 신고를 거부한 때에는 당해 거래의 상대방이 단독으로 신고할 수 있다.

3. 신고기간

- 주택거래계약은 계약체결일부터 15일 이내에 관할 시장·군수·구청장에게 신고해야 한다.
- 다만, 신고지역 지정 전에 체결된 계약으로서 검인을 받지 아니한 계약은 지정일부터 15일 이내에 신고해야 한다.
- 검인 계약서란, 부동산등기특별조치법에 따라 지자체 장의 검인(확인도장)을 찍은 부동산매매계약서로서 지방세 등 세금 납부 및 등기 시에 제출해야 한다.

4. 신고 내용

주택거래계약의 신고내용은 다음과 같다.

- 계약일, 주택의 소재지, 주택의 종류와 규모, 거래가액, 소유권이전 예정일자, 부동산 중개업자, 계약의 조건·기한

5. 위반자조치

- 미신고자 및 신고 해태자에 대하여는 해태기간에 따라 취득세의 1~5배의 과태료 부과
- 허위신고자는 허위신고내용 및 신고가액의 차액에 따라 취득세의 1~5배의 과태료 부과

소비자 투자코너 15-7

탄력세율이란?

탄력세율이란 정부가 법률로 정한 기본세율을 탄력 적을 변경하여 운영하는 세율제도로서 국회의 의결을 거치지 않고 물가나 수급 상황 등 경제여건에 따라 세율을 탄력적으로 적용할 수 있는데 현행 법상 최대 30% 인상 또는 인하할 수 있다. 이러한 제도는 조세의 경기조절 기능을 보다 원활하게 활용하기 위한 제도의 하나로서 경기가 과열되어 있는 때에는 세율을 높게 함으로써 조세에 의하여 초과수요를 흡수함과 동시에 소비를 억제할 수 있게 되고, 반대로 경기가 침체되어 있는 때에는 세율을 낮게 함으로써 수요를 유발시킬 수 있게 된다.

추적하여 현실적으로 이면계약서를 작성하더라도 거래의 문제점이 있을 경우 증거로 쓰기 위해 통장계좌로 입금을 한다는 점을 이용하여 강하게 추적한다는 의미이다. 쉽게 분양한 사람, 분양받은 사람, 분양권을 산 사람의 계약서를 모두 검토하겠다는 제도이다. 투기지역 내 일정 구역에서 주택 등을 매매한 사람은 매매일로부터 15일 이내 해당 지역 시·군·구청에 신고해야 하며, 허위 신고 시 과태료(집값의 10%가) 부과된다.

4) 종합부동산세

정부에서는 종합부동산세를 2005년에 도입하였다. 종합부동산세는 토지 및 주택 등 보유 부동산 가액이 일정액 이상인 경우에 대해 보유세를 중과, 투기성 부동산 보유를 차단하기 위한 것이다. 또 투기지역 내에서 1세대 2가구 이상자에 우선적으로 탄력세율을 추가, 적용하고 1세대 3주택 이상일 경우 양도세율을 최고 60% 수준까지 인상하는 내용이다. 이럴 경우 2004년에 탄력세율을 적용한 3주택 자는 최고 양도차익의 75%, 주민세를 포함하면 83%를 양도소득세로 환수하게 된다.

4. 부동산 거래 시 소비자피해 및 구제

부동산 매매, 전세임차 및 임대 등과 관련하여 소비자들은 부동산 중개업자들의 서비스를 받게 된다. 이때 중개업무의 범위, 중개수수료의 금액과 수수방법, 중개를 위한 광고요금 등과 관련하여 중개업자와 소비자 간의 분쟁이 발생하기도 하며, 이 과정에서 소비자피해가 발생하고 있다. 현행법에 근거하여 소비자는 부동산 중개수수료를 과다 지불한 경우 차액을 환급받을 수 있으며, 부동산 중개대상물의 확인·설명 소홀로 인한 재산피해를 입은 경우 손해액을 배상받을 수 있다. 부동산 중개서비스와 관련하여 발생하는 대표적인 소비자피해 유형은 중개 물건에 관한 확인설명 부족이나 계약서 부실 작성으로 계약금이나 임차보증금 손실, 부동산매매 알선 광고료 사기피해, 중개업자의 사기나 계약금의 횡령 등으로 나타나고 있다. 중개업자와 소비자 간의 분쟁이 발생한 경우 손해배상을 받는 방법은 쌍방합의, 중개업 분쟁조정위원회의 중재, 소비자단체나 한국소비자보호원의 합의 권고 등이다. 본 장에서는 부동산 거래에서 발생하는 피해 유형 및 구제, 그리고 주의사항 등에 대해 살펴보고자 한다.

한국소비자보호원(2003)에 접수된 부동산 거래 관련 소비자상담을 분석한 결과 부동산 거래와 관련한 대표적인 소비자 피해는 매매와 관련한 허위·과장광고 피해가 가장 많은 것으로 나타났다. 생활정보지, 인터넷 등에 개제된 광고를 믿고 직거래를 시도하는 과정에서 소비자 피해가 많이 발생하는 것으로 나타났다. 특히, 임대보다는 매매 광고로 인한 피해가 많은 것으로 밝혀지고 있다. 이 외에도 불법중개행위, 과다한 중개수수료 청구, 부동산 촉진 광고 기재 관련 피해 등이 부동산 거래관련 대표적인 소비자 피해이다.

1) 분양 허위·과장광고 피해

분양 과정에서 허위·과장 광고가 남발되고 있다. 한국소비자보호원(2003)은 최근 49개 업체의 분양 광고 234건을 분석한 결과 절반 이상이 입증되지 않은 허위사실을 내세워 소비자를 현혹한 것으로 나타났다고 밝혔다. 소비자보호원에 따르면 '유일의 초특급 대단지 프리미엄 상가' 등 상권이나 유동 인구와 관련해 과장표현을 '시중 은행권보다 5배 이상 높은 임대수익률', '지하철 ○○역 1분 거리' 등 교통여건을 사실과 다르게 광고, 융자 조건(예: 무이자 융자 50~70%)이나 부대시설(예: 대형 멀티플렉스 입점확정)을 부풀린 광고가 많은 것으로 나타났다. 그런데, 현행법상 부동산 분양 광고에 반드시 표시해야 하는 건축허가 취득 여부, 대지소유권 확보 여부, 분양대금 관리방법, 시행사·시공업체명, 분양물의 용도·규모·지번 등을 분명히 밝힌 업체는 두 개에 불과한 것으로 드러났다. 이들 표시항목을 한 개도 표시하지 않은 업체도 일곱 개나 되는 것으로 나타나 부동산 분양과 관련한 허위·과장 광고의 문제가 심각한 상황이다.

2) 토지 분양 관련 피해

'신도시 개발 예정지로 고시된 땅이 있다', '관광지구로 개발된다', '막대한 시세차익이 기대된다' 등 투자자를 유인하여 거래를 성사시킴으로써 이로 인한 피해가 늘어나고 있다. 분양사업자들은 텔레 마케터를 동원하여 무차별적으로 소비자에게 전화하여 충동계약을 유도하고, 특히 제한된 정보만 알리거나 유리한 정보만 부풀리는 등의 허위, 과장 선정으로 분양 계약을 유도 하고 있다. 피해자 대부분은 계약 당시 현장 확인이나 수익성 검토 없이 토지분양 계약을 체결한 수 충동 계약임을 알고 계약금 환급 또는 계약 취소 등을 요구하는 것으로 나타났다. 매수자가 충동계약을 한 후 현장답사를 한 결과 분양사업자의 허위, 과장 선전, 가격 문제 등을 인지하고 사업자에게 계약해제 및 계약금 반환을 요구하였으나 분양사업자들은 정상적인 계약이라는 이유를 대 이를 거절하는 경우가 많이 발생하고 있다. 일부 투자자들은 중도금 및 잔금까지 지급한 후 당초의 선전과 다르다는 이유로 계약 취소나 손해배상을 요구하는 경우도 빈번하다. 일부 분양사업자들은 계약 시 투자자들에게 현장 확인 후 문제가 발생하면 계약 해제 및 계약금을 환급한다는 구두 약속을 하는 경우도 있으나 막상 투자자들이 계약 해제를 요구하면 「민법」의 해약금 조항(제565조)을 들어 계약금 환급을 거절하는 것으로 파악되고 있다. 토지분양과 관련한 피해 유형에 대해 살펴보면 다음과 같다.

(1) 신도시 개발 정보 등 전통적 허위·과장 선전

'분양 사업자들은 신도시 개발 예정지로 고사된 땅이 있다', '관광지구로 개발된다' 등 막대한 시세 차익이 기대된다고 투자자를 유인하여 계약을 체결한다.

(2) 텔레 마케터를 이용한 기획 부동산 업체로 인한 피해 발생

분양 사업자들은 텔레 마케터를 동원하여 '개발 계획이 있으므로 곧 땅값이 폭등한다'는 식으로 무차별적으로 전화를 하여 충동 계약을 유도한다.

(3) 영업사원 이용 계약 체결 후 책임 회피

분양 사업자들이 영업 사원(임시직으로 1~2개월 근무)을 고용한 후 '영업사원의 허위 과장으로 판매하지 말라고 교육하였다', '임시직이기 때문에 회사는 모르는 일이며 판매를 위해 명함을 만들어 주었을 뿐이다'라며 책임을 회피하고, 해당 영업사원과는 연락이 두절되는 경우가 많다.

(4) 주변 시세보다 지나치게 고가로 분양

기획 개발사를 통한 분양의 경우 주변의 시세보다 지나치게 고가여서 초과 수익을 얻기가 어려우나 현지 사정에 어두운 투자자를 유혹하여 분양 계약을 체결한다.

(5) 등기부상, 토지 이용에 법적인 하자가 있는 토지 분양

현장 확인 없이 분양 사업자의 권유만으로 토지 매입 후 나중에 확인한 결과 토지 이용을 하지 못하는 피해가 발생한다.

3) 불법중개행위로 인한 피해 유형

(1) 공인중개사 자격증 대여행위

무자격자가 공인중개사 자격증을 대여받아 중개사무소를 개설 등록하고 중개 업무를 하는 행위와 공인중개사는 해당 중개 업무에 실질적으로 종사하지 않으며 자격을 대여받은 자가 대표행세를 하는 행위가 발생하고 있다. 무자격자와 거래를 한 후 소비자 피해가 발생하면 피해구제를 받기 어렵다(무자격자의 경우 사기죄에 해당하나 도주하는 경우 피해구제가 어려움). 예를 들면, 중개업자가 주인이 사정상 직접 계약을 하지 못한다는 식으로 속여 허위로 계약을 한 뒤 사라져 소비자가 피해를 보는 경우가 있다. 따라서 소비자는 부동산 계약 시 공인중개사의 사업자등록증, 자격증 소지 여부 그리고 실제 매도자인지의 여부를 직접 확인하는 것이 필요하다.

- ■일정한 대여내용을 정기 또는 비정기적으로 지불
- ■공인중개사와 자격대여자는 혈연관계 또는 친분관계가 두터운 관계로 대부분이 표면상으로는 노출이 잘 안 됨

소비자 투자코너 15-8

부동산 사기계약 피해사례

어떤 소비자가 땅주인으로부터 계약체결을 위임받았다는 중개인을 믿고 2억 원에 계약하였으나, 다음날 중개인은 도주하고 땅주인은 중개업자에게 땅을 내놓은 적이 없다고 주장하는 사건이 발생하였다. 이 경우 땅주인을 확인하지 않은 것은 일단은 소비자의 잘못이라고 할 수 있다. 조사결과 도주한 중개인은 전국부동산 중개업협회에 가입되어 있어 전국부동산중개업협회에서 소비자의 과실분 40%를 감한 손해배상금을 지급받을 수 있었다.

■ 자유업을 영위하는 경우 대여행위 입증의 어려움

(2) 중개수수료 과다수수

중개수수료 과다청구행위로 인한 소비자불만 및 피해가 증가하고 있다. 법정 중개업 수수료는 표 15-9에 제시한 바와 같은데, 소비자피해보상규정에 의하면 부동산 중개업자가 중개 수수료를 과다하게 징수했을 때는 그 차액을 환불하도록 되어 있다. 소비자는 중개수수료와 관련한 피해를 입지 않으려면(중개업체가 중개수수료율표를 눈에 잘 띄지 않는 구석에 게시하는 경우가 많음) 법정수수료율을 미리 알아 두고 거래 전에

| 표 15-9 | 법정부동산거래 수수료

종 별	거래가액	수수료 요율상한(%)	한도액 (천 원)	비 고
매매 교환	5,000만 원 미만	0.6	250	중개수수료 =거래가액 × 중개수수료율
	5,000만 원 이상 2억 원 미만	0.5	800	
	2억 원 이상 6억 원 미만	0.4	한도액 없음	
	• 6억 원 이상 거래 가액 • 일반주택제외 중개대상물	법정중개수수료율 0.2~0.9% 내에서 중개의뢰인과 중개업자 간의 상호계약에 따라 협의 결정		
매매 교환 이외 임대차	5,000만 원 미만	0.5	200	중개수수료 =거래가액 × 중개수수료율
	5,000만 원 이상 1억 원 미만	0.4	300	
	1억 원 이상 3억 원 미만	0.3	한도액 없음	
	• 3억 원 이상 임대가액 • 일반주택제외 중개대상물	법정중개수수료요율 0.2~0.8% 내에서 중개의뢰인과 중개업자 간의 상호계약에 따라 협의 결정		

중개수수료를 확정한 후 거래하는 것이 좋다. 중개수수료와 관련한 실제 피해 유형은 다음과 같다.

- 부동산을 매도 또는 매수할 경우 중개의뢰인 대부분이 거래세액을 줄이기 위해 계약서를 이중으로 작성하는 약점을 이용하여 법정 수수료보다 과다하게 요구하는 경우
- 임차기간이 경과되어 이사 갈 경우 보증금 등의 회수기간이 중개업자의 노력 여하에 달려 있다는 것을 내세워 법정 수수료보다 과다하게 요구하는 경우
- 중개 수수료에 대한 법정요율이 있음 후에도 관행대로 법정수수료보다 일정수수료를 높여 수수하는 행위
- 법정 수수료보다 높은 수수료를 받으면서 영수증을 법정수수료로 맞춰서 발행하는 경우

한편, 부동산 중개소의 도움으로 거래가 성사되어 수수료를 지급하였는데, 후일 거래가 제대로 이루어지지 않거나 계약이 취소된 경우 중개수수료 지불여부에 대한 분쟁이 발생하기도 한다. 보통의 경우 중개업자를 통해 계약이 성사된 후 당사자끼리의 계약취소가 발생할 경우 이는 중개인과 무관한 일이므로 중개료는 환불되지 않는다.

소비자 투자코너 15-9

부동산 중개사고방지를 위한 주의사항

- 소비자는 믿을 만한 중개업소를 찾은 후 중개업소에 들어서면 벽에 붙은 허가증과 업무보증서를 먼저 확인해야 한다. 허가증의 허가번호와 대표자 성명을 확인, 허가관청과 전국 부동산중거래협회에 전화를 걸어 확인하면 허가업소 여부가 밝혀진다. 업무보증서에서는 보증기간을 눈여겨 보아야 한다. 보증기간이 지난 업무 보증서는 무용지물이기 때문에 피해를 입어도 보상받을 수 없다.
- 중개업자의 말만 믿고 덥석 계약을 해선 안 된다. 반드시 중개업자로부터 계약서, 중개대상물 확인·설명서, 업무보증서를 받아두어야 한다. 이에 앞서 물건의 시세와 실소유자, 등기부등본, 토지대장, 건축물 관리대장 등의 공부를 스스로 확인해야 한다. 특히 공부를 확인할 때 수입인지의 부착 여부와 발급날짜를 눈여겨 보아야 한다. 발급날짜가 오래된 것은 권리변동의 위험성이 있다.
- 계약서를 정확하고 상세하게 작성한다. 계약서란 특별한 양식이 정해져 있는 것이 아니다. 매도자와 매수자가 합의한 모든 내용을 기록하는 것이다. 공법상 규제내용, 권리관계에 하자 있을 경우 처리방법, 계약해지조건과 해약금 문제, 융자금 처리문제, 세금문제, 하자보수기간 등의 내용이 들어가는 특약사항은 반드시 기록해 두어야 한다.

(3) 의뢰 가격보다 높은 가격으로 거래 후 차액 횡령

중개업자가 매매요청자의 의뢰한 가격보다 높은 가격으로 계약하고 그 차액을 가로챘다면 중개인을 상대로 손해배상을 청구할 수 있다. 소비자는 이런 피해를 입지 않도록 매도인과 중개인이 한 자이레 있을 때 계약서를 쓰거나 매도인에게 직접 가격을 알아보아야 한다.

(4) 중개보조원이 계약금을 가지고 도주한 경우

중개보조원으로 발생하는 소비자피해는 중개사무소의 대표자가 배상해야 한다. 만약, 중개보조원에게 계약금을 송금하였는데 중개보조원이 계약금을 착복하고 도주한 경우 공인중개사무소의 대표자를 상대로 손해 금액을 배상받을 수 있다.

4) 부동산 관련 피해사례 및 판례

(1) 불법 부동산 거래 피해 및 판례

불법 부동산 거래 피해는 불법 텔레마케팅업자, 무등록 중개업자 등의 위·탈법 행위로 인한 피해가 주를 이루고 있다.

① 사례 1: 개발가능성이 없는 땅을 악용

2004년 강남구 역삼동 소재 한 컨설팅 회사는 가정주부를 텔레 마케터로 고용, 개발이 분명치 않은 지방의 땅을 "개발될 수 있으니 저가로 구입해 놓으라."라고 무차별적으로 전화하도록 시켜, 13명이 재산피해를 당하였으나, 투자자 과실이 인정되어 이 컨설팅 회사는 사기죄가 인정되지 않았다.

② 사례 2: 거래가 금지된 특별 분양 입주권 악용

2004년 강남구 대치동에 있는 한 중개법인과 컨설팅업자는 거래가 금지된 특별 분양 입주권을 주변시세의 3분의 1 가격으로 살 수 있는 것처럼 사람들을 유인, 불법계약을 맺게 하였는데, 그 후 입주 할 수 없다는 사실을 확인한 매수자들이 항의하자 '계약자가 불법행위 당사자'라며 오히려 공갈 협박하여 매수자들은 투자금을 돌려받지 못하게 되었다.

(2) 부동산 거래 촉진 광고비 피해

부동산 판매촉진을 위한 광고비 요금과 관련한 소비자 불만이 증가하고 있다. 부동산업자들이 일간 신문지나 지역 생활 정보지에 광고를 게재하여 빨리 처분해 주겠다는 조건으로 광고료를 지불케 하여 성사 여부와 관계없이 상당액의 광고비를 챙김으로써 소비자 불만이 급증하고 있다. 광고비 피해액수가 작게는 20~30만 원에서 70~80만 원, 심한 경우 몇 1,000만 원에까지 이르고 있어 문제가 되고 있다. 일간지에 광고를 하면 팔린다는 중개업자의 말을 듣고 광고비를 지불하였으나 거래가 성사되지 않았다 해도 부동산 거래를 진행시키는 소비자는 광고비를 환불받기 어렵다. 일간지 광고는 부동산 거래의 판촉수단일 뿐, 거래를 보장하는 것은 아니기 때문이다. 따라서 소비자들의 주의가 요구된다.

① 사례 1: 가격을 많이 받으려면 광고를 하여야 한다고 하여 광고비 지불

충남 논산에 거주하는 소비자는 단독주택을 6,500만 원에 매매하기 위하여 대전 '교차로' 에 광고를 게재하였다. 그 이후 이 광고를 보고 서울 소재 모 부동산에서 이 소비자에게 전화를 걸어와 광고를 하면 8,000만 원까지 받아 줄 수 있다고 하여 이 소비자는 2회에 걸쳐 광고비 196만 원을 지불하였다. 이후 부동산에서는 구매자와 같이 방문하겠다며 권리대장 및 토지대장까지 준비를 하라고 하였으나 현재까지 거래 성사가 안 되고 있고, 중개업자는 계속 추가 광고 할 것을 요구한다.

② 사례 2: 미리 광고를 게재한 후에 광고비를 요구하여 광고비 지불

부동산 중개업자로부터 높은 금액으로 거래를 성사시킬 수 있다는 전화연락이 왔다. 이후 일방적으로 중개업자가 광고를 게재한 후에 100만 원의 광고비를 요구하여 50만 원을 지불하였다.

③ 사례 3: 구매자가 계약을 망설이고 있으니 광고를 내면 계약될 것이라고 하여 광고비 지불

소비자가 지역정보지에 게재한 광고를 보았다며 중개사에서 전화를 걸어왔다. 학원을 인수할 사람이 있으나 계약을 망설이고 있는데 광고를 하면 다음 날 계약을 할 수 있다고 하여 광고한 다음 날 계약을 하는 조건으로 광고비 39만 8,000원을 지불하였다. 그러나 이후 연락이 두절되었다.

④ 사례 4: 구매자가 지방에 있으므로 광고를 하여 알려 주자고 하여 광고비를 지불

소비자가 임대한 상가를 다른 사람에게 임대하고자 지역정보지에 광고를 게재하였다. 이후 모 공인중개사에서 전화를 걸어와 구매자가 있으나 구매자의 아버지가 거동이 불편하여 광고를 통하여 확인을 시켜주면 바로 계약이 될 것이라며 광고비를 요구하여 40만 원을 입금하였다. 광고비 입금 시 계약 성사가 되면 광고비를 환불하여 주겠다고 하였으나 거래 성사도 안 되고 영업장소를 옮겨 연락도 불가능한 상태이다.

⑤ 사례 5: 광고 후 구매자가 있다고 하였으나 갑자기 구매자 마음이 바뀌어 구매를 포기하였다며 다시 광고 하여 다른 사람과 거래를 하자고 하여 추가로 광고비를 지불

빌라 매매를 위하여 지역정보지에 부동산 광고를 게재하였는데, 신설동 소재 부동산에서 전화를 걸어와 광고를 하면 바로 매매가 될 것이라 하여 광고비를 지불하였다. 이후 중개업자와 함께 구매자가 방문을 해왔으나 구매자 마음이 바뀌었다며 추가로 광고할 것을 요구하였다. 이에 광고비를 2회에 걸쳐 60만 원을 지불하였으나 현재 연락이 되지 않고 있다.

(3) 매매중개수수료 관련 피해

① 사례 1: 아파트 매매 중개 수수료가 너무 과다한데…

매매가 2억 원에 아파트를 판매하고 중개수수료로 140만 원을 지불한 후 너무 과한 수수료를 지불한 것 같아 중개업소에 항의하자, 중개업소에서는 '통상시세보다 더 많이 받아줬고 다른 업소에서도 다 똑같이 받는데 뭘 그러냐' 라며 오히려 큰소리를 치고 있다.

※ 처리결과: 법정 수수료율에 따른 중개 수수료 80만 원을 제외한 60만 원 환급

② 사례 2: 부동산 중계 수수료 횡포가 너무 심한데…

김모 씨는 부동산 중개업자를 통해 5,000만 원짜리 단독주택을 사면서 수수료로 200만 원을 요구하기에 50만 원을 깎아 150만 원을 지불하고 좋아했다. 뒤늦게 매매 수수료가 법정 기준인 20만 원의 7.5배에 달한다는 사실을 알고 차액을 돌려받으려 했지만 영수증을 받지 않아 이를 입증할 자료가 없어 피해 보상 접수를 포기할 수밖에 없었다.

※ 처리결과: 주택 매매, 전세와 관련된 부동산 중계 수수료를 둘러싸고 중개업자와의 분쟁이 끊이지 않는다. 지난해 한국소비자보호원의 조사에 의하면, 부동산 중계수

수료가 터무니없이 비싸 10명 중 8명은 법정 기준보다 초과해 지불한 것으로 나타났다. 부동산 중개 수수료의 정확한 기준을 알고 있는 소비자는 56%에 불과했다.

③ 사례 3: 부동산 중개 수수료를 기준보다 높게 계약한 경우

32평 아파트를 2억 5,000만 원에 매매할 때 중개업자는 계약서에 중개 수수료율을 0.5%로 기입했다. 다른 중개업소에 확인해 보니 2~6억 원까지는 요율이 0.4%라고 해 이의를 제기했다. 중개업자는 매매 계약서에 매도가액을 낮게 적어 취득세·등록세 부담을 줄이는 데 협조하지 않겠다고 해 난처하다.

※ 처리결과: 취득세·등록세는 지방세로 과세표준에 세율을 곱해 결정한다. 과세표준이 되는 취득가액은 신고 가격을 원칙으로 하지만 이를 모두 취득가액으로 인정하는 것은 아니다. 신고 가격이 확실한 경우만 인정하고 신빙성이 없을 경우 지방세 시가표준액을 기준으로 한다. 신고한 취득가액이 시가표준액에 미달할 경우도 시가표준액을 기준으로 한다. 취득세와 등록세를 낮춰서 신고해도 지방세 시가표준액 이상이면 문제가 없고 그 이하로 해도 시·군·구청 직권으로 시가표준액을 적용하기 때문에 걱정할 필요가 없다. 「부동산 중개업법」은 수수료 외에 사례를 받지 못하도록 하므로 중개 수수료를 0.5%로 기재한 것은 원천 무효이다.

(4) 부동산 중개사고에 대한 판례

- 판례 1: 소비자가 계약 전에 직접 소유권을 확인하지 않고 입주했다가 재산 피해를 입게 되면 소비자 본인과 부동산 중개업자가 각각 절반의 과실 책임을 진다(서울민사지법 항소4부, 1991. 11. 12). 이는 중개업자가 소비자에게 '확인 설명서'를 건네주어야 하는 의무를 다하지 못한 점과 중개업자의 구두설명만을 믿고 소유권 등을 직접 확인하지 않은 소비자의 과실을 같이 보기 때문이다. 확인 설명서란 중개업자가 중개대상물의 권리관계 등을 확인하여 소비자에게 성실하게 설명하고 계약 시 교부해야 하는 것이다. 반드시 기재되어 있어야 할 내용으로는 대상물에 대한 기본사항, 권리관계에 관한 사항, 공법상 이용제한 및 거래규제에 관한 사항, 부담해야 할 조세의 개략적 사항, 거래예상금액과 공시되지 않은 중요시설 및 물건의 소유관계 등이다.

- 판례 2: 매도인의 의뢰가격보다 높은 가격으로 부동산을 사고 중개인이 그 차액을 가로챘다면 중개인을 상대로 손해배상을 받아낼 수 있다(대법원 1991. 12. 24).
- 판례 3: 분양권이 없는 딱지를 확인도 하지 않고 중개업자를 통해 샀다면 소비자가 80%의 책임을 져야 한다(서울고법 민사9부, 1994. 11. 30).
- 판례 4: 중개업자가 법정 수수료보다 많은 중개료를 받았을 경우 비록 사전에 소비자와 합의과정을 거쳤더라도 명백한 위법행위가 된다(서울지법 1995. 6. 3). 또한 중개보조원에게 피해를 입었다 해도 중개사무소의 대표자(허가자)를 상대로 손해배상을 받아낼 수 있다.

5) 부동산 거래 주의 및 손해배상

부동산 거래 시 소비자가 주의해야 할 사항을 살펴보면 다음과 같다.

(1) 부동산 관련 전화권유 제의를 거절한다

부동산업체나 컨설팅회사 등에서 거래 성사를 보장하며 전화를 걸어오는 경우에는 계약을 자제해야 하며, 최근에는 부동산 개발업체들이 허위·과장된 선전으로 투자자를 유혹하여 토지분양 등의 충동계약을 유도하는 사례가 많으므로 현장 확인 및 관련 기관에 사실 확인 등을 통해 신중하게 대처해야 한다.

(2) 중개업 등록 여부를 확인한다

자신을 중개업자라고 소개하는 경우 중개업소 소재지를 확인하고 관할 구청 등에 등록 여부를 반드시 확인해야 한다.

(3) 계약서를 작성하고 보관한다

구체적인 계약내용을 기재한 계약서를 작성·교부받아야 하며, 계약이 성립 이행될 때까지 보관해야 한다.

(4) 개인계좌 송금을 주의한다

소비자가 대금을 지불하면서 온라인송금을 중개업소 상호가 아닌 개인 명의의 예금계좌로 송금할 경우 계약 불이행 시 피해 입증 곤란하므로 개인계좌 송금을 피하도록 한다.

부동산거래 관련하여 피해가 발생한 경우 손해배상을 받는 방법은 크게 세 가지로 쌍방합의, 중개업분쟁조정위원회의 중재, 법원소송이다. 이 세 가지 방법을 통해 손해배상을 받는 것에 대해 구체적으로 살펴보면 다음과 같다.

- 쌍방합의: 가장 간편하고 빠른 방법은 중개인과 직접 합의를 보는 것이다.
- 중개업분쟁조정위원회의 중재: 합의가 이루어지지 않으면 법원에 민사소송을 내기 전에 중개업분쟁조정위원회에 조정을 신청할 수 있다. 신청서를 작성할 때 배상사유의 인과관계가 정확해야 한다. 그렇지 않으면 허가관청의 검토 과정에서 기각될 수도 있다. 중개업분쟁조정위원회는 소비자와 중개업자 간의 분쟁을 조정·처리하기 위하여 허가관청(중개업 영업허가를 내주는 시·군·구청)이 1994년부터 설치·운영해 오고 있다. 과다한중개수수료 등의 문제를 해결할 수 있는 가장 적당한 곳이다. 중개업자와 합의가 이루어지거나 중개업분쟁조정위원회의 조정을 받아들였다면 손해배상합의서를 허가관청에 제출하여 공제금지급 사유발생 확인신청을 한다.
- 법원 소송: 합의나 중재를 통해 손해배상을 받지 못하는 경우 소송을 시작하게 된다. 소송결과 법원으로부터 배상액이 정해진 경우 부동산 중개업자로부터 배상을 받는다. 그러나 중개업자의 도주, 재산 부족 등으로 손해배상을 받지 못할 경우 중개업자의 업무를 보증하고 있는 기관(공제조합·보증보험회사·공탁기관)으로부터 손해배상을 받을 수 있다. 소비자가 현실적으로 받아낼 수 있는 최대금액은 중개법인의 경우 5,000만 원, 공인중개사나 중개인은 2,000만 원이다. 소비자의 손해액이 이를 넘을 경우에는 별도로 법적 절차를 밟아 중개업자로부터 직접 받아낼 수밖에 없다. 이때 중개업자가 배상을 대비해 보증보험이나 공제에 가입해 있지 않으면 이런 절차도 아무런 소용이 없다. 따라서 소비자는 거래를 하기 전에 중개업소의 벽에 걸린 업무보증서를 반드시 확인하고 계약서를 작성한 후에는 보증금액, 보증기간, 보증보험회사, 공제사업을 행하는 자, 공탁기관과 그 소재지가 명확하게 들어 있는 업무보증서 사본을 받아두는 게 좋다(「중개업법」 제19조 5항). 만일 중개사고가 생겨 법원에 소송을 제기할 때 업무보증서가 소명자료로 쓰일 수 있기 때문이다.

소비자 투자코너 15-10

부동산 사기 예방방법

부동산시장 침체 속에서 부동산 거래 사기가 빈번하게 발생하고 수법도 점점 다양해지고 있다. 세입자가 집주인 행세를 하면서 거래를 하는가 하면 주민등록증과 등기권리증을 위조하기도 하며 중개업자 행세를 하면서 돈을 가로채기도 한다. 부동산 사기를 막을 수 있는 방법은 다음과 같다.

- 등기부등본을 직접 확인하라: 등기부등본은 표제부와 갑 구, 을 구로 구성돼 있는데 표제부에는 해당 주택의 위치, 면적 등에 대한 개괄적인 설명이 있고 갑 구에는 가처분 등과 같은 권리제한과 소유권의 이동이, 을 구에는 근저당과 같은 담보 내용이 각각 들어 있다. 거래를 할 때 중개업소에서 미리 등기부등본을 매수자에게 보여주기도 하지만 시차가 발생할 수도 있기 때문에 매수자가 직접 확인해야 한다. 대법원 홈페이지(www.scourt.go.kr)에서 계약 전과 중도금 지급 전, 잔금 전에는 반드시 등기부등본을 확인하는 것이 좋다.
- 매도자의 신분증과 인적사항을 확인하라: 계약 시 상대방이 등기부상의 명의인인지 반드시 확인해야 한다. 신분증이 위조되지 않았는지, 사진과 현재 모습이 일치하는지, 현재 주소가 어디로 돼 있는지 등을 확인해야 한다. 부득이하게 본인이 아니라면 인감증명서와 위임장을 받아둬야 뒤탈이 없다. 배우자 역시 부동산 처분에 있어서는 대리권이 인정되지 않으므로 배우자일 경우에도 위임장과 인감증명서를 꼭 받아둬야 한다. 이혼을 앞두고 배우자가 몰래 상대방의 재산을 처분하는 경우도 있다는 점을 유의해야 한다.
- 등기권리증 확인하라: 집문서라고 불리는 등기권리증에는 소유자의 변동 내역이 기록되어 있다. 일반적으로 매도자가 잔금을 치를 때 등기권리증을 가지고 나오는 경우가 대부분이지만 계약시점부터 이를 확인해야 한다.
- 공휴일은 계약을 삼가라: 등기부등본은 인터넷으로 확인이 가능하지만 근저당이 설정돼 있는 경우 이를 은행에 직접 문의할 수 없기 때문이다. 예를 들어 매수자가 대출을 받아놓고 등기부등본에 기재되기 이전에 매도를 하는 경우 일요일이나 공휴일에는 확인할 방법이 없기 때문에 이 사실을 모르고 계약을 하면 낭패를 볼 수 있다.
- 시세보다 가격이 낮은 물건은 신중하라: 시세에 비해 지나치게 가격이 낮은 물건은 한번쯤 의심해봐야 한다. 시세보다 낮은 가격의 물건에 대해서는 매도자에게 왜 급매물로 내놓았는지, 무슨 사정이 있는지 확인해 보고 의심이 나면 다시 한번 등기부등본을 확인해야 한다.
- 손이 많이 탄 물건은 한 번 더 생각하라: 거래가 빈번하게 이뤄진 물건은 의심을 해봐야 한다. 거래에 이상이 없더라도 물건에 하자가 있을 경우가 있기 때문이다.
- 기간을 지나치게 짧게 하지마라: 부동산 거래 시 계약금, 중도금, 잔금 등으로 나눠 매매대금을 일반적으로 1~2달에 걸쳐 지급하게 된다. 간혹 '급한 사정이 있다'라는 핑계로 계약금과 중도금, 잔금의 지급기간을 짧게 해달라고 요구하는 경우가 있는데 집주인을 가장해 사기를 치는 경우 대부분 기간을 짧게 해 돈을 챙겨 달아나므로 주의해야 한다.

5. 부동산 거래 과정에 따른 유의사항

일상생활에서 많은 사람들이 토지나 집 등을 사고파는 부동산 거래를 하게 된다. 그러나 만약, 무주택자가 오랫동안 모은 돈으로 집을 장만하려다가 사기를 당하는 경우 그 심각성은 이루 말할 수 없다. 부동산 거래를 함에 있어서 피해를 예방하기 위하여 거래 과정에 따라 구분하여 유의하여야 할 사항에 대해 살펴보면 다음과 같다.

1) 부동산 계약 전 주의사항

(1) 거래 부동산 자체에 문제는 없는가?: 현장 확인

부동산을 사고자 하는 자는 먼저 해당지번을 확인하고, 임야대장, 토지대장, 등기부등본, 가옥대장, 도시계획확인원, 용도지역 확인원 등을 떼어보고 현장을 반드시 확인하여야 하고, 직접 가서 서류와 차이가 없는지 조사·확인해야 한다. 만일 건물 등 부동산 자체에 물리적 결함이 있다면 적은 비용을 초과하는 수리비용이 소요되고 그것이 부동산 전체의 기능에 영향을 준다면 뜻하지 않은 분쟁에 휘말릴 수가 있기 때문이다.

소비자 투자코너 15-11

계약 전 매매계약 주의사항: 등본열람과 공부 확인

◆ 등본열람

집을 계약할 때는 계약 전 반드시 관할 등기소에서 등기부등본을 떼어 소유자와 파는 사람이 같은 사람인지 확인해야 한다. 더불어 용도, 정확한 면적, 저당권이나 채권 설정 여부 등도 꼼꼼히 확인해야 한다. 그리고 계약서를 쓸 때 실제 내용과 대조해 볼 필요가 있다. 공인중개사나 집주인이 미리 떼어놓은 등기부등본을 제시할 때는 인지가 제대로 붙어있는지, 발급 날짜가 언제인지 제대로 확인해야 한다. 발급날짜가 계약 체결일보다 많이 앞서는 경우 발급날짜와 계약체결일 사이에 다른 물권이 설정될 수 있기 때문이다.

◆ 공부(公簿) 확인

토지대장, 임야대장, 건축물대장, 지적도 등을 통해 물건의 위치, 면적, 경계 등 물리적인 내용을 확인하고 국토 이용계획 확인원(비도시지역), 도시 이용계획 확인원(도시지역)을 통해 해당물건의 개발·보전에 따르는 공법상 계획과 이용제한 등을 확인해야 한다. 토지대장에는 올라 있어도 가옥대장에는 없는 무허가 건물들이 종종 있기 때문이다. 그리고 도시계획 확인원을 통해 주택이 철거대상인지 아닌지, 토지나 주택이 도로 선에 저촉되지 않는지도 살펴본다.

토지의 경우 법률적 규제는 없는지 살펴보아야 한다. 특히 토지는 「국토이용관리법」, 「도시계획법」, 「농지법」, 「지적법」, 「산림법」, 「건축법」, 「군사시설보호법」, 「수도법」, 「자연공원법」 등 각종 법률의 규제를 받고 있다. 실제는 자동차가 다니는 도로와 접해 있어도 지적도상에 도로가 없으면 각종 인허가를 받을 수 없으므로 주의해야 한다. 단독주택이 밀집해 있는 지역에서는 토지이용계획확인서에 집이 도로로 편입돼 있는지 여부를 살펴봐야 한다. 사전에 확인하지 않으면 일부가 도로로 잘려나갈 집을 살 수도 있다. 군사시설보호구역 농림지역 보전임지 자연녹지 그린벨트 등은 사지 않는 것이 좋다. 또한 매입할 집에 전세 세입자가 생활하고 있으면 계약기간이 얼마나 남았는지 확인해야 한다. 세입자에 대한 의무 관계는 사는 사람이 승계 받게 된다.

(2) 매도하려는 자가 실제 소유자인가?: 거래상대방 확인

많은 경우에 있어서 여러 이유로 실제 소유자가 아닌 부인, 아들, 회사직원, 바빠서 대신 나왔다고 주장 하는 자 등과 계약의 교섭/상담을 하는 경우가 많다. 하지만 이는 후일 분쟁의 소지가 있게 된다. 엄밀하게 따지면 이런 계약은 무효가 된다. 부부든 부자든 원칙적으로 대리권은 없다. 그렇기 때문에 현재 거래의 교섭을 하고 있는 자가 당해 부동산의 실제 소유자인지 등기명의 등을 확인해 보아야 한다.

(3) 권리관계 법적 규제에 문제는 없는가?: 공적 장부 등의 확인

당해 부동산에 관한 임야대장, 토지대장, 등기부등본, 가옥대장, 도시계획확인원, 용도지역 확인원 등을 떼어보고, 권리관계를 확인해보지 않고서 나중에 이를 몰랐다고 항변할 수 없게 된다. 당연히 알 수 있었고 알아야 할 것이기에 확인해보지 않은 자의 과실 책임이 인정되기 때문이다. 토지대장과 건축물관리대장은 관할 구청에서 발급받을 수 있다. 또 건축과 관련하여 도시계획 여부, 개발제한구역 여부 등도 반드시 확인하여야 한다.

예를 들어, 등기부등본상에 하자가 전혀 없는 부동산을 매입한 경우도 구청에서 도시계획을 세우면서 도로예정지로 편입시켜 수용대상 토지로 책정해 놓았을 경우 후일 헐값의 보상만을 받게 된다. 등기부등본에 근저당이 설정됐으면 채권액 등을 해당 금융기관에 문의한다. 이 같은 재산상 제한은 잔금처리 전에 반드시 해결한다는 단서를 계약서에 쓴다. 저당권이 설정됐거나 가등기 가압류가 있으면 계약 전에 해결하거나 계약을 재검토해야 한다. 그리고 재산세 납세자가 소유자와 다른 경우에는 그 이유를 알아보아야 한다.

(4) 부동산 중개업소 등을 통해 거래하는 경우

부동산 중개업소를 통해 거래하는 경우에도 본인이 직접 모든 것을 확인하고 알아보는 것이 좋다. 중개업자들은 중개수수료 취득을 위해 매도인 측의 말만 믿고 전달하는 경우도 있고, 다소 과장하여 전달하는 경우도 있기 때문이다. 상대방이 보여주는 등기권리증도 자세히 살펴보고 원본인가를 확인하여야 한다.

(5) 위험성이 있는 부동산은 아닌가?: 위험 회피

단시일에 권리자가 수명씩 바뀌는 등 권리변동 관계가 빈번하고 복잡한 것은 일단 의심을 하고 사지 말아야 한다. 문제가 발생할 경우 전혀 알지도 못하는 전전 거래된 부동산의 원래의 권리자로부터 소송을 당하게 되어 결국 권리분쟁에 휩싸이게 되기 때문이다. 여러 가지 담보물권이나 특히 예고등기, 가등기, 가압류, 가처분이 되어 있는 것은 사지 않는 것이 현명하다. 또한 주변 시세에 비해서 현저히 싸거나, 가격폭등을 이유로 권유하는 것도 신중히 검토해 볼 필요가 있다.

소비자 투자코너 15-12

계약 전 일반적 유의사항

- 매도자는 양도소득세를 확인하여야 한다.
- 매수자는 등록세와 취득세 확인, 계약 상대방이 등기부상 적절한 소유자인지 실제 소유자인지를 확인하고, 실소유자가 아닌 대리인과 계약을 체결할 때는 소유자의 대리권에 관한 위임장과 인감증명 첨부를 확인하여 적절한 대리인지를 확인하고 계약을 체결한다.
- 완전한 소유권을 획득하기 위해서는 소유권에 제한이 되는 가등기, 예고등기, 근저당, 저당권, 압류, 가압류 등을 확인하고, 향후 처리방법에 대한 약정을 명확히 한다.
- 단시일 내에 권리자가 수명씩 바뀌는 등 권리변동 관계가 빈번하고 복잡한 것, 매수 전에 비로소 소유권 보존등기가 되거나 기타 상속등기나 회복등기가 된 것은 일단 의심하여야 한다.
- 소송으로 확정 판결을 받은 물건을 매수할 때는 패소 판결을 받은 사람을 찾아 사실여부를 확인하는 것이 좋다.

2) 부동산 계약 시 주의사항

(1) 신원 확인

거래하는 양쪽 모두 안심하고 계약할 수 있도록 반드시 서로 상대방의 주민등록증 등을 통해 신원을 확인하고 매입자와 세입자는 계약 당사자가 부동산 실소유자인지를 반드시 확인한다. 대리인일 경우 위임장, 인감증명서, 주민등록증, 매매계약서 등 소유권이전에 필요한 서류를 제시받아 확인한 후 계약에 임한다. 또한 매도인이 실제 소유자라도 그 부동산을 처분할 수 있는 능력이 있는지를 살펴야 한다. 법률상 무능력자인 미성년자, 금치산자, 한정치산자가 거래를 할 때에는 원칙적으로 법정대리인에 의하든지, 아니면 법정대리인의 동의가 필요하다.

(2) 방문 및 계약

아파트나 주택 등에 방문할 경우, 방문자의 신원, 즉 이름과 연락처를 확인하고 방문 약속 시간은 가족이나 이웃이 함께 있는 시간으로 한다. 또한 방문 시에는 되도록 여자 혼자서 찾아가지 않도록 한다. 토요일 또는 일요일이나 당일에는 되도록 계약을 피하고 계약을 급하게 서두를 경우 계약 내용을 더욱 자세하게 살핀다. 계약서 작성 시 양쪽 모두 입회인을 배석시키면 좋고 권리관계가 복잡한 경우나 등기 절차는 공인중개사 또는 법무사에게 의뢰하면 더욱 안전하다.

3) 계약서 작성 시 주의사항

계약서는 시중에서 판매되는 부동산 매매계약서를 이용한다.

(1) 계약서에 명시할 것

- 부동산 표시란에 물건소재지와 면적(임대차의 경우는 임대할 부분)
- 계약내용란에 계약금, 중도금, 잔금 및 기일
- 인적사항란에 임대인(매도인), 임차인(매수인)의 기재사항을 명시하고 인장날인

(2) 특약 사항에 명시할 것

- 계약 당시 등기상 권리 관계 상태를 잔금 지불 시까지 유지하여 양도한다는 내용
- 잔금지불과 동시에 등기이전에 관련된 일체의 서류를 교부한다는 내용
- 잔금일 기준 공과금과 세금을 정산한다는 내용
- 계약을 이행하지 않을 때는 손해배상을 한다는 내용
- 각종 권리 제한 등에 대한 말소 또는 인수에 대한 내용

(3) 영수증에 명시할 것

지급내역, 도장, 연월일 등기부등본상의 권리관계 변동사항 확인. 계약서 작성 당일, 중도금 지불 당일. 잔금 지불 당일(계약서 지참)

4) 부동산 계약 후 주의사항

잔금 지급 시에는 등기이전에 필요한 서류를 함께 받아 소유권이전 등기를 하는 데 불편이 없도록 하며, 법무사의 도움을 받는 것이 좋다. 잔금기일이 장기인 경우 중도금과 잔금 지급 전에 등기부등본을 재확인하여 계약 후 중요한 권리 변동이 있는지 확인한다.

(1) 계약해제 요건

계약 후 잔금을 내기 전까지는 해약할 수 있다. 단, 집을 산 사람은 계약금을 포기하고, 집을 판 사람은 위약금을 배상해야 한다. 그러나 중도금까지 지불한 경우라면 상대방이 일방적으로 해약할 수 없다. 계약은 양 당사자의 의사합치에 의해 이루어지기 때문에 당사자가 한 자리에 모여 계약을 체결하였다면 체결 즉시 계약은 유효하게 된다. 계약을 해체하는 경우는 세 가지가 있다.

첫째, 계약 당시 계약서상에 '이러 이러한 경우엔 계약을 해제할 수 있다.' 라는 해제 조건을 명시한 경우 해제가 가능하다. 둘째, 계약금에 의한 해제로서, 상대방이 계약 이행에 착수하기 전, 중도금을 지급하기 전까지는 매수인은 계약금을 포기하고, 매도인은 그 배액을 상환함으로써 해제할 수 있다. 끝으로 법정해제가 있는데, 상대방의 채무 불이행(이행지체, 이행불능, 불완전이행)에 따른 해제이다. 이 경우 상당한 기간 최고를

하고 계약을 해제할 수 있다. 그러나 중도금이 지불된 경우에는 일방에 의한 해약이 불가능하다. 또 실제 거래에서 약정금, 보증금, 계약금 등 다른 이름으로 지불되었더라도 해약 시 이 금액은 해약금으로 간주된다.

(2) 잔금지급 시 주의사항

등기이전에 필요한 서류를 함께 받아 소유권 이전등기를 하는 데 불편이 없도록 한다. 잔금 지급 시 법무사의 도움을 받는 것이 좋다. 잔금 기일이 장기인 경우에는 중도금과 잔금 지급 전에 등기부 등본을 재확인하여 계약 후 중요한 권리변동이 있는지 확인한다. 계약하기 전에 등기부등본을 확인하고 하자가 없다고 해도 안심해서는 안 된다. 사기수법으로 계약서 작성 시 등기부등본에 하자가 없게 한 후 중도금이나 잔금 지불시기, 소유권이전 시기에 맞춰 집을 담보로 잡히는 방법이 있으므로 주의한다. 이런 피해를 방지하기 위해서는 중도금이나 잔금을 치를 때에도 등기부등본을 반드시 확인해야 한다. 이 같은 문제를 예방하기 위해 계약서를 작성할 때 '계약 후 저당권 등이 설정되었을 경우 해약하거나 위약금으로 문제 발생자가 얼마를 배상한다.' 등의 특약사항을 명시해 공증을 받아 두는 것이 좋다. 상가 매매 시 권리금은 보증금처럼 법적으로 확실히 보장받을 수 있는 성격이 아니므로 권리금에 대한 실수를 하지 않으려면 권리금을 주고 점포를 얻을 때 건물주인에게 그 사실을 알린다. 또한 권리금의 인정에 대해 계약서의 단서조항으로 삽입하거나 별도의 서면으로 받아 놓는 것이 안전하다.

(3) 소유권 이전 등기 신청

소유권 등기이전 시 필요한 서류는 다음과 같다.

- 매도인의 구비서류: 매도용 인감증명 1통(매수인의 성명·주소·주민등록 기재), 주민등록등본 1통, 등기권리증, 인감도장
- 매수인 구비서류: 주민등록등본 1통, 도장, 토지대장 1통, 건축물 관리대장 1통, 공시지가 확인원 1통
- 부동산 양도신고 대상인 경우: 매도인의 주민등록등본 1통, 일반용 인감증명 1통, 토지 및 건물 등기부등본 각 1통, 매매계약서 1통, 토지대장 1통, 건축물 관리대장 1통, 공시지가 확인원 1통
- 토지거래 신고 또는 허가대상인 경우: 토지대장, 공시지가 확인원, 매매계약서

참고문헌

김일수(2002). **부동산 재테크 리츠에 투자하라**. 청림출판사.
매일경제 TV부동산팀·생보부동산신탁금융팀(2001). **리츠시대 돈 버는 부동산**. 매일경제신문사.
문윤태·전상철·이규성(2001). **초보자를 위한 알기쉬운 리츠 투자가이드**. 굿인 포메이션.
소비자보호단체협의회(1990). 소비자 고발사례집 제2권.
오영관(2003). **부동산등기법**. 도서출판 문성.
오창수(1995). **법과 소비자 보호 법률대책**. 法律界.
윤재호(2002). **3,000만 원으로 시작하는 부동산 투자 101가지**. 국일증권경제연구소.
이영철·고재훈 외(2003). **2004 최신개정판 공인중개사1차 부동산학개론**. 한국법학교육원.
장성림·박철 외(2003). **2004 최신개정판 공인중개사1차 민법 및 민사특별법**. 한국법학교육원.
한국소비자보호원(1996~2001). **소비자상담 연보 및 피해구제 사례집**.
한국소비자보호원(1998). **알쏭달쏭 소비자피해 101가지 사례여행**.
허경옥·김혜선·정순희(2002). **소비자상담**. 시그마프레스.

아시아부동산 컨설팅(http://www.asiareal.co.kr)
코업레지던스(http://www.co-op.co.k)
다링스타공인중개사(http://www.darlingstar.com)
델코아이닷컴(http://www.delcoi.com)
제일부동산경제신문(http://www.jeilland.co.kr)
키라에셋(http://www.kira.co.kr)
부동산써브(http://www.serve.co.kr)
부동산등기법-법제처(http://www.moleg.go.kr)
※사례 부분은 모두 네이버 카페(http://www.cafe.naver.com/ksj1971)에서 발췌함

찾아보기

허경옥

이화여자대학교 경제학과 졸업
미국 University of Wisconsin-Madison 소비자경제학 석사·박사
현재 성신여자대학교 생활문화소비자학과 교수
주요저서 소비자 안전(2011)
소비자법과 정책의 이론과 실제(2010)
소비자학의 기초(2010)
새로 쓰는 소비자의사결정(2009)
소비자정보론(2008)
저소득, 노인, 장애인 가족의 소비자복지(2008)
소비자트렌드와 시장(2006)

김성숙

서울대학교 소비자학과 졸업
서울대학교 소비자학 석사·박사
현재 계명대학교 소비자정보학과 부교수
주요저서 디지털경제와 소비자(2007)
소비문화와 트렌드(2007)

차경욱

이화여자대학교 소비자인간발달학과 졸업
이화여자대학교 소비자학 석사
미국 University of Missouri-Columbia 소비자경제학 박사
현재 성신여자대학교 생활문화소비자학과 부교수
주요저서 씽크머니-중학교 금융교육(2011)
소비자투자와 보험(2006)
소비자트렌드와 시장(2006)
여가문화와 가족(2005)

허은정

서울대학교 소비자학과 졸업
서울대학교 소비자학 석사
미국 University of Missouri-Columbia 소비자경제학 박사
현재 울산대학교 아동·가정복지학과 부교수
주요저서 대기업노동자의 여가소비문화(2010)
여성의 라이프스타일과 외모 가꾸기(2008)
인터넷경매 분석(2007)
Retirement and Household Leisure Expenditures(2007)

유현정

성균관대학교 가정관리학과 졸업
성균관대학교 소비자학 석사·박사
현재 충북대학교 소비자학과 부교수
주요저서 소비자 투자와 보험(2006)
위험사회를 사는 소비자와 생활안전(2011)
중학교 교과서 기술·가정(2010)
고등학교 교과서 기술·가정(2011)

소비자 투자와 자산관리

2011년 11월 4일 초판 인쇄
2011년 11월 10일 초판 발행

지은이 허경옥 · 차경욱 · 유현정 · 김성숙 · 허은정
펴낸이 류 제 동
펴낸곳 (주)교 문 사

책임편집 성혜진 · 최윤정
본문디자인 에바다에딧
표지디자인 신나리
제작 김선형
영업 정용섭 · 이진석 · 송기윤

출력 현대미디어
인쇄 동화인쇄
제본 대형제본

우편번호 413-756
주소 경기도 파주시 교하읍 문발리
출판문화정보산업단지 536-2
전화 031-955-6111(代)
팩스 031-955-0955
등록 1960. 10. 28. 제406-2006-000035호

홈페이지 www.kyomunsa.co.kr
E-mail webmaster@kyomunsa.co.kr
ISBN 978-89-363-1197-1 (93590)

값 18,000원

* 잘못된 책은 바꿔 드립니다.